JN232319

ロールシャッハの解釈

ジョン・E・エクスナー 著

中村紀子／野田昌道 監訳

金剛出版

A Primer For Rorschach Interpretation

by

John E. Exner, Jr.

Copyright © 2000 by John E. Exner, Jr.
Japanese translation rights arranged
with John E. Exner, Jr.
through Exner Japan Associates, Tokyo
Printed in Japan

日本語版への序

　日本におけるロールシャッハの歴史は長く，素晴らしいものだが，このたび私の著作がその中に加えられることになり，まことに光栄に思う。私はこの10年の間に何度か日本を訪れ，かの地のロールシャッハ仲間と交流する機会を持つことができた。それらはとても楽しい経験となり，日本を訪れるたびに，私は日本の仲間のロールシャッハに対する関心の高さと情熱にいたく感銘を受けたものである。彼らが熱心かつ勤勉にこのテストを学び，用い，研究している様は，実に頼もしく感じられた。日本のロールシャッハ集団は自分たちの業績に誇りを持ってよいと，私は思っている。

　この30年間の発展により，包括システムがかなり複雑なものになってしまったことはよく承知している。自然な流れとして，この複雑さのために，包括システムの使用に熟練したいと考える人たちの困難さは増すこととなった。しかし，人間の体験や努力というのは本来複雑な性質を持っているのだし，この事実は個人の心理を理解しようとする上では避けることができないものである。おそらくロールシャッハの最大の価値は，被検者の複雑さを把握したり，その人を個人としてより素早く理解するための方法論を備えていることにあるのだろう。

　テストを受ける各人のユニークさを知ろうとしてロールシャッハ・データを用いるときの基本的な原理，これをできるだけ平易に示すことが，本書『ロールシャッハの解釈』を著した目的である。本書中にも記したが，これは「プレーンバニラ味」の解説書なので，リサーチ結果や込み入った表の類はたいがい削除した。むしろ，解釈の原理と手続き，そしてさまざまな所見から引き出され得る仮説に焦点を当て，各所見を個人に関する意味ある記述にまとめあげるためのガイドラインを提示することにした。それでも本書がひどく複雑なものに感じられるようなら申し訳ない。しかし，ロールシャッハを解釈しようとする者が，この書を助けにテストの使用に必要なスキルをより容易に習得できるようになるとしたら，本書を著した甲斐があったというものである。

　最後になったが，ノリコ（中村紀子）とその同僚各位に感謝の意を表したい。彼らは，ロールシャッハを用いた自分たちの仕事に包括システムの原理を適用すべく，専門家として真摯な取り組みをしてくれている。また，包括システムの持つさまざ

まな側面を念の入った適切な日本語に翻訳することに惜しみない努力を払ってくれた。

2002 年

JEE

序文

　包括システムを構成するいくつかの要素は1970年から1973年の間に決定された。そのとき研究に関わった者たちは皆，今作っているロールシャッハのモデルは将来も変更されることはないだろうと考えていた。それは時間の掛かる作業だったが，比較的単純なものでもあった。私たちは他のモデルやシステムの一番よいところを統合し，文献からの支持が得られる変数や所見を加えていった。私たちが目指していたのは，ロールシャッハを，確かな経験的基盤（empirical basis）を持ち，学びやすく，標準化された方法で使える，そんなテストに近づけることだった。

　私は，当時出した結論や，われわれ仲間がその頃抱いていた無邪気な楽観主義について思い起こすことがよくある。初めて包括システムを世に問うたのは，1974年のことだった。しかし，その後すぐに，私たちは包括システムに関する厳しい現実に直面することになった。なすべきことをやり終えていなかったのである。不用意にも特殊スコアの問題を見落としていたし，よく調べてみると，採用した変数のうちのいくつかは測定しようとしているものを捉え損ねていた。少ないサンプルを基に結論を出してしまい，後に欠陥が見つかった所見もあった。そう，このテストには多くの未解決の問題が残されていたのだった。

　その後数年の間に新たなリサーチが慌ただしく立ち上げられ，システムへの追加や変更が定期的に公表されるようになった。1976年には，近く第5版が出版予定のA Rorschach Workbook for the Comprehensive System（邦題「ロールシャッハ・テスト　ワークブック」）の初版が出版された。続いて，The Rorschach: Comprehensive Systemの第2巻が1978年に，同書第3巻が1982年にそれぞれ出版され，1986年には第1巻（邦題「現代ロールシャッハ・テスト体系」）の第2版が出版された。しかし，それでもプロジェクトは完了せず，リサーチは続けられた。1990年代には3巻すべてが改訂されたが，リサーチは終わりを迎えることはなく，努力が重ねられた。新たな変数が見つかり，新しい解釈ルールと戦略が作られた。そして，その度に，新たな問題も持ち上がるのだった。

　この長い道のりの中で，ロールシャッハに関する難題や疑問のためにフラストレーションが高まることは何度もあった。時にはむなしさを感じることさえあった。幸い，たいがいは新たな発見の喜びがこうした辛さを帳消しにしてくれた。そして，それに参加した人々の情熱や，ロールシャッハはたくさんのことを明らかにしてくれるすばらしいテストだという変わらぬ思いが，何にもましてプロジェクトを支えてくれた。他のテスト同様，ロールシャッハにも限界

はある。しかし，おしなべて言うと，熟練者であれば，ロールシャッハからは他のテストでは容易に得られないようなかなりの情報を集めることができるのである。

　ロールシャッハを用いるのに必要な技術を習得したいと思っても，それが必ずしも簡単なものでないことはすぐにわかるだろう。ロールシャッハは複雑なテストであり，短時間集中的に勉強したぐらいで身に付くものではない。このテストを学ぶ過程では，適切なコーディングの基準を覚えたり反応を逐語的に記録するのに苦労し，むしゃくしゃすることもあるだろう。しかし，これらは技術的な問題であり，たいがいは練習を積めば解決可能である。テストの施行法や正しいコード（あるいはスコア）の仕方は，理解力のある人なら誰でも身につけることができる。最大の難関は，テスト・データを的確に解釈することにある。

　ロールシャッハ・データを検討する際に用いる原則やルールはたくさんある。しかし，それらは必ずしも一つ一つ独立したものではない。他の変数の所見と関連させて考察しなければ，ひとつの変数からわかることはわずかでしかない。ロールシャッハの解釈には常識的な判断力（common sense）が必要である。解釈は論理的な帰納，演繹の手続きであり，その手続きを進める中で，個人に関する情報が徐々に引き出されてくる。

　包括システムについて述べたこれまでの3巻では，ロールシャッハ解釈の原則はたくさんのリサーチ結果と共に各所に記載してあった。しかし，リサーチ結果は解釈のルールや原則の理解を深めるのに役立つとはいえ，解釈プロセスの会得に苦労している最中の初学者にはかえって余計な負担となりやすい。実際のところ，包括システムの基礎となるリサーチは増えていき，そのおかげで出版物，特に第1巻などは大部となり，初心者はその情報の多さに押しつぶされてしまいかねなくなった。

　リサーチ結果は重要なものであり，おろそかにすることができないのは言うまでもない。しかし，ロールシャッハの解釈法を学ぶこと自体が厄介な課題であるだけに，解釈原則の基本的な概念とその応用に絞った解説があってもいいだろう。このような考えから，「プレーンバニラ味」の本書がつくられることになった。本書ではリサーチにはほとんど言及せず，表も少ししか載せていない。解釈プロセスの「かんどころ」をはっきりさせることを目論み，所見を統合するときに必要な論理と方策に力点を置いた。

　ロールシャッハを解釈する際にはデータをクラスターとして扱うが，それらクラスターのそれぞれが心理学的な特徴と関連している。そこで，この書では各クラスターを一つずつ取り上げ，その後にそれらすべての所見を系統立ててまとめる方法について言及した。そのため，初学者は本書によってロールシャッハ解釈をより容易に学ぶことができるだろう。また，ある特定の原則やルールについて復習したいと思ったときには，経験者にとっても本書は手頃な手引き書となることだろう。

　この書の内容は，包括システムおよびその使用に関する最新の知見を反映したものとなっている。包括システムに最近加えられた新しい変数がいくつか登場する。また，すでに包括システムを知っている人なら，構造一覧表から，以前あった変数がいくつか姿を消しているのに気

づくだろう。これは，多くの新しい分析に照らした上での「微調整」の結果である。こうした最近の発展と改善には多くの人たちの寄与があった。ここに感謝の意を表したい。特に，Thomas Boll, S.Philip Erdberg, Mark Hilsenroth, Gregory Meyer, William Perry, Donald Viglione ら，ロールシャッハ・リサーチ評議会のメンバーの貢献は多大なものであった。彼らは創造的な提案を行い，思慮深い協議を重ね，膨大な量のデータ・セットを誠実に検討してくれた。彼らの努力と骨折りにはたいへん励まされたし，それらは生産的なものでもあった。Karen Rogers と Phil Erdberg は，原稿を読み，多くの進言をしてくれた。本書が読みやすいものになっているとすれば，それはこの二人のおかげである。重ねて感謝したい。

2000年9月

ノースカロライナ州アシュビルにて
JEE

ロールシャッハの解釈●目次

日本語版への序	3
序文	5

第1章
全体のガイドライン …… 19

基本的準備	19
ロールシャッハの有用性	20
解釈のためのガイドライン	21
被検者とテスト状況	21
偏差の原則	22
データが完全なものであるか確かめる	24
クラスター解釈	27
組織的に進める	29
基礎としての予備的仮説	29
クラスターで調べる順序	33
第三の変数から始める	35
結果の統合	35

第2章
統制とストレス耐性 …… 37

統制の概念	37
ロールシャッハによる統制力の評価	38
概念的仮説	39
検討事項の要点	40
解釈の手順	42
ステップ1：Adj D と CDI	42
ステップ2：EA	43
ステップ3：EB とラムダ	45
ステップ4：Adj es	49
ステップ5：eb	50
統制に関する所見の要約	52

練習問題	53
ケース3	53
ケース4	54
ケース5	55
ケース3, 4, 5の解答	56

第3章
状況関連ストレス　58

状況ストレスに関連するロールシャッハの変数	58
検討事項の要点	59
二つのDスコアに差がある場合の基本的仮説	61
検討前のチェック	61
解釈の手順	62
ステップ1：D, EA, es, Adj es, 生活歴（該当する場合）	62
ステップ2：Adj D － D	64
ステップ3：mとSumY	65
ステップ4：Adj D, D, SumT, SumV	66
ステップ5：Dスコア	68
ステップ6：mまたはYによって生じているブレンド	70
ステップ7：色彩濃淡ブレンド（Color Shading Blends：Col-Shad Bl）	72
状況ストレスに関する所見の要約	74
練習問題	75
ケース9	75
ケース10	77
ケース9, 10の解答	80

第4章
感　情　81

感情に関連するロールシャッハの変数	81
検討事項の要点	82
解釈の手順	86
ステップ1：DEPIとCDI	87
ステップ2：EBとラムダ	89
ステップ3：EBPer（EB Pervasive：体験型の固定度）	95
ステップ4：eb右辺の値	97

ステップ 5：SumC'：WSumC ……………………………………………… 100
ステップ 6：Afr（Affective Ratio；感情の比率）……………………… 101
ステップ 7：知性化指標（Intellectualization Index：Intellect）……… 104
ステップ 8：CP（Color Projection：色彩投影）……………………… 105
ステップ 9：FC：CF＋C ………………………………………………… 106
ステップ 10：Pure C（純粋色彩反応）………………………………… 110
ステップ 11：S（Space Responses：空白反応）……………………… 111
ステップ 12：ブレンド，EB，ラムダ ………………………………… 113
ステップ 13：状況ストレスに関連したブレンド …………………… 116
ステップ 14：普通でない複雑さ ……………………………………… 116
ステップ 15：色彩濃淡ブレンド（Color Shading Blends：Col-Shad Bl）… 117
ステップ 16：濃淡ブレンド …………………………………………… 119

感情に関する所見の要約 …………………………………………………… 119

練習問題 ……………………………………………………………………… 122
ケース 14 …………………………………………………………………… 122
ケース 15 …………………………………………………………………… 125

ケース 14，15 の解答 ……………………………………………………… 127

第5章
情報処理過程 ……………………………………………………………… 129

情報処理過程に関連するロールシャッハの変数 ……………………… 130
検討事項の要点 …………………………………………………………… 130

解釈の手順 …………………………………………………………………… 134
前もって検討すべき項目（EB，ラムダ，OBS，HVI）……………… 134
ステップ 1：Zf …………………………………………………………… 135
ステップ 2：W：D：Dd ………………………………………………… 136
ステップ 3：領域継列 …………………………………………………… 139
ステップ 4：W：M ……………………………………………………… 142
ステップ 5：Zd …………………………………………………………… 144
ステップ 6：固執反応（PERSEVERATION：PSV）………………… 146
ステップ 7：発達水準（DQ）の分布 ………………………………… 147
ステップ 8：発達水準（DQ）の継列 ………………………………… 151

情報処理過程に関する所見の要約 ……………………………………… 153

練習問題 ……………………………………………………………………… 154
ケース 19 …………………………………………………………………… 154
ケース 20 …………………………………………………………………… 156

ケース 19，20 の解答 ･･･ 158

第6章
認知的媒介 ･･･ 159

反応過程と認知的媒介 ･･ 159
重要な手がかり最小情報（CRITICAL DISTAL BITS） ･･････････････････ 160
平凡反応 ･･･ 160
重要な最小情報の競合（COMPETING CRITICAL BITS） ････････････ 161
手がかり特徴の影響力 ･･ 161
形態水準表 ･･･ 162
意志決定としての反応 ･･･ 164

認知的媒介に関連するロールシャッハの変数 ･･････････････････････････････ 164
検討事項の要点 ･･ 164

解釈の手順 ･･･ 166
前もって検討すべき項目（R，OBS，ラムダ） ･････････････････････････ 167
ステップ1：XA％およびWDA％ ････････････････････････････････････ 167
ステップ2：無形態反応（FQxnone） ･･･････････････････････････････････ 171
ステップ3：X－％，FQx－，FQxS－，Dd領域のFQ－ ･･････････････ 172
ステップ3a：同質性の問題 ･･･ 175
ステップ3b：マイナス反応の歪曲レベル ･･･････････････････････････････ 179
ステップ4：平凡反応 ･･ 182
ステップ5：FQ＋ ･･ 184
ステップ6：X＋％とXu％ ･･ 185

認知的媒介に関する所見の要約 ･･ 189

練習問題 ･･･ 189
ケース21 ･･ 189
ケース22 ･･･ 192

ケース21，22の解答 ･･･ 194

第7章
思　考 ･･ 195

思考に関連するロールシャッハの変数 ･･････････････････････････････････････ 195
検討事項の要点 ･･ 196

解釈の手順 ･･･ 198
ステップ1：EBとラムダ ･･ 198

ステップ2：EBPer ……………………………………………………… 203
　　　ステップ3：a：p ………………………………………………………… 204
　　　ステップ4：HVI, OBS, MOR …………………………………………… 205
　　　ステップ5：ebの左辺（FM, m） ……………………………………… 208
　　　ステップ6：Ma：Mp ……………………………………………………… 211
　　　ステップ7：知性化指標 ………………………………………………… 213
　　　ステップ8：Sum6とWSum6 …………………………………………… 214
　　　ステップ9：重要特殊スコアの評価 …………………………………… 219
　　　ステップ10：Mの形態質 ……………………………………………… 222
　　　ステップ11：M反応の質と所見の要約 ……………………………… 224
　　　ケース16　M反応 ……………………………………………………… 225
　　　ケース17　M反応 ……………………………………………………… 227
　　　ケース18　M反応 ……………………………………………………… 227
　認知的操作に関する所見の要約 …………………………………………… 229
　練習問題 ………………………………………………………………………… 232
　　　ケース23 ………………………………………………………………… 232
　　　ケース24 ………………………………………………………………… 235
　　ケース23，24の解答 ……………………………………………………… 237

第8章
自己知覚 …………………………………………………………………… 238

　自己知覚に関連するロールシャッハの変数 ……………………………… 239
　　　検討事項の要点 ………………………………………………………… 240
　解釈の手順 …………………………………………………………………… 244
　　　ステップ1：OBSとHVI ………………………………………………… 244
　　　ステップ2：反射反応 …………………………………………………… 246
　　　ステップ3：自己中心性指標 …………………………………………… 247
　　　ステップ4：FDとSumV ………………………………………………… 249
　　　ステップ5：An＋Xy …………………………………………………… 252
　　　ステップ6：Sum MOR …………………………………………………… 253
　　　ステップ7：人間反応のコーディング ………………………………… 255
　　　ステップ7a：H：(H)＋Hd＋(Hd) ……………………………………… 255
　　　ステップ7b：人間反応のコーディング ……………………………… 258
　　　ステップ8：投映された内容の吟味 …………………………………… 261
　ケース25の検討 ……………………………………………………………… 264
　　　ステップ8の要約 ………………………………………………………… 272

ケース 26 の検討	272
ステップ 8 の要約	279
ケース 27 の検討	279
ステップ 8 の要約	287
自己知覚に関する所見の要約	288
ケース 25	288
ケース 26	289
ケース 27	289
練習問題	290
ケース 28	290
ケース 28 の解答	294

第9章
対人知覚と対人行動　　295

対人知覚に関連するロールシャッハの変数	296
検討事項の要点	296
解釈の手順	297
ステップ 1：対処力不全指標（Coping Deficit Index：CDI）	297
ステップ 2：HVI（Hypervigilant Index；警戒心過剰指標）	299
ステップ 3：a：p の比率（active：passive ratio）	300
ステップ 4：食物反応	301
ステップ 5：SumT	302
ステップ 6：人間反応の和（Sum Human Contents）と Pure H（純粋人間反応）	305
ステップ 7：良質人間表象（Good Human Representation：GHR）と 　　　　　　　貧質人間表象（Poor Human Representation：PHR）	308
ステップ 8：COP と AG	311
ステップ 9：PER（Personal Responses；個人的反応）	315
ステップ 10：孤立指標	316
ステップ 11：ペアを伴う M と FM	317
対人知覚と対人行動に関する所見の要約	319
ケース 25	319
ケース 26	319
ケース 27	320
練習問題	321
ケース 29	321

ケース29の解答 ………………………………………………………… 323

第10章
最終所見 ……………………………………………………………… 324

自殺の可能性（S-CON；Suicide Constellation） ……………… 325
S-CONの解釈 …………………………………………………… 325
知覚と思考の指標（Perceptual-Thinking Index：PTI） ……… 326
PTIを解釈する ………………………………………………… 327
ケース30：最終所見を作成する ……………………………… 328
S-CON …………………………………………………………… 333
感情 ……………………………………………………………… 335
統制と状況ストレス …………………………………………… 335
自己知覚 ………………………………………………………… 336
対人知覚 ………………………………………………………… 336
情報処理過程 …………………………………………………… 337
認知的媒介 ……………………………………………………… 337
思考 ……………………………………………………………… 337
最終所見と指針 …………………………………………………… 338
最終コメント ……………………………………………………… 340

あとがきに代えて ……………………………………………………… 343
あとがき ………………………………………………………………… 346

表一覧

表1	心理学的特徴に関連するクラスター	28
表2	クラスターの変数を検討する順序	30
表3	鍵変数による解釈手順の戦略	34
表4	第三の変数に基づいた検索戦略	35
表5	EA－es からDスコアへの換算表	53
表6	7グループごとのAfrの平均域	102
表7	図版および領域ごとのWとDの普通（o）項目	163
表8	反応数と反応スタイルにより区分した500人の非患者群における，人間反応の分類ごとの平均値および頻度	257
表9	反応数と反応スタイルによって細別した500の非患者データに基づく，人間反応の和の期待値とPure Hの平均値	306
表10	人間表象反応を良質人間表象（GHR）と貧質人間表象（PHR）に分類するためのアルゴリズム	309
表11	PTIを構成する変数と基準	327

ロールシャッハの解釈

第1章
全体のガイドライン

　ロールシャッハの解釈にはいくらか単純な部分もあるとはいえ，全体の解釈過程はおよそ単純なものでも機械的なものでもない。逆に複雑で労力を要するものである。意味のある結論を導くためには，解釈する際に論理的な概念の枠組みをもち続ける必要があるために複雑となる。また，常にデータが完全なものであるかを吟味する必要があるために，解釈は労の多いものとなる。裏を返せば，組織立ててデータを探求し，結果を概念的にまとめあげることができるならば，解釈の手順を学習することは難しいものではない。ただし，以下の三つの基本をあらかじめ学んで準備ができていればの話である。

基本的準備

　まず，人について，そしてパーソナリティについての十分な理解が必要である。これは，ロールシャッハのデータをある特定のパーソナリティ理論に直接あてはめて解釈するという意味ではない。おそらくそうすることは誤りである。ロールシャッハに基づいた結論は，パーソナリティについてのどのような理論に翻訳することも可能である。しかしそうする前にまず，妥当性に基づいた所見に一致させながらデータを解釈する必要がある。

　解釈は，常にその人を**特有の**（unique）個人として理解することから始められ，別な言い方をするならば，まったく同じ人は二人といないということを解釈者がわかっていれば，思考，感情，自己知覚，統制などの特徴を結果としてまとめる際に，自ずとその被検者の個性を最大限強調しようと努めることになるというわけである。

　ロールシャッハ解釈に必要な第二の準備は，精神病理や不適応についての実用的で役に立つ知識を持っていることである。これは決して単純に診断名を知っているか否かという意味ではない。ましてや，資質や長所と不足や短所は，**正常**と**異常**の概念を基準に用いれば識別できる，などという単純な考えのことを言っているのでもない。むしろ，性格特徴がどのように弱点となり得るかとか，さまざまな弱点の組み合わせがいかに精神内界や外界の不適応を産むのかということ，これらを正しく認識することによって，精神病理や不適応についての役に立つ理解が引き出されるのである。

　第三番目の準備は，解釈をする者がとにかくこのテストそのものについてわかっているということである。このテストはたった10枚の図版でできている。標準的なやり方で施行したと

すると，それは被検者に順々に問題解決場面を提供し，一連の反応を引き出すことになる。この反応をコードしたり，スコアして，順に集め，さまざまな計算式に掛けると，相互に関係のある三つのデータが得られる。その三つとは，（1）反応するときや検査者の質問に答えたときに被検者が使った言葉づかいの記録，（2）反応の内容をコーディングやスコアリングをして継列にしたもの，（3）少なくとも100変数から引き出される60以上の変数，比率，パーセント，指標のデータの頻度を構造的に図解するもの，である。これら三つのデータ・セットがテスト解釈の実体となり，個人の心理について妥当性があって役に立つ描写をするための十分な情報を提供する。

ロールシャッハの有用性

なぜわざわざロールシャッハを使うのだろう。他にも妥当性があって人々について役立つことがわかる多くのアセスメントの方法がある。一方，ロールシャッハによってわかることはかなり包括的であるとはいえ，間接的な行動（図版に対する反応）のサンプルを基にしたものに過ぎない。それゆえに結果は推論に過ぎないのではないだろうか。こうした推論に基づいた描写は，よくできた面接や，他の心理テストの結果や，親しい身内の人の観察報告よりもどれほどの価値があるといえるのだろうか。

これについて答えることは，ロールシャッハ信奉者が想像するほど簡単なことではない。実際，ロールシャッハの結果は，場合によってはほとんど役に立たないこともある。このような例としては，アセスメントする側や，照会する側が，ある症状に対する最も適切な治療法は「一つしかない」と固く思い込んでいるような場合があげられる。他には，アセスメントの目的が診断名をみつけるためである場合があろう。ロールシャッハの結果がこれらの判断に貢献しないとも限らないが，これは時間のかかるテストなので，「ラベルづけ」をするためなら他のアセスメントの方がよほど効果的であろう。

ロールシャハの解釈が最も役立つのは，治療選択のためにある人を**個人として**理解することが不可欠となる場合，あるいはその人に関するその他の重要な決定が必要とされる場合である。適切にロールシャッハが使われたならば，アセスメントの道具として，このロールシャッハほど個人のユニークさをとらえられるものはない。なぜならば，ロールシャッハ反応は比較的広範囲の心理学的経験や心理学的作用の賜物だからである。

ロールシャッハ反応を生み出すのと同じ機能や経験が他の行動も作り出すが，それは友人や親戚が観察したり，面接を行えばわかることである。ある人の行動について，身近な人の観察報告や時間をかけた面接の結果はそこそこ正しいとしても，たいていそのような描写報告には観察した行動を作り上げている心理学的機能についての情報は含まれない。ロールシャッハにはそのような情報が含まれている。

ロールシャッハ課題は，普通とは異なった状況，つまり図版を見るという条件下で次々と意

思決定するのを促すものである。多くの心理学的特徴が，この意思決定の場面で活躍する。すると，反応にはその人の日常生活での意思決定のいつものやり方が反映される。これらの特徴は必ずしも日常の行動の観察では明らかになりにくいものである。なぜならば，観察が焦点をあてている行動は，心理学的プロセスの結果として得られる**産物**だからである。ロールシャッハの結果は主に行動を生み出すプロセスを反映している。

このような意味で，ロールシャッハの解釈は，ある人の心理学的仕組みや，機能に焦点を当てている。つまりロールシャッハは，ある人の行動よりも，その個人のパーソナリティや心理学的構造を強調するものである。これによってもたらされる情報は，症状を特定するために使われる以上のもので，同じ症状を示していても異なった病因を持つ人々を区別することのできるものである。なぜわざわざロールシャッハを使うのか。固有の心理学的存在として個人の姿を描き出すことによって，治療選択やその他の重要な決定に関して，その個人の福利に貢献できるとすれば，たった数時間で施行して，スコアし，解釈できるこのテストは骨を折るかいがあるものだからである。

解釈のためのガイドライン

解釈者が解釈の手続きと目的をしっかりと把握していれば，解釈のプロセスは比較的簡単である。この基本が理解されていると，間違った仮説や正しくない結論に導くようないくつもの落とし穴をうまく避けることができる。いくつかの要因がここに含まれるがそれぞれは何らかの意味で，情報をまとめるということにつながっている。それは，テスト状況の性質を理解しているということも含んでいるし，手続きに従って検討したデータを統合できる能力（sense），出来上がった仮説からある原則を導き出す能力（sense）も含んでいる。

被検者とテスト状況

解釈者が被検者について，またテストに関わる状況についてはっきりした情報をつかんでいると，解釈は容易である。完全なブラインド・アナリシス（めかくし分析）は大学での学習教材としては興味深く，それなりに妥当な結果が得られるかもしれない。しかし実際のアセスメントでは，患者についての年齢や性別，婚姻状況，教育歴などのいくつかの基本的な情報と，テスト状況に関する情報が枠組みとなって，結果を意味あるようにまとめやすくするのである。

時には，テストが施行された状況によって特別な動機づけの構えが作られ，何を報告するかの反応選択に影響したり，反応の説明のやり方に影響したりするかもしれない。ここで言いたいのは，被検者の動機づけや構えがテスト・データを著しく変化させるということではない。そのようなことはめったに起こらない。むしろ言いたいのは，被検者がテストを受けた時に持ちうる構えを解釈者が感知できていることが，解釈をする上で得られた結果をはっきりさせる

ためには重要だということである。

たとえばロールシャッハは，被検者が問題を解決できないために混乱していたり，不快を経験している状況で施行されることが多い。このような状況でロールシャッハを受けるほとんどの成人は「用心しながら心を開く」のが常で，そのためにかえってテスト状況やテストそのものからあまり大きな影響を受けないかもしれない。その状況がアセスメントの一環であることが伝えられている場合は特にそうである。しかし，おかれている状況からして，テストやテスト状況に対する構えが，援助を求めてくる成人患者とは異なる場合もある。

問題を抱えた子どもがその例である。子どもたちはテストに対して概して問題を抱えた成人よりも防衛的である。状況に対する不信感や恐怖感がそうさせるのであろう。この防衛的な態度はテスト・データに，型にはまった現象となって現れる。そうなると，解釈をする時に，この型にはまった特徴が状況因によるものなのか，心理学的構造の核心的な要素なのかを判断するのは難しい。

同様に，殺人で起訴されている人が，責任能力なしと宣告されるのを望んでテストを受ける時の構えは，職場での昇格のためにテストを受ける状況とはまったく異なったものとなるであろう。前者は，過剰な説明をする反応になりがちであるのに比べて，後者はかなり用心深く，慣習的であろうと努力する。また，心的外傷を受けたために法廷で争うことになった個人は，子どもの監護権を争う親とはまったく異なったテストに対する構えを持つはずである。

テストに対するこのように異なった構えが，データ全体を本質的に変えることはない。しかし，ロールシャッハ反応のすべてのデータが変化しないパーソナリティ特徴を表しているわけではない。時に人は，ある状況下ではいつもとはまったく違った行動をとることがある。まさに，解釈者はこのような違いを逃さずにみつけられなければならない。

これまでに積み上げてきた研究結果に基づけば，状況によるあるいは一過性の特徴と，より長期にわたって安定しているその人の心理的な特徴とを区別して解釈することが可能である。しかし確信を持ってこの区別をするためには，解釈者はテストにいたるまでの事情や周囲の状況についてわかっていることが**必須**である。

偏差の原則

解釈の過程は分子のレベルを検討するような，細かなやり方で始められる。つまり，クラスター内の変数の各データは単独で検討した上で，他のいくつかの変数と関連させて検討していくのである。このような分子のレベルで検討するようなやり方をしていると，単純に数字そのものに語らせるような仮説に陥ってしまいかねない。この方法は**偏差の原則**から発展してきたものである。つまり，ノーマルの結果を基準に作った期待値と比べると，もろもろのデータはかなり異なっているだろうというものである。

テスト・データの解釈の仮説を立てるために偏差を用いるのは，基本的に科学的なアプローチである。特にロールシャッハの解釈のためにはたいへん価値がある。しかしこれはまた，単

純化しすぎた，間違った解釈結果を導きかねない手続きでもある。ある変数が偏っていることがわかると，時期尚早に結論を出したくなるのも確かである。

　たとえば成人のプロトコルでその構造一覧表の結果に4個のCOP反応があったとする。非患者成人の中央値と最頻値と比べればこれはかなり多いと考えられる。一般にCOP反応は好ましいものと考えられている。まして一つの記録に4個もあれば，どんな解釈者でも，その被検者は他者と関わることをポジティブに受け止めていて，容易に関わりがとれる人だという仮説を立てるだろう。その仮説は正しいかもしれないが，**正しくないかもしれない**ので確かで動かぬ結論と考えない方がよい。

　偏差値を過信する解釈者を理解できないわけではない。一般によくあるのは，出版されているノーマル・データを頼りにし過ぎる場合である。テスト・データを利用し，理解するためにはこのノーマル・データはもちろん重要である。賢く用いれば，解釈の助けになる。まさにこのデータに基づいて，個人に特有な特徴が浮き彫りになるからである。しかし，単純に，よく考えず，型通りに使われるなら，解釈仮説を間違った方向に導くことになるだろう。

　ノーマル・データを誤用し，偏差値を狭い意味で，型通りに使うやり方は，多くのロールシャッハ変数についての妥当性研究によって助長されている。それらの研究では，それぞれの変数は別々の特徴と関連していると考えている。このような考えによれば，変数は一つの脈絡だけで解釈される。こうした考えにはまって，心理学的な特徴と作用の間の多くの相互関係を無視してしまう解釈者も残念ながらいないわけではない。

　このような相互関係を無視して，たった一つの変数から解釈仮説が立てられるならば，必ず間違いが起こるはずである。なぜならば，このような解釈戦略は偏差にのっとった仮説がそのまま使えるのか，使えないのか，あるいは修正する必要があるのかを示唆する補足データを無視することになるからである。つながりのない仮説は必然的につながりのない人物像を描くことになる。どんなによくても，人物の全体像をとらえ損ねることになりかねないし，悪くすると誤解をまねくおそれのある，歪んだ結論をもたらすことになる。

　先に挙げた例のように，4個のCOP反応があると，その人は人々との関わりをたいへん肯定的にとらえ，人付き合いのうまい人物であると考えたくなるものである。このような仮説はCOP反応についての結果の一部には合致している。しかし，もし次のようであればどうだろう。(1) 4個のCOP反応のうち3個は攻撃的反応AGである，(2) 4個のCOP反応に$M-$反応が2個ある，(3) すべての人間反応内容が(H)や(Hd)である。明らかに，これらの追加データは，初期の仮説を否定するものである。4個のCOPがあること事体は重要であるが，この点について論理的な仮説を立てる前に，他のいくつかのデータを検討する必要がある。

　有能な解釈者であれば，偏差所見を賢く利用し，未熟な結論を引き出すことを避けようとするはずである。偏差に基づいた仮説は，このテストの他のデータから得られる仮説と同じで累積されていく。データの全体像をまとめながら，所見を積み重ねていくと，解釈の初期段階で立てられた単純な仮説が少しずつ広がりをもって，よりはっきりしたものになり，最後にはテ

ストを受けた個人についての個性（uniqueness）をつかむことになるのである。

データが完全なものであるか確かめる

解釈者は常にデータが完全なものであるかどうかに関心を払う必要がある。解釈の過程で，はたしてプロトコルは正確に言葉どおりに記録されているのか，反応のコードは正しいのかといった疑問を持ちつづけるべきである。

このような関心は構造一覧表を検討する際にはとりわけ重要となる。構造一覧表のデータは，一つ一つの反応のコーディングから引き出されたものであるために，その判断の正しさに依存しているからである。反応が正確にコーディングできているか，スコアの継列を正しく並べているか，データの頻度を間違いなく記録しているか，そしてさまざまな指標，割合，変数が正しく計算できているか，などの基本的な重要性に解釈者が気づいていることが肝心である。つまり，的を射た疑いは解釈のプロセスの大事なポイントとなるのである。

起こってはならない類のミスもある。検査者は必ず被検者の言語表現を逐語記録に残さなければ**ならない**。同様に，スコアを反応が起こった順に集めること，頻度を正確に記録し，さまざまな計算式を正確に完成することについてもミスがあってはならない。これら以外のミスも望ましくはないが，起こりうる。それは，反応をコードしたりスコアする時の過ちである。この種の過ちは，どんなに用心深い検査者であっても時にするかもしれない類のものである。

スコアリングやコーディングの過ちは，付け落としか付け過ぎのどちらかで起こる。経験豊かなスコアラーにありがちなのは付け落としである。たとえば，複雑なブレンド反応に決定因子を落とすとか，ペアを付けそこねたり，平凡反応を忘れたり，二つ目の反応内容をコードしそびれるなどである。

経験の浅いスコアラーも付け落としをするが，それよりも付け過ぎの過ちの方が多い。たとえば，ステップダウンの原則を無視して CF とすべきところを C としたり，被検者の意図をはっきりつかめない場合は Y とコードすべきところを C' にしたり，間違った Z スコアを選ぶとか，返答は明らかに FD なのに V をコードしたり，おかしな論理や，変わった言葉を含む返答に間違ったスペシャル・スコアを選ぶなどである。

幸いにも，構造一覧表は豊富なデータから作られるので，スコアリングの間違いは望ましくないものの，一つや二つの間違いで構造データの**解釈上の意味**が変わったりはしない。なぜならば，スコアリングの間違いが，頻度や，割合，指標などの評価を劇的に変えたり，関連する解釈仮説や引き出される解釈仮説を変えたりしないからである。しかし，たった一つの間違いが解釈の本質にインパクトを与える場合ももちろんある。

たとえば，図版Ⅵの平凡反応にあるはずの FT か TF をコードしそこなったとすると，構造データは $T=0$ を示す。T の値が 0 になるのは期待されないことなので，対人関係のクラスターに重要な意味をもたらす。T はまた，es や $Adj\ es$ に関与する変数でもあり，さらには D スコアとも関わる。つまり，たった一つの間違いが，場合によっては解釈仮説を作る段になって，

将棋倒しのように次々と誤りを導かないとも限らないのである。次の図版Ⅰについての例を考えてみよう。

反応段階	質問段階
はりつけの柱に縛りつけられた女の人のよう。周りは煙だらけ。	E：（被検者の反応を繰り返す） S：真ん中にいて，手を上にあげています。ここが暗くて，まるで彼女の周りに煙が上がっているようです。 E：煙が上がっている？ S：上に向かって漂っている，煙は火から出ていて，ここに立っていて，どうすることもできなくて，ジャンヌ・ダルクみたい。火は見えていません。煙だけです。

　この反応のほとんどのコーディングは単純明快である。しかし，はっきりしない言い回しがあるために被検者の意図が不明確となり，二つのうちどちらのスコアリングがいいのか迷いが生じる。ここでは「暗い」という言葉が使われていて，YFとするのか$C'F$が正しいのか迷う例である。正しいスコアリングはこのようになるだろう。

$$W+ \quad M^p.m^p.YFu \quad H,Fi,Ay \quad 4.0 \quad MOR$$

スコアラーによっては，もしも明るい暗いという言葉が用いられてもその意図がはっきりしない場合は濃淡拡散反応をコードするのが適切である，というルールを無視して，YFの代わりに$C'F$を選ぶかもしれない。仮にこの誤りが，以下に示す**正しい構造一覧表**に起こったとしよう。

```
EB  = 5:2.5   EA      = 7.5              FC:CF+C   = 3:1
eb  = 6:5     es      = 11    D    = -1  SumC':WSumC = 2:2.5
              Adj es  = 10    Adj D=  0
FM  = 5       C'      = 2     T    = 1
m   = 1       V       = 0     Y    = 2
```

たった一つの間違いがこれらの数値のいくつかを変化させることになる。変化した変数に下線を引いて以下に示す。

```
EB  = 5:2.5   EA      = 7.5              FC:CF+C   = 3:1
eb  = 6:5     es      = 11    D    = -1  SumC':WSumC = 3:2.5
              Adj es  = 11    Adj D= -1
FM  = 5       C'      = 3     T    = 1
m   = 1       V       = 0     Y    = 1
```

正しいデータ・セットを解釈する

反応が**正しく**スコアされたならば，データ・セットから次のことが仮定できる。まず，Dスコアの－1とAdj Dスコアの0は，*EA*を考慮すると，状況ストレスの存在によって，過負荷状態が生じていることを示している。次に，Dスコアはマイナスなので，この過負荷状態は衝動性の可能性をもたらしている。

第三に，*EB*（5：2.5）は内向型なので，この衝動性は思考に影響するはずである。つまり，思考は明確さを欠き，断片的で，判断は熟慮を欠いて性急になされる。これらの仮説は他の結果をみながら慎重に評価する必要はあるが，おそらく状況ストレスについての介入を考える際にはその基礎となるだろう。

正しくないデータ・セットを解釈する

正しくないデータ・セットから得られた解釈仮説はこれとは異なったものとなる。状況ストレスについて指摘すべきことはない。代わりに，Dスコアが両方とも－1なので，過負荷状態は状況によるというよりは，慢性的な事態と仮定できる。そのためにストレス耐性が低くなり，複雑な状況や難しい状況では効果的に機能しにくくなっている。また思考や行動が衝動的になりやすいのは明らかである。

*C'*反応の数が増えていることと，*SumC'*：*WSumC*の左辺が高くなっていることを*EB*（5：2.5，内向型）に関連させて考えると，感情を表現することに過度に用心深くなったり，感情を内にこもらせてしまう傾向が，この過負荷状態の源になっているという仮説が立てられる。感情表現を避ける傾向や感情を腹にため込むことは相当な不快感となっており，緊張や不安，場合によっては抑うつをもたらすかもしれない。

ここからさらに論理をすすめていくと，このような感情の萎縮や感情を内にこもらせる傾向は，特にストレス耐性の観点から考えるならば，身体症状が発展する土台になる，と記述することになるかもしれない。間違った仮説であれば，それを他のデータに照らしていくら慎重に評価したとしても，最終所見としては，感情を扱うのに慢性的な困難があることに焦点を当てた介入を勧めることになってしまうだろう。

かろうじて引き出された結果について

データから**かろうじて**引き出された重要な結果について，特に気をつけなければならない。たとえば，先の正しいデータ・セットの場合ならば，2個ある*Y*反応のうちどちらかが間違って*Y*とコードされていたとすればAdj Dスコアはマイナスだったかもしれない，とすぐに気づくことが重要である。いわば，Adj Dは「かろうじて」0になっているということである。

同様に，正しくないデータ・セットでは，ぬかりない解釈者であれば，*EA*が1ポイント高いか，Adj *es*が1ポイント低いとAdj Dスコアが0であったことに注目するであろう。さらに，重要に見える*SumC'*：*WSumC*も，左辺が高いといってもわずか0.5ポイントの差であることに注意するであろう。このようなわずかな差に気づいていればこそ，解釈者はこれらの変数を

含む反応のスコアリングをチェックすることができるのである。

　正しくないデータ・セットの例をチェックするとしたら，まず *EA* の値に焦点を当てる。特に4個の有彩色スコアのコードを確認する。はたして正しくコードされているかどうかである。*FC* の一つが *CF* とコードされるべきであれば，*SumC'*：*WSumC* の解釈が変わる。もし，二つの *FC* が *CF* とコードされるのであれば，両方の D スコアに変更が生じる。逆に，もし *CF* とコードされた反応が *FC* であれば，D スコアの所見も，*SumC'*：*WSumC* から引き出される所見もより確かなものとなる。

　かろうじて引き出された結果について次に注意を要するのは，灰・黒色と濃淡をコードした反応である。ここでは，材質反応を確かめて正しく *T* がコードされているか，*Y* になっていないかをチェックする。同様に3個の *C'* 反応と，*Y* 反応を調べて本当は *C'* 反応ではなかったかを確認する。先の例のように，*C'* 反応が間違ってコードされていたとすれば，ここでその間違いがチェックでき，それに従ってデータを直して先に立てた仮説を変えることができる。

　プロトコル中の反応のコーディングをいくつか確かめる作業は，それほど時間をとるものではない。おそらく経験のあるロールシャッカーであれば数分ですむであろうし，初学者でもそれほど長くはかからないはずである。最善を望むならば，解釈に進む前にすべての反応のコーディングを見直すのがおそらく賢明であろう。必ずしもすでにコードしてあるものを一々疑う必要はないが，付け落としや，付け過ぎがないか確かめてみるのがよい。

　どんなに経験を積んだロールシャッカーであっても，自分のスコアリングに自信を持ち過ぎるべきではない。テストを施行しスコアする人と解釈をする人が同じでない場合は，すべてのコーディングを見直すのは特に重要なことである。このように注意深く見直しをしていくと同時に，プロトコルの明確さを査定したり，質問段階で余計な質問をしていないか注意を払ったり，ロケーション・シートをちゃんと役立てているか確認することもできる。

　各反応が順番に反応の継列としてまとめられたか，各種の比率やパーセントなどの必要な計算が正確かどうかといった疑問は，解釈過程でも持ち上がるはずである。解釈では，逐語記録や反応の継列，そして構造一覧表に何度も目を移すことになる。

　このように異なる資料を見なければならなくなるのは，どこに平凡反応が出たのか，S 反応はどこにあるのか，反射反応の反応内容は何なのか，スペシャル・スコアの DR はどのような性質のものかなどの疑問に答えるためである。このような疑問は解釈に磨きをかけるのに役に立つばかりでなく，解釈のための前提が狭すぎる，固定したものにならないように確かめる機会となる。

クラスター解釈

　ほとんどのテスト・データはクラスターにまとまる。それを表1に示した。最初の七つのクラスターは人についての基本的な特徴と関連しているので，各データは解釈過程で必ず検討す

表1　心理学的特徴に関連するクラスター

要素または機能	変数
感情的特徴	DEPI, CDI, EB*（外拡型）, ラムダ, EBPer, eb（右辺の数値 [SumC′ + SumT + SumV + SumY]）, SumC′：WSumC, Afr, 2AB +（Art + Ay）, CP, FC：CF + C, Pure C（頻度と質）, S, ブレンド, 色彩-濃淡ブレンド, 濃淡ブレンド
統制力とストレス耐性	Dスコア, Adj Dスコア, CDI, EA (SumM, WSumC), EB, ラムダ, esとAdj es (FM, m, SumT, SumV, SumC′, SumY)
認知的媒介	R, ラムダ, OBS, XA%, WDA%, X-%, FQ-, S-（マイナス反応の同質性と歪みのレベルを検討する）P, FQ+, X+%, Xu%
思考	EB*（内向型）, ラムダ, EBPer, a：p, HVI, OBS, MOR, eb（左辺の数値 [FM + m]）, Ma：Mp, 2Ab +（Art + Ay）, Sum6, WSum6, 六つの特殊スコア, MQ, Mの質
情報処理過程	ラムダ, EB, OBS, HVI, Zf, W：D：Dd, 反応領域の継列, W：M, Zd, PSV, DQ, DQ継列
対人知覚と対人関係	CDI, HVI, a：p, Fd, SumT, すべての人間反応, H, GHR, PHR, COP, AG, PER, 孤立指数, ペアになっている運動反応の内容
自己知覚	OBS, HVI, Fr + rF, 3r +(2)/R, FD, SumV, An + Xy, MOR, Pure H：Pure H以外, 人間反応内容のコーディング, マイナス反応やMORや人間反応や運動反応の内容
状況関連ストレス	Dスコア, Adj Dスコア, EA, EB（0の有無）, m, SumY, SumT, SumV, ブレンドの複雑さ, 色彩-濃淡ブレンドと濃淡ブレンド（mとY）, Pure C, M, M-, 無形態M

注：EBが対処様式として意味を持つのはEAが4以上の時に限られる。またEAが10以下であればEBの両辺の差は2ポイント以上なければならないし，EAが10を超える場合は両辺の差は2.5ポイント以上なければならない。

る。8番目のクラスターのデータは状況関連のストレスであり，このクラスターはテスト結果に状況関連ストレスが確認できた場合にのみ検討する。いくつかの変数は二つ以上のクラスターにわたって意味がある。それはこれらの変数がいくつかの心理学的な特徴や作用と関連し得るからである。

たとえば，マイナス反応は認知的媒介と自己知覚の両方に関連する。また，運動反応のあるものは，自己知覚と対人知覚の両方に関わる。高いラムダの値は，統制や感情，情報処理，認知的媒介そして思考の所見に関連するし，警戒心過剰指標が該当する場合は，情報処理活動や思考，自己知覚や対人知覚に関わってくる。

ある変数がいくつかのクラスターにまたがってあるからといって，それがどのクラスターにも重要な意味をもたらす情報であるとは限らない。

たとえば，MORの値が0か1の時，自己知覚に関するデータを評価する時にはその結果は

意味があり重要でも，思考について検討する際には何も意味はない。逆にMORの値が3の時には，解釈する時にこのデータを2回利用する。最初に自己イメージの否定的な特徴を調べ，次に思考活動を評価する時に再び検討する。それは，MORの値が高くなるのは自己に対して否定的な態度をとる傾向があり，その結果悲観的な構えを造り，それが思考にも強く影響するからである。

このように，ある変数があるクラスターの結果に貢献するのは，その変数の値が逸脱した場合に限られるかもしれない。一方，その同じ変数が他のクラスターではその値がいくつであるかにかかわりなく常に重要な意味を持つ場合もある。

組織的に進める

当然のことながら，解釈の際にはロールシャッハ・プロトコルのテスト・データのすべてを考慮する。それらは**構造データ**と，**スコアの継列**そして**逐語記録**の三つのグループにまとめられる。精神測定の本質からすると，構造データがロールシャッハの「客観的なデータ」であり，基本的解釈仮説を立てるのに最も有用な情報を提供してくれるものと考えられる。しかしその仮説のあるものは，あまりにも一般的であったり，狭い見方であったり，誤解を導くものであったりするかもしれない。構造一覧表の変数を検討する際にはこの問題がよく持ち上がる。そのために，次の構造変数に進む前に，継列や言語表現の記録に戻ってみることが必要となるのである。

表2には，各クラスターのデータをどのような順番で検討するのかが示されている。一つのデータ・グループから別のデータ・グループへ移るのは組織的な解釈手順に沿っている。しかし場合によっては，解釈上何らかの不明瞭な結果に直面したときには，一つのグループのデータから別のグループのデータに目を向ける。

一つのデータ・グループから他へと柔軟に目を向けることは，テストから包括的で意味のある解釈を得るためには必須のことである。たとえば，継列の特徴は，構造データから展開してきた仮説を点検したり，明確化したり，膨らませたりするための情報を提供してくれる。時には，めずらしい継列を見つけて，新しい仮説が立つこともあるかもしれない。同様に，言語表現の記録は，仮説を明確化したり，新たな仮説を発展させたりするのに豊かな情報源となる。

基礎としての予備的仮説

解釈は分子構造を組み立てて全体像を作り出すようなものである。各クラスターのさまざまな構成要素を概観するといくつかの仮説が作り上げられる。たいてい最初はその仮説も単純で一般的なものであるが，解釈のステップが進むにつれて仮説が追加され，検討している特徴について少しずつより的確な表現が当てはめられるようになる。時には，解釈手順のあるステップから得られた仮説が，他で得られたのと異なるように見えることもあるが，他の仮説と合わないからというだけの理由で捨ててしまっていい仮説は一つもない。むしろ，このような明ら

表2　クラスターの変数を検討する順序

統制力とストレス耐性
ステップ1　Adj D および CDI
ステップ2　EA
ステップ3　EB およびラムダ
ステップ4　es および Adj es
ステップ5　eb

状況関連ストレス
ステップ1　D スコア（es および Adj es との関連で検討する）
ステップ2　D スコアと Adj D の差
ステップ3　m および Y
ステップ4　T，V＋自己中心性指標（生活史との関連で）
　＊T＞1の場合，V＋低くない自己中心性指標の場合，状況因によってTやVが高まっている可能性がないか生活史を調べる
ステップ5　D スコア（D＝0以外のときはPure C，M－，形態質のないMを検討する）
ステップ6　ブレンド反応
ステップ7　色彩－濃淡ブレンドと濃淡ブレンド
　＊有彩色と濃淡（T，V，Y，C'）のブレンド反応と濃淡同士のブレンド

感情の特徴
ステップ1　DEPI および CDI
ステップ2　EB およびラムダ
ステップ3　EBPer（EB の固定度）
ステップ4　eb の右辺およびそれに関連した変数
　＊どの変数が高いか，あるいは出現していないのか
ステップ5　SumC'：WSumC
　＊C'＞Cの場合は，感情表出を抑える傾向を示す
ステップ6　Afr
　＊Afr＜0.45の場合，情緒的な場面からの引きこもりがある
　＊ステップ5と6が共に該当する場合，情緒的萎縮が起こっている可能性が高い
ステップ7　知性化指標
ステップ8　CP
ステップ9　FC：CF＋C
ステップ10　Purc C
ステップ11　S（空白反応）
ステップ12　ブレンド反応（ラムダおよび EB）
ステップ13　m と Y を含むブレンド反応
ステップ14　ブレンド反応の複雑さ
ステップ15　色彩－濃淡反応
ステップ16　濃淡ブレンド
　＊濃淡同士のブレンド反応

情報処理過程
あらかじめ検討すべき項目（L，EB，OBS，HVI）
ステップ1　Zf
ステップ2　W：D：Dd
ステップ3　反応領域の継列
　＊アプローチの検討（w反応は最初に出現し，Dd反応は最後に出現する）
ステップ4　W：M
ステップ5　Zd
ステップ6　PSV
ステップ7　DQ
ステップ8　DQ の継列

認知的媒介過程
あらかじめ検討すべき項目（R，OBS，L）
ステップ1　XA％および WDA％
　＊XA％＝形態質が＋ou の数／R
　＊WDA％＝WとD領域の形態質が＋ou の数／WとDの反応の数
ステップ2　形態質のない反応
　＊形態質のない反応があった場合は，Rからその数を引いて，X＋％を再計算する
ステップ3　X－％，FQ－の頻度，S－の頻度
ステップ3a　マイナス反応の均一性
ステップ3b　マイナス反応の歪みの程度
ステップ4　平凡反応
ステップ5　FQ＋の頻度
ステップ6　X＋％および Xu％

思考
ステップ1　EB およびラムダ
ステップ2　EBPer（EB の固定度）
ステップ3　a：p
　＊どちらかが2倍以上高いとき，違ったものの見方がしにくい
ステップ4　HVI，OBS，MOR
ステップ5　eb の左辺
ステップ6　Ma：Mp
ステップ7　知性化指標
ステップ8　Sum6 および WSum6
ステップ9　特殊スコア Sum6 の質
　＊反応内容を読む
ステップ10　M の形態質
　＊M－の数など
ステップ11　M反応の質
　＊全部のM反応の内容を読む

表2 つづき

自己知覚	対人知覚
ステップ 1　OBS および HVI	ステップ 1　CDI
ステップ 2　鏡映反応	ステップ 2　HVI
ステップ 3　自己中心性指標	ステップ 3　a：p の比
ステップ 4　FD および V（生活史との関連を検討する）	＊p＞a＋1 のとき，受け身的な対人関係の役割を取りやすい
ステップ 5　An＋Xy	ステップ 4　食物反応
ステップ 6　MOR の数	ステップ 5　T の数
ステップ 7　H：(H)＋Hd＋(Hd) および人間反応内容のコーディングを確認する	ステップ 6　人間反応の数および Pure H の数
	ステップ 7　GHR：PHR
ステップ 8　以下の投映内容を読む	ステップ 8　COP および AG の頻度とそのコーディングの吟味
ステップ 8a　マイナス反応	ステップ 9　PER
ステップ 8b　MOR 反応	ステップ 10　孤立指標
ステップ 8c　M 反応および人間反応	ステップ 11　ペアの M 反応および FM 反応の反応内容
ステップ 8d　FM 反応および m 反応	＊ペア反応に繰り返し出現している関わりのパターンは何か
ステップ 8e　言語修飾されたその他の反応	

＊印はすべて原文にない翻訳者注。

かな違いを結果の要約の中でまとめていくのである。

　それぞれのクラスターのデータから出される記述は，データの豊かさや解釈者の演繹スキルによって異なったものになる。あるケースではクラスターの所見から特徴について平凡な仮説しか立てられないこともある。しかし，所見をまとめる上では，それも大事なものである。なぜならばその仮説も全体像の一部であり，時にはもっとユニークで劇的なデータから出てくる仮説を和らげる役割をとることになるからである。

　単一の仮説というのは疑わしく，信頼性に欠けるものである。十分な解釈は一連のつながりある仮説の積み重ねと組織化によるところが大きく，そうすることによって，もしかすると見落としていたかもしれない，不適切な記述になりかねなかった問題を明確にすることができるのである。

　表2に挙げたすべてのステップは予備的仮説を立てるための情報源である。特に重要なことは，結果が普通で何ら劇的なものではないからといって，適当に扱っていいものは一つもないということである。逸脱した，劇的な結果には興味をそそられるし，それらははっきりした情報を示しているので，たいていは仮説を立てる根拠となることが多い。たとえば，反射反応の出現，複数の材質反応，「体の一部が腐敗している」という反応などはどれもが重要な情報を含んでいて，明らかに解釈者が何らかの仮説を立てるのを支持するものである。しかしこれらの反応の所見が必ずしも短所を示すわけではない。これらが示す意味合いは，普通で一般的だった結果をも**含む**他のデータに照らして判断すると十分得られるものである。逸脱していない結果は，逸脱した結果と同じかそれ以上に全体の人物像を説明する時には重要である。

　たとえば，情報処理についての次のデータ・セットを考えてみよう。これは反応数 22 の記

録の抜粋である。このデータは，特に逸脱していないし，目を引く印象的なところもない。しかし，表2に示した手順に従ってこのデータを検討していくと，この人物についていくつか役に立つ仮説を立てることができる。

26歳男性　情報処理過程に関する変数

```
EB   = 5:2.5    Zf     = 12      Zd  = +0.5    DQ+   = 7
L    = 0.67     W:D:Dd = 7:13:2  PSV = 0       DQv/+ = 0
HVI  = NO       W:M    = 7:5                   DQv   = 0
OBS  = NO
                    LOCATION & DQ SEQUENCING
              I: Wo.Do.Ddo    VI: Do.D+
             II: D+.DSo      VII: D+.Wo
            III: D+.Ddo     VIII: W+.Do
             IV: Wo.Do.Do     IX: Wo.D+
              V: Wo            X: W+.Do.Do
```

情報処理のクラスターの解釈のためにはあらかじめ検討すべき情報がいくつかあり，対処スタイルや構えがあればそれに従って検討できるようになっている。そのため，ここにも EB，ラムダ，HVI，そして OBS の変数を示してある。それらによれば，この男性は思考型のスタイルで（EB），ラムダは0.67である。どちらも普通でない情報処理の特徴を示唆する根拠となるものではない。同様に，OBS も HVI も該当しないので，新しい情報を処理する時に完全主義であるとか，過度に用心深いと考える理由はない。

Zf は期待値内なので，大部分の人と同じ程度，入力情報をまとめようとしているといえる。$W：D：Dd$ の比は 7：13：2 で，おそらく経済的なやりかたで情報を処理する人である。しかし反応領域の継列は，情報処理にあたって経済的であることが重要な要因となっているとは思えない結果である。7個の W 反応のうち6個が初発反応で，7個の中で4個が，W 反応をするのにかなりの努力が必要な図版で出されているのである（Ⅶ，Ⅷ，Ⅸ，Ⅹ）。$W：M$ の比は 7：5 で，内向型の期待値に合った情報処理の目標設定をしている。

Zd スコアの＋0.5 と PSV 反応がないことから，彼のスキャニングのやり方はおそらく効果的であることがわかる。$DQ+$ の値は7で，しかもこの7個の反応は7枚の違った図版にあることから，彼の組織化活動は比較的複雑なもので，大部分の成人と似たものであろう。

こうした結果がわかると，気楽に解釈をする人であれば，単純にこの人物の情報処理活動は**どこも悪くはない**と結論づけて，レポートにもその旨含めるかもしれない。そのような記述がたとえ正しかったとしても，それは不適切である。なぜならば，それは，この人物にあるであろう資質を無視した記述だからである。複雑さに過度に巻き込まれていないことや，複雑さを過度に回避していない事実は重要である。同様に，大部分の人と同じくらいまとめようとしていて，それを比較的経済的に遂行しつつ複雑なやり方でやれているのは，重要な資質とみなされるべきだろう。

加えて,「何も悪くない」という記述は**おそらく**正しくない！ いくつかの理由がありうるが,いずれも認知活動に関連する他の二つのクラスター（認知的媒介と思考）を検討しなければ確かめられない。

たとえば,認知的媒介のデータに6個のマイナス反応があって,6個のうち5個が図版Ⅰ,Ⅳ,Ⅷ,Ⅸ,そしてⅩの最初の反応だったとする。このような結果は,$W:D:Dd$ のデータから得られた仮説を再評価して修正する必要があることを示すものである。

あるいは,7個の $DQ+$ のうち4個に FABCOM のスペシャル・スコアがついていたとする。そうであれば,かなり複雑なやり方でまとめるということができるという仮説は,変えるか場合によっては削除することも必要である。

ここまでの例で,クラスターを検討して所見を要約する時には,長所と短所の両方を重視して策定した仮説をまとめることが大切になることを説明した。要約は一時的なものと考えるのがよい。要約は,クラスターのすべてのデータから得られた結果を反映した記述だとしても,他のクラスターの結果が修正を加えることになるかもしれないので,ここでは仮のものとしておくことになる。

クラスターにしたがって作業するときに気をつけるべき点は,すべてのデータを規則正しく検討し,結果を単純化してしまいたくなる誘惑に負けないようにすることである。誰かにこんな特徴があった,あんな特徴があったということがわかるだけでは十分ではない。クラスターで作業をするときの目標は,精神活動の特徴を概念化していくことである。別な言い方をすると,次のような質問をすることである。（1）この人の特徴の性質は何か,（2）この特徴はこの人の心理の中で他の特徴とどのように相互に関連しているのだろうか。

クラスターで調べる順序

解釈は,すべてのデータを見終えるまでクラスターからクラスターへと進める。しかし検討するクラスターの順番はいつも同じではない。12の**鍵**変数は影響力が大きくて重要な順番に並んでいるので,どのクラスターから検討するのが最も良いかを決めることができる。

実際,鍵変数は,その人の中心的な心理学的特徴について,クラスターのどの組み合わせが最も本質的な情報をもたらすデータソースになるかを予測する。

概して,これらの特徴は,個人について記述をする際には,かなり重きをおかれる。パーソナリティの構造としてもこれらは中心的な要素で,心理学的仕組みにおいても主たる働きをする。他の特徴がどのように組織化されるのかにもかなり影響し,その人が心理学的に機能する方向性を決めるのに大きな力を及ぼす。つまり,データのどのクラスターから始めるのかを決めることは,最終的に仕上げられていく記述所見につながる中心課題を設定することになるので大変重要である。

12の鍵変数と解釈手順の戦略を表3に示した。優先順位の高い順に並べてある。最初に該

表3 鍵変数による解釈手順の戦略

鍵変数	クラスター検索順路
PTI > 3	情報処理過程→媒介過程→思考→統制→感情→自己知覚→対人知覚
DEPI > 5 かつ CDI > 3	対人知覚→自己知覚→統制→感情→情報処理過程→媒介過程→思考
DEPI > 5	感情→統制→自己知覚→対人知覚→情報処理過程→媒介過程→思考
D < Adj D	統制→状況ストレス（以下の順路は次に該当する鍵変数による）
CDI > 3	統制→対人知覚→自己知覚→感情→情報処理過程→媒介過程→思考
Adj D < 0	統制（以下の順路は次に該当する鍵変数による）
L > 0.99	情報処理過程→媒介過程→思考→統制→感情→自己知覚→対人知覚
鏡映反応あり	自己知覚→対人知覚→統制（以下の順路は次に該当する鍵変数による）
体験型内向型	思考→情報処理過程→媒介過程→統制→感情→自己知覚→対人知覚
体験型外拡型	感情→自己知覚→対人知覚→統制→情報処理過程→媒介過程→思考
p > a + 1	思考→情報処理過程→媒介過程→統制→自己知覚→対人知覚→感情
HVI 陽性	思考→情報処理過程→媒介過程→統制→自己知覚→対人知覚→感情

当した鍵変数によって，その記録の解釈手順が決定する。

12の鍵変数には2種類の特徴がある。六つの変数（PTI > 3, DEPI > 5 かつ CDI > 3, DEPI > 5, D スコア < Adj D スコア, CID > 3, Adj D < 0）はパーソナリティ構造を扱うが，同時に精神病理の存在や人格の崩壊の可能性について焦点をあてている。残りの六つの変数はより基本的なパーソナリティ・スタイルに関連していて，機能と働きについての基礎を提供するものである。

ほとんどの手続きは簡単に決まるが，場合によっては全体の流れが最初の鍵変数だけでは簡単に決まらず，次に該当する鍵変数によって決定することもある。また第三の変数を使わなければ最後まで手順が決まらないこともある。戦略は論理的な順番で並んでいて，新しい所見がすでに展開してきたものとうまくつながるようになっている。

表3に示した順番は経験的かつ論理的に発展してきたものである。最初に検討する二つ三つのクラスターが被検者の核心的な特徴について最も多くの情報をもたらしてくれるようになっている点をとらえれば経験的に発展してきたものだといえる。一方，新しい所見がそれまでにわかっていたものとつながる順番に並んでいるのは，論理的に考えられた結果である。

この12の戦略はまったくばらばらなものではないことを記しておくことは大事であろう。認知活動に関する三つのクラスター，情報処理，認知的媒介，そして思考は，必ずしもいつも同じ順番ではないにしても，常に一緒に解釈する。なぜならば，これらは相互に関連しているからである。同様に，自己知覚と対人知覚は相互関係があるので，必ずいつも一緒に解釈する。

表4　第三の変数に基づいた検索戦略

鍵変数	クラスター検索順路
OBS 陽性	情報処理過程→媒介過程→思考→統制→感情→自己知覚→対人知覚
DEPI＝5	感情→統制→自己知覚→対人知覚→情報処理過程→媒介過程→思考
EA＞12	統制→思考→情報処理過程→媒介過程→感情→自己知覚→対人知覚
M－＞0 または Mp＞Ma または Sum 6 特殊スコア＞5	思考→媒介過程→情報処理過程→統制→感情→自己知覚→対人知覚
Sum Shad＞FM＋m または CF＋C＞FC＋1 または Afr＜0.46	感情→統制→自己知覚→対人知覚→情報処理過程→媒介過程→思考
X－％＞20％ または Zd＞＋3.0 または Zd＜－3.0	情報処理過程→媒介過程→思考→統制→感情→自己知覚→対人知覚
3r+(2)/R＜0.33	自己知覚→対人知覚→感情→統制→情報処理過程→媒介過程→思考
MOR＞2 または AG＞2	自己知覚→対人知覚→統制→思考→情報処理過程→媒介過程→感情
T＝0 または T＞1	自己知覚→対人知覚→感情→統制→情報処理過程→媒介過程→思考

第三の変数から始める

　場合によっては，鍵変数がみつからないことがある。その時には，第三の変数の中から選ぶことができる。表4には，鍵変数が該当**しなかった**時に最初の解釈パターンをみつけるための第三の変数を挙げてある。

　鍵変数と違って，この第三の変数はそれほど予測力を持たない。その人にとってどのクラスターが最も重要な情報をもたらすかをはっきりさせることができても，その次にどのクラスターが最も関連のある情報となるのかを予測することはできない。

　したがって，表4の検索手順にある第三の変数は，解釈を始めるにあたっての一般的なガイドラインと考えるとよい。そこで示された順序は，解釈者が別な手順の方がいいと思えるような特別な状況があれば変更してもかまわない。

結果の統合

　ある人物についての記述が，科学的法則に基づいた結果と個性記述的結果の両方から引き出されたものであるということが，ロールシャッハ独自の特徴である。だからこそ，ロールシャッハはその個人の個性（uniqueness）をつかむことが**できる**。「**できる**」という言葉をここで強調したのは，解釈をまとめる際に個人を個性記述的に強調しそこねている場合もあるからである。時にはデータが非常に貧弱であるために，このようなことが起こる。しかしたいていは，解釈者が結果をまとめそこねたためである。まとめる代わりに単にクラスターごとの結果の要

約をつなげて文章にするからである。

　解釈者は結果を概念的に統合しようと努力する必要がある。それはクラスターごとの結果を他のクラスターの結果と統合することであり，そうすることによって仮説や結論が全体の情報に基づくものとなる。

　仮説と結論は，個人の心理学的特徴同士の関連に注意を払いながら論理的に統合していく。これはたやすい作業ではないが，そのためにこの章のはじめに，あらかじめ必要な基本的準備として，人々やパーソナリティについて理解しておくことが重要であると述べたのである。

　実際，解釈をしているかぎり，概念的に統合していく作業は続いている。それはクラスターのデータを検討しながら，それに関連するパーソナリティの特徴や，心理学的な作用を考察しているときにも起こっている。クラスターの中のデータあるいはクラスター毎のデータから結果が集まってくると，対処様式，統制，防衛戦略，認知的行動，自己知覚，そして対人的構えなどの広い枠組みの特徴から，だんだんとその人物を**概念化**することができるようになってくる。

　最終所見では，肯定的な所見と否定的な所見とをうまくまとめ上げる。そうすることによって，ユニークな人物の全体像が出来上がり，アセスメント事項について回答するための枠組みが出来上がる。解釈をするのは時間がかかるが，実際にかかる時間はスキルが上がれば短くなるものである。実際，だんだんと熟練されてくると，どのようなロールシャッハも正確できちんと解釈できるようになりそれにかかる時間は90分かそれ以内である。

　次のいくつかの章ではクラスター内の解釈の方法を示し，変数にとりかかる順番や解釈のルールを細かく説明する。最後の章では，さまざまなクラスターから展開された仮説や結論をどのようにまとめて包括的な個人の記述にするのか説明する。

第2章
統制とストレス耐性

　クラスターをどの順序で学んでいったとしても，各クラスターのデータを最大限に関連づけて解釈する方法を身につけることはできるだろう。しかし，ここでは次の二つの理由から，統制のクラスターに関する説明から始めることにしたい。一つには，鍵変数に基づいて解釈戦略を決めたならば，ほとんどの場合，統制の問題を早い段階で扱うことになるという理由があげられる。二つめは，統制と利用可能な資質の問題は他の心理特徴の検討に直接関連してくることが多いためという理由である。二番目の理由はより重要なものであり，感情および思考の機能を理解しようとする場合はまさにこれに当てはまる。

統制の概念

　統制という概念は，これまで心理学の分野で体系的なリサーチの対象にされることはなかった。わずかに実験的精神病理学の分野で，それに関するいくつかの研究がなされただけである。しかも，それらのほとんどは，古典的条件づけと道具的条件づけに焦点を当てたものだった。統制についての理論的概念は，自我機能や二次過程といった精神分析モデル，あるいは欲求の低減やホメオスタシスを重要とみなすような人格モデルの中で登場するのがほとんどで，これまでの研究結果との関連は間接的なものでしかなかった。

　一方，感情面での衝動性に関しては多くの研究がなされてきた。それらの研究では，衝動的な人には十分な統制力がないということが暗黙の前提となっていた。しかし，残念なことに，衝動性という言葉の適用には厳密さが欠けていた。また，衝動的行動を特定するためにこれまで用いられてきた基準では，衝動的に見えながら実は統制されている行動と，本当に統制されていない行動とをしっかり区別することができなかった。

　たとえば，若年児童の癇癪や，激情による犯罪は，衝動的行動の例としてよくあげられることがある。たしかに激情による犯罪の中には，感情の**変わりやすさ**が認められるケースは多いだろう。感情が圧倒的になり，行動を支配してしまう場合には感情が変わりやすくなっているものである。一方，癇癪を起こしたときの行動というのは，ほとんどの場合，感情の変わりやすさのために引き起こされたものではない。むしろ，そのほとんどは，子どもが親や仲間を動かすために身につけた，統制された行動である。

　一般的には，統制の定義は，**状況からの要請に対処するための行動を慎重に決定あるいは実**

行する能力，とするのが最もよさそうである。要するに，自分のまとまりと方向性を維持する力，ということである。しかし，この定義は，能力が**あるかないか**を二者択一的に問おうとするものではない。統制力は常に一定なのではなく，状況如何で強まりもすれば弱まりもするのである。これについては，一般的な人の思考と感情について考えてみれば，よく理解できるだろう。

　喜び，感激，恐怖，心配，不満，怒りなどの感情を，状況にふさわしくないほどに強く，あるいは激しく表してしまい，その結果決まりの悪い思いをしたという経験は，誰にでもある。典型的なのは，一瞬統制力を失い，ばかげた行動をしてしまった，というケースである。また，感情があまりにも高ぶり，その結果理性が圧倒され，あたかも統制が失われたかのような行動をしてしまったという経験も，ほとんどの人が思い起こすことができるだろう。

　思考についても同様のことが言える。思考は，通常ならまとまりがあり，方向性を持っている。しかし，多くの人は，集中したり注意を維持するのが困難になる経験をしたことがあるだろうし，思考が焦点の定まらぬ，脈絡のないものになったこともあるだろう。このようなときには思考に対する統制力が弱まり，思考活動はあまり方向づけられたものではなくなる。実際のところ，自分の内界や外界からの刺激によって，思考が非合理的あるいは支離滅裂なものになることさえある。

　統制のゆるい，より強い感情表現をすると解放感や満足感が得られるが，統制力が失われるのは，ほとんどの場合，このようなホメオスタティスを求めてのことである。思考の集中が妨げられて，白昼夢のように考えが定まらないとき，あるいは支離滅裂な考え方をしてしまうときでさえ，同じことがいえる。つまりそのような状態の時には，うれしいことにひとつのことに正確に焦点を当てて考え続けるというストレスや労力から解放されるのである。

　思考や感情の統制力が弱まった場合には，なぜそうなったのかを知ることが，その人の心理を理解するための鍵となる。中には，統制力が悪くなることを**心理的に自分で許してしまっている場合**がある。つまり，その人には統制を失わないようにするだけの十分な力がありながら，何らかの理由でそうしていないのである。一方，統制する力が不十分で，一時的にあるいは慢性的に，心理的な余裕のない状態に陥っている人もいる。そういう人はよく思考や感情に対する統制力を失ってしまう。要するに，彼らは，自分の能力の乏しさの犠牲になってしまっているのである。

ロールシャッハによる統制力の評価

　統制力を知ろうとしてロールシャッハを用いる場合，解釈者は十二分な検討を心がけ，たった一つのデータの特徴から仮説を作ったり結論を導いたりすることのないようにしなければいけない。このクラスターの主たる構成要素，D, Adj D, *EA*, *es*, Adj *es*, CDI は，それぞれが重要な情報を提供しれくれる。しかし，これらのどのデータから引き出される解釈仮説も，残

りのほとんど，あるいはすべてのデータの所見次第で変わってくる。

たとえば Adj D スコアは要求やストレスがある状況でどれだけ統制力を維持できるのかを最も直接的に示す指標であり，その数値は間違いなく重要なものである。しかし，それだけを単独で検討しても，統制力については比較的わずかなことしかわからないし，ストレス耐性に至っては間違った情報がもたらされることもある。

実際には，EA，EB，Adj es らの値の組み合わせこそが，統制とストレス耐性の特徴についてのより広い理解を可能にさせる，重要な鍵となる。また，これらの特徴についての仮説形成の際には，ラムダと CDI の所見が決定的に重要である。

概念的仮説

すでに述べたとおり，統制力は，状況からの要請に対処するための行動を準備したり遂行するにあたって自分の資質をどれだけ利用できるのかという，その能力に関係している。その中心となるのは，資質という概念である。資質とは，閉じたエネルギー・システムとして考えられるものだろうか。おそらくそうではない。それでは，自我の強さと同義の概念だろうか。この二つに何らかの関連はあり得る。しかし，まったく同じというわけではないだろう。

自我の強さは，行動の選択や方向づけをするために，個人の欲求や価値観を外的現実に合うように調整する，その精神活動（二次過程）の有効性，というふうに考えることができる。自我の強さが弱まったり制約を受けると，内界の葛藤をうまく処理できなくなったり，行動選択の際に外的現実を十分考慮することができなくなる。その結果，適応の失敗や病理につながることが予想される。このように，自我の強さと病理の可能性との間には，直接的な関連がある。

利用可能な資質の概念というのは，精神病理の可能性とは，ほとんど，あるいはまったく関係がない。ただ単に，それは，これまでに培ってきた認知的能力の総体を指しているにすぎない。これには，感情の識別の仕方，用い方なども含まれる。資質が不足しているからと言って，必ずしも適応の失敗や精神病理が引き起こされるわけではない。同様に，資質が十分あるからと言って，必ずしも適応がいいとか，病理がないということにはならない。ひどい混乱に陥っている人が，実は利用できる資質をたくさん持っているということはよくあるし，資質が乏しくても，自分の世界にはきわめてうまく適応できている人もたくさんいるのである。

一方，知能と利用可能な資質との間にはいくらか関係がある。平均以上の知的能力を持つ人に比べると，知的に制約のある人には利用可能な資質が少ないことが多い。しかし，その逆はあまりないようである。平均的知能の持ち主の場合は，平均より高い知能の人と同じか，あるいはそれ以上の利用可能な資質を持っていることがよくある。

資質は自分の行動を統制する能力と直接関係している，と言ってよさそうである。利用可能な資質が多ければ多いほど，行動を決定したり方向づけたりする力を有している可能性は高くなる。ただし，その行動が生産的もしくは適応的なものであるかどうかは，**別問題である**。

統制に関係ある概念のうちで次に重要なのは，刺激要求（何らかの精神活動をもたらすような外部，内部からの刺激，働きかけ）である。理屈から言えば，資質のレベルよりも刺激要求のレベルの方が高くなると，何らかの心理的混乱が引き起こされるはずである。そして，その結果，統制力が弱まったり，失われたりするだろう。そのため，統制について概念化しようとする際には，刺激要求は重要な要素となる。刺激要求がどこから生じてくるかと言えば，それは個人の内からであったり，外からであったりする。しかし，そのインパクトを受けるのは，もっぱら個人の内面の方である。そして，自分で意図したわけではない，また必ずしも統制されているわけでもないような精神活動が，思考面や感情面で生じてくるのである。

この種の精神活動が思考面で生じてくる場合，それはその人の意識的な注意が及ばぬものとなるのが普通である。これは注意力が及ぶ範囲の周辺部で起こる活動であり，行動を促す働きをすることが多い。いわば，行動を起こす引き金となる，思考面のシステムのようなものである。これは，必要となればすぐに行動に移せるようにしておいてくれるなど，たいがいは有益な働きをする。しかし，この活動が強まりすぎたり，非常に変わったものになってくると，混乱を引き起こしてしまう。

刺激要求によって引き起こされる感情面での精神活動もまた，行動を促す機能を持っている。これら精神活動が生じる理由はさまざまである。欲求によってもたらされているものもあるし，感情を自由にあるいは十分に表に出せず，押さえたり内に抱え込んだりするために引き起こされるものもある。また，自己イメージや自己評価について思いを巡らすあまりに生じるものもある。

利用可能な資質について理解する上で重要な三つ目の概念は，ストレス耐性である。ストレス耐性は，統制力と直接的な関連がある。実際のところ，ストレス耐性は統制力の副産物である。したがって，統制力が高まれば，それにつれてストレス耐性も高まるのである。逆に，統制力が乏しければ，ストレス耐性も低くなる。この点については，統制のクラスターについて学んでいくうちに，より明確に理解できると思われる。

検討事項の要点

最初に該当する鍵変数が統制に関する問題の存在を示している場合は（CDI陽性，D＜Adj D，Adj Dスコアがマイナスの値を示す），統制のクラスターの検討が解釈手順のスタートとなる。この場合，このクラスターで検討するのは次のような事項である。

（1）問題の根源及び検討前に立てた仮説の妥当性
（2）問題の慢性度
（3）資質を用いるためのそれまでのパターンの崩れは，問題の発生にどの程度影響を与えているのか

一番最初に検討するのが統制のクラスターでなければ，これらの問題が取り沙汰されることはないだろう。解釈手順の出発がこのクラスターでない場合は，統制に問題があるとの仮説は

立てずに検討を開始するわけである。統制やストレス耐性に何か変わった特徴があるかどうか，その点を確かめることがここでの目的となる。

このクラスター内の変数の値はすべて，平均域内に収まることが期待される。二つの D スコアの値は同じで，しかも，若年児童を除けば通常は 0 であることが期待される。さらに，EA，Adj es，es の値は平均域にあること，eb 内の変数に変わったスコアがないこと，そして CDI の値は 3 以下であることが期待される。

もしも実際の数値と期待される数値が一致すれば，結論は至って単純なものとなる。つまり，被検者は大部分の人と同じ程度の統制力とストレス耐性を持っているし，利用できる資質の程度も大部分の人と同じようなものと考えられるのである。一方，数値にどれかひとつでも変わったものがあれば，解釈の手続きはより複雑なものとなる。すなわち，意味ある結論を引き出すためには，いくつかの変数間の関係について，慎重に検討しなければならなくなる。なお，統制のクラスターを見るのが解釈手順の最初であろうともっと後であろうと，クラスター内の検討の手続き自体は一緒である。

データを組織的に検討して解釈仮説を作り上げるには，帰納－演繹的論理が必要とされる。この論理を説明するために，ここでは，ケース１，ケース２という，二人の成人のプロトコルの統制クラスターの変数を用いる。

ケース１の32歳の男性には周期的な抑うつのエピソードがある。彼は外来でその治療を受けるに際し，事前に評価を受けることになった。彼は短大を卒業し，現在はスーパーマーケットの店長として働いている。結婚して６年になり，31歳の妻はパートタイムで秘書をしている。二人には３歳と５歳の娘がいる。彼によれば，抑うつのエピソードは約２年前から生じ，いったん始まると１週間から２週間は続くという。照会してきた精神科医は，双極性障害の可能性を疑っている。

ケース１　32歳の男性　統制に関する変数

```
EB = 4:7.0      EA = 11.0                D     = 0      CDI = 3
eb = 6:5        es = 11    Adj es = 10   Adj D = 0      L   = 0.72
FM = 4   m = 2  C' = 3  T = 1  V = 0  Y = 1
```

ケース２の28歳の男性は，物質乱用に対する30日間の入院プログラムに入ることになり，所定の治療前評価の一環としてテストを受けたものである。彼は航空会社の機械技師として働いていたが，停職処分を受け，その後精神科医に回された。そして，その医師の勧めにより，このプログラムを受けることになった。彼が停職になったのは，勤務中にコカインを使用しているのを見つかったからである。しかし，労働組合との協約に基づき，彼の進退に関する最終的な決定は，評価と治療が終わるまで持ち越されることになった。彼は独身で，工科短大卒である。航空会社で６年間働いてきが，これまではずっと良好な評価を得ていた。彼は，薬物を数年にわたって時々使用してきたこと，この２年の間にその回数がぐっと増えたことを認めて

いる。そして、その理由について、婚約していた女性と別れてしまい、抑うつ的になっていたせいだと述べている。

ケース2　28歳の男性　統制に関する変数

EB = 0:7.0	EA = 7.0	D = -1	CDI = 3	
eb = 6:4	es = 10　Adj es = 10	Adj D = -1	L = 0.78	
FM = 5　m = 1	C' = 2　T = 1　V = 0　Y = 1			

被検者は二人とも外拡型である。したがって、変数の「平均」域との比較が必要とされる場合には、外拡型の成人の標準データを用いる。これは、次のような理由からである。内向型の成人と外拡型の成人とではそれぞれの標準データはかなり異なり、多くの変数において違いが見られる。それなのに非患者成人全体のサンプルの平均を評価の基準として用いてしまえば、この違いが生かされなくなってしまうのである。

解釈の手順

最初のステップでは、Adj D のスコアと CDI に焦点を合わせる。これはなぜかと言えば、すでに述べたように、Adj D は統制力に関して最も直接的な情報を与えてくれるからである。しかし、CDI が陽性であれば、たとえ Adj D が期待される範囲（0）かそれ以上であっても、Adj D の妥当性が疑われることになる。

ステップ1：Adj D と CDI

Adj D と CDI を検討する目的は、統制とストレス耐性に関する予備的な情報を得ることにある。

可能な所見1

Adj D スコアが 0 で、CDI の値が 3 以下の場合は、被検者の統制力とストレス耐性は、通常、大部分の人と同じ程度と考えられる。ステップ2に進む。

〔ケース1所見該当　Adj D は 0 で、CDI の値は 3 である。したがって、彼の統制力は大部分の成人と同じようなものだと考えられる。〕

可能な所見2

Adj D スコアが 0 で、CDI の値が 4 か 5 の場合は、被検者の人格構造は期待されるよりもいくらか未熟であることを示している。このため、日常生活で必要とされることへの対処も難しくなる場合がある。こうした問題はたいがい対人関係の面で現れてくるし、問題が生じた場合には、被検者は簡単に統制困難に陥ってしまうだろう。ステップ2に進む。

可能な所見3

Adj D スコアが**プラス**の場合、被検者には大部分の人よりも強固なストレス耐性が備わって

いると言える。また，CDI の値がどうであれ，統制の問題が生じることはないと思われる。プラスの Adj D スコアは，より適応的であることを意味しているの**ではない**。それは，ただ，行動を自分の意志で統制する力がより多く備わっていることを示しているにすぎない。ステップ 2 に進む。

可能な所見 4

Adj D の値が－1 の場合，被検者は慢性的に刺激過負荷状態にあると考えられる。その結果，統制力と，ストレスに効果的に対処する力は，一般に期待されるよりも弱くなっている。これは，CDI の値に関係なく言えることである。十分に考えられた意思決定や行動が取れなくなる。また，衝動的になる可能性も存在する。こういう人は統制が困難になりやすく，ストレスのもとでは心理機能に支障が生じることもある。しかし，構造化され，自分の立場などがはっきりしている状況では，このような事態に陥ることは少ないだろう。

普通，このような人は，重大な心理的問題がなければ，よくわかっている環境や周囲からの期待が決まりきっていて予測可能な状況の中では，十分に機能できる。しかし，周囲からの要求や期待が慣れ親しんだものでなくなってきた場合は，統制を失う危険性はより高くなる。ステップ 2 に進む。

〔ケース 2 所見該当　Adj D は－1 で，CDI は 3 である。したがって，彼はいくぶん過負荷状態にあり，統制力は多少低くなっていると考えられる。あまり構造化されていない場面では，統制力の低下が生じやすい。〕

可能な所見 5

Adj D スコアが－2 以下の場合，被検者は統制力を失うことがかなり多く，ストレス下では心理機能に支障を来してしまうと考えられる。これは，CDI の値に関係なく言えることである。Adj D スコアが－2 以下の被検者の生活歴には，普通，判断の誤り，感情の混乱，効果的でない行動などによって特徴づけられる出来事が，数多く見られる。こうした人は，思考と感情もしくはそのいずれか一方に，慢性的な負荷がかかっている。そのため，しっかり構造化された，いつもと変わらない，自分である程度コントロールできるという感触が得られるような環境でしか，十分に機能した状態を長続きさせることができない。

註：生活歴を見ると，被検者が，学業あるいは職業上の成功といったような，複雑な努力を要する課題を十分成し遂げていることがわかる場合もある。Adj D スコアがマイナス域にある者，特に－2 以下の者が高い水準の達成を遂げることは，きわめて稀である。したがって，生活歴中にかなりの業績が認められる被検者の記録にマイナスの Adj D スコアが生じている場合は，**あくまでもこの Adj D スコアに妥当性があればの話だが**，これは何らかの障害が進行中であることを示していると考えられる。ステップ 2 に進む。

ステップ 2：EA

Adj D スコアの信頼性を評価するために，*EA* の値を検討する。前述のように，*EA* は利用可

能な資質をそのまま示す指標となるので，このクラスター中の最も重要な変数である。ただし，高いラムダ値，もしくは普通でない *EB*（これら二つについてはステップ3で検討する）があれば，*EA* は間違った評価を示していることがある。たとえば，Adj D スコアが0なら，*EA* は少なくとも平均域にあるのが普通であるし，Adj D スコアが**プラス**域にあるときは，*EA* は当然平均域より高いことが見込まれる。これらに該当する場合，それは，利用可能な資質がたくさんあることを示している。**しかし**，必ずしも，よりよく適応しているとか，より効果的な心理構造であることを意味しているわけでは**ない**。資質がどのように使われるかは，まったく別の問題である。

可能な所見1

EA の値の平均域は，成人と青年であれば7から11，10歳から12歳までの児童であれば6から10，10歳未満の児童であれば4から9である。*EA* の値がこれら平均域に入っているとき，Adj D スコアは0であることが期待される。もしも Adj D スコアが0であれば，その Adj D スコアは，統制力とストレス耐性について，信頼性と妥当性のある指標になっていると考えてよいだろう。ステップ3に進む。

ケース1　32歳の男性　統制に関する変数

$EB = 4:7.0$	$EA = 11.0$	$D = 0$	$CDI = 3$
$eb = 6:5$	$es = 11$　Adj $es = 10$	Adj $D = 0$	$L = 0.72$
$FM = 4$　$m = 2$	$C' = 3$　$T = 1$　$V = 0$　$Y = 1$		

〔ケース1所見該当　*EA* は11であり，これは成人の期待値の上限の値である。ステップ1で得られた仮説の見直しや修正をする必要はなさそうである。〕

可能な所見2

EA の値が平均域のときに Adj スコアが**プラス**になるというのは，普通あまりないことである。これは，Adj *es* が期待値よりも低くなっていることを示している。Adj *es* は内的な刺激要求についての情報をもたらしてくれるものであり，状況ストレス要因についての修正を行えば，普通は *es* よりも1ポイントほど低くなる。通常，Adj *es* は *EA* の値の±2.5の範囲の値となる。したがって，*EA* が平均域の値でしかないのに Adj D スコアが期待値を上回る場合は，そのままでは誤った結論を導く可能性がある。そこで，ステップ4で *es* と Adj *es* に焦点を当て，さらに検討を加える。ステップ3に進む。

可能な所見3

EA の値が平均もしくはそれ以上のときに Adj D スコアが**マイナス**になるというのは，めったにないことである。これは，Adj *es* の値が期待されないぐらい高くなっていることを示している。ここで重要になるのは，Adj D スコアは状況要因についての修正を行った上で算出された数値だという点である。Adj *es* が予想以上に高くなっている理由についてはステップ4で検討されるので，Adj D の信頼性について結論を出すのは，ステップ4での評価を得るまで保留

する。ステップ3に進む。

ケース2　28歳の男性　統制に関する変数

```
EB = 0:7.0     EA = 7.0         D   = -1    CDI = 3
eb = 6:4       es = 10 Adj es = 10    Adj D = -1    L   = 0.78
FM = 5   m = 1   C' = 2   T = 1   V = 0   Y = 1
```

〔ケース2所見該当　*EA* の値は7だが，Adj *es* の値は10で，成人の期待値をやや上回っている。ステップ4とステップ5でAdj *es* のデータについて検討する際には，ステップ1での仮説を修正しなければいけないかもしれない。〕

可能な所見4

EA の値が平均域を上回っている場合は，Adj D スコアは**プラス**であることが期待される。もしそうなっているなら，Adj D は，統制力およびストレス耐性についての，信頼性，妥当性のある指標になっていると考えられる。ステップ3に進む。

可能な所見5

EA の値が平均域を上回り，Adj D が 0 の場合は，予想以上に Adj *es* が高くなっていることになる。とすると，統制力は，以前は現在示されているものよりももっと高かったのかもしれない。この可能性については，ステップ4で綿密に検討する。ステップ3に進む。

可能な所見6

EA の値が平均よりもかなり低い場合は（成人では6.0以下），利用可能な資質が限られていることを意味する。Adj D スコアが**マイナス**になるのは珍しいことではない。もしも Adj D スコアが 0 以上であれば，その Adj D スコアはおそらく間違っているだろう。複雑な社会の中で生活していれば毎日多くのストレスが生じるのが自然であり，したがって *EA* の低い人は，若年児童を除き，これらストレスによって慢性的に心理機能に支障をきたしてしまいやすいはずである。こうした人は，十分に構造化され，曖昧さがほとんどないような環境においてはじめて，最も効果的に行動できる。ステップ3に進む。

ステップ3：EBとラムダ

このステップでは，まず *EB* の両辺の値を検討する。両辺とも，0であることは期待されない。*EB* のどちらか一方の側の値が0で，もう片方の値がかなり大きい場合は，*EA* の信頼性に疑問が持たれる。このような所見は，感情面に大きな問題が存在することを示している場合が多い。この問題によって，心理機能が低下するほどのストレス状況が引き起こされるかもしれない。あるいは逆に，心理機能が低下したために感情面に問題が生じることもあり得る。いずれにしても，こうした事態においては，Adj D スコアの妥当性はかなり疑わしいものとなる。

ステップ3では，ラムダについても検討する。ラムダというのは，記録中の純粋形態反応の割合のことである。純粋形態反応は，刺激を単純かつ経済的なレベルで扱おうとする，あまり

洗練されていない処理方法と関係がある。刺激野の複雑さや曖昧さを，情報としていったん取り込んでいたとしても，心理的には無視してしまう。そして，領域のより基本的な，あるいはより明白な特徴だけを扱おうとする。このような処理方法のことである。こういう手段を用いるのは，成人よりも児童の方が多い。

年齢に関係なく，これは回避的な処理方法といえる。したがって，注目すべきなのは，この処理方法が用いられるかどうかということではなく，これがどれほどよく用いられるのか，という点である。通常，ラムダの値は 1.0 より低い。その値が 1.0 以上となる場合，ことに成人で 1.2 を越える場合や，8 歳以上の児童で 1.3 を越える場合は，身に付いてしまった**回避型**（avoidant）反応スタイル，もしくはテストを受けるという状況によって生じた防衛的構え，その**いずれか**を意味している。

状況関連のハイラムダと，回避型反応スタイルという特性を意味するハイラムダとを区別する完璧なガイドラインはない。一般的には，ハイラムダがテストを受ける際の状況的な防衛を示すものである場合は，反応数（R）は 16 以下で，EA の値は 3.5 以下となっているだろう。また，EB のどちらか片方の値が 0 になることも珍しくない。一方，ハイラムダ（$L > 0.99$）が**回避型の対処スタイル**を示している場合は，EA の値は少なくとも 4.0 以上あり，仮に **EA** が 3.5 以下だったとしても，反応数は 17 以上あるだろう。

1.0 以上のラムダと 3.5 以下の EA という組み合わせが反応数の少ない記録で生じているときには，解釈者は状況的な防衛の存在を念頭に置くとともに，この EA に信頼性や妥当性が欠けているおそれがあることを肝に銘じておく必要がある。さらに，この場合には，Adj D スコアの妥当性にも疑いが持ち上がる。このようなデータの組み合わせのもとでは，統制力について正確な記述をしようとしても無駄になるだけかもしれない。

一方，1.0 以上のラムダ値が**回避型**の対処スタイルを意味している場合には，被検者には，複雑さを無視したり，複雑あるいは曖昧な要素を否認することによって，刺激野をできるだけ単純化させようとする傾向が著しく認められる，ということがいえる。

この回避型の対処スタイルは，ときに統制力と関連してくることがある。このスタイルが効果的に用いられているならば，複雑さや曖昧さを処理したり否認したりする処理方法というのは，そうした刺激に圧倒されてしまう危険性を低下させるという意味で，一種の間接的な形の統制となる。

一方，状況がもともと複雑あるいは曖昧な性質を持っているために回避型の対処スタイルがうまく機能しない場合は，状況からの要求が統制力を上回ってしまう危険性がある。なぜならば，状況の複雑さや曖昧さを回避しようとする傾向がスタイルとして定まっていると，その分，状況からの要請に応えるために必要な資質が不足してしまうからである。

可能な所見 1

EB の両辺がそれぞれ 0 より大きいという条件のもと，ラムダが 1.0 未満で EA の値が 4.0 以上，あるいはラムダが 1.0 以上で EA の値が 6.5 以上，となる場合は，EA の値には信頼性があ

り，Adj D から引き出された統制力についての評価にも妥当性があるだろう。ステップ 4 に進む。

ケース 1　32 歳の男性　統制に関する変数

EB = 4:7.0	EA = 11.0	D = 0	CDI = 3	
eb = 6:5	es = 11　Adj es = 10	Adj D = 0	L = 0.72	
FM = 4　m = 2　C' = 3　T = 1　V = 0　Y = 1				

〔ケース 1 所見該当　EB は 4：7 で，ラムダの値は 0.72 である。ステップ 1 での仮説を見直したり修正する必要はないだろう。〕

可能な所見 2

EB の両辺の値がそれぞれ 0 を超え，EA が 3.5 未満でラムダが 1.0 未満となる場合は，EA には信頼性があるだろう。しかし，Adj D の方は間違った評価を示しているかもしれない。これについては，ステップ 4 とステップ 5 で，es と Adj es のデータを踏まえながら慎重に評価する。ステップ 4 に進む。

可能な所見 3

EB の両辺の値がそれぞれ 0 を超えるという条件のもと，ラムダが 1.0 以上で，成人なら EA の値が 4.0 以上 6.0 以下，若年者ならそれぞれの年齢グループの平均より低い場合，EA には信頼性があるだろう。ただし，Adj D が示す評価は間違っている可能性がある。すなわち，Adj D スコアが 0 より大きいとしても，その数値は妥当なものとは**言えず**，ただ単に Adj es が非常に低いことを示しているにすぎない。Adj D が 0 より大きい場合は，統制力に関する仮説について，ステップ 5 で es を入念に評価した上で修正する。

可能な所見 4

EB の両辺の和，すなわち EA が 3.5 以下で，ラムダが 1.0 以上の場合，この EA は信頼性に欠ける。反応数が 16 以下の場合はなおさらである。この条件に当てはまるときは，D スコア，Adj D スコア，EA などのデータから統制に関する仮説を立てることはできない。したがって，統制に関して正確な記述をしようとするのは諦め，次のクラスターへ進むべきである。

可能な所見 5

M の値が 0 で，WSumC の値が 4.0 以上の場合は，ラムダの値に関係なく，被検者は感情に圧倒されていたり，感情が溢れかえった状態にある，と言っていいだろう。感情が溢れかえる状態というのは，普通は慢性的なものではないし，性格特性のようなものでもない。それは，普通ではないほどの強い感情に効果的に対処することができなくなったときに作られる，一時的な状態である。

　感情がこれほど強くなってくると，大きな混乱が引き起こされる。つまり，感情は変わりやすくなり，感情によって突き動かされたり，圧倒されてしまうような事態が生じるのである。その結果，普段では見られないような行動に及んでしまうことがあるが，こうした行動は一種

の発散であり，その後に何らかの心理的再構築を伴うのが普通である。

感情の氾濫は思考に大きなインパクトを与える。決定を出すまでに十分注意と集中が必要な場合には思考活動を引き延ばすことができる能力，というものがあるが，感情の氾濫によって特に影響を受けるのが，この力である。したがって，このような場合には，衝動的な思考もしくは行動が非常に多くなる。

この所見が当てはまるときには，Adj D スコアは本来の統制力を正しく示してはいない。したがって，Adj D スコアや EA の値から導き出された仮説はいずれも放棄し，統制に関するデータの検討は打ち切ることにする。

ここでの結論は，現在の統制力はどんなに高く見積もっても非常に弱いものとしか言えない，とするのが適当だろう。D スコアが現在の統制力について大体のところを示している場合もあるかもしれない。しかし，そこには間違いの可能性も含まれている。ラムダの値が 1.0 以上で EA の値が 5.0 以下の場合は，D スコアには解釈的な価値がないと考えた方がいいだろう。

統制に関する記述の中では，感情の氾濫について必ずしも詳細に述べる必要はない。なぜならば，これについては，感情に関するクラスターを見る際により幅広く検討するからである。あるいは，もしも D スコアが Adj D スコアより小さければ，この問題をもっと早い段階で取り上げることになる。

ケース2　28歳の男性　統制に関する変数

```
EB = 0:7.0      EA = 7.0              D    = -1   CDI = 3
eb = 6:4        es = 10  Adj es = 10  Adj D = -1   L   = 0.78
FM = 5   m = 1   C' = 2   T = 1   V = 0   Y = 1
```

〔ケース2所見該当　EB は 0：7.0 である。現在は感情が溢れかえっているので，EA の 7.0 という値は，通常の値よりも低くなっていると考えた方がいいだろう。したがって，Adj D と EA をもとに彼本来の統制力についての結論を出すことはできない。また，状況関連変数の検討をこれ以上続けるべき理由は存在しない。ここでの所見の要約でまず最初に触れておくべきなのは，統制力に関する情報を与えてくれるはずのデータが，激しい感情のために不明瞭なものになってしまっているという点，そして，そのために彼の通常の統制力について何らかの結論を出すことが不可能になっているという点である。彼の現在の統制力については，非常に脆いものと考えるのが適当だろう。つまり，D スコアが－1 であることや，感情の氾濫を示す証拠があることを考えれば，先に触れた感情の問題のために彼は過負荷状態にあり，その結果，現在は衝動的になりやすくなっている，と結論づけるのが妥当と思われる。〕

可能な所見6

WSumC の値が 0 で，M の値が 4 以上の場合は，ラムダの値に関係なく，被検者は感情を丸

ごと抑え込んだり閉め出したりすることに多大なエネルギーを投じている，と考えられる。普通，こうするためには，平均的な人が持っている以上の資質を動員しなくてはならない。その分，このような人は刺激が過負荷になるとすごく脆いし，その場合には心理機能が著しく低下してしまう。

この所見が当てはまる場合，Adj D スコアは本来の統制力を正しく示してはいない。したがって，Adj D スコアや EA の値から導き出された仮説はいずれも放棄し，その代わりに，現在の統制力は非常に弱くなっているとの仮説を立てるのが適当だろう。D スコアが現在の統制力について大体のところを示している場合もあるかもしれない。しかし，そこには間違いの可能性も含まれている。ラムダが 1.0 以上で EA が 4.5 以下のときは，D スコアには解釈的価値がないと考えた方がいいだろう。統制関連のデータの検討は打ち切るべきである。感情の萎縮の問題については，感情のクラスターで検討することになる。もしも D スコアが Adj D スコアよりも小さければ，この問題をもっと早い段階で取り上げることになる。

ステップ4：Adj es

すでに述べたように，Adj D スコアが 0 以上になるのが平均以上の EA のためではなく，期待値より低い Adj es のため，という場合がある。また，刺激要求のうち持続的な性質を持つものが予想以上に高まり，その結果 Adj D が**マイナス**になる場合もある。こうした事態は，その人が心理的により複雑であることを示している可能性もあるし，従前とはまったく違った悪い状態にあることを示している場合すらある。

可能な所見1

Adj es の値が期待値の範囲内にあり（通常は 5 から 9。12 歳未満の児童の場合はそれよりもやや低い），EA の信頼性を疑わせる所見が何もなければ，Adj D スコアは信頼でき，おそらく統制力とストレス耐性を正しく示していると考えられる。ステップ5に進む。

可能な所見2

Adj es の値が期待値よりも大きく，EA の信頼性を疑わせるような所見がない場合は，Adj D スコアに表されている統制力とストレス耐性についての評価は，実際よりも低め，あるいは過小なものでさえあるかもしれない。高い Adj es は，普通でないくらい心理的に複雑である可能性を示唆している。この可能性については，ステップ5で慎重に検討すべきである。ステップ5に進む。

ケース1　32歳の男性　統制に関する変数

```
EB = 4:7.0      EA = 11.0                D      = 0      CDI = 3
eb = 6:5        es = 11   Adj es = 10    Adj D  = 0      L   = 0.72
FM = 4  m = 2  C' = 3  T = 1  V = 0  Y = 1
```

〔ケース1所見該当　Adj es は 10 で，成人の期待値をやや上回っている。この

ことからは，次のような疑問が持ち上がる。すなわち，Adj D スコアからは，彼の統制力は大部分の成人と同じ程度のものだろうとの仮説が導き出されたが，この見積もりは実際よりも低過ぎるか，あるいは間違っているのではないか。]

可能な所見 3

Adj *es* が期待値よりも小さい場合，Adj D スコアは，被検者の統制力とストレス耐性について過大評価しているかもしれない。Adj D スコアが＋1 以上の場合は，特にこの可能性が高い。この点については，ステップ 5 で慎重に評価する。ステップ 5 に進む。

ステップ 5：eb

このステップでは，*eb* の値と，Adj *es* を構成する変数のうち通常は状況ストレスと**関係していない**もの（*FM*, *SumC'*, *SumT*, *SumV*）の値を検討する。ここでの目的は，刺激要求を高めているのはどのような心理活動なのかを査定することにある。これらのうちのどれかの変数が期待値を外れるほど高くなっているために Adj *es* が高くなり，その結果 Adj D スコアが間違ったものになっていないかどうかを検討する。

可能な所見 1

eb の左辺の値は，右辺の値よりも大きいことが期待される。右辺の方が大きく，*es* の値が 4 以上の場合は，被検者は心に何らかの苦痛を感じていると考えられる。このこと自体は Adj D スコアに何の影響も与えていないかもしれない。しかし，統制とストレス耐性についての結論をまとめ上げる際には，この点に触れておくのが賢明である。

可能な所見 2

FM が 6 以上の場合，被検者は，普通の状態よりもまとまりの悪い，脈絡のない思考パターンに陥っている可能性がある。このような思考活動は，通常なら満たされていいはずの欲求が満たされていないときに生じるのが普通である。こうした欲求に関連した刺激要求は，じっくり考えようとすると思考の中に割り込んできて，注意や集中を妨げてしまうことが多い。

可能な所見 3

FM の値が 1 以下の場合は，欲求を自分のものとして感じることができていないか，他の人に比べてすぐに欲求を行動に移してしまうことを意味している。

可能な所見 4

SumC' の期待値は 0 か 1 である。*SumC'* の値が 3 以上の場合は，本当は外に出したい感情があるのに，それを内に抱え込みすぎていることを示している。このような心理的処理方法は，不安，悲哀，精神的緊張，心配などのような，その人にとってのさまざまな不快を生む可能性がある。また，身体化障害の原因になることもある。

ケース1　32歳の男性　統制に関する変数

```
EB = 4:7.0      EA = 11.0          D      = 0    CDI = 3
eb = 6:5        es = 11  Adj es = 10   Adj D  = 0    L   = 0.72
FM = 4  m = 2  C' = 3  T = 1  V = 0  Y = 1
```

〔ケース1所見該当　記録中には C' 反応が3あり，そのために Adj es が平均よりやや高くなっている。ここでは，感情を内在化させる傾向について検討する必要はない。これについては，感情のクラスターのデータを見る際に，綿密な検討をすることになる。ここで問題となるのは，C' 反応が多くなったために Adj D スコアが間違ったものになっているのかどうか，という点である。このケースでは，それはなさそうである。もしも C' 反応の数を1か2減らすと Adj es の値は9か8になるが，いずれの場合も Adj D スコアは0のままだからである。もしも C' 反応がまったくなければ Adj es の値は7となり，Adj D スコアは＋1になる。しかし，成人の5人中4人は1以上の C' 反応を出すという事実からすれば，このような推論はかえって危険である。〕

可能な所見5

$SumV$ の値が0より大きい場合，被検者は自己点検行動に力を注いでいるが，その際には，大部分の人がする以上に自己イメージのネガティブな特徴に目を向けている，と考えられる。この種の自己検閲が不快さや自己卑下をもたらすことは多いし，抑うつや自己破壊的な考え方を導くこともままある。

ほとんどの場合，自分に対するこのような価値下げは，長い期間持続する性質のものである。しかし，**展望反応**（V）が罪悪感や恥の意識によって状況的に1個以上生じる場合があることも，証明されている。そこで，プロトコル中に V 反応が一つでも出現する場合は，最近の生活歴を丹念に見直し，それが状況的にもたらされたものなのかどうかを確定することが重要となる。そして，生活歴からその可能性が示唆されるときは，V を0にすると Adj D スコアを変えてしまうほど Adj es が減ってしまうのかどうか，試算してみる必要がある。その結果 Adj D スコアが変わってしまうようならば，統制についての結論をまとめる際には，状況的影響を考慮した仮説も記載しておくようにすべきである。

可能な所見6

$SumT$ の値が1よりも大きい場合は，情緒面での喪失体験があることを示す。**ほとんどの場合**，これは状況関連のものであり，被検者の最近の生活歴を仔細に見れば容易にそのことが確認できる。**もしも**生活歴からその裏づけが得られるようなら，Adj D スコアは間違っている可能性がある。つまり，Adj D スコアは，たとえば情緒的に重要な対象を失うといったような，何らかの状況関連の問題を反映しているかもしれないのである。生活歴がこの見解を支持するものであれば，T を1にして試算をし，Adj D スコアに変化があるかどうかを確認する。もしも Adj D が変わってしまうようなら，統制に関する結論をまとめる際には，もとの Adj D に基

づく仮説と修正した Adj D スコアに基づく仮説の両方を記載しておく。

　生活歴から喪失体験の事実が見出されなければ，この喪失感（すなわち淋しさ）の源は長期にわたって存在していると予想される。もしかするとそれは，通常の対人関係では得られないほどの，親密さへの欲求なのかもしれない。この場合は，Adj es や Adj D を再計算してみる必要はない。

統制に関する所見の要約

　ケースによっては，統制に関する所見はパーソナリティ全体の記述には大きな影響力を持たず，その要約は数行で終わってしまう場合もある。こうなるのは，普通，Adj D スコアが 0 以上で，D スコアとの差がなく（これについては次章参照），CDI が陽性でないというケースである。たとえばケース 1 はこれに該当する。ケース 1 の 32 歳の男性には周期的な抑うつのエピソードがあり，外来でその治療を開始するにあたって評価を受けたのだった。

　ケース 1 の統制に関する所見からすると，この被検者のパーソナリティの記述として採用できるのは，次のようなものだけである。「統制やストレス耐性に関して，明らかに問題となるような点はない。彼は利用可能な資質を大部分の成人と同じ程度持っているようであり（ステップ 2），統制力も，やはり大部分の成人と同じ程度あると思われる（ステップ 1）。彼は期待されるよりもやや高い刺激要求を身に受けているものの，それによって統制力に大きな影響がもたらされているわけではない（ステップ 5）」

　一方，統制に関する所見が査定事項のうちのいくつかと関係していて，パーソナリティの描写や，診断，処分，治療計画などの課題に大いに役立てられる場合もある。ケース 2 はその一つの例である。ケース 2 の 28 歳の男性は航空会社の機械技師として働いていたが，停職処分を受け，これから物質乱用に対する入院治療プログラムに入ろうとしているところであった。

　統制に関する所見から言えるのは，彼は過負荷状態にあり，不慣れな，あるいは複雑な状況においては特に，統制力とストレス耐性が不足してしまう，ということである（ステップ 1）。成人に期待される以上の刺激要求を体験していることを示す証拠もある（ステップ 2）。しかし，これらの所見は間違っている可能性もある。なぜならば，その他のデータは，彼が現在感情に圧倒されてしまっていることを示しているからである（ステップ 3）。感情の激烈さゆえにかなり大きな混乱が生じ，思考が妨げられたり，衝動的行動が起こりやすくなっている。彼の現在の統制力が非常に脆くなっているのは明らかだが，この所見からは感情的混乱がない通常の状態での統制力を推測することはできない。この点については，10〜14 日後にリテストを行えばはっきりしてくると思われる。

練習問題

　このセクションでは，三つのケースから，統制に関するデータを取り上げる。それぞれのケースに関する簡単な生活歴も提示する。ケースごとに問題を設け，このクラスターの解釈ステップの練習ができるようにしてあるが，問題の構成はケースごとに異なっている。すぐに参照できるよう，Dスコアへの換算表を下にあげておく。解答とその説明は，この章の最後に示す。

表5　EA － es から D スコアへの換算表

（EA － es）の値	D スコア
＋13.0 ～ ＋15.0	＋5
＋10.5 ～ ＋12.5	＋4
＋8.0 ～ ＋10.0	＋3
＋5.5 ～ ＋7.5	＋2
＋3.0 ～ ＋5.0	＋1
－2.5 ～ ＋2.5	0
－3.0 ～ －5.0	－1
－5.5 ～ －7.5	－2
－8.0 ～ －10.0	－3
－10.5 ～ －12.5	－4
－13.0 ～ －15.0	－5

ケース3

　35歳の女性。結婚して11年になり，8歳の娘と5歳の息子がいる。夫は36歳で，製造工場で管理業務に就いている。彼女は短大1年終了後，19歳の時に事務員の仕事に就いた。そして，最初の出産までの8年間，働いた。その後は職に就いていないが，もうすぐ下の子が小学校に上がるので，現在仕事を探しているところである。

ケース3　35歳の女性　統制に関する変数

```
EB = 5:3.0      EA = 8.0                    D     = -1     CDI = 2
eb = 5:6        es = 11      Adj es = 9     Adj D = 0      L   = 0.58
FM = 4  m = 1   SumC' = 2    SumT = 1       SumV  = 0      SumY = 3
```

1．このケースでは，ステップ1（Adj D と CDI）のどの所見があてはまるか。
2．このケースでは，ステップ2（EA）のどの所見があてはまるか。
3．このケースでは，ステップ3（*EB* とラムダ）のどの所見があてはまるか。
4．このケースでは，ステップ4（Adj *es*）のどの所見があてはまるか。
5．ステップ5（*eb*）の所見の中でこのケースにあてはまるものがあれば，その番号を記入せよ（複数回答可）。

6．どの変数のスコアリングを見直すことが大切か（複数解答可）。

ケース4

19歳の独身男性で，彼には姉が一人いる。父親は45歳で，車の塗装工場で働いている。母親は43歳で，ドライクリーニングの工場に勤めている。姉は21歳，看護婦である。彼は約1年前に高校を卒業した。高校時代は，ほとんどの科目が平均程度の成績だった。また，2年間，フットボール・チームに属し，オフェンス・ラインマンをしていた。デパートの倉庫係として約5カ月勤務した後，つい最近陸軍に入った。現在，陸軍で基礎訓練を受けているところである。

ケース4　19歳の男性　統制に関する変数

$EB = 1:5.0$	$EA = 6.0$	$D = 0$	$CDI = 3$
$eb = 2:2$	$es = 4$　$Adj\ es = 3$	$Adj\ D = +1$	$L = 1.45$
$FM = 1$　$m = 1$	$SumC' = 0$　$SumT = 0$	$SumV = 0$	$SumY = 2$

1．ステップ1（Adj D と CDI）の所見に基づくと，このケースでは，次のどの仮説が最も適切か。
   （a）彼には対人関係の面で問題があり，そのために統制力に強い影響が及んでいる。
   （b）彼の統制力とストレス処理の力は，彼の年齢から期待されるものより乏しい。
   （c）彼の統制力とストレス耐性は，大部分の人と同じ程度のものだろう。
   （d）彼は，大部分の人と比べると，統制困難な状態に陥ることは少ないだろう。
2．ステップ2（EA）の所見に基づくと，ステップ1の仮説に付け加えるべき留意事項は次のうちのどれか。
   （a）こうした問題は，普通，あまり構造化されていない状況でのみ生じる。
   （b）しかし，これは間違っているかもしれない。なぜならば，大部分の成人が持っている資質に比べると，彼の資質は乏しいからだ。
   （c）しかし，これは間違っているかもしれない。というのは，彼には複雑な状況を回避する傾向があるし，そのような状況にはうまく対応できないかもしれないからだ。
   （d）しかし，彼は他者から拒否されると混乱し，心理機能が低下してしまいやすい。
3．ステップ3（EB とラムダ）の所見に基づくと，次のうち正しい記述はどれか。
   （a）おそらく EA の値は信頼できないだろう。
   （b）ラムダの値を見ると，EA の値には疑問ありと言わざるを得ない。
   （c）Adj D スコアは正しい評価を示していない。
   （d）被検者があまりにも防衛的になっていたため，この EA は正しいものではなくなっている。

第2章　統制とストレス耐性　55

4．ステップ4（Adj es）およびステップ5（eb）も含めてすべての所見を総合すると，次のどの要約が最も適切か。
- （a）彼の資質は成人にしては乏しいが，複雑さを避け，欲求が生じてもすぐに行動して解消してしまうため，普段はおおむね十分な統制を維持することができている。
- （b）彼の統制力は，普段は大部分の成人よりもずっと優れている。これは，彼が複雑な状況を避けて通ろうとしているからである。
- （c）彼はかなり統制を失ってしまいやすい。なぜなら，彼の資質は成人に期待されるものよりもずっと少ないからである。
- （d）彼の統制力とストレス耐性は，大部分の成人とさほど変わるものではない。

ケース5

31歳の女性。彼女は経済学の学位を持ち，現在はある通信会社の中間管理職に就いている。結婚生活は8年間続いたが，今から10カ月前に離婚した。離婚判決では，6歳の娘の監護権は33歳の前夫に認められた。彼女はこれに不服で控訴したが，3カ月前に棄却された。

ケース5　31歳の女性　統制に関する変数

```
EB = 5:3.5    EA = 8.5              D     = -1      CDI = 3
eb = 6:7      es = 13    Adj es = 12  Adj D = -1      L   = 0.33
FM = 6  m = 0  SumC' = 2   SumT = 2   SumV = 1        SumY = 2
```

1．特にどの変数のスコアリングを見直すことが大切か（複数回答可）。
2．ステップ3までを終えた段階では（Adj DとCDI，EA，EBとラムダ），次のどの仮説が最も適切か。
- （a）EAには信頼性がありそうだし，Adj Dスコアも正しい評価を示しているだろう。
- （b）EAには信頼性がありそうだが，Adj Dの妥当性については，ステップ4（Adj es）およびステップ5（eb）の検討を終えるまで，結論を保留すべきである。
- （c）EAの信頼性には疑いが持たれるので，Adj Dの妥当性についての結論を出すのは，ステップ4（Adj es）およびステップ5（eb）の検討を終えるまで保留する必要がある。
- （d）EAとAdj Dは，ともに信頼性に欠けているようだ。したがって，これらのデータからは，統制に関する意味ある結論を引き出せないだろう。
3．Adj Dスコアの最終的評価をするためには，このケースではステップ5（eb）のどの所見が最も重要となるか。
- （a）1（心に苦痛を感じている）と5（V）
- （b）2（FMの値が高くなっている）と5（V）

(c) 1（心に苦痛を感じている）と 6（*T*）

(d) 2（*FM* の値が高くなっている）と 6（*T*）

(e) 5（*V*）と 6（*T*）

4．すべての解釈ステップを終えた段階では，このケースに最も適切な結論は次のうちのどれになるか。

(a) 彼女は慢性的な過負荷状態にあるため，統制力とストレス耐性は，成人として期待されるものよりも低くなっている。十分考え抜かずに決断してしまうことがあるだろうし，衝動的にもなりやすくなっている。

(b) 本来，彼女は大部分の成人と同じ程度の統制力とストレス耐性を持っていると思われる。しかし，現在は，子の監護権の問題によって罪悪感と喪失感がもたらされ，感情面に負荷が掛かりすぎた状態となっている。その結果，彼女の統制力は普段よりずっと低くなり，衝動的になる可能性が生じている。

(c) 現在の彼女の統制力とストレス耐性は，成人としては低いものである。彼女は感情面で過負荷状態となっており，その結果，よく考え抜かないまま決断したり，衝動的になってしまう可能性が生じている。これが長い間身に付いている特性なのかどうか，断定することはできない。もしかしたら，監護権についての意に添わぬ判決が出されたために，最近になって形成されたものなのかもしれない。データには，淋しさや自分に対する不満足感の存在が示されている。これらも，判決後に生まれたものなのかもしれない。しかし，ずっと以前からの特徴という可能性も考えられる。結婚前の彼女の行動に関する情報が得られれば，現在示されている低い統制力とストレス耐性が彼女の本来の特性なのかどうかを判断するための助けになるだろう。

ケース 3，4，5 の解答

ケース 3

1． 1　Adj D スコアは 0 で，CDI は 2 である。

2． 1　*EA* は 8.0 で，Adj D は 0 である。

3． 1　*EB* は 5：3.0 で，ラムダは 0.58 である。

4． 1　Adj *es* は 9 で，平均域にある。

5． 1　*eb* の右辺の値の方が左辺の値よりも高くなっている。

6．　Y　Adj *es* が正しいかどうかを確認するために大切となる。もしも *Y* 反応のうちの 1 個が *C'* だとしたら Adj *es* は平均を上回るし，*Y* のうちの 2 個が *C'* とスコアされれば Adj D スコアが −1 になってしまう。

ケース 4

1． d　Adj D は +1 である。

2．b　*EA* は 6 しかない。c を選んだとしたら，ステップ 2 の目的を外してしまっているし，ラムダの値に気を取られすぎていることになる。それに，複雑なことを処理する際の効果の問題は，ハイラムダであるということとは直接関係ないのである。
3．c　*EA* が 6 なのに Adj D が**プラス**になるのは，Adj *es* が非常に低い場合のみである。
4．a　*EA* は 6 しかないが，回避型スタイルが統制のための一つの方法となっている。さらに，*FM* 反応は 1 個しかないので，欲求や要求が生じたら即座に行動に移し，それらをすぐに解消してしまうことが予想される。

ケース 5

1．　*C′, T, V, Y*　これら四つの変数すべてが重要である。もしも *C′* のどれかひとつが実際は *Y* だったとすると，Adj D は 0 になる。逆に，*Y* のどれかひとつでも *C′* になれば，Adj D がマイナスという結果はさらに確実なものになる。*T* 反応と *V* 反応は状況関連のものかもしれないので，これらを見直すことは特に重要となる。生活歴からすれば，これら二つの変数を修正して Adj *es* を試算してみるのが適切と言える。
2．b　*EB* からは，*EA* が信頼できることがわかる。しかし，*EA* は不定型にとっての平均域内の値なのに，Adj D がマイナスになっている。つまり，Adj *es* が予想以上に高くなっているわけである。したがって，Adj D についての結論は，Adj *es* の変数の検討を終えるまで保留しておくべきである。
3．e　たしかに所見 1（心に苦痛を感じている）と所見 2（*FM* の値が高くなっている）にもあてはまるが，どちらも，Adj *es* の再計算まで求めるものではない。所見 5（*V*）や所見 6（*T*）に該当する場合には，生活歴から見て適当と思われれば，Adj *es* を再計算するのが適切である。
4．c　*V* や *T* が高くなっているのが状況的な現象なのか，それとも感情面の慢性的もしくは持続性の特徴を示しているものなのか，その識別のための簡単な方法というものはない。もしも b を選択したのなら，この問題を考慮していないことになる。c の方は，この点に関して慎重に記述しているし，生活歴についてもっと情報を得るよう勧めてもいる。

第3章
状況関連ストレス

　ロールシャッハを受ける人，特にメンタルヘルスの場面でテストを受ける人たちの大半は，おそらく何らかのストレス体験の最中にいることだろう。最もよく見られるのは，ストレスが長い期間続いていて，データの各クラスターを検討すればこのストレスがもたらした影響が明らかになる，というケースである。しかし，中には，より最近のある特定の出来事によってストレスが生じていると思われるケースもある。これが状況的なストレスである。

　状況ストレスは，人それぞれの心的外傷，たとえば失敗，失望，喪失感，決断の際の葛藤などによって生じる。普通，どんなによく適応している人でも，これらによってかなりの心理的苦痛がもたらされる。状況ストレスを慢性的に受けるようになってくると，新たなストレス体験によって，すでに存在していた苦痛が大きくなったり，心理的に大きな混乱が引き起こされることもある。それまでどのような状態だったかにかかわりなく，状況ストレスの体験はほぼ確実に心理機能のどこかに打撃を加えるものである。

　ほとんどの場合，生活歴を十分聞き取ることによって状況ストレスの存在が判明してくるし，そこから得られた情報を基にすればロールシャッハ結果を適切な観点から検討するのが容易になるだろう。生活歴が曖昧だったり，不十分だったり，あるいはまったく得られず，そのために解釈者の仕事がより困難になるときもある。しかし，いずれにしろ，ロールシャッハデータに状況要因のためと言える結果が含まれているかどうかは，解釈者が自分の責任で判断することになる。もしもそのような結果が存在するのなら，各クラスターのデータからまとめ上げられた結論には大きな影響が及ぼされている可能性がある。実際のところ，状況ストレスの影響に関する情報を無視すれば，諸結果を状況ストレスからの打撃を考慮に入れて検討することができなくなり，ひいては，各クラスターの解釈を進めていくうちに紛らわしいあるいは間違った結論を作り上げてしまう危険が生じてくる。

状況ストレスに関連するロールシャッハの変数

　通常，状況関連ストレスの存在が明らかになるのは，ロールシャッハ上，二つのDスコアの値に差があるとき，すなわちDスコアの値がAdj Dスコアの値よりも小さくなるときである。二つのDスコアの値に差がある場合には，状況ストレスに関係ある，もしくは関係している可能性のある一連の変数を組織的に検討することになる。すでに述べたとおり，Adj Dス

コアはその人らしい本来の統制能力を示している。一方Dスコアは**現在の**統制力やストレス耐性を表すものである。したがって，これら二つのスコアの値に差がある場合は，論理的には，その人の統制力を下げ，ストレス耐性を通常よりも低くさせている何らかの事情が存在すると考えられる。

　ここで取り上げる一連の変数（D，Adj D，m，SumY，ブレンドの複雑さ，色彩濃淡ブレンド，SumT，SumV，Pure C，M−，Mnone）すべてが状況ストレスと関係している**こともある**。これら変数自体はその他の心理的特徴にも関連しており，解釈手順に則って，その他のいくつかのクラスターでも検討される。しかし，そうした手順の中では，これら全部をまとめて評価するということはない。

　たとえば，一連の変数のうちのいくつかは統制に関するクラスターの中から引いてきたものであり，ここで取り上げる前にすでに一度は検討を受けている。その他の変数は，感情，思考，自己知覚，対人知覚の各クラスターに登場する。しかし，これらがまとめて検討されるのは，3番目の鍵変数（D＜Adj D）に該当したとき**のみ**である。なぜなら，この鍵変数は状況関連ストレスが存在することを意味しており，その場合には，ここで取り上げる一連の変数が状況ストレスからの打撃について重要な情報を提供してくれるからである。

検討事項の要点

　解釈の主たる目的は，次のとおり三つある。
（1）二つのDスコアの差は状況ストレスによってもたらされたもので，単に見かけ上のものではないことを確認する。
（2）ストレス体験の大きさを査定し，それをできるだけありのままの形で描き出す。
（3）状況がもたらす影響について理解しておき，各クラスターで心理的特徴を検討しようとする際にそれぞれの所見の意味が一層明確になるようにする。

　3人の成人のプロトコル，ケース6，7，8の状況ストレスに関する一連の変数のデータを用いて，解釈吟味の各ステップについて説明する。それぞれのデータは，検討される事項との関係がある場合にのみ，各ステップの前に提示する。

ケース6　24歳の女性　状況ストレスのデータ

```
EB = 5:3.0       EA = 8.0                D  = -1      BLENDS
eb = 7:4         es = 11   Adj es = 10   AdjD = 0     M.FC   = 1
                                                      M.CF   = 1
FM = 5  m = 2    C' = 2   T = 1   V = 0   Y = 1       FM.FT  = 1
                                                      FM.FC' = 1
Pure C = 0  M- = 0   MQnone = 0     Blends = 5        m.CF   = 1
```

ケース6

　ある医療機関で，週2回，夕方にボランティアをしている24歳の女性である。彼女は，あ

るリサーチ・プロジェクトのために，統制群の被検者としてロールシャッハを受けることに同意してくれた。同胞二人の長子で，両親は共に健在である。近親に精神医学上の病歴を持つ者はいない。結婚して2年になり，25歳の夫はコンピューターのプログラマーをしている。彼女は短大を卒業し，現在は秘書官としてフルタイムで働いている。簡単な経歴からわかる範囲では，彼女が最近状況ストレスを体験したという情報はない。

ケース7　29歳の女性　状況ストレスのデータ

EB = 4:7.0	EA = 11.0	D = -1	BLENDS
eb = 6:8	es = 14　Adj es = 11　Adj D = 0		M.CF = 1
			M.FD = 1
FM = 4　m = 2　C' = 1　T = 2　V = 2　Y = 3			FM.Fr.CF = 1
	(3r+(2)/R) = .48		FM.FT = 1
			m.CF = 1
Pure C = 1　M- = 0　MQnone = 0　　Blends = 7			CF.YF = 1
			FC.FC' = 1

ケース7

29歳の女性。彼女は，現在，夫から提起された離婚訴訟および5歳の息子の監護を巡る争いの渦中にある。彼女は7年前に結婚した。18歳で高校を卒業し，21歳の時に正看護婦になった。そして23歳の時に看護学で学位を取った。5年前からは看護婦長として働くと共に，神経科医および神経外科医たちの助手をしている。

息子は現在は幼稚園児で，4年前から託児所に通っている。約6カ月前，夫は，彼女が勤務先の医師（妻と別居している）と不倫関係にあることを知った。そして，彼女に家を出ていくよう要求した。以来，彼女は別居し，アパートを借りて生活している。息子は週日は父親および父方祖母と同居し，週末は彼女のもとで過ごしている。この約束は，夫からの離婚訴訟提起後，それぞれの弁護士が和解のために取り決めたものである。

離婚訴訟と子の監護を巡る争い（夫は完全に自分が監護することを望み，彼女の方は共同監護の取り決めを希望している）がストレスとなり，最近になって，彼女は支持的心理療法を受けることにした。

夫は，監護権に関する訴訟の中で，数日毎に住居を変わらなければならないのは子どもにとって不適切だと主張している。彼は訴状中，彼女の「感情に流されるような生活」は直っていないと述べ，さらに，彼女はフルタイムで働いているのだから長い間「在宅して」監護するのは理屈からしても無理だと主張している。両者の弁護士の同意のもと，両親に対してロールシャッハを含めた心理査定を行うことになった。

ケース8　44歳の男性　状況ストレスのデータ

```
EB = 6:5.5      EA = 11.5              D     = -2         BLENDS
eb = 8:9        es = 17   Adj es = 14   Adj D = 0         M.CF.FC' = 1
                                                           M.FD     = 2
FM = 5   m = 3   C' = 4   T = 1   V = 2   Y = 2           M.CF     = 1
                       (3r+(2)/R) = .28)                   FM.FC'   = 1
                                                           m.CF     = 2
Pure C = 0   M- = 1   MQnone = 0   Blends = 9             FC.FY    = 1
                                                           CF.FD    = 1
```

ケース8

44歳の男性。広告とマーケティングを扱う会社の中間管理職に就いて9年になる。22歳の時に大学を卒業し，大きな電気会社の営業マンになった。彼の話では，営業成績はかなりよかったが仕事の重圧が嫌だったので，30歳でマーケティングの部署に配置転換させてもらったという。仕事は好きだが，昇進の機会は限られており，現在のポストに就いたのは35歳の時だった。

結婚して16年になり，13歳，10歳，7歳の3人の娘がいる。妻は43歳で，彼女もまた大卒である。妻は外で働いたことはない。彼によれば，結婚生活には何の問題もないという。最近2回目の昇進が見送られ，その結果彼はかなり混乱し，抑うつ的にもなったようである。彼は，自分は仕事でかなりの成功を収めてきたのに不公平な扱いを受けていると述べる。他の会社でのポスト獲得が難しいことは承知しているが，現在の地位に甘んじる気はあまりないという。彼は，今，心理療法を開始するかどうか決めるに際し，査定を受けているところである。

二つのDスコアに差がある場合の基本的仮説

先に述べたように，Dの値がAdj Dより低い場合，次の基本仮説がこれらの変数を解釈していくための枠組みとなる。**被検者は何らかの状況ストレスによって刺激要求の高まりを体験している。その結果，意志決定と行動あるいはそのどちらか一方がいつもより組織だったものではなくなっている。**

もしもDスコアがマイナス域にあれば，次のような二つめの仮説が立てられる。**被検者は現在のところ過負荷状態にあり，その結果通常よりも何らかの衝動性を示しやすくなっているかもしれない。**

検討前のチェック

第1章で強調したように，スコアの結果を疑ってみることはいつの場合も大切である。これは，Dスコアを検討する際には特に重要になってくる。よくあるのは，$EA - es$ の計算上の1ポイントの違いによってDスコアが低い域に入ってしまう場合である。たとえば，EAが9でesが12の場合，その差は3で，Dスコアは－1となる。ところが，その差が2だけだと，D

スコアは0となってしまう。同様に，EA が10.5で es が15の場合はDスコアが－1なのに，もしも es が16だとDスコアは－2になる。ぬかりのない解釈者は常にこうした1ポイント現象に注意を払うことだろう。また，es と Adj es の値が正しく入力されているかどうか確かめるために，m, Y, C' を含む反応のコーディングをいつでも見直せるようにしているだろう。

Dスコアに関するデータは特に疑ってみる必要があるので，微妙なケースでは，状況ストレスに関する一連の変数の検討に際してデータの見直しが組織的に行えるようになっていた方がいい。そのため，データの再吟味は解釈手順の最初のステップに正式に組み込まれている。そして，二つのDスコアの差が1ポイントの時，果たしてそれが状況ストレスを妥当に示す指標になっているかどうか，重点的に調べることになる。ただし，得られる答は必ずしも単純なものではない。

解釈の手順

ステップ1：D，EA，es，Adj es，生活歴（該当する場合）

偽陽性の可能性を探るため，$EA － es$ と $EA －$ Adj es の差を見ながらDスコアを再検討する。ここで調べるのは，たった1個の反応のスコアリングのために二つのDスコアに差が生じているのかどうか，という点である。

可能な所見1

Dスコアが Adj D より小さく，es と Adj es の差が2以上の場合，この差が偽陽性である可能性はほとんどない。ステップ2に進む。

〔ケース7とケース8所見該当　どちらのケースも es と Adj es の差は3である。〕

可能な所見2

Dスコアが Adj Dスコアより小さく，es が Adj es よりわずかに1だけ大きい場合，すなわち，m または SumY の値から1引くだけで es の修正がなされる場合である。二つのDスコアに違いが生じているのは es と Adj es のわずかな差のためなので，二つのDスコアの差に関する基本仮説を丸ごと当てはめることには疑問が持たれ，次の点について検討が必要になる。検討すべき点は，場合によっては二つになる。

まず，es と Adj es の差をもたらした反応，すなわち m と Y を含んだ反応のコーディングが問題になる。もしもどれかが間違ってスコアされていれば，本当は es と Adj es との間に差はないことになる。そうすれば当然二つのDスコアにも差はなくなる。もしもこの点が確認されたならば，状況ストレスに関する仮説が当てはまらないのは明らかであり，一連の変数の吟味はここで打ち切らなければいけない。

可能な所見2a

もしも m と Y のスコアリングが間違っていなければ，基本仮説についてさらなる点検を行う。すなわち，最近の生活歴に焦点を当て，状況ストレスを生じさせる可能性がある事情につ

いて幅広く情報を検索する。生活歴を見直すと，大概は次の三つのうちのどれかに該当するだろう。

（1）生活歴が詳細にわかり，最近の状況が被検者にとってストレスフルな経験になると思われる場合は，基本仮説は強く支持されることになる。これでDスコアがマイナスになるようなら，衝動性の可能性ありという二つめの仮説も生きてくる。一連の変数の吟味を続けるべきである。ステップ2に進む。

（2）生活歴が少ししかわからなかったり不正確である場合は，最近のストレス体験に関する有益な情報はまったく得られない。このような場合，慎重を期して，基本仮説も二つめの仮説もあくまでも**推論**として残しておいた上で，変数の吟味を続けるべきである。ときには，他の変数によって状況ストレスの存在が裏づけられることもある。特に，$SumT$ や $SumV$ が期待値以上に増加しているような場合（$SumT$ の場合は2以上，$SumV$ の場合は1以上）がそうである。もしも一連の変数からそのような情報が見つからなければ，基本仮説を最終的な結論に入れるかどうかは，解釈者が判断しなければならない。多くの場合は，基本仮説を採用**しない**ことになると思われる。もし採用するとしても，「状況ストレスを経験しているかもしれない」というような憶測的な言い回しを重ねることとし，衝動性に関する事柄にまでは言及しない方がよい。ステップ2に進む。

（3）生活歴が詳細にわかり，その中に状況ストレスについての情報がなければ，基本仮説の適用を控えた方がよい。二つめの衝動性に関する仮説についてはなおさらである。他のデータをざっと見て期待値を外れるような $SumT$ や $SumV$ が**なければ**，この判定の正しさが裏づけられる。中には，仮説は両方とも放棄し，ここでの変数の吟味を打ち切って次のクラスターへ進むのが一番だ，と考える解釈者もいるかもしれない。あるいは，あくまでもデータの方を尊重し，所見として採用する者もいるかもしれない。もしも後者を選択した場合には，所見はきわめて控えめな表現で書くべきである。

〔ケース6所見該当　ケース6は所見2と2a（2）に当てはまる。EA と es の差は－3.0。±2.5の範囲だったらDはAdj Dと等しくなったのに，この範囲を0.5ポイント越えているため，DスコアがAdj Dより1ポイント低くなってしまった。具体的には，二つのDスコアの差が生じているのは m 反応が**2個**あるためである。es を修正するために2個目の m を引いてやれば，Adj Dは0になる。もしもどちらかの m が間違ってスコアされていたら，二つのDスコアの差はなくなる。もしも m が二つとも正しくスコアされているのなら，焦点は生活歴に向けられる。彼女はリサーチプロジェクトのためのボランティアの被検者である。簡単な生活歴を見る限り，状況ストレスを示す証拠は何もない。また，状況ストレスの概念に合致するようなその他のデータもない（$SumT=1$，$SumV=0$）。したがって，これは偽陽性のケースと思われる。解釈者は状況ストレスに関する基本仮説を放棄し，次のクラスターへ進んだ方がいい。あるいは，少なくともす

べての記録を検討し終わるまで，この仮説は保留しておくのがよい。〕

ステップ2：Adj D − D

まずストレスの大きさを評価するために，DとAdj Dの差を検討する。

可能な所見1

通常，その差は1である。この結果は，状況ストレスの影響は軽度から中程度であることを意味している。二つのDスコアの差が1であることは，いくらか心理的な混乱があることを示している。しかし，必ずしも心理機能に支障をきたしているわけではない。この点については，ステップ3から7までのデータを吟味し，さらに検討を加える。ステップ3へ進む。

ケース7　29歳女性　状況ストレスのデータ

```
EB = 4:7.0      EA = 11.0                  D = -1        BLENDS
eb = 6:8        es = 14   Adj es = 11   Adj D = 0     M.CF     = 1
                                                       M.FD     = 1
FM = 4   m = 2   C' = 1   T = 2   V = 2   Y = 3       FM.Fr.CF = 1
                   (3r+(2)/R) = .48)                   FM.FT    = 1
                                                       m.CF     = 1
Pure C = 1   M- = 0   MQnone = 0     Blends = 7       CF.YF    = 1
                                                       FC.FC'   = 1
```

〔ケース7所見該当　Adj Dスコアが0で，Dスコアは−1である。いくらかの混乱がありそうである。〕

可能な所見2

もしもDスコアがAdj Dより小さく，その差が2以上であれば，普通それはストレス体験が相当深刻なものであることを示す。ストレスの影響で，思考と行動もしくはそのどちらか一方のいつものパターンのどこかに，かなりの支障がもたらされていることが多い。この点については，ステップ3から6までのデータを吟味し，さらに検討を加える。ステップ3へ進む。

ケース8　44歳の男性　状況ストレスのデータ

```
EB = 6:5.5      EA = 11.5                  D = -2        BLENDS
eb = 8:9        es = 17   Adj es = 14   Adj D = 0     M.CF.FC' = 1
                                                       M.FD     = 2
FM = 5   m = 3   C' = 4   T = 1   V = 2   Y = 2       M.CF     = 1
                   (3r+(2)/R) = .28)                   FM.FC'   = 1
                                                       m.CF     = 2
Pure C = 0   M- = 1   MQnone = 0     Blends = 9       FC.FY    = 1
                                                       CF.FD    = 1
```

〔ケース8所見該当　Adj Dスコアは0で，Dスコアは−2である。おそらく混乱の度合い

はかなりのもので，心理機能のどこかに支障をきたしている可能性が高い。〕

ステップ3：m と SumY

　状況ストレスは思考と感情もしくはその一方に広い範囲で影響を及ぼす可能性があるが，ときとして，どちらか一方への影響の方がより強くなることもある。m と $SumY$，あるいはそのどちらか一方が高くなると，D スコアが Adj D スコアより小さくなる。そのため，m や $SumY$ の値の大きさから，思考もしくは感情へのストレスの影響の強さについて，おおよそのところがわかる。このステップの目的は，これら変数から被検者の現在の心理状態を理解するのに役立つ情報が得られるかどうかを判断することにある。

　m は，被検者の注意が及ばぬ，割り込んでくる思考と関係している。このような思考が増加すると注意や集中力が干渉を受けたり，判断が曇らされたりしやすい。$SumY$ は，無力感や対処不能の感覚と関連している。こうした感情が強まると，心配，不安，悲哀などが表れたり，ひどい混乱が引き起こされたりすることが多い。

　状況ストレスが感情よりも思考の方に強い影響を及ぼしている場合，あるいは**その逆の場合も同様だが**，ここでの所見はストレスがもたらした結果について理解しようとするときだけではなく，それに対処するための介入計画を立案する上でも非常に重要となる。

可能な所見1

　m もしくは $SumY$ の値がどちらか片方の値の3倍を越えなければ，ストレスが及ぼした心理的影響は拡散している場合が多い。すなわち思考と感情の両方に影響を与えていると思われる。もしもどちらかの値が顕著に高くなっていれば（3以上），たとえもう一方の値の3倍を越えていなくとも，それはストレスの影響を知る手がかりとなる。したがって，被検者について述べる際にその点に触れておくだけの価値はあるだろう。ステップ4へ進む。

〔ケース7とケース8所見該当　ケース7には m が2，Y が3あり，ケース8には m が3，Y が2ある。したがって，両者ともストレスの影響は拡散していると考えるのが適当である。しかし，それぞれの数値が若干高くなっているので，この点，記述の際には留意が必要である。すなわち，ケース7の Y の値3は無力感をはっきりと示しているし，ケース8の m の値3は注意や集中力がかなりの影響を受けていることを示しているのである。〕

可能な所見2

　m の値が $SumY$ の値の3倍を越える場合，ストレスは思考の方により強い影響を及ぼしているだろう。その結果，注意や集中力が損なわれている可能性がある。ステップ4に進む。

可能な所見3

　$SumY$ の値が m の値の3倍を越える場合，ストレスは感情の方により強い影響を及ぼしているだろう。その結果，本人にほとんど，あるいはまったく説明できないような不安，緊張，不快感などが生じている可能性はかなり高い。ステップ4に進む。

ステップ4：Adj D, D, SumT, SumV

*SumT*と*SumV*の値を見て，Adj DスコアとDスコアの差を再検討する。二つのDスコアは，標準偏差から換算した標準得点である。したがって，その差からは，状況ストレスが与える影響について大まかな評価しかできない。そこで，*SumT*と*SumV*のデータが重要な補助的情報源となる。この情報によって，二つのDスコアの差から導き出された仮説が補強されたり修正されることになる。

材質反応（T）と展望反応（V）の変数は時間的に安定していて，普通，性格特性のようなものと考えられている。そのため，これらは，*es*を修正する際の所定の手順には組み込まれていない。しかし，ときには，*SumT*と*SumV*の値が状況的もしくは一時的な状態を反映している場合もある。したがって，*SumT*と*SumV*を見て，どちらかが期待値を超えていないかどうか確かめる必要がある。そして，もし超えていれば生活歴を検討し，高くなっているスコアが状況的な事情に関連しているのかどうかを確認しなければいけない。

可能な所見1

*SumT*の値が1を越えず，かつ*SumV*の値が0を越えていない場合，あるいは，*V*の値が0を越えていても自己中心性指標（*3r +(2)/R*）が0.32を越えていない場合には，二つのDスコアの差を再検討する必要はない。ステップ5に進む。

註：自己中心性指標の臨界値0.33は，15歳以上の被検者にのみ適用できる。15歳未満の者に対しては，次の臨界値を用いる。14歳では0.37；12歳から13歳では0.38；9歳から11歳では0.45；8歳では0.48；5歳から8歳では0.52。

ケース8　44歳の男性　状況ストレスのデータ

```
EB = 6:5.5        EA = 11.5                 D    = -2      BLENDS
eb = 8:9          es = 17  Adj es = 14  Adj D = 0     M.CF.FC' = 1
                                                      M.FD     = 2
FM = 5  m = 3     C' = 4   T = 1   V = 2   Y = 2      M.CF     = 1
                           (3r+(2)/R) = .28           FM.FC'   = 1
                                                      m.CF     = 2
Pure C = 0  M- = 1     MQnone = 0      Blends = 9     FC.FY    = 1
                                                      CF.FD    = 1
```

〔ケース8所見該当　*SumT*の値は1だけである。*SumV*は2だが，自己中心性指標は0.33より低い。二つのDスコアの差を再検討する必要はない。〕

可能な所見2

*SumT*の値が1を越えているか，*SumV*の値が0を越えて自己中心性指標（*3r +(2)/R*）が0.33以上（年少者の場合は，年齢に応じて修正した値以上）であれば，Dスコアの値は本当は違ったものである可能性がある。どちらの場合も，Dスコアを再検討するのが適切かもしれない。**その適否は被検者の生活歴から判断する。**

第3章　状況関連ストレス　67

たとえば，*SumT* の値が2以上の場合，現在体験されている状況ストレスの一部は最近の情緒的喪失に関係している可能性が非常に高い。このことは最近の生活歴を見れば容易に確認できる。もしも生活歴に最近の情緒的喪失がはっきり示されていなければ，二つのDスコアの差を *SumT* の値に基づいて再検討するには及ばない。

　同様に，自己中心性指標が **0.33** 以上の記録で *SumV* の値が1以上になるとき，状況ストレスの一部は最近体験した罪悪感や後悔の念に関係しているかもしれない。これについては最近の生活歴を見て確かめなければいけない。もしも生活歴中に罪悪感や後悔の念を裏づけるはっきりした証拠がなければ，二つのDスコアの差を *SumV* の値に基づいて再検討する必要はない。

　SumT については最近の情緒的喪失を裏づける出来事が生活歴中に認められる場合，*SumV* については罪悪感や後悔の念のもとになるような最近の出来事が生活歴中にある場合，二つのDスコアの差を再検討する必要がある。

　そこで，*EA* − *Adj es* をもう一度調べ直す。つまり，*SumT* と *SumV* の値のうち期待値を超えた分だけ *Adj es* の値から引き，そうすると *Adj D* が上がるかどうかを見るのである。なお，先に述べたように，*SumT* の期待値は1，*SumV* の期待値は0である。

　たとえば，二つのDスコアの差について再検討することになったプロトコル中，材質反応が2で展望反応が0の場合は，*Adj es* からさらに1ポイント引いた上で *Adj D* を再計算する。材質反応が3で展望反応が2のプロトコルを再検討する場合は，同じようにして，*Adj es* から4を引く。

　ほとんどの場合，*Adj es* から1か2引いたぐらいでは *Adj D* は変わらない。しかし，中には，二つのDスコアの差が大きくなるケースもある。この場合は，ステップ2で立てた仮説を変更すべきである。*SumT* に関係している場合は，最近の情緒的喪失が生活歴からどの程度認められるのか，*SumV* が問題になる場合なら，罪悪感や後悔の念の存在がどれほど見込めるのか，もっぱらそれらの確からしさの程度によって，どのように仮説を変更するかが変わってくる。

　もしも生活歴を見てそれらがほぼ間違いないものと確認されれば，二つのDスコアの差の増加を十分に踏まえた上で仮説を修正する。一方，生活歴からは決定的なことが言えない場合は，ステップ2で立てた仮説に補足するとしても，それはより推測的な記述だけにしておく。

ケース7　29歳の女性　状況ストレスのデータ

```
EB = 4:7.0        EA = 11.0                D = -1        BLENDS
eb = 6:8          es = 14   Adj es = 11   Adj D = 0     M.CF     = 1
                                                        M.FD     = 1
FM = 4  m = 2     C' = 1  T = 2  V = 2  Y = 3           FM.Fr.CF = 1
                        (3r+(2)/R) = .48                FM.FT    = 1
                                                        m.CF     = 1
Pure C = 1  M- = 0  MQnone = 0       Blends = 7         CF.YF    = 1
                                                        FC.FC'   = 1
```

〔ケース7所見該当　彼女のプロトコルには $SumT$ が2，$SumV$ が2あり，自己中心性指標は0.48となっている。生活歴からは，状況的な要因のために $SumT$ と $SumV$ が期待値より高くなっていることがうかがえる。彼女の結婚生活は破綻しつつあり，息子との接触は制限され，浮気相手の医師との関係もどうなるかわからない。情緒的喪失を示すロールシャッハ上の証拠は，こういった状態を反映しているのかもしれない。彼女の不倫のせいで結婚生活が破局に向かっているのだし，もしかしたら息子を失ってしまうかもしれない。だとすれば，罪悪感や後悔の念が生じていてもおかしくない。したがって，二つのDスコアの差1については，Adj es から3を引いた上で（11－3＝8）再検討することになる。もしもこの判断が正しければ，Adj D は＋1で，二つのDスコアの差は2となる。生活歴上の出来事からすれば，情緒的喪失を経験し，罪悪感や後悔の念を抱いている可能性は高いといえる。しかし，必ずしも確実というわけではない。したがって，もとの1という差から引き出されたステップ2での仮説はそのまま残しつつ，補足説明を加えておくのがよい。次のように記述するのが最もよいだろう。「（ステップ2の所見から）状況ストレスの影響により，彼女には何らかの心理的混乱がもたらされている可能性がある。（ステップ3での補足）この混乱は結婚生活の破綻に伴う喪失感や後悔の念と関連があるかもしれない。もしそうだとすれば，混乱はときに深刻なものになり，心理機能に何らかの支障を生じさせかねない。状況が複雑で不慣れなものだったりする場合は，特にその可能性が高くなる」〕

ステップ5：Dスコア

刺激の過負荷の状態と衝動的になる可能性について検討するために，Dの値を見よ。そして，もしも適当と認められるならば，補助的に，Pure C，$M-$，$Mnone$ のデータを見よ。

可能な所見1

もしDスコアが0以上なら，状況ストレスの影響はさほど大きなものではないだろう。DがAdj Dより小さくなっているという事実からは，先に見た次のような基本仮説が支持される。（1）何らかの状況ストレスが存在する。（2）被検者のストレス耐性は普段に比べて低くなっていて，通常なら発揮されるはずの統制力も弱まっている。しかし，Dが0以上なのだから，衝動性をもたらすような統制力の喪失がありそうだとする二つめの仮説を支持する根拠はないことになる。

Pure C 反応があっても，Dスコアが0以上の場合は衝動性を示唆するもの**ではない**。むしろ，利用可能な資質が感情表現の調節のために用いられないことがある，ということを意味している。この点については感情のクラスターで検討する。同様に，Dスコアが0以上の場合は，たとえ $M-$ や $Mnone$ の反応があっても，状況的な理由で思考の統制力が失われていることを意

味しているわけではない。むしろこれは，思考面にはもっと長く続いている問題があるのではないか，との疑問を投げかけるものである。この点については思考のクラスターで検討することになる。ステップ6に進む。

可能な所見2

もしもDスコアがマイナスなら，被検者は過負荷状態になっており，容易に，あるいは効果的に対応できないぐらいの内的要求に直面していることになる。その結果，統制力は減じ，意思決定や行動は十分考えられたものでなくなったり，頓挫してしまいやすくなっている。また，衝動的になる可能性もある。

もしもこの結果が該当するのなら，Pure C 反応，M－反応，Mnone 反応の存在も重要な意味を持ってくる。Dスコアが－1のときに1個以上の Pure C 反応がある場合は，何らかの衝動的な感情表現がなされやすいことを示している。同様に，Dスコアがマイナスのときに M－や Mnone 反応がある場合は，過負荷状態によって思考の統制力が損なわれている可能性を示している。

可能な所見2a

Dスコアの値が－1の場合，被検者は，慣れ親しんだ環境，特に構造化された，わかりやすい状況の中であれば，十分に機能できると予想される。しかし，事態がより複雑で曖昧になると，心理機能に支障が生じたり，衝動的な思考や行動に及ぶ可能性が大きくなる。EA が期待値を割り込むと，こうした脆さはとみに大きくなる。

Dスコアが－1のプロトコルに Pure C 反応がある場合は，感情面で衝動的になりやすく，それが普通は統制不十分な行動として表れてくることを示している。Dスコアが－1で M－や Mnone 反応がある場合，状況ストレスが判断を曇らせたり，思考におかしさを引き起こしているのではないかという仮説が立てられる。この仮説については，思考のクラスターを見るときに慎重に検討されなければならない。ステップ6に進む。

ケース7　29歳の女性　状況ストレスのデータ

```
EB = 4:7.0      EA = 11.0                    D = -1        BLENDS
eb = 6:8        es = 14  Adj es = 11   Adj D = 0    M.CF    = 1
                                                    M.FD    = 1
FM = 4  m = 2   C' = 1  T = 2  V = 2  Y = 3         FM.Fr.CF = 1
                        (3r+(2)/R) = .48)           FM.FT   = 1
                                                    m.CF    = 1
Pure C = 1  M- = 0   MQnone = 0    Blends = 7       CF.YF   = 1
                                                    FC.FC'  = 1
```

〔ケース7所見該当　Dスコアの値は－1なので，おそらく彼女は，構造化されていたり慣れ親しんだ環境では十分に機能できるだろう。しかし，複雑あるいは曖昧な状況では，効果的な対処はできにくくなってしまうかもしれない。この場

合には，衝動的な思考や行動が生じやすくなる。Pure C 反応が1個あり，M－反応や Mnone 反応はない。したがって，もしも衝動的になった場合は，感情の統制の喪失が起こったり，感情に駆り立てられて行動してしまうなど，それが効果的なものかどうかはともかくとしても，とにかく不安定なエピソードが起きやすくなるだろう。〕

可能な所見 2b

もしDスコアが－1より小さければ，被検者は非常に統制力を失いやすいと考えられる。EA の値がどうであれ，心理機能に支障をきたすおそれは大きい。このような人は，思考と行動もしくはそのいずれか一方が衝動的になる可能性が高い。かなり構造化された，決まりきった状況以外では，適切に，あるいは効果的に機能する状態が続くことはまずない。Dスコアが－3や－4といった具合に小さくなるにつれて，こうした困難さはほぼ等比的に大きくなっていく。ステップ5に進む

ケース8　44歳の男性　状況ストレスのデータ

```
EB = 6:5.5       EA = 11.5                    D     = -2        BLENDS
eb = 8:9         es = 17   Adj es = 14        Adj D = 0         M.CF.FC'  = 1
                                                                M.FD      = 2
FM = 5   m = 3   C' = 4   T = 1   V = 2   Y = 2                 M.CF      = 1
                          (3r+(2)/R) = .28)                     FM.FC'    = 1
                                                                m.CF      = 2
Pure C = 0   M- = 1   MQnone = 0         Blends = 9             FC.FY     = 1
                                                                CF.FD     = 1
```

〔ケース8所見該当　Dスコアは－2であり，かなりの過負荷状態にあることや統制の困難さが長引いている可能性を示している。彼は衝動的になりやすいので，意思決定の一部が十分考え抜かれたものでなくなっていたり，それらを効果的に遂行するのが難しくなっているかもしれない。そのため，彼の心理機能は全般に，従来の状態に比べて一貫性を欠いたものになっていると思われる。Pure C 反応や Mnone 反応はないが，M－反応は1個ある。これは，衝動的になった場合には思考の統制が困難になり，誤った判断や意思決定をしてしまうことを意味している。この可能性については，思考に関するデータを見てさらによく検討する。〕

ステップ6：m または Y によって生じているブレンド

ブレンド反応は心理的複雑さのおおよそのところを示す指標である。このステップで確認しようとするのは，状況ストレスによる刺激要求の増進が心理的な複雑さを高めているかどうか，という点である。これには，簡単な計算を含む二つの手続きが必要となる。

まず最初に，m や Y だけのために生じているブレンドの数を数える。通常，これらは，

第3章 状況関連ストレス　71

M.FY, *m.CF*, *CF.YF* のように二つの変数からできている。しかし，ときには，*M.m.YF*, *m.CF.YF* のように *m* と *Y* の両方を含む三つの変数でできていることもある。

次の段階では，*m* や *Y* だけのために生じているブレンドの数が記録中の全ブレンド数の何％に当たるかを算定する。

可能な所見 1

もしも *m* や *Y* だけのために生じているブレンドの数が1以上あっても，それが全ブレンド数の20％に満たない場合は，ストレス状態によって増えている心理的複雑さはわずかだと考えられる。ステップ7に進む。

可能な所見 2

もしも *m* や *Y* だけのために生じているブレンドの数の割合が全ブレンド数の20％から30％であれば，状況ストレスによって増えている心理的複雑さは中程度と考えられる。

過負荷状態において複雑さが増すと衝動的行動の可能性も高まるだけに，Dスコアがマイナスの場合は，この所見が特に重要になる。ステップ7に進む。

ケース7　29歳の女性　状況ストレスのデータ

```
EB = 4:7.0      EA = 11.0              D    = -1       BLENDS
eb = 6:8        es = 14   Adj es = 11   Adj D = 0      M.CF      = 1
                                                       M.FD      = 1
FM = 4   m = 2   C' = 1   T = 2   V = 2   Y = 3        FM.Fr.CF  = 1
                (3r+(2)/R) = .48)                      FM.FT     = 1
                                                       m.CF      = 1
Pure C = 1   M- = 0   MQnone = 0       Blends = 7      CF.YF     = 1
                                                       FC.FC'    = 1
```

〔ケース7所見該当　記録中には7個のブレンドがあり，そのうち *m* と *Y* のために生じているのは2個（*m.CF* と *CF.YF*）である。これらは全ブレンド数の29％を占めている。したがって，彼女の複雑さは状況ストレスのゆえに中程度に増大し，そのために衝動的になる可能性も高まっていると考えられる。〕

可能な所見 3

もしも *m* や *Y* だけのために生じているブレンドの数が全ブレンド数の30％を越えるようなら，状況ストレスによって心理的複雑さが相当増大していると考えられる。複雑さがかなり増えてくれば，それだけ心理機能に支障をきたしやすくなる。したがって，これは非常に重要な点である。衝動的行動の可能性が高くなるにつれて心理機能も低下するので，この脆さは，Dスコアがマイナス域にある被検者には特に害となる。ステップ7に進む。

ケース8　44歳の男性　状況ストレスのデータ

EB = 6:5.5	EA = 11.5		D = -2	BLENDS
eb = 8:9	es = 17	Adj es = 14	Adj D = 0	M.CF.FC' = 1
				M.FD = 2
FM = 5 m = 3	C' = 4 T = 1 V = 2 Y = 2			M.CF = 1
	(3r+(2)/R) = .28)			FM.FC' = 1
				m.CF = 2
Pure C = 0 M- = 1	MQnone = 0		Blends = 9	FC.FY = 1
				CF.FD = 1

〔ケース8所見該当　プロトコル中には9個のブレンドが含まれており，そのうち3個が状況関連のものである（*m.CF*が2，*FC.FY*が1）。これらは記録中の全ブレンド数の3分の1に当たり，彼の心理的複雑さが通常よりもかなり増していることを示している。余計に加わったこの複雑さのために，心理機能に支障がもたらされたり，衝動的になる可能性が高くなっている。〕

ステップ7：色彩濃淡ブレンド（Color shading Blends：Col-Shad Bl）

ときどき感情が混乱してしまうということがわかれば，それは被検者の心理を理解する上でとても重要な情報となる。色彩濃淡ブレンド，すなわち *FC.FY*，*CF.FC'*，*Mᵃ.FC.FV* などの有彩色決定因子と無彩色か濃淡決定因子の**両方**を含むブレンドが，感情の混乱や両価性についての情報源である。

感情の混乱はほとんどの人にときどきは見られるものなので，プロトコル中に色彩濃淡ブレンドが1個あるのは珍しいことではない。しかし色彩濃淡ブレンドが2個以上というのは滅多にない。状況ストレスが存在する場合は，ストレス体験が感情の混乱を生じさせたり増加させたりしているのかどうかを確かめることが重要である。そのためには2段階の手続きが必要になる。

まず最初に，ブレンドのリストを見て，*CF.C'F*，*FMᵃ.FC.FT*，*FC.FV* などのような，**もっぱら**有彩色決定因子と材質，展望，無彩色の各決定因子との組み合わせが**あるために**生じている色彩濃淡ブレンドの有無を調べる。このタイプの色彩濃淡ブレンドは，感情の混乱や両価性が以前から存在している可能性を示している。

次の段階では，ブレンドのリストをもう一度見て，*Mᵖ.FC.FY*，*mᵃ.CF.YF*，*FC.YF* などのような，**もっぱら**有彩色決定因子と*Y*の組み合わせが**あるために**生じている色彩濃淡ブレンドの有無を確認しなければいけない。このタイプの色彩濃淡ブレンドは，感情の混乱が状況的なものである可能性を示している。

可能な所見1

ブレンドのリストに有彩色決定因子と*T*，*V*もしくは*C'*との組み合わせの色彩濃淡ブレン

ドが含まれておらず，有彩色決定因子とYの組み合わせの色彩濃淡ブレンドが**1個ある**場合は，ストレス状態が感情の混乱をもたらしていると考えられる。解釈手順の次のクラスターへ進む。

可能な所見2

ブレンドのリストに有彩色決定因子とT, VもしくはC'との組み合わせの色彩濃淡ブレンドが少なくとも1個あり，有彩色決定因子とYの組み合わせの色彩濃淡ブレンドも**1個ある**場合は，感情の混乱は以前から存在し，それが状況ストレスによって増幅されていると考えられる。解釈手順の次のクラスターへ進む。

ケース7 29歳の女性 状況ストレスのデータ

```
EB = 4:7.0       EA = 11.0              D     = -1        BLENDS
eb = 6:8         es = 14  Adj es = 11   Adj D = 0     M.CF      = 1
                                                      M.FD      = 1
FM = 4   m = 2   C' = 1  T = 2  V = 2  Y = 3          FM.Fr.CF  = 1
                     (3r+(2)/R) = .48)                FM.FT     = 1
                                                      m.CF      = 1
Pure C = 1   M- = 0   MQnone = 0    Blends = 7        CF.YF     = 1
                                                      FC.FC'    = 1
```

ケース8 44歳の男性 状況ストレスのデータ

```
EB = 6:5.5       EA = 11.5              D     = -2        BLENDS
eb = 8:9         es = 17  Adj es = 14   Adj D = 0     M.CF.FC'  = 1
                                                      M.FD      = 2
FM = 5   m = 3   C' = 4  T = 1  V = 2  Y = 2          M.CF      = 1
                     (3r+(2)/R) = .28)                FM.FC'    = 1
                                                      m.CF      = 2
Pure C = 0   M- = 1   MQnone = 0    Blends = 9        FC.FY     = 1
                                                      CF.FD     = 1
```

〔ケース7とケース8所見該当 ケース7には2個の色彩濃淡ブレンドがある（*CF.YF*, *FC.FC'*）。このうち一つめのブレンドは状況に関連したものであり，ストレスが彼女の感情の混乱を増大させていると考えられる。ケース8にも2個の色彩濃淡ブレンドがある（*M.CF.FC'*, *FC.FY*）。このうち二つめのブレンドはおそらく状況関連のものである。ケース8の結果はケース7のものに似て，感情の混乱が増大していることを示している。しかし，ケース8はDスコアが−2なので，こちらの方が混乱はより重大なものである。ケース8では，感情の混乱のため，心理機能に支障が生じたり，衝動的になる可能性がかなり高まっていると思われる。〕

可能な所見3

ブレンドのリストに有彩色決定因子とT, VもしくはC'との組み合わせの色彩濃淡ブレンドがなく，有彩色決定因子とYの組み合わせの色彩濃淡ブレンドが**2個以上ある**場合は，ストレス状態がかなりの感情的混乱をもたらしていると考えられる。Dスコアがマイナス域にある場合は，感情の混乱がさらに増したことにより，心理機能に支障が生じたり衝動的になる可能性が非常に高くなっているだろう。

可能な所見4

ブレンドのリストに有彩色決定因子とT, VもしくはC'との組み合わせの色彩濃淡ブレンドが少なくとも1個あり，有彩色決定因子とYの組み合わせの色彩濃淡ブレンドも**2個以上ある**場合は，以前からあった感情の混乱が状況的なストレスによって著しく増大していると考えられる。Dスコアの値がいくつであっても，感情の混乱がさらに増したことにより，心理機能の低下を示すようなエピソードが多く見られやすくなる。Dがマイナス域にあるようだと，この感情の混乱の大きさのために，衝動的になる可能性は極めて高くなる。

状況ストレスに関する所見の要約

通常，状況ストレスの存在に関する所見は，統制力およびストレス耐性と一緒に検討される。しかし，ときにはその所見が確定的でなく，被検者についての記述中にこの問題をどう取り上げるのが最もよいか，解釈者の判断が求められることもある。たとえば，自発的にある研究の統制群の被検者になったケース6の女性のデータには，二つのDスコアの差は見かけの結果でしかないという可能性が示されていた。彼女についての記述を求められた場合や彼女が患者としてテストを受けた場合には，状況ストレスに関してはかなり慎重に述べなければいけない。それはたとえば次のような記述になる。「彼女の統制力およびストレス耐性は，通常であればほとんどの成人と同じくらいである。しかし，現在，彼女は状況関連のストレスを少しばかり感じているため，その力はやや減じている**かもしれない**」

その他のたいがいのケースではデータはもっとはっきりしており，被検者についてより明確に述べることができるだろう。離婚と子の監護に関する争いの渦中にある29歳の女性，ケース7は，そのよい例である。彼女についての所見は次のように要約できる。「通常，彼女の統制力およびストレス耐性はほとんどの成人と同じくらいのものである。しかし，現在は，状況ストレスによって限られた力しか発揮できなくなっている（ステップ2）。その結果，何らかの心理的混乱が生じたり，衝動的になる可能性がかなり高くなっている（ステップ2，4）。彼女は自分を取り巻く状況に対していくばくかの無力感を抱いているようである（ステップ3）。それに，淋しさも感じており，結婚生活の破綻に対して罪悪感や後悔の念を抱いているようである（ステップ4）。彼女は，構造化されていたり慣れ親しんだ環境では十分に機能できるかもしれない。しかし，複雑あるいは曖昧な状況では，効果的な対処はできにくくなって

しまうだろう。実際，彼女は感情に押しつぶされてしまいやすく，もしそうなったら，感情に突き動かされ，効果的かどうかに関係なく行動してしまうことが多いだろう（ステップ5）。その他，心理的複雑さや，これまで長く続いてきた感情の混乱がともにやや増しているが，これらも状況ストレスの副産物である（ステップ6，7）」

　マーケティング管理職をしているケース8の44歳の男性の場合，その要約はこれとはかなり違ったものになる。「通常では，彼の統制力およびストレス耐性力はほとんどの成人と同じ程度である。しかし，それらは状況ストレスのためにかなり制限を受けている。その影響によって彼の心理的働きはかなり混乱し，衝動的になりやすくなっている（ステップ2）。この混乱は多方面に拡がり，感情と思考の両方に影響を与えているようであるが（ステップ3），所見のいくつかは，現在のストレスはむしろ意志決定の方にかなりの作用を及ぼし，間違った判断を起こりやすくしていることを示している（ステップ5）。また，ストレス状況によって彼はいつもより心理的にかなり複雑になっているし（ステップ6），前からあった感情の混乱はさらにひどいものになっていると考えられる。そのために心理機能に支障が生じたり，衝動的になる可能性が高まっているようである（ステップ7）」

練習問題

　このセクションでは，状況ストレスに関するデータを二つのケースから取り上げ，あわせてそれぞれの生活歴も提示する。前章と同様，各ケースの後にはこの章で示した各ステップに関する問題を設けてある。解答は章の終わりに示す。

ケース9

　22歳の女性。小さな銀行の信託部門でアシスタントをしている。21歳のときに大きな州立大学を卒業し，経済学の学士を得た。その後現職に就き，約1年が経つ。彼女には18歳の弟がいる。弟は小さな教養大学の1年生である。

　父親は49歳で，製造直販店の主任をしている。彼はアルコール依存症から回復し，この6年間は一滴も酒を飲まず，定期的にAAに参加している。飲酒問題は35歳から38歳のときに激化し，その3年間，妻とは別居状態になっていた。別居開始時，被検者は9歳だった。別居期間中，子どもたちは母親と暮らしていたが，週末になると父親が帰ってきていた。父親がアルコール・リハビリテーション・プログラムに参加するようになってから，両親はよりを戻した。母親は現在46歳で，ある大きな会社の秘書室主任として働いている。

　彼女には大きな怪我や病気の既往はなく，発育歴上の目立った問題は報告されていない。身長および体重はこれまでおおむね普通域にあり，現在の身長は163センチメートル，体重は55キログラムである。初潮は13歳のときで，月経については何の問題もなかったようである。高校の成績は平均Bで，17歳のときに卒業し，翌年の秋に大学に入学した。大学での成績は

おおむねCかBだった。

高校時代には女子バスケットボール部に入っていた。定期的にデートをする機会があり，17歳のときに，初めての性体験を持った。大学でも定期的にデートをし，何人かの若い男性と性関係を持った。大学4年時，1歳年上のクラスメイトと婚約した。そして二人は，4年最後の学期に同棲を始めた。最近，彼は大学院の1年目を終了した。彼女によれば，自分としては大学卒業後すぐに結婚したかったが，二人で話し合い，少なくとも彼が大学院の1年目を終えるまでは結婚を延期することにしたという。

約5カ月前，彼女は自分が妊娠していることを知った。自分では子どもを産みたいと思ったが，彼に強く説得され，妊娠7週目の時に中絶することに同意した。それから間もなくして，他に好きな女性ができたから同居をやめると彼に言い渡された。

彼女が自ら心理療法を望んだので，それに伴って評価を受けた。彼との関係が壊れたことによる抑うつ感は今も続いているという。彼女によれば，よく眠れず，仕事への興味がわかず，友達には自分の苦しみをうまく話せないという。

ケース9　22歳の女性　状況ストレスのデータ

```
EB = 4:7.0       EA = 11.0              D    = 0        BLENDS
eb = 4:9         es = 13  Adj es = 8    AdjD = +1       M.FV   = 1
                                                        M.CF   = 2
FM = 1  m = 3    C' = 2  T = 2  V = 1  Y = 4            m.CF   = 1
                       (3r+(2)/R) = .21)                m.YF   = 1
                                                        FC.FC' = 1
Pure C = 1  M- = 0   MQnone = 0    Blends = 8           FT.FY  = 1
                                                        C.Y    = 1
```

1. ステップ2（Adj D − D）およびステップ3（mと$SumY$）の所見に基づくと，次の仮説のうち，このケースに最も適しているものはどれか。
    (a) 現在体験しているストレスの影響はかなり大きいもので，彼女の思考および行動の通常のパターンの一部がかなり干渉を受けている。
    (b) 現在体験しているストレスの影響はおそらく中程度のものである。しかし，ときには無力感がより強まり，予想以上にひどく心理機能に支障をもたらす可能性がある。
    (c) ストレスの影響は中程度で，彼女の心理全般に影響を与えている。ときおり，心理的働きにいくらか混乱が生じるかもしれない。しかし，支障をきたすまでには至らないだろう。
    (d) 彼女の統制力は普段よりも弱まっており，ときに注意や思考の集中が難しくなるだろう。その結果，彼女の行動の一部はかなり秩序のないものになる可能性がある。

2．ステップ4（Adj D, D, SumT, SumV）の所見に基づくと，次の仮説のうち，最も適切なものはどれか。
　　（a）現在の状況により彼女の耐性力はかなり減じ，余計なストレスには絶えられなくなっている。衝動的なエピソードを示しやすくなっているのは明らかである。
　　（b）彼女の統制力はかなり減じており，主に感情表現における衝動的なエピソードを示しやすくなっている。
　　（c）現在体験しているストレスの影響は中程度である。しかし，情緒的喪失感と罪悪感を伴っているので，ときにそれは非常に深刻なものになる可能性がある。
　　（d）彼女の統制力は十分に維持されている。しかし，強い罪悪感によって，ときには感情面で衝動的になるかもしれない。
3．このケースにはステップ3（m と $SumY$）のどの所見が当てはまるか。
4．ステップ6（m または Y によって生じているブレンド）の所見に基づくと，次の仮説のうち，最も適切なものはどれか。
　　（a）状況ストレスによって心理的複雑さは顕著なまでに増大し，彼女の判断力を損なわせている。
　　（b）状況ストレスによって心理的複雑さはかなり増え，その結果通常よりもいくらか心理機能に支障が生じやすくなっている。
　　（c）状況ストレスによって心理的複雑さはやや増えており，衝動的になる可能性を高めている。
　　（d）この時点では，彼女の心理的複雑さはおそらくいつもと同じ程度である。
5．ステップ7（色彩濃淡ブレンド）の所見に基づくと，次の仮説のうち，最も正確なものはどれか。
　　（a）彼女は状況ストレスによって感情がかなり混乱し，衝動的になりやすくなっている。
　　（b）状況ストレスによって，前からあった感情の混乱がかなり大きくなっている。
　　（c）状況ストレスの影響で，最近経験した情緒的喪失に対してかなり両価的になっている。
　　（d）状況ストレスによって，感情に軽い混乱が生じている。

ケース10

　ファミリーセラピストから評価のために照会されてきた29歳の男性である。弁護士の勧めに基づいて，このセラピストは被検者とその妻の夫婦療法を引き受けた。被検者は妻と2度にわたって別居をしたが，その後和解し，治療を受けることに同意したのである。結婚生活は6年になり，二人の間には3歳になる娘がいる。
　約2年前，生活費を巡る口論の最中に彼が妻を何度か殴り，それがきっかけで最初の別居に

至った。彼は，そのとき酒が入っていたけれども酩酊状態ではなかったと述べている。この点については妻も認めている。彼は，「彼女の言葉が一部」癇にさわってかっとなっただけであり，怪我をさせるつもりはなかったのだという。けれども，彼女は身の回りの荷物をまとめ，娘を連れて実家へ帰ってしまった。彼は，主に彼女の父親を通してだが，何度も何度も謝った。そして2週間後，彼女はとうとう和解に応じた。

2度目の別居となったのは，この評価を受ける約6週間前のことだった。これもまた暴力に端を発するものだった。娘のしつけを巡って口論が始まり，それが次第に激しさを増して暴力沙汰にまでなったのである。彼女は，自分が夫にさんざんひどいことを言ったことは認めている。彼の方は，彼女の言葉の暴力のせいで何度も殴ってしまったのだと述べている。彼女が大声で叫んだため，近所の人たちが彼らの喧嘩に気づくところとなった。そして近所の誰かが警察に電話をした。警察がやって来たときには，妻は鼻や口からおびただしい量の血を流し，衣服は一部破けていた。被検者は逮捕され，一晩留置された。しかし，その翌日，妻は告訴を取り下げ（再び家を出ていった後にだが），被検者は釈放された。

約3週間前に，妻は離婚訴訟を起こすつもりで弁護士に相談した。しかし，長いこと話し合った末，もしも夫に「変わる」気があるようなら夫婦療法を考えてみてもいいと同意した。

被検者は自分でも，「すぐに切れやすい」し，妻との間以外でも癇癪を抑えるのに苦労することがある，と認めている。彼は18歳のときに高校を卒業し，そのすぐ後，工学を専攻するつもりで大学に入学した。しかし，大学2年時には経営管理に専攻を変えた。3年の終わりに成績は落第ぎりぎりのところになっていたので，中退して仕事を見つけることにした。そして，ある小さな運送会社の事務主任の職を得て，この5年間，その仕事を続けてきた。毎日「ビールを少し」飲むが，アルコールの濫用は否定している。大学1年時にマリファナを試してみたことはあるが，その他の薬物の使用経験はないという。

これから治療を受け持つことになるセラピストからは，この被検者には夫婦療法ではなく個人療法をした方がいいのか，あるいは夫婦療法を補う形で個人療法を行った方がより効果が望めるのかどうか，といった問題提起がなされている。また，より具体的には，感情の統制の問題と，妻に対して再び身体的暴力をふるう可能性があるかどうかという問題に焦点を当て，被検者のパーソナリティを包括的に記述するよう求めている。

ケース10　29歳の男性　状況ストレスのデータ

$EB = 2:8.0$	$EA = 10.0$	$D = -1$	BLENDS
$eb = 9:5$	$es = 14$ Adj $es = 11$	AdjD $= 0$	$FM.FC = 1$
			$FM.CF = 1$
$FM = 5$ $m = 4$	$C' = 2$ $T = 1$ $V = 1$ $Y = 1$		$FM.FD = 1$
	$(3r+(2)/R) = .37)$		$FM.FC' = 1$
			$m.C = 1$
Pure $C = 2$ $M- = 0$	MQnone $= 0$	Blends $= 7$	$m.CF = 1$
			$C.Y = 1$

1. ステップ 2（Adj D － D）およびステップ 4（Adj D, D, *m*, *SumY*）に基づくと，次の仮説のうち，最も適切なものはどれか。
    （a）現在体験している状況関連ストレスは，彼の思考および行動に相当強い打撃を及ぼしている。
    （b）現在体験している状況関連ストレスはおそらく罪悪感や後悔の念を伴うものだが，彼の思考および行動に与える打撃はあまり大きくないだろう。
    （c）現在体験している状況関連ストレスは強い情緒的喪失感を伴うものなので，予想以上に打撃を与えがちである。
    （d）彼は，現在，状況関連のストレスを体験している。しかし，それが思考および行動に与える影響は，総じてとても小さなものである。
2. ステップ 5（D スコア）に基づくと，次の仮説のうち，このケースに最も適したものはどれか。
    （a）彼は過負荷状態のために衝動的になりやすくなっている。衝動的になった場合，それは感情表現の面で表れてくるだろう。
    （b）彼の統制力は普段よりも弱まっている。しかし，衝動的になりやすくなっていることを示す証拠は何もない。
    （c）彼は過負荷状態のために衝動的になりやすくなっている。衝動的になった場合は思考を統制する力が弱まるだろう。
    （d）彼は衝動的になりやすいかもしれないが，ほとんどの状況に対処できるぐらい，ストレス耐性はまだ十分保たれている。自己イメージについて深刻な疑義が生じるのでなければ，統制力が失われることはないだろう。
3. ステップ 3（*m* と *SumY*）に基づくと，次の仮説のうち，このケースに最も適したものはどれか。
    （a）彼は緊張や不安を感じているだろう。
    （b）彼はひどく淋しさを感じているようだ。
    （c）彼はときどき罪悪感や後悔の念に押しつぶされてしまうようだ。
    （d）彼はかなり頻繁に注意力や集中力を欠いてしまうようだ。
4. ステップ 6（*m* または *Y* によって生じているブレンド）に基づくと，次の仮説のうち，このケースに最も適したものはどれか。
    （a）状況関連のストレスによって心理的複雑さがかなり増しているようであり，そのため彼は心理機能に支障をきたしやすくなっている。
    （b）状況ストレスの影響で心理的複雑さが少し増しているようであり，そのため彼はいくぶんか心理機能に支障をきたしやすくなっている。
    （c）状況ストレスのために心理的複雑さがいくらか増してはいるが，心理機能に支障をきたすおそれは高くない。

（d）状況ストレスによって心理的複雑さがいくらか増してはいるが，ストレス耐性全般には影響はなく，ストレスが余計に加わっても大丈夫である。
5．ステップ7（色彩濃淡ブレンド）に基づくと，次の仮説のうち，このケースに最も適しているのはどれか。
　　　（a）彼には以前から感情の両価性が存在し，現在それが状況ストレスによってかなり強まっている。
　　　（b）現在もしくはこれまでに感情の混乱があったことを示す証拠は何もない。
　　　（c）状況ストレスによって感情にいくらかの混乱が生じているようだ。
　　　（d）状況ストレスによって感情にかなりひどい混乱が生じているようだ。

ケース9，10の解答

ケース9
1．　c　二つのDスコアの差は1で，中程度の影響力であることを示している。Dスコアは0でAdj Dは1なので，心理機能に支障をきたすことはほとんどなさそうである。mとSumYの値にはほとんど差がない。
2．　c　DスコアはAdj Dより低く，統制力がいくらか低くなっていることが示されている。けれども，Dスコアはマイナス域にはない。しかし，SumTとSumVの値は著しく上昇している。
3．　1　mの値は3，SumYの値は4である。
4．　b　7個のブレンドのうちの4個が，mもしくはYの存在によって生じている。
5．　b　色彩濃淡ブレンドのうちの一つ（FC.FC'）は感情の両価性が以前からあったことを示している。一方もう一つのブレンド（C.Y）は混乱が状況ストレスによってもたらされていることを示している。

ケース10
1．　b　二つのDスコアの差は1である。展望反応は1で，自己中心性指標は0.32を上回っている。
2．　a　Dスコアはマイナス域にあり，記録中にPure C反応が2個ある。
3．　d　mの値は4で，一方SumYの値は1である。
4．　a　7個のブレンドのうちの3個が，mもしくはYの存在によって生じている。
5．　c　感情の混乱が以前からあったことを示す色彩濃淡ブレンドはない。しかし，状況に関連した色彩濃淡ブレンドは1個ある。

第4章
感　情

　人の感情というのは複雑で，理解しにくいものである。心理活動のほとんどに，感情が関わってくる。感情は思考と絡まり合い，判断，意志決定，そしてほとんどの行動様式に影響を与える。また，構えや態度をつくりあげるのに大きく寄与し，反応スタイルの形成にあたって大きな役割を果たしている。感情は有益な長所として役立つこともあるが，大きな短所ともなり得る。非常に微妙なものもあれば，非常に激しいものもある。感情が直接的で扱いやすい場合もある一方，行動の決定や遂行に影響が及び，それをコントロールするのが難しくなることもある。

　感情に関連したロールシャッハ変数は多数ある。しかし，それら変数がどれほど直接感情を反映しているかと言えば，人の心理を調べる目的のテストにしては決して十分なものではない。したがって，データから推測されるそれぞれの仮説を注意深く統合することが大切となる。ここでの解釈の目的は，被検者の心の仕組みや働きにおける感情の役割についてできるだけ知ろうとすることにある。感情の役割は人によってかなり異なっており，この非常に複雑な心理的特徴について有意義な記述を作り上げようとするならば，実に多くの事柄を検討しなければならない。

感情に関連するロールシャッハの変数

　有彩色，無彩色，濃淡の各決定因子を伴う変数はすべて，感情に関連したクラスターの中に入れられる。空白反応（S）の頻度，色彩投影（CP），ブレンドもまた，ここでのデータを構成する要素である。その他のクラスターと同様，ほとんどの解釈仮説はそれぞれの変数の値をもとにつくられるが，これら変数の値は，それだけを単独で検討しても役に立たない場合がある。たとえば感情の比率（Afr）を単独に検討しても，そこから引き出されるのは基本的な仮説にすぎないが，クラスター内の他の所見と合わせて検討すると，その仮説がふくらんだり，明確になる。

　中には，他の変数と直接関連させて検討しなければ意味のない変数もある。このような変数は，普通比率の形にして評価する。たとえば，$WSumC$ はそれ単独で検討しても解釈に役立てられないが，EB や $SumC' : WSumC$ のような比率にすると，きわめて重要なものになる。その他，S, CP, $Pure\ C$ などのように，出現頻度自体が解釈仮説の重要な礎石となる変数もあ

る。

　感情関連の変数の中のいくつかはその他のクラスターにも入っているが，ここではそれらについて少し違った角度から検討する。たとえば，第3章で説明したように，T，Pure C，ブレンドの数やタイプに関するデータは，状況ストレス関連の変数を評価するときに関係し，ストレスの影響を明確にするために用いられた。しかし，感情の検討をする際には，この同じデータを，感情の働きについてより広い理解をするという異なる目的で用いる。

検討事項の要点

　解釈の際に検討すべき主要な問題はいくつかあり，それは次の通りである。
（1）感情は，意志決定とその遂行における中核的要素であるか。あるいは，ものごとへの対処や意志決定の際にはより周辺的な存在となるのか。
（2）ネガティブな感情が頻繁に生じることを示す証拠はあるか。
（3）被検者はどの程度感情刺激を自発的に取り入れるのか。あるいは，被検者が感情に対して防衛的になっていることを示す証拠はあるか。
（4）感情のコントロールを，容易に，効果的に行えるか。
（5）感情のために周囲に対する特別な構えが作られているか。
（6）被検者は感情によって混乱することがよくあるか。

　解釈手順のステップを説明するために，三つのプロトコル，ケース11，12，13の感情に関連する変数のデータを用いる。

ケース11

　30歳の男性。マリッジカウンセラーが，彼と彼の妻（32歳）との初回面接後に評価に回してきたものである。この評価は心理療法の前に行われる所定の手続きの一つである。二人は別居後，彼らの共通の友人からこのマリッジカウンセラーを紹介された。別居は現在で4週目になる。結婚してからは約7年がたつ。

　被検者は同胞二人の長子である（妹は22歳で大卒。最近結婚した）。父親は59歳で，保険のセールスマンをしている。母親は59歳で，ドライクリーニング会社の共同経営者である。近親には精神医学上の病歴を持つものはいない。被検者の発達歴は正常なものだったと報告されている。彼の高校時代の成績は平均以上で，陸上競技（高飛びと棒高跳び）の優秀選手として表彰されたこともある。彼によれば，いろいろな女の子と交際し，16歳の時に初めて性体験を持ったという。18歳の時に高校を卒業し，経営学を専攻するつもりで州立大学に入った。しかし，後に経営学は「すごくつまらない」と思うようになった。大学2年時には成績は落第すれすれとなり，その年の終わりには大学を中退することにした。その1カ月後，彼は飛行機会社の搭乗口係の職を得た。就職後1年目に，彼は客室乗務員をしていた現在の妻と知り合い，約1年の交際の後，二人は結婚した。

　妻によれば，最初の2年間の結婚生活は「悪くなかった」が，彼は昇進を見送られてからと

いうもの上司に腹を立てるようになり，酒を飲み過ぎることが多くなったという。そして，自分は不当に扱われているとの不満をいつまでも持ち続けたという。彼は「以前なら怒らなかったような些細なこと」でこれまで以上に頻繁にかんしゃくを起こすようになった。そして，乗客に対して失礼な態度を取ったり，上司と言い争うことが多くなり，ついには航空会社を首になった。彼女曰く「彼は，自分が解雇された時にどうしてお前もあの会社を辞めなかったんだと言って，ずっと私に腹を立て続けていた」とのことだが，レンタカー会社の副店長の職を得てからは「ましになった」という。1年ほど前に，彼は別の都市への異動を承諾し，店長へと昇格した。このため，彼女の方は勤務地との間を（飛行機で）何度も行ったり来たりしなければらなくなった。すると，彼は今度は別の仕事を探すようにと言いだし，このことで何度も言い争いをするようになった。そして，彼は彼女が要求を拒むと非常に腹を立て，最近では別の男とつきあっている（彼女はこれを否定しているが）と言って責めるようになったという。

彼の方は，彼女は状況からしても理屈に合わないことをしているし，自分のことしか考えていない，と主張し続けている。彼女の方が稼ぎが多いことは認めるものの，彼女は（家から近い）別の航空会社か旅行代理店でも今と同じくらいの収入を得られる仕事に就けるはずだと主張する。今の状況に腹を立てていることを認めつつ，怒って当然だと言い張る。彼は我を忘れて怒るようなことはないと言うが，「彼女がまったく聞きわけのないときに，一度や二度はぶん殴ってやりたい気になった」とも述べている。別居を決意したのは彼女の方だと言うが，「結婚生活がここ数カ月ひどいものになっていた」点については，彼も同意している。今の状況のせいで抑うつ的になっているものの，「仕事ができなくなるほどではない」と言う。照会を受けた事項は次のとおりである。（1）精神医学的な障害を示す証拠はあるか。（2）彼が訴える抑うつはどれほど重症か。（3）現実検討力は十分なものか。どれほど防衛的になっているか。（4）感情に関する重大な問題を抱えているか。（5）彼には，自分が変わったり歩み寄ろうとするだけの動機づけがありそうか。

ケース 11　30 歳の男性　感情に関連するデータ

```
EB = 2:7.5              EBPer       = 3.8            Blends
eb = 5:7         L = 0.22   FC:CF+C     = 1:6         M.C.FD    = 1
DEPI = 4         CDI = 2    Pure C      = 2           FM.FD.FY  = 1
                                                      m.CF.C'F  = 1
C' = 3  T = 2              SumC':SumC  = 3:7.5        M.CF      = 1
V = 0   Y = 2              Afr         = 0.72         FM.FT     = 1
                                                      FM.FC'    = 1
Intellect = 1    CP = 0    S = 6(S to I,II,III = 3)   FM.YF     = 1
Blends:R  = 7:19           Col-Shad Bl = 1
m+y Bl    = 1              Shading Bl  = 0
```

ケース 12

27 歳の女性。彼女は精神科医から評価のために照会されてきた。その精神科医には彼女の

かかりつけの内科医が紹介したものだった。彼女の訴えは，ひどい緊張感，仕事が手に付かない，食欲不振，不眠，すぐ気が散ってしまう，などである。彼女は，身長165 cm，細身で，見たところは上品でこぎれいな感じの女性だと報告されている。検査者によれば，彼女は努めて厳格なふうを装っているようだったという。テストに協力的ではあったものの，テストを信頼していない旨，かなり苛ついた様子で話していた（彼女は20歳になる少し前から，1週間に2回の治療を約14カ月受けたことがある）。曰く，「小さい頃，交通事故で怖い目にあったんです。友達の一人はひどい傷跡が残ってしまったほどだし，私の方はフロントガラスから投げ出されて，頭に怪我をしたんです。その後，神経がおかしくなってしまったんです。心理療法が役立つだろうと思ったのに，しばらくしたら嫌になりました。心理療法のせいで，学校に行くことや何やかや，生活自体がもっと辛くなってしまったんです。それで，学校を辞めて仕事に就こうと思って，心理療法を中止しました。そもそも始めたのが間違いだったんです」。

彼女が明かしてくれたところでは，彼女は治療を中止した頃に妊娠をした。相手の男性と結婚するつもりで約8カ月一緒に住んだが，妊娠がわかってから2カ月後に別れてしまった。「もうこれ以上彼に近くにいてもらいたくなかった」のだという。21歳のときに女児を出産し，その子を養子に出した。「子どもを手元に置いておこうって，ずっと思っていました。でも，そんなことしたらやっていけなかったでしょうね」。出産後まもなくして，彼女は雑誌の編集者の仕事を得た。そして現在に至るまで6年間その仕事を続けている（その間2回昇進した）。彼女は英語の学位を持っている。「他の人が書いたものの間違いは結構簡単に見つけられるんです。自分ではうまく書けないけど，今やっている仕事は得意になりました」と述べる。

同い年の男性と1年2カ月の間一緒に住んでいたが，3カ月前に「別れた」。「安定してなくって，私たちがいつ何時どうなるかわからない状態だったんです。彼は芸術家で，すごく気まぐれ。一緒に暮らすのは大変でした」。ボーイフレンドとうまくいかなかったことが緊張感と関係しているとは思わないと言い，次のように述べる。「私は彼とどうやって一緒に暮らしたらいいかわかっているし，人生にいいことがあったり悪いことがあるっていうこともわかっています。だから，緊張感というのは，それとはまた別のものです。何なのかわからないけど。私には友達がたくさんいるし，2〜3カ月前には週末を過ごすのに打ってつけの別荘を郊外に買いました。仕事も申し分ないし，これ以上望むものなんてありません」。彼女は，緊張感は過去の自動車事故と何らかの関係があると思うと，何度もほのめかした。また検査者に，神経学的問題が隠れているのではないかと尋ねもした（神経心理学的評価の結果は一様に陰性だった）。照会を受けたのは次の事項である。（1）診断，（2）緊張感の原因，（3）抑うつ状態にあることを示す証拠，（4）治療に対する動機づけ，（5）洞察志向的治療を受け入れる力があるかどうかも含めた，現在見られる心理的な長所，（6）介入計画としては長期的なものの方がいいのか，それとも短期的なものの方がいいのか。

ケース12　27歳の女性　感情に関連するデータ

```
EB        = 7: 2.5              EBPer      = 2.8           Blends
eb        = 2:8         L = 0.29   FC:CF+C    = 3:1       M.CF.FD = 1
DEPI      = 6           CDI = 3    Pure C     = 0         M.FC    = 1
                                                          M.FY    = 1
C'  = 4   T = 0                  SumC':SumC  = 4:2.5      M.FV    = 1
V   = 2   Y = 2                  Afr         = 0.29       FV.FY   = 1

Intellect = 5           CP = 0    S = 3(S to I,II,III = 2)
Blends:R  = 5:18                  Col-Shad Bl = 0
m+y Bl    = 2                     Shading Bl  = 1
```

ケース13

34歳の独身男性。彼は，以前，ある大きな石油貿易会社で通信部門のコンピューターメンテナンス管理者として働いていた。現在復職を申し込んでおり，その関連で評価を受けることになった。彼は約1年半この職に就いていたが，勤務中に不可解な行動が見られたり，部下二人に対して殺すと脅すようなことがあり，5カ月前に解雇された。彼の奇妙な言動はコカイン中毒の結果だと判定された。彼は入院させられ，二日後に精神病院の物質乱用部門へと転院した。そこに4週間入院した後は，外来で心理療法（週に1回）とグループ療法（週に1回）を受けている。セラピストと精神科医はともに彼の職場復帰に賛成している。上司も彼の復職に応じるつもりでいるが（労働契約のガイドラインに従って），彼が管理業務に適しているかどうかには疑問を持っている。

彼は同胞4人中の第3子である（40歳の姉，36歳の姉，30歳の弟）。父親は60歳で，タクシーの運転手をしている。母親は59歳で，クリーニング店で働いている。彼は18歳で高校を卒業し，電気工学を専攻したいと考えて工科大学に入学した。21歳の時に準学士を取得し，2年間，電気工事の請負をして働いた。その後に現在の会社でコンピューター技師の職を得たが，数年のうちに定期的に昇進し，管理業務に就くことになった。26歳の時まで実家で暮らし，その後はアパートを借りて一人暮らしをしている。

最初に薬物を体験したのは高校時代だったという。しかし，2年前までは乱用に至っていなかったと主張する。彼は，夜勤の際のプレッシャーと退屈をしのぐための手っ取り早い方法としてコカインを常用するようになった，と述べる。管理業務は「決まり切ったもの」なのだという。彼には，会社が自分を前より下の給料も少ない仕事に無理矢理就かせ，辞職させようと仕向けている，と感じられている。

彼には何人かのガールフレンドがいて，定期的にデートをしている。そして最近は結婚について考えるようになったという。彼は，中毒になったのは判断力が乏しかったためで，治療を受けたおかげで「頭がまともになった」と考えている。そして，以前のような生活をまた続けたい，と望んでいる。上司によれば，彼が就いていた仕事にはかなりのストレスが伴い，しっ

かりした判断力が必要になるという。積み込みと輸送の複雑なネットワークの追跡のために間断なく用いられるハードウエアとソフトウエアは，管理者の指示のもとで働く4人の職員によって，常に高機能状態で維持されなければいけない。この業務を確実なものにすることが，かつての彼の仕事であった。上司らは，決断の際にはしっかりとした判断力が大切になるし，円滑な対人関係を取り結ぶ技術も必要だと強調している。

　アセスメント事項は次の通りである。（1）精神医学的な問題が隠されていることを示す証拠はあるか。（2）薬物の影響下にない場合にも感情をコントロールすることが難しいのか。（3）判断力向上のための訓練を受ける余地はあるか。（4）管理者として他者と適切な関係を結ぶことができるか。（5）薬物乱用に再び陥る可能性はどの程度あるか。

ケース13　34歳の男性　感情に関連するデータ

```
EB     = 4:5.0                EBPer     = N/A          Blends
eb     = 3:6       L   = 1.18 FC:CF+C   = 2:4          M.CF   = 1
DEPI   = 5         CDI = 4    Pure C    = 1            FM.FT  = 1
                                                       M.FC'  = 1
C' = 3   T = 1                SumC':SumC = 3:5.0       CF.YF  = 1
V  = 0   Y = 2                Afr        = 0.44

Intellect  = 2     CP  = 0    S = 2(S to I,II,III = 1)
Blends:R   = 4:24             Col-Shad Bl = 1
m+y Bl     = 1                Shading Bl  = 0
```

解釈の手順

　解釈手順は，抑うつ指標（DEPI）と対処力不全指標（CDI）の検討から始められる。DEPIとCDIについては，感情との直接的な関連は立証されていない。この二つの指標を感情のクラスターの中に入れることができなかったのは，両者とも，感情，認知，自己知覚，対人関係という異質な変数の組み合わせでできているからである。

　たとえば，DEPIには14の変数が含まれており，それらをそれぞれ基準に照らし合わせて調べた上で，最終的に0から7のDEPIスコアがつけられる。これら14の変数のうち5変数は感情と直接関係しており（$SumV > 0$，色彩濃淡ブレンド> 0，$S > 2$，$Sum\ Shad > FM + m$，$SumC' > 2$），6変数は認知の特徴と関係している（$FD > 2$，自己中心性指標> 0.44〔数値は年齢により調整する〕かつ$Fr + rF = 0$，自己中心性指標< 0.33〔数値は年齢により調整する〕，$Afr < 0.46$，$MOR > 2$，知性化指標（$2AB + Art + Ay$）> 4）。残り3変数のうち2変数は対人関係と関連があり（$COP < 2$，孤立指標> 0.24），1変数は心理的な複雑さと関係している（ブレンド< 4）。

　CDIは11の変数からなっており，これらには10の評価基準が用意されている。評価する

11項目中の6項目には，主に対人知覚もしくは対人行動に関係した変数が含まれている（COP＜2，AG＜2，$p>a+1$，Pure H＜2，孤立化指標＞0.24，$Fd>0$）。残りの5変数のうち3変数は感情に関係があり（WSumC＜2.5，Afr＜0.46，SumT＞1），2変数は資質とコントロールに関係している（EA＜6.0，Adj D＜0）。

このように，これら二つの指標は異質な変数が混ざって出来上がっている。とは言え，感情が当面の問題となるときや感情クラスターの変数を検討する前には，これらの指標を必ず吟味しなければならない。なぜならば，DEPIが陽性のとき，あるいはDEPIとCDIがともに陽性のときは，その所見こそが感情クラスターのデータを評価するための大前提となるからである。

ステップ1：DEPIとCDI

DEPIの値が陽性，すなわち5か6か7で，CDIが陽性で**ない**（値が3以下）場合は，二つの仮説のうちの一方だけが，感情関連の所見を検討するための土台となる。それに対して，DEPIの値が5か6か7で，CDIが陽性（値が4か5）の場合は，仮説の両方ともが，感情関連の所見を検討するための土台となる。

可能な所見1

DEPIの値が6か7で，CDIの値が3以下の場合，社会的不適応を生じさせかねないほどの重大な感情の問題が存在すると予想される。DEPIの値が6か7の人であれば，典型的には，心理的苦痛や抑うつの訴えがある。また，行動上の機能不全が訴えられることもよくあるだろう。診断や治療が問題にされるときには，この所見についての慎重な判断が必要となる。

ケース12　27歳の女性　感情に関連するデータ

```
EB      = 7: 2.5              EBPer         = 2.8           Blends
eb      = 2:8       L = 0.29  FC:CF+C       = 3:1     M.CF.FD = 1
DEPI = 6            CDI = 3   Pure C        = 0       M.FC    = 1
                                                      M.FY    = 1
C'  = 4   T = 0               SumC':SumC    = 4:2.5   M.FV    = 1
V   = 2   Y = 2               Afr           = 0.29    FV.FY   = 1

Intellect = 5     CP = 0      S = 3(S to I, II, III = 2)
Blends:R    = 5:18            Col-Shad Bl = 0
m+y Bl      = 2               Shading Bl  = 1
```

〔ケース12所見該当　DEPIは6である。彼女は特に抑うつ感を訴えているわけではない。しかし，現に，緊張感，注意散漫，不眠，食欲不振などの症状を呈している。これらはすべて，抑うつ状態にある人には大変よく見られる特徴である。だとすると，重大な感情の問題が存在し，それが彼女の訴える症状の元となっている可能性は非常に高い。〕

可能な所見2

DEPIの値が5で，CDIの値が3以下の場合，被検者の人格構造には感情の大きな混乱を頻繁に生じさせかねないような性質があると考えられる。DEPIの値が5の人は，抑うつ，気分変動，緊張感，不安などの一時的な訴えを何度も繰り返しやすい。しかし，彼らの多くは，ネガティブな感情体験を伴う周期的なエピソードまでは訴え**ない**。ネガティブな感情体験の訴えがない場合でも，DEPIが陽性になっているという所見は，重要でないものとして不用意に捨て去るべきではない。陽性のDEPIは，感情の大きな混乱が存在する可能性を示しているからである。これについては，感情のクラスターを見ていく中で念入りに検討すべきである。

可能な所見3

DEPIの値が6もしくは7で，**かつ**CDIの値が4もしくは5の場合は，感情が混乱した状態にあると考えられる。しかし，効果的で実りある対人関係を結んだり維持したりすることがなかなかできず，そうした問題が固定化してしまっていることの方が，感情の問題よりも重大である。DEPIの値は感情の問題を実際よりも強調しすぎている**かもしれない**。と言うのも，対人行動に関連する二つの変数（COP＜2，孤立指標＞0.24）はDEPIとCDIの両方に含まれているが，CDIが陽性になる場合はたいがいこの変数が該当し，その結果，DEPIスコアも1ポイント高くなるのである。DEPIの値を疎かにしてはいけないが，必ずしも**慢性的な**感情の問題を示すものと解釈すべきではない。

これら両方の指標が陽性になる人というのは，他者との関係が表面的であったり，希薄で実りのないものであるために，社会環境の中では非常にもたついてしまうことが多い。そして，失望や苦悩，あるいは絶望のエピソードさえ体験することがよくある。これらのエピソード中に生じる感情の混乱は，慢性的なうつのケースで見られるものと非常によく似ている。しかし，心理学的には，こうした人々は古典的な感情障害のケースとは異なっている。なぜならば，彼らの感情は，彼らをサポートする体制が強まったり弱まったりするのに応じて変わってくるからである。したがって，彼らに対する治療計画の策定や治療目標の設定は，当然，大感情障害の場合とは違ってくる。社会適応を最優先の処遇目標とすべきだし，抗うつ剤の使用には慎重になるべきである。

可能な所見4

DEPIの値が5で，**かつ**CDIの値が4もしくは5の場合，DEPIの値の解釈は慎重に行わなくてはいけない。なぜならば，DEPIとCDIの両方が陽性のときは，両者の間に関連が認められるからである。人格構造に感情の大きな混乱を生じさせかねない性質があると考えるよりは，社会適応上の困難のために感情の問題が生じる可能性があると考える方が，よほど現実的である。

ケース13　34歳の男性　感情に関連するデータ

```
EB       = 4:5.0              EBPer      = N/A         Blends
eb       = 3:6     L   = 1.18  FC:CF+C    = 2:4         M.CF    = 1
DEPI     = 5       CDI = 4     Pure C     = 1           FM.FT   = 1
                                                        M.FC'   = 1
C' = 3   T = 1                 SumC':SumC = 3:5.0       CF.YF   = 1
V  = 0   Y = 2                 Afr        = 0.44

Intellect = 2      CP  = 0     S = 2(S to Ⅰ,Ⅱ,Ⅲ = 1)
Blends:R  = 4:24               Col-Shad Bl = 1
m+y Bl    = 1                  Shading Bl  = 0
```

〔ケース13所見該当　DEPIの値が5，CDIの値が4であり，社会適応上の困難のために感情の問題が生じやすいことが示されている。抑うつや苦悩についての訴えがないのは驚くことではない。しかし，彼の入院の原因となった物質乱用歴とかんしゃくの爆発を見過ごすことはできない。復職のための評価というテスト状況を考えると，それらは自分で認めている以上の苦悩や感情の混乱が隠されていることを示しているのかもしれない。〕

ステップ2：EBとラムダ

　*EB*からは，被検者の心理の中での感情の働きについて，情報が得られる。*EB*のデータにその人特有の対処スタイルの存在が示されている場合は，特に重要となる。対処スタイルを特定できるのは，*EA*が10以下であれば，*EB*の片方の値がもう一方の値よりも2以上大きい場合，*EA*が10より大きければ，*EB*の片方の値がもう一方の値よりも2.5以上大きい場合である。

　*EB*の左辺の値が大きい場合は**内向型**を示しているし，右辺の値が大きければ**外拡型**ということになる。二つの値にはっきりした差がない場合は特定のスタイルが示されていないので，その被検者は**不定型**と呼ばれる。

　内向型の人は，意思決定に至るまでにものごとを十分考え抜くのを好む。その間，感情をわきに置き，さまざまな選択肢を時間を掛けて検討し終わるまでは行動を開始しないでおこうとする。外拡型の人はもっと直観的である。彼らは思考に感情を混じらせることによって，感情を直接意志決定に用いようとしがちである。また，意思決定や問題解決の際には，実際にさまざまなアプローチを試してみた方がしっくりくる。これらの二つのスタイルは成人や思春期後期の者にはよく見られ，どちらかのスタイルの方がより好ましいというわけではない。日常生活で出会う諸要求に対処するときの心理的アプローチとして，お互いが非常に異なる性質を持っているというだけのことである。どちらのアプローチでも有効性に変わりはない。

　それに対して不定型では，意思決定や問題解決の際，内向型か外拡型かというような一貫性が見られない。むしろまったくばらばらであり，そのときに感情が果たす役割もいろいろ変わ

ってくる。内向型や外拡型に比べると，不定型の方が効率が悪くなりがちである。しかし，必ずしも不適応に陥りやすいことを示しているわけではない。

　EB の解釈は簡単そうに見えるかもしれないが，解釈者が頭に入れておくべき非常に重要な留意点が二つある。

　ひとつは，ハイラムダの回避型が存在すると，EB のデータの解釈はいくらか複雑になってくるという点である。内向型や外拡型のスタイルの特徴は，一部，回避型に取って代わられてしまいやすい。これは，回避型には，刺激となる出来事のある側面を無視あるいは拒否することによって複雑さや曖昧さを単純化してしまうという特徴があるためである。刺激となる出来事には，自他両方の感情体験も含まれ得る。したがって，特有の対処スタイルの方向が示されているかどうか，あるいは固定化した回避型のために対処スタイルが変化させられているのかどうかということを知るために EB を見るときには，必ずラムダの値も考慮に入れなければならない。

　二つめに注意すべきなのは，EB のデータを見ても必ずしも特有の対処スタイルの存否がわかるわけではない，という点である。先に進むためには，まず，一般的ルールに**二つの重要な例外があることに**留意しておきたい。例外というのは二つとも，EB のどちらか片方の値が 0 の記録で，データの解釈的妥当性に影響を与えるものである。

　例外 1：一つめの例外は，EA が 3.5 以下のプロトコルに関するものである。このような記録では，0：2.0, 0：3.5, 2：0, 3：0 のように，EB の左右どちかの値が 0 になっていることが多い。しかし，中には 2：1，1：2.5 などのように，両辺とも 0 より大きい値になることもある。

　可能な所見 1

　例外 1 の基準にあてはまる場合は，EB のデータが貧弱すぎ，対処スタイルの識別が確実なものかどうかの保証が得られない。したがってこの場合は，感情の特徴を検討するに当たって，EB のデータが内向型，不定型，外拡型の区別を示しているとは考え**ない**。第 2 章で述べたように，こうした記録ではラムダの値が 1.0 以上の回避型になっていることが多い。この点については，この章でもより広い視点から論じることになる。ステップ 4 に進む。

　例外 2：ふたつめの例外は，0：4.0, 0：6.5 などのように，EB の左辺が 0 で，右辺の値が 4.0 以上となっている記録，および，3：0, 5：0 などのように，EB の右辺が 0 で，左辺の値が 3 以上となっている記録のいずれかに関わっている。これらの値を見ると，内向型あるいは外拡型であるかのように思えてしまう。しかし，被検者が普通でない感情状態にあることも示されているので，この推測は正しくないかもしれない。ここで示されている対処スタイルが永続的なものだというふうに簡単に考えては**いけない**。

　可能な所見 2

　例外 2 の基準にあてはまり，EB の左辺の値が 0 の場合，被検者は感情に圧倒されているか，感情が溢れかえっていると考えられる。このような状態にあることがわかったならば，その人

特有の対処スタイルについて推測するのはやめ，*EB* のデータはもっぱら被検者の現在の感情状態を説明するために用いるのがよいだろう。ここで示されているのは，非常に強い感情によって思考がひどく干渉を受け，意思決定するための注意力や集中力が損なわれている状態である。こうした感情の激烈さは大きな混乱を生み，思考や行動を衝動的なものにしてしまうことが多い。

感情があふれかえった状態というのは一過性のものであり，通常，並はずれて強い感情にうまく対処できなくなったときに生じ，その間だけ持続する。感情が氾濫してしまっているときには，感情に関連するデータの検討は，すべてについて，慎重にかつ状況を踏まえながら行わなくてはいけない。感情関連の変数は，被検者の現在の感情状態を知る上で有益な情報源となりうる。しかし，一時的な性質と特性のようになっている特徴とを見分けるのは，多くの場合困難である。ステップ4に進む。

可能な所見3

例外2の基準にあてはまり，*EB* の右辺の値が0の場合は，感情を丸ごと内に抱えてしまっているか，抑え込んでいると考えられる。このような状態にあることがわかったならば，その人特有の対処スタイルについて推測するのをやめ，*EB* のデータはもっぱら被検者の現在の感情状態の説明のために用いる。これは，感情を厳重にコントロールすることに多大なエネルギーを費やしているという，普通でない状態である。このような極度の萎縮は人間にとって自然な状態ではないし，長期間続くことはまずあり得ない。たとえて言うならば，感情という呼吸を止めた状態である。人間がすべての感情表現を抑え込んだり押し殺したりできるのは短い間だけであり，それ以上となると容易なことではない。短い間だけであっても，感情を丸ごと抑え込めば誰でも非常に不快になりやすいものである。

萎縮が長期にわたって続けば，感情を発散したり吐き出すことが起こって当然である。もしも自分で意図して発散したり吐き出したりしている節が見られなければ，被検者は強まる一方の感情に圧倒されたり，感情が**変わりやすい**不安定な状態に陥ってしまいやすい。感情が変わりやすく不安定だと，感情がほとんどすべての心理特徴を左右するようになる。感情が決断を無理強いしたり，行動に駆り立てることになる。状況からして現実的かどうかに関わりなく，ただ不快さを軽減しようとしてそうなるのである。被検者が多くの感情を抑え込んでいることがわかったならば，感情に関するデータの検討は，すべて，慎重にかつ状況を考慮に入れて行う。先に述べたように，感情に関連した変数からは被検者の現在の感情状態についての情報が得られるものの，一時的な性質と性格特性のようになっている特徴とを区別するのは難しい。ステップ4に進む。

例外1と例外2の基準にあてはまらなければ，*EB* とラムダのデータからは何らかの解釈仮説を引き出すことができるだろう。これらについて，可能な所見4以下，ひとつずつ説明していく。

可能な所見 4

EB が外拡型の対処スタイルの存在を示し，ラムダの値が 1.0 より低いときは，通常，被検者は問題解決や意思決定の際，思考に感情を混じらせる傾向があると考えられる。このような人は感情を用いることが多く，感情に影響されやすくもある。そして，試行錯誤的に，仮説や推論を実際に試してみるのを好む。外拡型の人にとって試行錯誤的に行動するのはいつものことなので，問題解決時の失敗には寛容で，あまり関心を払わない傾向がある。一方，失敗が慢性的になった場合に感情に加わるインパクトは，外拡型でない人に比べて大きなものになりやすい。また，外拡型の人は感情表現が率直で，それらの調節やコントロールにはあまり注意を払わないだろう。ステップ3に進む。

ケース 11　30 歳の男性　感情に関連するデータ

EB = 2:7.5		EBPer = 3.8		Blends		
eb = 5:7	L = 0.22	FC:CF+C = 1:6		M.C.FD	= 1	
DEPI = 4	CDI = 2	Pure C = 2		FM.FD.FY	= 1	
				m.CF.C'F	= 1	
C' = 3　T = 2		SumC':SumC = 3:7.5		M.CF	= 1	
V = 0　Y = 2		Afr = 0.72		FM.FT	= 1	
				FM.FC'	= 1	
Intellect = 1	CP = 0	S = 6(S to I,II,III = 3)		FM.YF	= 1	
Blends:R = 7:19		Col-Shad Bl = 1				
m+y Bl = 1		Shading Bl = 0				

〔ケース 11 所見該当　*EB* は 2：7.5，ラムダの値は 0.22 で，外拡型である。感情が思考の中で重要な役割を果たしているし，意思決定の際には試行錯誤的なアプローチを取ることが多いと考えられる。彼には自由な感情表現を行う傾向があるが，そのコントロールにはそれ程気をつかわないだろう。〕

可能な所見 5

EB が外拡型の対処スタイルの存在を示し，ラムダの値が 1.0 以上のときは，**回避－外拡型**となる。被検者は感情を用いることが多く，感情に影響されやすくもあると考えられる。また，一般的には試行錯誤的に仮説や推論を試してみるのを好むとも考えられる。しかし，回避型でもあるため，複雑な感情体験のひとつひとつの違いをしっかり区別できなくなるおそれがある。そうすると，思考に感情を混じらせて意思決定した場合，感情の影響が不適切なほどに大きすぎるか小さすぎるかの**どちらか**になってしまう。どちらの場合でも，意思決定後の行動は，状況に照らしてあまり効果的なものとは言えなくなってしまうだろう。

たとえば，先に，外拡型の人は当たり前のように試行錯誤的に行動し，問題解決時の失敗には寛容で，あまり関心を払わないと述べた。しかし，回避型の対処スタイルも同時に存在すると，この寛容さや関心の乏しさは過度なものになってしまう。そして，意思決定のためのアプローチはいい加減なものとなり，行動は効果的でなくなる。また，外拡型の人は感情を率直に

表すし，その調節やコントロールにはあまり関心を払わないとも述べたが，回避型でもある場合は，複雑さを無視し，物事を単純なままにしておこうとしがちなため，この傾向がさらに強まってしまう。つまり，回避－外拡型の人はしばしば感情表現のコントロールを怠ってしまうし，ときにはあまりふさわしくない場面でも衝動的になってしまいかねない。ステップ3に進む。

可能な所見6

EB が内向型の対処スタイルを示し，ラムダの値が1.0より低い場合は，被検者は問題解決や意思決定の際には感情をなるべくわきへおいやっておくのを好むと考えられる。こうした人は，判断形成にあたってはできるだけ試行錯誤的な行動を避け，外からのフィードバックよりも自分の内面での価値判断に頼ろうとする。また，問題解決時の失敗に対して外拡型の人よりも寛容ではいられない。そのため，意思決定の際には他の人より慎重になることが多い。感情を表すのをいとわないものの，感情表現の調節やコントロールにはより気をつかう傾向がある。ステップ3に進む。

ケース12　27歳の女性　感情に関連するデータ

```
EB       = 7: 2.5            EBPer     = 2.8            Blends
eb       = 2:8      L = 0.29  FC:CF+C   = 3:1           M.CF.FD = 1
DEPI     = 6        CDI = 3   Pure C    = 0             M.FC    = 1
                                                        M.FY    = 1
C'  = 4  T = 0                SumC':SumC = 4:2.5        M.FV    = 1
V   = 2  Y = 2                Afr       = 0.29          FV.FY   = 1

Intellect = 5       CP = 0    S = 3(S to I,II,III = 2)
Blends:R  = 5:18              Col-Shad Bl = 0
m+y Bl    = 2                 Shading Bl  = 1
```

〔ケース12所見該当　EB は7：2.5で，ラムダの値は0.26である。これは内向型であることを示している。彼女は思考重視の人であり，意思決定の際には感情をわきに置いておくことを好む。彼女は，普通，問題解決の際には試行錯誤的にアプローチするのを避ける。感情を表すとしても，適切にコントロールしようと気をつかうだろう。〕

可能な所見7

EB が内向型を示し，ラムダの値が1.0以上の場合は，**回避－内向型**となる。被検者は，普通，問題解決や意思決定の際に感情をわきに置いておこうとするだろう。しかし，回避型でもあるため，ときにこの思考重視の効果は全体としては低下してしまう。たとえば，内向型は，普通，意思決定の際には試行錯誤的に行動するのを避け，外からのフィードバックよりも自分の内面での価値判断の方をあてにする。物事を考え抜くには，忍耐と推理が必要とされる。しかし，こういう思考重視のやり方は，物事を単純でややこしくない状態にとどめておこうとす

る指向とかちあってしまう。

　こうした齟齬が生じたときには，回避型が内向型より優勢になり，より単純でそれほど綿密でない思考活動をするようになってしまう。その結果，誤った判断をする可能性が高くなる。また，内向型の人は他の人よりも意思決定の際には慎重になるものだが，回避－内向型の人はより単純な解決法を採用しようとし，慎重さを犠牲にしてしまう。同様のことは感情に関しても言える。たとえば，内向型の人は感情表現の調節に気をつかうし，感情の表し方を慎重に選ぶものだが，回避－内向型の人にはときにそのような努力が非常に込み入ったものに感じられ，感情の表出を過度にコントロールしてしまうか，まったく表出しないようにしてしまいやすい。

可能な所見 8

EB が，内向型，外拡型のいずれの対処スタイルも示さず，ラムダの値が 1.0 より低い場合には，被検者は**不定型**と特定される。不定型の人は，問題解決や意思決定に対する一貫したアプローチを作り上げていない。その結果，不定型の人の感情が思考活動，問題解決，意思決定などに与える影響力も一貫したものではなくなっている。たとえば，ある場合には外拡型のように感情が思考に強い影響を及ぼすのに，次の機会には，それが最初と同じような状況であっても，今度は内向型のように感情はわきに押しやられ，周辺的な役割しか果たさないかもしれないのである。

　よくないことに，感情の扱いに一貫性が欠けるために，不定型の人は感情によって混乱しやすい。その結果，感情が思考に強すぎる影響を及ぼすこともあるし，逆に，意思決定の際に十分考慮されないということもあり得る。こうした一貫性のなさは，感情表出の形も不規則なものにしてしまう。ある時には感情表出はしっかり調節されていたかと思うと，その次には，それが前と似たような状況であっても，今度はあまりよく調節されず，より激しいものになってしまうかもしれない。ステップ 4 に進む。

可能な所見 9

EB が，内向型，外拡型のいずれの対処スタイルも示さず，ラムダの値が 1.0 以上の場合，被検者は**回避－不定型**と特定される。単純化という回避型の指向が優勢となるが，その次に来るべき内向型あるいは外拡型といったスタイルがないので，回避－外拡型や回避－内向型のようなある程度一貫した方向というものは，必ずしも現れてこない。むしろ，回避型の指向がより固定的になっており，その人が状況をどの程度複雑あるいは曖昧なものとして受け止めるかに応じて，このスタイルが発動される。したがって，感情があまり調節されなかったり，過度に抑制されてしまうといった事態，あるいは思考があまり洗練されたものでなくなるといった事態，こうしたことが生じる回数は，回避型を併せ持っていない不定型の人よりもずっと多くなるだろう。

　当然予想されるように，これは若年児童にはよく見られる特徴である。彼らには一貫性がないし，複雑なことや曖昧なことをうまく扱えない。しかし幸いなことに，感情面および思考面

でまごつきを見せたとしても，周囲の環境はかなり寛容で大目にも見てくれる。ただし，年長になるにつれ，周囲のこのような寛大さはなくなってくる。それに，複雑さを避ける傾向，感情を扱う際の一貫性のなさなどが加わると，複雑な環境の中で適応的かつ効果的な行動を長い間続けることが難しくなる。そのため，青年や成人で回避－不定型のスタイルを持つ者は，より適応上の問題を抱えやすい。ステップ4に進む。

ケース13　34歳の男性　感情に関連するデータ

EB	= 4:5.0			EBPer	= N/A	Blends	
eb	= 3:6	L	= 1.18	FC:CF+C	= 2:4	M.CF	= 1
DEPI	= 5	CDI	= 4	Pure C	= 1	FM.FT	= 1
						M.FC'	= 1
C'	= 3	T	= 1	SumC':SumC	= 3:5.0	CF.YF	= 1
V	= 0	Y	= 2	Afr	= 0.44		
Intellect	= 2	CP	= 0	S	= 2(S to I,II,III = 1)		
Blends:R	= 4:24			Col-Shad Bl	= 1		
m+y Bl	= 1			Shading Bl	= 0		

〔ケース13所見該当　*EB*が4：5.0，ラムダの値が1.18ということは，回避－不定型を意味している。彼には，複雑さや曖昧さを無視あるいは否認し，物事を単純化しようとする傾向が，非常に強く認められる。よくないことに，問題解決や意思決定の際，彼はこうしたアプローチをすることもあれば，しないこともあり，一貫性に欠けている。こうした一貫性のなさは感情の扱い方にも影響を及ぼしている。すなわち，感情を過度に制御してしまうかと思えば，同じような状況であっても，今度は適切にコントロールしないかもしれない，といった具合である。〕

ステップ3：EBPer（EB Pervasive：体験型の固定度）

*EB*が内向型か外拡型のいずれかを示している場合は（ケース11，ケース12のように），ラムダが1.0以上のケース（回避－内向型と回避－外拡型）を**除き**，問題解決や意思決定の際のスタイルが**固定**していないかどうかを判断するために*EBPer*を検討する。検討結果からは，対処活動のスタイルがどれほど支配的な影響力を持っているかについて，大まかな評価が得られる。この結果に基づいてスタイルの固定度が連続線上に位置づけられるわけではないが，固定しているか否かの分類予測は可能となる。スタイルが固定していること自体は必ずしも短所となるわけではないが，対処と意思決定をする際の柔軟性に欠けていることを示している。

可能な所見1

外拡型で，*EBPer*の値が2.5未満なら，被検者は対処するときに感情に思考を混じらせることが**多い**と考えられる。しかし，対処スタイルの用い方には柔軟性があって，完全に思考型の

アプローチを採用し，感情をわきに置いておくようなこともある．ステップ4に進む．

可能な所見2

外拡型で，*EBPer*の値が2.5以上なら，意思決定の大半が感情の強い影響を受けていると考えられる．外拡型の対処スタイルの用い方には柔軟性が乏しい．これは，直観的な試行錯誤的アプローチよりも決定を出すのを引き延ばして熟考するアプローチの方が効果的と思えるような状況においては，短所となり得る．固定した外拡型が存在する場合は，普通，被検者は感情表出の調節にはあまり気をつかわない．ステップ4に進む．

ケース11　30歳の男性　感情に関連するデータ

```
EB = 2:7.5                    EBPer     = 3.8      Blends
eb = 5:7           L = 0.22   FC:CF+C   = 1:6      M.C.FD    = 1
DEPI = 4           CDI = 2    Pure C    = 2        FM.FD.FY  = 1
                                                   m.CF.C'F  = 1
C' = 3  T = 2                 SumC':SumC = 3:7.5   M.CF      = 1
V  = 0  Y = 2                 Afr       = 0.72     FM.FT     = 1
                                                   FM.FC'    = 1
Intellect = 1     CP = 0      S = 6(S to I,II,III = 3)  FM.YF = 1
Blends:R  = 7:19              Col-Shad Bl = 1
m+y Bl    = 1                 Shading Bl  = 0
```

〔ケース11所見該当　*EB*は2：7.5で，*EBPer*の値は3.8となる．これは，外拡型が固定していることを示している．思考は感情の影響を強く受けているだろうし，意思決定や問題解決に際しては，さまざまなアプローチ法を検討し終わるまで行動を控えた方が効果的と思われる場合でさえ，直観的な試行錯誤的アプローチを採用してしまうだろう．このような人は，感情を他の人よりも自由にかつあまり慎重になることなく表すだろう．〕

可能な所見3

内向型で*EBPer*の値が2.5未満なら，被検者は，決定に至るまでは感情の活動を停止させ，行動するのを控えておくという，思考型のスタイルをよく使うと考えられる．しかし，感情がより直接的に思考に入り込み，決定に大きな影響を及ぼす場合もままみられるだろう．ステップ4に進む．

可能な所見4

内向型で*EBPer*の値が2.5以上なら，ほとんどの場合，意思決定の際には感情は非常に限られた役割しか果たさないと考えられる．また，感情の表出はしっかりと調節されている．問題解決や意思決定に際しては，直観的，試行錯誤的なアプローチ法は，たとえそうしたアプローチの方が効果的と思える場合であっても，極力避けられてしまうだろう．ステップ4に進む．

ケース12　27歳の女性　感情に関連するデータ

EB = 7 : 2.5		EBPer = 2.8		Blends	
eb = 2 : 8	L = 0.29	FC:CF+C = 3:1		M.CF.FD	= 1
DEPI = 6	CDI = 3	Pure C = 0		M.FC	= 1
				M.FY	= 1
C' = 4　T = 0		SumC':SumC = 4:2.5		M.FV	= 1
V = 2　Y = 2		Afr = 0.29		FV.FY	= 1
Intellect = 5	CP = 0	S = 3(S to I,II,III = 2)			
Blends:R = 5:18		Col-Shad Bl = 0			
m+y Bl = 2		Shading Bl = 1			

〔ケース12所見該当　EB は7：2.5で，$EBPer$ の値は2.8である。これは，彼女が固定した内向型の対処スタイルを持っていることを示している。意思決定や問題解決のために用いる彼女の基本的なアプローチ法は，わかる範囲のすべての可能性を考慮し終えるまで行動開始を引き延ばすというものである。その間，彼女はできるだけ感情を思考から切り離しておき，試行錯誤的な問題解決のアプローチ法は，状況からしてそのようなアプローチの方が明らかに望ましいと思われる場合でさえ，回避されてしまう。また，彼女は感情の表出をしっかりコントロールしておこうとする人である。〕

ステップ4：eb 右辺の値

このステップでは，普通とは言えない精神的苦痛が生じていないか確認するために，eb の右辺の値および右辺の各変数について検討する。eb 右辺の値は，2から5の範囲で，左辺より小さいのが普通である。

eb 右辺の値の方が大きい場合は，精神的苦痛やその他何らかの不快感が存在すると考えられる。左辺の値が1以下のケースでは，この解釈があてはまらないこともある。そのような場合には，普通でないレベルの不快さがあるかどうか判断するために，eb 右辺の変数の値を念入りに検討する。第2章および第3章で述べたように，これらの変数は，そのすべて，あるいはいずれかが，期待されないネガティブな感情体験の存在を示す可能性があるので，たとえ eb 左辺の値の方が大きい場合であっても重要である。

可能な所見1

eb 左辺の値が右辺より大きく，$SumT$ が1を越えない，$SumC'$ が2を越えない，$SumV$ が0を越えない，$SumY$ が2を越えない，などの条件を満たす場合は，特定の仮説を立てなくてよい。ステップ5に進む。

可能な所見2

eb 左辺の値の方が右辺より大きく，$SumT$ の値が2以上，$SumC'$ の値が3以上，$SumV$ の値

が1以上，*SumY* の値が3以上のいずれかの条件に当てはまる場合は，精神的に不快な体験をしているとの仮説を立て，不快さの種類に関連した変数に焦点を当てるべきである。第2章および第3章で述べたように，*Y* は状況的ストレスに関連しており，ストレス状況を解決できないためにもたらされた無力感と関係がある。同時に *T* と *V* も状況ストレスに関連している可能性がある。しかし，それらは，より持続的なネガティブな感情体験と関係していることもある。

SumT の値が上昇していて（2以上），最近の生活歴から喪失感をもたらす出来事が見つからない場合には，おそらく寂しさや情緒的な飢餓感が慢性的に続いていると考えられる。*SumV* の値が上昇していて（1以上），それが罪悪感や後悔の念からもたらされていると考えるだけの最もらしい理由が見あたらない場合には，自分自身を責めたり，低く見る傾向がずっと続いていて，そのために心をかき乱すネガティブな感情が生じていると考えられる。

SumC' の値が上昇している場合は（3以上），感情の発散を抑制し，感情からの衝撃を抑え込む傾向があまりにも強いために，苛々させるようなネガティブな感情が生じていると考えられる。要するに，*C'* は感情面で「思ったことを言わないようにする」状態や，発散させたい感情を内にとどめることと関係しているのである。ステップ5に進む。

可能な所見3

eb 右辺の値が左辺の値よりも大きければ，左辺の値が3以上の場合，左辺の値が3未満なら右辺の値が4以上となる場合は，被検者は精神的な苦痛のただ中にあると考えられる。精神的苦痛はいろいろな形で表れ得る。抑うつや不安などのように直接的な形をとることもあるし，普通でないほどの緊張，心配，あるいは，不眠やだるさといったさまざまな身体的不調などのように，間接的な形をとることもある。精神的苦痛の原因を見極め，それについての適切な仮説を立てるためには，右辺に含まれる各変数を，**可能な所見2** に記した対応関係に従いながら検討すべきである。ステップ5に進む。

ケース11　30歳の男性　感情に関連するデータ

```
EB = 2:7.5              EBPer      = 3.8           Blends
eb = 5:7       L = 0.22 FC:CF+C    = 1:6           M.C.FD     = 1
DEPI = 4       CDI = 2  Pure C     = 2             FM.FD.FY   = 1
                                                   m.CF.C'F   = 1
C' = 3  T = 2           SumC':SumC = 3:7.5         M.CF       = 1
V = 0   Y = 2           Afr        = 0.72          FM.FT      = 1
                                                   FM.FC'     = 1
Intellect = 1  CP = 0   S = 6(S to I,II,III = 3)   FM.YF      = 1
Blends:R = 7:19         Col-Shad Bl = 1
m+y Bl   = 1            Shading Bl  = 0
```

ケース 12　27歳の女性　感情に関連するデータ

```
EB       = 7: 2.5              EBPer     = 2.8       Blends
eb       = 2: 8     L = 0.29   FC:CF+C   = 3:1       M.CF.FD  = 1
DEPI     = 6        CDI = 3    Pure C    = 0         M.FC     = 1
                                                     M.FY     = 1
C' = 4   T = 0                 SumC':SumC = 4:2.5    M.FV     = 1
V  = 2   Y = 2                 Afr       = 0.29      FV.FY    = 1

Intellect = 5       CP = 0     S = 3(S to I,II,III = 2)
Blends:R  = 5:18               Col-Shad Bl = 0
m+y Bl    = 2                  Shading Bl  = 1
```

ケース 13　34歳の男性　感情に関連するデータ

```
EB       = 4: 5.0              EBPer     = N/A       Blends
eb       = 3: 6     L = 1.18   FC:CF+C   = 2:4       M.CF     = 1
DEPI     = 5        CDI = 4    Pure C    = 1         FM.FT    = 1
                                                     M.FC'    = 1
C' = 3   T = 1                 SumC':SumC = 3:5.0    CF.YF    = 1
V  = 0   Y = 2                 Afr       = 0.44

Intellect = 2       CP = 0     S = 2(S to I,II,III = 1)
Blends:R  = 4:24               Col-Shad Bl = 1
m+y Bl    = 1                  Shading Bl  = 0
```

〔ケース 11, 12, 13 所見該当　三つのケースすべてにおいて, eb 右辺の値の方が大きくなっている。ケース 11 では 5：7, ケース 12 では 2：8, ケース 13 では 3：6 である。3 人全員が何らかの精神的苦痛を体験していると考えられるだろう。それぞれについて報告されている事柄を考えれば, これは意外なことではない。ケース 11 の男性は結婚生活がうまくいかなかったようで, 最近別居するに至った。ケース 12 の女性は緊張, 注意散漫, 不眠, 食欲不振を訴え, ロールシャッハ上では DEPI の値が 6 となっていた。ケース 13 の男性は薬物中毒からの回復途中にあり, DEPI（5）と CDI（4）の両方が陽性となっていた。したがって, 問題となるのはどのような感情的要因によってこれらの状態がもたらされているのかという点である。

　ケース 11 では $SumT$ の値（2）が高くなっている。これはおそらく最近の別居によって生じた喪失感に関係していると思われる。$SumC'$ の値（3）も高くなっており, できれば発散させたい感情を無理に抑制し, 内にとめおいていることが示されている。これは興味深い所見である。と言うのも, 彼は固定した外拡型の人なので, 通常は感情をしっかり調節したり隠しておこうとはしないからである。現在感情を内に抱える傾向が見られるのは, 自分でもかんしゃく持ちである

ことを認め，かんしゃくこそが結婚生活を駄目にした原因の一つだと自覚しているからなのかもしれない。彼の精神的苦痛はどうやら結婚生活の問題と直接的なつながりがありそうである。

ケース12はこれとはだいぶ異なる。彼女の場合，$SumV$の値（2）と$SumC'$の値（4）が著しく高くなっている。V反応はボーイフレンドとの仲が「悪い状態になってしまった」ことに関係しているのかもしれない。しかし，より確からしいのは，彼女が長い期間，自分のよくない点に目を向け続けているのではないかという仮説である。これは5年前に自分の娘を養子に出して手放してしまったことと何らかの関係がありそうだが，それに限らず，もっと大きな背景事情があるのかもしれない。C'の数が多いのも，感情を表出するのを抑制したり抑え込むことが心理的な習慣として長く続いていることを示している。彼女は固定した内向型の人であり，普通は感情をしっかりコントロールしておこうとするだろう。しかし，それが過度なものとなっており，そのつけとして精神的苦痛がもたらされていると考えられる。

ケース13で実質的に高くなっているのは，$SumC'$の値（3）だけである。ケース11と12で見たのと同様，これは感情表出を抑えることによって，かえって非常に混乱した感情がもたらされていることを示している。ここで主な問題となるのは，これは感情を処理する方法として最近作り出したものなのか，ネガティブな感情はどれほど混乱したものなのか，という点である。彼は回避－不定型であり，単純化したり複雑さを無視したりすることを好む人である。この対処スタイルは，ときとして感情の抑制を促すことがある。彼はCDIが陽性でもあった。もしも彼に，自分は社会の中では失敗してしまいやすいとの自覚があるとしたら，感情を抑制し，抑え込もうとする傾向は，社会的に不適切なエピソードを生じさせないようにするための方法として生み出されたのかもしれない。］

ステップ5：SumC'：WSumC

この比率は感情を抑制したり閉じ込めたりすることに関係している。有彩色反応（FC, CF, C）は，感情を発散させたり吐き出すことや，それらがどの程度コントロールされ調節されるのかということと，何らかの関係がある。すでに述べたように，3通りの無彩色反応（FC', $C'F$, C'）は，感情を抑制したり内にとどめたりすることで生じる苛立たしい感情に関係している。誰もが，さまざまな場面に応じて，時に感情を抑制する。しかし，中にはこれを頻繁に，あるいは過度に行ってしまう者もいる。なぜ強すぎる抑制をしてしまうのか，その理由はいろいろである。

ある者は，感情のコントロールに自信を持てないために感情を抑制しようとする。またある者は，感情によって混乱してしまうことをおそれ，感情を直接扱うのを避けようとして抑制す

第4章　感情　101

る。ときには，自分の感情を厄介に思ったり，やましささえ感じ，そのために感情を他者と分かち合ったり自由に表すことに不安を覚える者もいる。

このように原因はいろいろだが，感情の表出が過度に抑えられると，それは心に苦痛を与えたり，ときには心の働きを悪くするほどの重荷となる。この特徴が性格特性のようになってくると，感情を内にとどめておくことによって，緊張，不安，抑うつなどの感情の混乱はもちろんのこと，頭痛，胃や腸の疾病，血圧の変動などのさまざまな身体化症状が起こりやすくなる。

可能な所見

内向型，外拡型，不定型のいずれの場合も，さらには回避型であろうがなかろうが，*WSumC* は常に *SumC'* の値よりも大きいか，少なくとも等しいことが期待される。この条件に当てはまるときは，何も解釈仮説を立てない。ケース11，ケース13はこれに該当する。一方，*SumC'* の値が *WSumC* の値よりも大きい場合は，感情の表出を頻繁に抑え込み，その結果，通常では感じられないようなかなりの苛立ちを経験していると考えられる。

ケース12　27歳の女性　感情に関連するデータ

```
EB       = 7: 2.5              EBPer     = 2.8       Blends
eb       = 2:8     L = 0.29    FC:CF+C   = 3:1       M.CF.FD = 1
DEPI = 6           CDI = 3     Pure C    = 0         M.FC    = 1
                                                     M.FY    = 1
C' = 4   T = 0                 SumC':SumC = 4:2.5    M.FV    = 1
V  = 2   Y = 2                 Afr       = 0.29      FV.FY   = 1

Intellect = 5      CP = 0      S = 3(S to I,II,III = 2)
Blends:R  = 5:18               Col-Shad Bl = 0
m+y Bl    = 2                  Shading Bl  = 1
```

〔ケース12所見該当　*SumC'：SumC* の比率は4：2.5であり，彼女が普通の人以上に感情の表出を抑制し，その結果生じる苛立ちに苦しんでいることを示している。DEPIが陽性にもかかわらず抑うつ感をまったく訴えようとしない人なので，この所見は意外なものではない。〕

ステップ6：Afr（Affective Ratio；感情の比率）

この変数は，感情的な刺激に近づいたり体験したりすることへの関心と関係がある。予想される通り，内向型，外拡型，不定型，ハイラムダの回避型のそれぞれで，*Afr* の平均域は異なっている。解釈に役立つよう，表6に7グループそれぞれの「平均」と考えられる値の範囲を示す。

外拡型の人では *Afr* の値が0.70より大きくなることが多いし，一方，内向型の人では0.65より低くなることが多い。ただし，体験型ごとの *Afr* の数値の分布は，かなりの部分，重なってもいる。14歳未満の児童の場合は，*Afr* の平均域にかなりの違いがみられる。

一般的に，回避型の対処スタイルを持っている人の *Afr* の値は，それぞれの体験型のグループ

表6　7グループごとのAfrの平均域

グループ	平均域
外拡型の成人および14歳以上の青年	0.60～0.89
内向型の成人および14歳以上の青年	0.53～0.78
不定型の成人および14歳以上の青年	0.53～0.83
回避型の成人および14歳以上の青年	0.45～0.65
5歳から6歳までの児童	0.57～1.05
7歳から9歳までの児童	0.55～0.92
10歳から13歳までの児童	0.53～0.83

の平均値よりも低めとなる。これは必ずしも彼らが感情刺激を避けようとしていることを意味するわけではない。感情の抑制や重大な感情の問題を示す証拠がないのであれば，回避型の被検者が見せる低いAfr値は単に複雑さを回避する傾向を示すものと解釈した方が，より無難であろう。

可能な所見1

Afrが平均域にある場合，解釈は比較的簡単である。すなわち，被検者は同じ対処スタイルを持つ人（児童の場合は同じ年齢の人）と同じ程度に，感情的な刺激を自分から取り入れ，関わっていくと言える。一般的には，これはさほど意味のある所見ではない。しかし，感情の調節やコントロールの困難さをずっと抱えている人の場合だと，これは，自分ではそうした問題にまるで気づいていないことを示しているのかもしれない。普通，感情刺激を取り入れたときには，それに対する反応ややり取りが必要になる。したがって，感情のコントロールに問題を抱えている人の場合，たいがいは感情的な刺激を避け，自分に降りかかってくる要求を減らした方が得だとわかっているものなのである（ステップ9とステップ10を参照）。ステップ7に進む。

ケース11　30歳の男性　感情に関連するデータ

```
EB = 2:7.5              EBPer      = 3.8           Blends
eb = 5:7        L = 0.22 FC:CF+C    = 1:6        M.C.FD    = 1
DEPI = 4        CDI = 2  Pure C     = 2           FM.FD.FY  = 1
                                                  m.CF.C'F  = 1
C' = 3  T = 2           SumC':SumC  = 3:7.5       M.CF      = 1
V = 0   Y = 2           Afr         = 0.72        FM.FT     = 1
                                                  FM.FC'    = 1
Intellect = 1   CP = 0  S = 6(S to I,II,III = 3)  FM.YF     = 1
Blends:R = 7:19         Col-Shad Bl = 1
m+y Bl   = 1            Shading Bl  = 0
```

〔ケース11所見該当　Afrの値は0.72で，平均域にある。彼は，ほとんどの外拡型

の成人と同じ程度に，感情刺激を自発的に興味を持って取り入れているだろう。〕

可能な所見 2

Afr の値が平均域を上回る場合，被検者は感情刺激に非常に引きつけられていて，感情のやり取りにかなり関心を持っていると考えられる。これは外拡型の人にはよく見られる所見である。しかし，外拡型の人に限られるわけではない。これは，単に感情に対する関心が他の人よりも強いことを示しているにすぎず，短所と考えるべきではない。このような人は感情刺激に興味をそそられ，感情刺激があると元気づくだろう。感情刺激を求めようとすれば，当然感情のやりとりが期待されたり要求される機会が増える。したがって，感情のコントロールや調節に問題を抱えている人の場合は，この特徴は短所となる可能性がある（ステップ9とステップ10を参照）。ステップ7に進む。

可能な所見 3

Afr の値が平均より低くても，0.44以上の場合，感情刺激に対する関心が比較的少ないか，感情刺激をあまり積極的に取り入れようとしないと考えられる。この所見は不定型の人に最もよく見られるもので，複雑になるのを防ごうとする彼らの傾向がよく表れている。次いで，内向型の人にもよく見られる。しかし，この所見が該当するのは不定型と内向型だけではない。これはただ感情刺激にあまり関わろうとしないことを示しているだけであり，必ずしも短所とは考えられない。他のデータから感情の調節やコントロールの難しさがうかがえる場合は，被検者がそうした問題を自覚していて，問題を悪化させかねない状況を避けようとしていることを示しているだろう（ステップ9とステップ10を参照）。ステップ7に進む。

ケース 13　34歳の男性　感情に関連するデータ

```
EB      = 4:5.0              EBPer      = N/A          Blends
eb      = 3:6        L = 1.18  FC:CF+C    = 2:4          M.CF   = 1
DEPI    = 5          CDI = 4   Pure C     = 1            FM.FT  = 1
                                                         M.FC'  = 1
C' = 3   T = 1                  SumC':SumC = 3:5.0       CF.YF  = 1
V  = 0   Y = 2                  Afr        = 0.44

Intellect = 2    CP = 0         S = 2(S to I,II,III = 1)
Blends:R  = 4:24                Col-Shad Bl = 1
m+y Bl    = 1                   Shading Bl  = 0
```

〔ケース 13 所見該当　Afr の値は0.44である。彼が回避－不定型の対処スタイルを持っていたことからすると（$L = 1.18$；$EB = 4:5.0$），これは十分予想できる所見である。これは，複雑さを避けようとする傾向を反映したものであろう。しかし，彼には重大な感情の問題があることも示されている（$DEPI = 5$，$SumC' = 3$，$eb = 3:6$）。したがって，感情刺激に直面した場合には，彼の回避傾向はいっそう強まるものと思われる。〕

可能な所見4

Afr の値が 0.44 未満のときは，感情刺激を避ける傾向が非常に強いと考えられる。このような人は，普通，感情を処理する際に相当心地悪さを感じるものである。その結果，社会の中でより一層窮屈な思いをするようになったり，ひどいときには孤立してしまうことも多い。この所見が該当する場合は，感情の抑制（ステップ5を参照）や感情面での著しい防衛を示す証拠（ステップ7，ステップ8を参照）が他にあるのが普通である。この所見が児童や青年のプロトコル中にみられる場合は，とりわけ重大である。なぜなら，日常的な感情のやり取りは発達に役立つものなのに，その多くが避けられ，あるいは過度に警戒されてしまうからである。

ケース12　27歳の女性　感情に関連するデータ

```
EB       = 7:2.5           EBPer    = 2.8         Blends
eb       = 2:8    L = 0.29  FC:CF+C  = 3:1        M.CF.FD = 1
DEPI = 6         CDI = 3    Pure C   = 0          M.FC    = 1
                                                  M.FY    = 1
C'  = 4   T = 0            SumC':SumC = 4:2.5     M.FV    = 1
V   = 2   Y = 2            Afr      = 0.29        FV.FY   = 1

Intellect = 5    CP  = 0   S = 3(S to I,II,III = 2)
Blends:R  = 5:18           Col-Shad Bl = 0
m+y Bl    = 2              Shading Bl  = 1
```

〔ケース12所見該当　Afr の値は 0.29 で，きわめて低い。これは，彼女がどんな犠牲を払ってでも感情に直面するのを避けようとするタイプの人であることを示している。DEPI（6）が陽性で，ステップ4とステップ5でかなりの精神的苦痛や感情表出を抑制する著しい傾向が示唆されていたことを考えれば，これは必ずしも予想外の所見というわけではない。〕

ステップ7：知性化指標（Intellectualization Index ： Intellect）

この指標（2AB ＋ Art ＋ Ay）からは，知性化の使用に関する情報が得られる。知性化とは，感情を思考のレベルで処理することによって，感情を刺激するような状況あるいは感情体験によってもたらされるインパクトを軽減，中和させようとする作用のことである。要するに，これは，感情の存在を包み隠したり否認して，感情を直接あるいは現実的に扱う可能性を少なくする，偽の知的過程である。

知性化はよくある防衛の手段である。感情を刺激するような状況に直面したものの直接それには関わりたくないというとき，ほとんどの人がこの手段を用いる。したがって，問題とすべきなのは，被検者が知性化するかどうかということではなく，この防衛の手段が過度に使われていないかどうかということである。知性化指標の値が3以下であれば，解釈的意味はない。ケース11とケース13はこれに該当する。

可能な所見 1

値が 4 から 6 までの場合，被検者は普通の人よりも頻繁に感情を知性的に扱おうとする。この方法によって感情からのインパクトは軽くなったり中和されたりするが，それだけではなく，一種の否認として作用し，その感情が本来持っている意味を歪めてしまう。ステップ 8 に進む。

ケース 12　27 歳の女性　感情に関連するデータ

```
EB       = 7: 2.5              EBPer      = 2.8         Blends
eb       = 2:8      L = 0.29   FC:CF+C    = 3:1         M.CF.FD = 1
DEPI     = 6        CDI = 3    Pure C     = 0           M.FC    = 1
                                                        M.FY    = 1
C'  = 4  T = 0                 SumC':SumC = 4:2.5       M.FV    = 1
V   = 2  Y = 2                 Afr        = 0.29        FV.FY   = 1

Intellect = 5       CP = 0     S = 3 (S to I, II, III = 2)
Blends:R  = 5:18               Col-Shad Bl = 0
m+y Bl    = 2                  Shading Bl  = 1
```

〔ケース 12 所見該当　知性化指標の 5 という値は，彼女が感情からの望ましくないインパクトを中和するために知性化することを示している。〕

可能な所見 2

値が 7 以上となる場合，感情面でのストレスが大きいと感じられる状況では，主たる防衛の手段として知性化を用いると考えられる。このような人は，強烈な感情体験をしているときには心の働きが悪くなってしまいやすい。と言うのは，この手段は感情刺激が強まるにつれて効果的ではなくなってくるからである。ステップ 8 に進む。

ステップ 8：CP（Color Projection；色彩投影）

色彩投影（CP）は稀な反応であり，CP の値は常に 0 であることが期待される。ケース 11，12，13 はこれに該当する。CP が一つだけであっても，解釈上は非常に重要である。これは，不快な感情体験に対処するために，普通でない形の否認を用いることを示している。

可能な所見

CP の値が 0 より大きい場合，実情にふさわしくないようなポジティブな感情に当てはめたり情緒的な意味づけをすることによって，心の苦痛や不快感もしくは感情刺激の存在を否認する，ということを意味している。これは，現実を無視したり歪めてしまう，ヒステリー様の方法である。

この種の防衛を用いる人は，たいがいネガティブな感情を適切に処理する自信がなく，感情の調節に問題を抱えている。そのため，情勢が厳しいものと思われたり，厳しくなると見越される場合は，その厳しさを避けるように現実を曲げてしまいやすい。

この種の防衛は一時的なものであるのが普通である。これを頻繁に用いていると，他者から

は感情が表面的な人と見られるようになるだろう。ステップ9に進む。

ステップ9：FC：CF＋C

　*FC：CF＋C*の比率と Pure *C* の値からは，感情の発散や感情表現の調節に関する情報が得られる。*FC*反応は，よりよくコントロールされた，あるいはよりよく調節された感情体験に関係し，一方 *CF* 反応は，抑制のゆるい感情の発散と関係している。Pure *C* 反応はさらに抑制を働かせずに吐き出す感情と関係している。重要なのは，*CF*と*C*の値を別々に検討するよりも，*CF＋C*としてまとめて検討した方がずっと信頼性が高くなる，という点である。ほとんどの非患者成人は，*CF＋C*より多くの，あるいは少なくとも同数の*FC*反応を示す。一方，若年者は，*FC*反応より多くの*CF＋C*を出す。

可能な所見1

　*FC*の値が*CF＋C*の値より少なくとも1大きく，2倍までの数で，**かつ** Pure *C* の値が0ならば，被検者はたいていの成人と同じ程度に感情の発散のコントロールあるいは調節をすると考えられる。これは，15歳未満の児童の記録には期待されない結果である。もしこれが該当するようであれば，感情表現に際して同年代の児童よりも厳重にコントロールしようと努めていることを示す。ステップ11に進む。

可能な所見2

　*FC*の値が*CF＋C*の値の2倍より大きいが3倍よりは小さく，**かつ** Pure *C* の値が0ならば，たいていの人よりも感情の発散を厳重にコントロールしようとすると考えられる。このような結果が15歳未満の児童の記録に現れることは，普通あり得ない。ステップ11に進む。

可能な所見3

　*FC*の値が*CF＋C*の値の3倍以上で，**かつ** Pure *C* の値が0ならば，被検者はたいていの人がする以上に感情表現をコントロールしすぎていると考えられる。この結果は，より強い感情表現に関わるのをおそれたり，関わるだけの自信がないことを意味し，感情の萎縮の可能性を示唆している。ステップ11に進む。

ケース12　27歳の女性　感情に関連するデータ

```
EB       = 7: 2.5              EBPer     = 2.8            Blends
eb       = 2:8      L   = 0.29 FC:CF+C   = 3:1    M.CF.FD = 1
DEPI     = 6        CDI = 3    Pure C    = 0      M.FC    = 1
                                                  M.FY    = 1
C'  = 4   T = 0                SumC':SumC = 4:2.5 M.FV    = 1
V   = 2   Y = 2                Afr       = 0.29   FV.FY   = 1

Intellect = 5       CP  = 0    S = 3(S to I,II,III = 2)
Blends:R  = 5:18               Col-Shad Bl = 0
m+y Bl    = 2                  Shading Bl  = 1
```

〔ケース 12 所見該当　$FC：CF＋C$ の比率は 3：1 で，Pure C 反応はない。彼女が内向型に固定した人で，知性化しやすく，感情表出を抑える傾向が非常に強いということは，すでに明らかになっている。したがって，色彩反応を出すとしてもそのほとんどが形態優位になるというのは，意外なことではない。これは，彼女が感情を心地よく思っておらず，感情が過度に強まることをおそれているとの仮説を裏づけている。明らかに彼女は自分の感情表現をしっかり調節しようと努めている。〕

可能な所見 4

FC の値が $CF＋C$ の値よりも 1 大きく，しかし 2 倍までの数で，**かつ** Pure C の値が 1 ならば，被検者は他の成人と同じ程度に感情の発散を調節するだろうと考えられる。しかし，どうかすると調節に失敗してしまい，そのときには他の成人がそうなった場合と比べても感情の発散はひどく抑制が効かないものとなる。このような結果が 14 歳未満の児童の記録にみられることはほとんどない。ステップ 10 に進む。

可能な所見 5

FC の値が $CF＋C$ の値の 2 倍より大きく，**かつ** Pure C の値が 1 以上ならば，感情表現はほとんどの場合しっかり調節されているが，この厳重なコントロールは失われやすいと考えられる。このような人には，たいがい感情に関する葛藤がある。そのため，いつもは感情をしっかり調節しようと努めているのに，ときとして葛藤によってこの努力が突然途切れてしまうことがある。ステップ 10 に進む。

可能な所見 6

成人の記録において，FC の値が $CF＋C$ の値より少なくとも 1 大きく，しかし 2 倍までの数で，**かつ** Pure C の値が 2 以上ならば，被検者は感情の発散をうまく調節しようと頑張ってはいるものの，重大な調節の失敗がしばしば起こり得ることを示している。これは成人のプロトコルでは非常に稀な所見であり，もしも該当するようならば，統制力の問題と絡めて検討すべきである。感情表現の適切な調節を学びつつある児童や思春期前期の青年の記録でこの所見が見られるのは，珍しいことではない。ステップ 10 に進む。

可能な所見 7

$CF＋C$ の値が FC の値と同じか，FC の値より大きくてもその差が 2 までで，**かつ** Pure C の値が 0 か 1 ならば，被検者の感情発散の調節はほとんどの成人がするほどには厳重でないことを示している。このような人は，平均的な人よりも感情をはっきり，あるいは強く表しがちである。これは，成人にとって必ずしも悪い所見というわけではない。統制力に何の問題もなければなおさらである。しかし，対人関係や現実検討力に問題があったり，感情の混乱を体験しているような人にとっては，重大な欠点となる可能性がある。これらの条件のどれかに当てはまると，感情の表出がその状況にふさわしくないほど強くなるという事態が生じかねない。これは，ほとんどの児童および思春期前期の青年によく見られる所見である。ただし，内向型

の場合は，年齢に関係なく，この所見が見られることは少ない。Pure C 反応があればステップ 10 に進み，Pure C 反応がなければステップ 11 に進む。

ケース 13　34 歳の男性　感情に関連するデータ

EB	= 4:5.0			EBPer	= N/A	Blends
eb	= 3:6	L	= 1.18	FC:CF+C	= 2:4	M.CF = 1
DEPI	= 5	CDI	= 4	Pure C	= 1	FM.FT = 1
						M.FC' = 1
C' = 3	T = 1			SumC':SumC	= 3:5.0	CF.YF = 1
V = 0	Y = 2			Afr	= 0.44	
Intellect	= 2	CP	= 0	S = 2(S to I, II, III = 1)		
Blends:R	= 4:24			Col-Shad Bl	= 1	
m+y Bl	= 1			Shading Bl	= 0	

〔ケース 13 所見該当　$FC：CF+C$ の比率は 2：4 で Pure C 反応が 1 ある。彼は回避−不定型であり，対人関係と感情面の両方に問題を抱えている（DEPI ＝ 5，CDI ＝ 4，eb ＝ 3：6）。感情を表そうとすると，それはその場にふさわしくないほど強いものになることが多いだろう。彼はかなり長い期間薬物乱用を続けていたのに，たいした深刻味も見せずに，そのことを正当化している。また，自分の感情表出に何か問題があると気づいている節はない。このような訴えがないのは，評価を受けている背景事情（復職を求めている）のためかもしれない。あるいは，感情についてわかっておらず，感情表出の調節が普通はどうなされるものなのかほとんど理解していないためかもしれない。平均より低い Afr（0.44）は，彼が，自分では認めたくないのに，感情の制御に問題があることに気づいていることを示している。照会事項の一つに，薬物の影響を受けていない場合は感情のコントロールに問題があるかどうか，というものがあった。ここでの所見は，問題ありとの答をはっきりと示している。〕

可能な所見 8

成人の記録で，$CF+C$ の値が FC の値と同じか，FC の値より大きくてもその差が 2 までで，**かつ** Pure C の値が 2 以上となる場合は，感情の調節に重大な問題がある可能性を示している。このような人は感情表現がしばしば強すぎて，衝動的な人という印象を与えることが多い。これは統制の問題のために生じていることもあり得るが，心理構造が未成熟で，感情の調節の大切さをあまり理解していないことを示している可能性もある。この所見は児童では非常によく見られる。また，溢れるほどの感情とその調節不足を示しているが，これらは若者の行動には散見されるものである。ただし，内向型の場合は，年齢に関係なく，このような所見はきわめて稀である。内向型の人がこの所見に該当したならば，思考型のスタイルの効率や整合性が損なわれていて，他の心理活動によって思考回路が「ショート」してしまうことが多いと推測さ

れる。ステップ10に進む。

可能な所見9

$CF+C$ の値が FC の値より3以上大きく，**かつ** Pure C の値が0ならば，被検者は他の人よりも感情の発散を調節することがずっと少ないと考えられる。このような成人は，感情表現の激しさゆえに人目を引くことが多い。しかし，これが必ずしも短所となるわけではない。と言うのは，抑制のゆるい感情表現を多くすることが効果的かそうでないかは，そうした感情表現を社会環境がどれだけ受け入れてくれるかによって変わってくるからである。最も，現実検討力に問題があったり，感情の混乱が存在する場合は，状況にまったくふさわしくないぐらい抑制の乏しい感情表出が多くなされやすい。これは，児童のほとんどや思春期前期の青年には非常によく見られる所見である。ステップ11に進む。

可能な所見10

$CF+C$ の値が FC の値より3以上大きく，**かつ** Pure C の値が1以上ならば，それは感情の調節が非常にゆるいことを示している。年少児童の場合には，これが最もよく見られる所見である。成人で該当する人はあまりいない。そのような人は周囲から衝動的な人だと見なされるし，どんなによくても，感情的すぎるとか，未熟だというふうに見られやすい。

現実検討力に問題のある人や感情的な混乱を抱えている人がこの所見に該当する場合は，感情の調節の失敗が社会適応上の非常に大きな妨げになってしまうことが多い。この所見が内向型の被検者にあてはまる場合は，思考型のスタイルの機能や効果に重大な問題があることを示している。ステップ10に進む。

ケース11　30歳の男性　感情に関連するデータ

```
EB   = 2:7.5              EBPer      = 3.8            Blends
eb   = 5:7       L  = 0.22 FC:CF+C    = 1:6           M.C.FD     = 1
DEPI = 4         CDI= 2   Pure C     = 2             FM.FD.FY   = 1
                                                      m.CF.C'F   = 1
C'   = 3   T = 2          SumC':SumC = 3:7.5         M.CF       = 1
V    = 0   Y = 2          Afr        = 0.72          FM.FT      = 1
                                                      FM.FC'     = 1
Intellect = 1    CP = 0   S = 6(S to I,II,III = 3)   FM.YF      = 1
Blends:R  = 7:19          Col-Shad Bl = 1
m+y Bl    = 1             Shading Bl  = 0
```

〔ケース11所見該当　$FC：CF+C$ の比率は1：6で，Pure C の値は2である。彼は外拡型に固定した人で，心にいくらか苦しみを抱えている（$eb=5：7$）。しかし，感情面に大きな問題があることを示す証拠は，これまでのところ何もない（DEPI＝4，CDI＝2，$Afr=0.72$）。この人は感情表出のコントロールには慎重さを欠いているし，気をつかわない。そのため，感情表出はときに不適切なほど激しくなったり，爆発的になる可能性さえある。この仮説は，妻から

報告された彼の生活歴中の出来事とも符合する。*Afr* が平均域内にあったことを考え合わせれば，この所見からは，彼自身はこの難点にあまりよく気づいていないということがわかるし，感情の調節の問題こそが彼に対する優先的な介入目標になると言えるだろう。〕

ステップ 10：Pure C（純粋色彩反応）

記録中の純粋色彩反応（Pure *C*）を読み，抑制の効いた色彩反応と比べるとそれらがどの程度未熟あるいは原始的な反応であるのかを，内容面から評価する。Pure *C* 反応がどの程度洗練されたものであるのかは，それぞれの反応によってかなりの違いが見られる。中には，より知的な性質を備え，コーディングから予想される以上によくコントロールされているものもある。抽象芸術や装飾品を含んだ反応は，だいたいこのカテゴリーに入る。

飛び散った血，火，筋肉，臓器などのように，より原始的な性質ゆえに目を引く反応もある。Pure *C* 反応が知的なものであるほど，感情のコントロールの失敗は小さく，一過性のものと考えられる。Pure *C* 反応がより原始的なものであれば，それは感情のコントロールに対する無頓着さを示す。このような反応は，感情調節が不十分で，不適応行動に至ってしまうことが多い人によくみられる。

可能な所見

Pure *C* 反応がすべて防衛的あるいは偽の知性化の性質を持つものである場合は，これら反応を *CF* 反応と同様なものと見なした上で，重大な感情調節の問題の有無を評価する。逆に，Pure *C* 反応のいずれもがより原始的な性質を持っているときは，年少児童の場合を除き，これらは重大な短所になると考えられる。このような反応からは，感情の調節に失敗したときには，不適切で不適応に至りかねない行動をしてしまうことが予想される。ステップ 11 に進む。

〔ケース 11 反応．図版Ⅲ「殺した動物を二人で引き裂いているように見えます。周りにたくさん血があって。（質問段階）ここが頭で，脚。二人でこの死骸（D7）を引き裂いているところです。（E：周りに血がたくさんあって，とおっしゃいましたが。）ええ，二人の後ろの方にあるこの赤いやつです。そこでこの動物を殺したんです」

図版Ⅹ「抽象画を描こうとして，絵の具をたくさんぶちまけたみたいですね。現代画家ってこういうのやる人多いんですよね。（質問段階）僕には大量の絵の具にしか見えないけど，描いた人にとっては何か意味があるんです。ここにいろんな色をぶちまけたって感じ。ピンクがあって，黄色があって，青があって，あとのも全部そう」

これら二つの反応では，色彩はかなり奔放に用いられている。色彩をより効果的に，あるいはより統制のとれた形でまとめ上げることは，両方の反応で，特に二つめの反応ではなおさらのこと，十分可能だったと思われる。しかし，そうは

しなかった。そのため，二つともあまり洗練されることなく，ステップ9の所見で指摘された感情の調節の問題の重大さがより強調される結果となっている。〕

〔ケース13反応．図版Ⅸ「オレンジのが火のようです。（質問段階）どうしてそう思ったのかわかりませんが，これがオレンジ色だからオレンジの火みたい。そうでしょ」

これは，ただ見た通りをそのまま答えたという非常に固い，そしていくらか防衛的な反応である。この種の反応は，普通は成人よりも児童に多いものである。ステップ9で見たデータからは，彼は子どもっぽい，状況にふさわしくないやり方で感情を表出することが多いだろうとの仮説を立てたが，ここでの所見はこの仮説を支持している。〕

ステップ11：S（Space Responses；空白反応）

ほとんどの人が，少なくとも1個のS反応を出す。それは普通，図版Ⅰか図版Ⅱで出される。S反応が2個あるのも珍しいことではない。一般的には，図と地を逆転させたり，図と地を結合することは，被検者に独自性があることを示していると考えられる。しかし，S反応の数が多すぎる場合は，反抗癖や対抗的傾向，あるいは怒りの可能性さえも考慮に入れなければならない。S反応が3個以上あるときには，S反応の継起が重要となる。というのは，中には非常に反抗的な構えでテストを受け始める者もいるからである。そこで，ここでの所見が該当した場合は，それが状況を反映しているものなのか，それとも特性を示しているものなのかを区別することが肝要となる。

可能な所見1

Sの値が0から2までの数なら，特別な意味はない。ケース13（$S=2$）はこれに該当する。ステップ12に進む。

可能な所見2

Sの値が3で，すべてのS反応が最初の2枚の図版で出現しているのなら，おそらく被検者はテストを受ける用意が十分できておらず，状況からの要求に反抗的に反応したのだと思われる。これは，あまり普通とはいえない対抗的傾向を示しているのかもしれないが，反抗的構えは状況に関連したものと考える方がより無難である。ステップ12に進む。

可能な所見3

Sの値が4か5で，すべてのS反応が最初の3枚の図版で出現している場合は，被検者がテスト状況にかなり苛立っていることを示している。おそらく，望まぬ課題に直面させられたときには必要以上に対抗的になってしまいやすい，ということを示していると思われる。しかし，権威に対する否定的な構えを長く持ち続けていることを表している可能性も考えられる。ステップ12に進む。

可能な所見 4

Sの値が3で，そのうち図版Ⅲ以降に生じているものが少なくとも1ある場合は，被検者は周囲の状況に対して他の人よりも反抗的あるいは対抗的になりやすいと考えられる。これは必ずしも短所というわけではないが，円満な社会的関係を築くのにはあだとなり得る。ステップ12に進む。

ケース12　27歳の女性　感情に関連するデータ

```
EB       = 7: 2.5                  EBPer      = 2.8           Blends
eb       = 2:8        L   = 0.29   FC:CF+C    = 3:1           M.CF.FD = 1
DEPI     = 6          CDI = 3      Pure C     = 0             M.FC    = 1
                                                              M.FY    = 1
C' = 4   T = 0                     SumC':SumC = 4:2.5         M.FV    = 1
V  = 2   Y = 2                     Afr        = 0.29          FV.FY   = 1

Intellect = 5         CP = 0       S = 3(S to I,Ⅱ,Ⅲ = 2)
Blends:R  = 5:18                   Col-Shad Bl = 0
m+y Bl    = 2                      Shading Bl  = 1
```

〔ケース12所見該当　S反応は3個あり，そのうち図版Ⅲ以降で生じているものが1個ある。彼女は周囲の状況に対していくらか反抗的あるいは対抗的な構えを持っており，それが，円満かつ実りある社会的関係を築いたり維持することの妨げになっていると思われる。これまでの所見からさまざまな感情の問題が示唆されていたことを考えると，この所見は特に重要な意味を帯びてくる。〕

可能な所見 5

Sの値が4以上で，そのうち図版Ⅳ以降に生じているものが少なくとも1ある場合は，相当な怒りの感情があることを示している。この怒りは広く一般化され，周囲の環境にどういう姿勢を取るかを決定づけている。これは，その人の性格特性のようになった特徴で，心理機能にまで作用を及ぼすものである。この怒りは，必ずや意思決定と対処行動に何らかの影響をもたらす。この特性を持つ人の中には，決まって怒りを直接行動に表す者もいる。あるいは，感情の抑制が心理構造の重要な特徴になっている人ならば，怒りはわずかに，しかも間接的にしか表に出ず，ただ内に「くすぶらす」だけかもしれない。怒りがどのように処理されていようが，こうした人は，他者との間で深い意味のある関係を維持するのが難しい。なぜならば，社会的な交流の中では歩み寄りというものが必要になるのに，彼らはそれに耐えられないことが多いからである。感情の抑制や調節に問題があるときは，この反抗的な構えが激しい感情表現の中に現れ出ることになろう。ステップ12に進む。

ケース11　30歳の男性　感情に関連するデータ

```
EB = 2:7.5              EBPer     = 3.8         Blends
eb = 5:7      L = 0.22  FC:CF+C   = 1:6    M.C.FD    = 1
DEPI = 4      CDI = 2   Pure C    = 2      FM.FD.FY  = 1
                                           m.CF.C'F  = 1
C' = 3   T = 2          SumC':SumC = 3:7.5 M.CF      = 1
V = 0    Y = 2          Afr        = 0.72  FM.FT     = 1
                                           FM.FC'    = 1
Intellect = 1  CP = 0   S = 6(S to I,II,III = 3)  FM.YF = 1
Blends:R = 7:19         Col-Shad Bl = 1
m+y Bl    = 1           Shading Bl  = 0
```

〔ケース11所見該当　記録中にS反応は6個あり，その半分が図版Ⅳ以降に出現している。彼は強い怒りを抱えた人である。彼の職業上および結婚後の生活歴には，怒りや攻撃性によって目を引く出来事が数多く含まれている。したがって，この所見は意外なものではない。彼が固定した外拡型の人で，感情のコントロールには明らかに問題があるという事実からすれば，ここでの所見は治療計画を考える上では非常に重要なものとなる。〕

ステップ12：ブレンド，EB，ラムダ

　記録中のブレンドの数や割合からは，被検者の**現在の**心理的複雑さを大ざっぱに評価することができる。被検者の心理，特に感情面の特徴について理解しようとする場合には，心の複雑さに関する情報がとても大切になる。誰もがある程度の複雑さを有しているし，中には他の人より複雑な人もいる。しかし，どの人も複雑さの程度が常に一定というわけではない。むしろ，複雑さは，その人固有のある特定のレベルを境に，増したり減ったりするものである。

　たとえば，普通は，知的に高い人の方が平均以下の人よりも心理的に複雑である。しかし，ストレス，満たされない欲求，未解決の葛藤などの存在いかんで，これはいつでも逆になり得る。ストレス，欲求，葛藤が中程度もしくは最小限になるにつれ，複雑さもある程度減じる。そして，ストレス，欲求，葛藤などが増加すれば，それにつれて複雑さの程度も増してくるのである。

　プロトコル中のブレンドの数や割合の解釈をするとき，まず最初に検討するのは，それらがその被検者に期待される値と一致しているかどうかという点である。次いで，この結果を被検者の現在の状況に照らして検討することになる。

　ブレンドの大半が，感情関連の決定因子（有彩色，無彩色，濃淡）を一つ含んでいる。したがって，ほとんどのブレンドは感情の検討に直接関係してくる。ブレンドに感情関連の決定因子が含まれていない場合であっても，複雑さによって感情の体験のされ方や現れ方が変わってくることが多いので，ブレンドがあれば，それは感情の検討にとってはやはり重要なものとな

る。

　ブレンドの期待値は，体験型（*EB*）とラムダの値によって異なる。ラムダの値が 1.0 未満ならば，たいがいの場合，内向型の人が出すブレンドの数は，外拡型や不定型の人よりも少ない。全反応数の 20% がブレンドというのが典型的なものであり，ブレンドの割合が 25% を超えるのはあまり普通のことではない（平均域は 13 〜 26%）。外拡型の人には全反応数の 25% がブレンドという記録はよく見られるし，ブレンドの割合が 33% となるのも珍しいことではない（平均域は 19 〜 33%）。不定型の人も平均では全体の 25% のブレンドを出す。しかし，不定型の人の場合は 35% を超えることもままある（平均域は 16 〜 36%）。

　ラムダの値が 1.0 以上の場合，一般的にはブレンドの割合は当然低くなることが期待される。回避型の人の記録では，普通，ブレンドの割合は 15% より低くなるし，10% を切ることも珍しくない（平均域は 8 〜 14%）。これは，回避型の人の，複雑さを最小にしようとする方向性と一致する。

可能な所見 1

　ブレンドの割合が，その人の *EB* やラムダが示す対処スタイルの平均域に収まっている場合は，心理的複雑さの程度は，同じような対処スタイルの方向性を持っている人とそう変わるものではないと考えられる。ステップ 13 に進む。

可能な所見 2

　ブレンドの割合が，その人の *EB* が示す対処スタイルの平均域を下回る場合は，被検者の心理機能は，期待されるよりも複雑さに欠けると推測される。この所見は，人格構造に未熟さや貧弱さがはっきりうかがえるような人に最もよく見られる。こういう人は，感情を刺激するような複雑な状況に直面したとき，行動上に問題を表すことが多い。ステップ 13 に進む。

可能な所見 3

　ブレンドの割合が，その人の *EB* やラムダが示す対処スタイルの平均域を上回る場合は，被検者の心理構造は期待されるよりも複雑であると考えられる。ほとんどのブレンドには感情関連の変数が一つ以上含まれるので，期待される以上の複雑さというのは，感情がもとになって生じていることが多い。さまざまな感情体験に対応できるだけの利用可能な資質を十分持っていれば，こうした複雑さは必ずしも短所にはならない。しかし，利用可能な資質が限られたものであったり，感情のコントロールや調節に問題がある場合は，心理的複雑さが高まると感情が行動の整合性や安定性に致命的な影響を及ぼす可能性も高くなる。ステップ 13 に進む。

ケース 11　30 歳の男性　感情に関連するデータ

```
EB = 2:7.5              EBPer     = 3.8      Blends
eb = 5:7       L = 0.22 FC:CF+C   = 1:6      M.C.FD    = 1
DEPI = 4       CDI = 2  Pure C    = 2        FM.FD.FY  = 1
                                             m.CF.C'F  = 1
C' = 3  T = 2           SumC':SumC = 3:7.5   M.CF      = 1
```

```
V    = 0    Y = 2              Afr           = 0.72         FM.FT    = 1
                                                            FM.FC'   = 1
Intellect = 1     CP = 0       S = 6(S to I,II,III = 3)     FM.YF    = 1
Blends:R  = 7:19               Col-Shad Bl   = 1
m+y Bl    = 1                  Shading Bl    = 0
```

ケース 12　27 歳の女性　感情に関連するデータ

```
EB       = 7: 2.5              EBPer         = 2.8          Blends
eb       = 2:8     L = 0.29    FC:CF+C       = 3:1          M.CF.FD = 1
DEPI     = 6       CDI = 3     Pure C        = 0            M.FC    = 1
                                                            M.FY    = 1
C'  = 4   T = 0                SumC':SumC    = 4:2.5        M.FV    = 1
V   = 2   Y = 2                Afr           = 0.29         FV.FY   = 1

Intellect = 5     CP = 0       S = 3(S to I,II,III = 2)
Blends:R  = 5:18               Col-Shad Bl   = 0
m+y Bl    = 2                  Shading Bl    = 1
```

ケース 13　34 歳の男性　感情に関連するデータ

```
EB       = 4:5.0               EBPer         = N/A          Blends
eb       = 3:6     L = 1.18    FC:CF+C       = 2:4          M.CF    = 1
DEPI     = 5       CDI = 4     Pure C        = 1            FM.FT   = 1
                                                            M.FC'   = 1
C'  = 3   T = 1                SumC':SumC    = 3:5.0        CF.YF   = 1
V   = 0   Y = 2                Afr           = 0.44

Intellect = 2     CP = 0       S = 2(S to I,II,III = 1)
Blends:R  = 4:24               Col-Shad Bl   = 1
m+y Bl    = 1                  Shading Bl    = 0
```

〔ケース 11，12，13 所見該当　これらのケースすべてにおいて，ブレンドの割合は期待値よりもやや高くなっている。ケース 11 は外拡型で，ブレンドは 19 反応中の 7 個（37％），ケース 12 は内向型で，ブレンドは 18 反応中の 5 個（28％），ケース 13 は不定型で，ブレンドは 24 反応中の 4 個（17％）である。こうした結果になるのは，これら 3 ケースでは劇的でもなければ，意外なことでもない。二人（ケース 11，ケース 12）はこれから治療を受けることになっているわけだし，もう一人（ケース 13）は復職できるかどうかという，ストレスフルな状況に立たされているからである。ストレスにさらされている人が普段よりも幾分か心理的な複雑さを増すのはよくあることだが，そのために感情がひどく変動しやすいものになっていないがどうか，すべてのケースについて，より子細に検討するこ

ステップ13：状況ストレスに関連したブレンド

ステップ12の所見からは現在の複雑さについての情報が得られる。だが、現在示されている複雑さの程度はその人本来のものなのか、それとも状況要因によって著しく高められた結果なのか、その点をはっきりさせることがさらに必要となる。このためには、第3章で説明したように、$FC.FY$, $m.CF$などの、mやYのため**だけ**で生じているブレンドの数を検討する。ケース11と、ケース13がそうであるように、この種のブレンドはほとんどの記録中に1個はある。この場合、ステップ12の所見を検討し直す必要はない。一方、この種のブレンドが2個以上であれば、ここでの所見は重要になる。

可能な所見

mやYのためだけで生じているブレンドの数が2以上の場合は、この種のブレンドの数を**1**にした上で、全反応数（R）中のブレンドの割合を再計算してみる。その結果、ブレンドの割合がステップ12で見たのとは異なる期待値（スタイルごとの期待値）の範囲に入るようなら、複雑さに関するステップ12での結論は修正した方がよい。修正結果は次のようなものになるだろう。状況関連ストレスにより心理機能は普段に比べて複雑なものになっており、これら状況関連の要因がなければ、複雑さは低減される。ステップ14に進む。

〔ケース12所見該当　ステップ12で述べたとおり、18の反応中、ブレンドは5個ある（28％）。これら5個のうち2個はY変数によって生じたものである（$M.FY$, $FV.FY$）。そこで、ブレンドの総数から1を引いて再計算してみると、ブレンドの割合は22％（4/18）になる。この値は内向型の平均域に入る。彼女の心理的複雑さについて述べようとする場合には、必ず、状況要因によって通常より複雑になっているという点に触れておくべきである。興味深いことに、彼女は感情を一生懸命抑え込もうとする人で、心理的な複雑さを増大させているのは無力感と関係のある感情体験（Y）である。だとすると、状況的な要因によって感情面での苦しみが強まっていて、こうした望ましくない感情を何とか処理しようとしてその苦しみが一層増しているのではないかと考えられる。

ステップ14：普通でない複雑さ

普通でないほどの複雑さがあっても、それが常にステップ12とステップ13の所見に十分反映されているとは限らない。期待されるよりも複雑な人が示すブレンドの割合が、平均域、あるいは平均域より低くなる場合も中にはある。また、ブレンドの割合が期待値より高くなっていても、それでもまだ実際の複雑さの程度をとらえ切れていない場合もある。こうしたケースには、たいがい、複雑すぎるブレンドが含まれている。

ブレンドのおよそ3/4は二つの決定因子だけで構成されている。そして、約1/4が三つの

決定因子から成り立っている。四つ以上の決定因子でできているブレンドというのはきわめて稀である。したがって，三つの決定因子を含むブレンドの数が全ブレンド数の1/4に満たない場合，あるいは，四つ以上の決定因子を含むブレンドがまったくない場合は，このステップの所見は意味あるものではない。ケース12とケース13がそうである。ケース12は5個のブレンドのうちの1個だけが三つの決定因子でできており，ケース13ではすべてのブレンド反応が二つの決定因子だけで成り立っている。

可能な所見

三つの決定因子を含むブレンドの数が全ブレンド数の1/4以上になるとき，あるいは四つ以上の決定因子を含むブレンドが1個以上あるときは，ステップ12の結論を修正すべきである。修正にあたっては，ときに被検者の心理特性が複雑すぎてしまうという点について特筆しておくのがよい。ほとんどの場合，複雑さが増しているのは感情体験のためである。これは必ずしも短所になるわけではないが，心の働きに不具合をもたらすおそれは大きい。資質が限られたものであったり，感情のコントロールや調節に問題がある場合は，特にこの可能性が高まる。ステップ15に進む。

〔ケース11所見該当　7個中2個のブレンドが三つの決定因子でできている。ステップ12の所見からは，平均より少しだけ複雑になっているが，それは結婚生活上で直面している困難からすれば意外なことではない，との結論が導き出された。しかし，ここでの所見は，心理機能がときに極端に複雑になってしまうことを示しているのかもしれない。彼は固定した外拡型の人で，感情表出の調節にかなりの問題を持っている。さらには怒りを抱えてもいる。こうした点からすれば，彼の過度の複雑さは短所となっていると言わざるを得ない。〕

ステップ15：色彩濃淡ブレンド（Color Shading Blends：Col-Shad Bl）

色彩濃淡ブレンドは，コーディングに有彩色決定因子（FC, CF, C）と，無彩色決定因子（FC', C'F, C'）もしくは濃淡決定因子（Y, T, V）の両方を含むすべての反応，と定義される。これらは，普通，感情が不安定で混乱したものであること，あるいは両価的でさえあることを示している。

色彩濃淡ブレンドは，内向型あるいは回避型の人のプロトコルよりも，外拡型と不定型の人のプロトコルにみられることが多い。これは，対処スタイルによって解釈がだいぶ変わってくることを意味しているわけではない。この所見に関する仮説を立てるには対処スタイルと色彩濃淡ブレンドの頻度の**両方**が重要になることを示しているのである。

可能な所見1

外拡型もしくは不定型の人の記録に，C', T, Vなどによる色彩濃淡ブレンドが1個ある場合，ときに感情の状態が不安定になったり，混乱したりすると考えられる。これは必ずしも否定的な所見とはいえない。特に外拡型の人の場合は他の対処スタイルの人よりも感情に関わる

機会が多いので，否定的にとらえる必要はない。外拡型の人には，感情が一時的に不安定になるというエピソードは日常的に生じやすい。しかし，外拡型の人は他のスタイルの人に比べて感情を扱うことに心地よさを感じているのが普通なので，そのようなエピソードがあったとしても狼狽してしまうことはあまりないだろう。

〔ケース11所見該当　色彩濃淡ブレンドは1個あり（$m.CF.C'F$），時々感情が不安定になることを示している。彼は外拡型の人なので，普通はこの所見に大きな意味があるとは考えにくい。しかし，これまで見てきたような多くの感情面の問題を考えると，所見すべてを要約する際にこの結果を考慮に入れることが大切になるかもしれない。〕

可能な所見2

内向型もしくは回避型の人の記録中に，C'，T，Vによる色彩濃淡ブレンドが1個ある場合，あるいは，外拡型もしくは不定型の人のプロトコル中に1個以上ある場合，被検者はしばしば感情や感情を刺激する状況によって混乱してしまうと考えられる。このような人は，普通，他の人に比べて感情をより強烈に体験し，ときには感情を刺激する状況から抜け出すのが困難となる。内向型や回避型の人がこの所見に該当する場合は，これらの特徴はより重大な影響を及ぼす。なぜならば，内向型や回避型の人はこのような体験に不慣れで，事態をどう収拾していいのかわからなくなりがちだからである。

可能な所見3

どのスタイルかに関係なく，記録中にYによる色彩濃淡ブレンドが1個以上ある場合は，状況に関連した出来事のために感情が不安定になったり，混乱したりしていると考えられる。この種の混乱は，外拡型や不定型の人によりも，内向型と回避型の人に，ひときわ重大な影響を及ぼしやすい。所見1もしくは所見2のいずれかに該当している場合は，そこで得られた仮説にこの所見を補足しておくべきである。ステップ16に進む。

〔ケース13所見該当　記録中に色彩濃淡ブレンドが1個あるので，彼は状況要因によってときどき感情が混乱したり，感情を刺激するような状況に当惑していると考えられる。彼の生活歴や，彼が現在復職できるかどうかの瀬戸際にいることを考えれば，これは決して意外なことではない。〕

ステップ16：濃淡ブレンド

$FT.FC'$，$FV.FY$のような濃淡ブレンドというのはきわめて稀で，決して望ましいものではない。これらは，非常につらい感情体験をしていることを示している。

可能な所見

濃淡ブレンドが1個以上ある場合，それは苦痛に満ちた感情が存在することを示している。濃淡ブレンドからネガティブな感情がもたらされた原因を推測することはできない。しかし，ときにはコーディングを見ることによって，その特徴について手がかりが得られる。いずれに

しても，この種の非常に大きな苦痛は，ほとんどすべての心理機能にとって強烈な打撃となる。苦痛は感情の中で支配的な位置を占めるようになるばかりでなく，思考にも広く影響を及ぼす。現在体験している苦しみによって注意と集中が妨げられることはよくあり，判断が大きく左右されてしまうこともある。

〔ケース12所見該当　濃淡ブレンドが1個ある（FV.FY）。彼女は自分を責めたり自分に対する価値下げをしたりする傾向を以前から持っていたが，それが状況的な要因（FY）によってより強められているようである。記録中には，自分のネガティブな特徴にひどくとらわれていることを示すV反応が**2個**あったが，このブレンド反応はそのうちの1個であるという点には注目すべきである。このケースの生活歴には，婚姻外の子を出産し，養子に出してしまったという出来事や，1年2カ月続いた「同棲」が最近破局を迎えてしまったという，感情を激しく揺さぶる出来事が認められた。このブレンド反応は，これらの出来事の両方あるいはどちらかと関係があると思われる。〕

感情に関する所見の要約

ケース11

この30歳の男性は妻と別居したばかりで，これから二人で夫婦療法を受けるところである。彼は，今の状況なら腹を立てて当然だし，落ち込んでもいると述べている。照会を受けた事項の中には，重大な感情の問題の存在を問うものと，現在訴えている抑うつの深刻さの程度を問うものがあった。このクラスターの所見の要約を基にすれば，これらの問いに回答するのは比較的容易である。

彼の心理的な活動のほとんどで感情が非常に重要な役割を果たしていて，彼には感情を率直に表す傾向が見られる。感情が思考に影響を及ぼし，たいがいの場合，意思決定に際してより直観的な試行錯誤的アプローチを取る。状況からして逆効果と思われる場合でさえ，そのようなアプローチを取りやすい（ステップ2，3）。

抑うつ状態にあることを裏づけるはっきりした証拠は示されていない（ステップ1のDEPIは陰性）。しかし，だからといって抑うつが完全に否定されるわけではない。これはただ単に，感情障害の診断を受けた人によくある特徴の多くが彼には見られないことを意味しているにすぎない。一方で，彼が苦痛を抱えていることははっきり示されている（ステップ4）。この苦痛の一部は別居により生じた喪失感と関係しているようだが，中には発散させたい感情を抑え込んでいるために生じているものもあるようである（ステップ4）。

このうち後者は，特に興味深い所見である。なぜなら，彼には感情を自由に表す傾向が認められ（ステップ2），感情を過度に抑制したり，感情を刺激する状況を避けようとしていることを示す証拠はなかったからである。と言うことは，感情表出を抑えがちになっているのは，

自分でもかんしゃくの問題があることを認めていたり，それがもとで結婚生活が行き詰まることになったと自覚しているためかもしれない。他のデータからは，普段は感情表出のコントロールにほとんど注意や関心を払わず，ときには感情を非常に激しく，爆発的にさえ表していることが示されていただけに（ステップ9，10），これは重要な所見である。

彼は，強い怒りを抱えており（ステップ11），普段に比べると心理的にかなり複雑になっている（ステップ12，14）。おそらく後者は最近別居したばかりであることと関係しているだろうが，そうした原因はひとまずおいておくとしても，怒りがある上に心理的な複雑さが増すとなると，感情表出の調節やコントロールにますます注意を払わなくなる可能性が高くなる。したがって，結論的には，これら二つの特徴（怒りと感情のコントロール）が彼にとっては問題の大もとで，優先的な介入課題になると考えられる。

ケース 12

この27歳の女性は，緊張感，注意散漫，食欲不振，不眠などを訴えている。照会を受けた事項には，緊張感の原因を問うものと，抑うつを裏づける証拠があるかどうかを問うものが含まれている。

彼女は抑うつについては特に訴えていないものの，日常生活に支障を及ぼしかねないほどの重大な感情の問題（おそらく抑うつだと思われるが）の存在を予想させる証拠がある。彼女が現在訴えている症状は，この問題がもとになって引き起こされている可能性が非常に高い（ステップ1）。彼女は極端な思考型の人であり，意思決定の際には感情をわきに置いておくことを好み，考えられるすべての可能性を検討し終わるまでは行動に移そうとしない。問題解決にあたっては，試行錯誤的なアプローチの方が望ましいことが明らかな場合でさえも，そのようなアプローチを避けようとする。また，普段は感情表出を厳重にコントロールしておくのを好む（ステップ2，3）。

彼女が心理的にかなりの苦痛を感じているのは明らかである（ステップ4）。相当長い間，自分の価値を下げるようなやり方で自己点検に取り組んでいる。そのために苦痛がもたらされているが，感情表出を著しく抑制してしまう傾向があるので，苦痛は一層つらいものになっている。これがもとで，長期にわたって苛立ちを感じやすくなっている（ステップ4，5）。彼女は感情をどう扱っていいのかわからず，ひどく怖がっており，相当な犠牲を必要とするにもかかわらず，努めて感情に直面しないようにしている（ステップ6）。

感情に直面したときには，感情を感情として扱うのではなく知的に扱うことで，すなわち知性化によって，その影響を中和しようとすることが多い（ステップ7）。感情が不快に思えたり，自分の感情が激しくなりすぎるのではないかと不安なため，感情表出をしっかりと調節できているとの実感が得られるよう一生懸命になっている（ステップ9）。また，いくらか周囲に対する反抗的あるいは対抗的な構えがあるので，円滑で実りある対人関係を十分に築いたり維持するのは難しいだろう（ステップ11）。

感情をしっかりコントロールしている人にしては，彼女の心理機能は期待されるよりもやや

複雑である。感情が複雑になっているのは，慢性的な要因と言うよりも，状況的な要因のためと思われる。おそらくそれは，現在彼女が自分でも対処に困るほどの無力感を抱えているために生じたものであろう。自分にとって望ましくない感情を何とかうまく処理しようとしても，この無力感のために心中の苦しみが一層増すことになっている。前述の通り，彼女はこれまでずっと自分を責めたり低く見たりしがちであったが，現在は何らかの状況関連ストレスによって，この傾向がより強まっている。自分のひどくネガティブな特徴にとらわれ，相当苦しんでいるようである（ステップ16）。

ケース13

　この34歳の男性は，物質乱用に対する治療を約5カ月間受けている。そして，現在は復職を申し込んでいる。照会事項の一つは，薬物の影響下にない場合にも感情のコントロールが難しいのかどうか，というものであった。

　所見には，主として社会適応上の困難のために感情に問題が生じやすい，ということが示されている（ステップ1）。抑うつ的になっているとか，苦しみを感じているとの訴えはない。しかし，彼は今自分がうまく適応できていることを示そうとしているので，そのような訴えがなくても不思議ではない。

　彼には，複雑さや曖昧さを無視あるいは否認して単純なものにしようとする傾向が著しく見られる。しかし，問題解決や意思決定のためのアプローチはあまり一貫していない。このような一貫性の乏しさは，感情の用い方にも影響している。ある時には，思考は感情の影響を強く受け，判断がより直観的なものになる。しかし次に似たような状況に立ち至ったら，今度は感情をわきに置き，より思考に基づくアプローチをして判断を下そうとするかもしれない。このような一貫性の欠如は，感情を表す方法を独特なものにしている。感情の表現がしっかりコントロールされていたかと思えば，同じような場面であっても，今度はまったくコントロールを欠いてしまうこともある。このような不安定さ故に，感情の扱い方はときとして状況にまったくふさわしくないものになりやすい（ステップ2）。

　たとえ訴えがないにしても，彼が現在何らかの苦痛を体験しているのは明らかである。これは，彼の今の立場や評価を受ける理由を考えれば十分予想できる。彼が感じている苦痛は，感情を抑制したり押し殺そうとしていることといくらか関係がありそうである。もしも彼に自分は社会の中で失敗しやすいとの自覚があるのだとすれば，この苦痛は社会的に不適切な行動を取らないようにしていることを反映しているのかもしれない（ステップ4）。

　自分が社会内で不適切なことをしてしまったり，ときおり感情のコントロールに失敗してしまいやすいということを，彼はある程度自覚しているのかもしれない。この仮説は，感情をかき立てられる状況をできる限り避けたり無視しようとしていることから確認できる。彼には概して複雑さを避ける傾向があるので，感情の回避もその一端と考えられなくはない。しかし，彼が感情の問題の存在を了解していることともいくらか関係あると考えた方が，より簡明であろう（ステップ6）。

彼の感情表出は，強すぎたり，ときに状況にふさわしくないものになってしまうことが多いだろう。彼は長期にわたって薬物乱用を続けていたのに，大した深刻味もなくそのことを正当化している。また，自分の感情表出に何か問題があると気づいている節はない。これらの点に対しては二通りの解釈が可能である。つまり，単に望ましい人物との印象を与えようとしているためかもしれない。あるいは，自分の対人関係および感情の問題をほとんどわかっていないのかもしれない（ステップ9，10）。

複雑さを避ける傾向が非常に強い人とは思えないほど，やや心理的に複雑になっている。このような現在の複雑さというのは，評価を受けることに伴うストレスに関係があると思われる（ステップ13）。

練習問題

ケース14

33歳の女性。最初は内科にかかったが，そこの医師のアドバイスで，最近，サイコロジストのもとに通うようになった。この照会は，サイコロジストが評価のために求めてきたものである。彼女は抑うつ状態を訴えている。集中できないのだという。仕事や将来に対してまったく意欲がわかないとも訴えている。

彼女は大手の製造会社の営業部門で8年間働いてきた。昇進は2回あり，現在のポストに就いてからは2年数カ月になる。彼女には39歳になる兄が一人いる。兄は既婚で，子どもが二人いる。両親はともに64歳で，それぞれ仕事を持っている。父親は土木技師で，母親は学校の秘書をしている。彼女によれば，両親との接触はほとんどないという。1年に1回程度は家を訪ねるが，普段は短い電話のやり取りがあるだけである。兄とは7年間会っていない。

発育歴には特別変わった点は見られない。18歳の時にクラスの上位25％に入る成績で高校を卒業した。その後，国の奨学金を一部学資にして大きな大学に進み，経済学を専攻した。そして，22歳のときに学士を取得した。大学卒業後は自動車販売会社の事務管理の仕事に就いたが，25歳の時に今の会社から誘いを受け，転職した。以前は仕事や出張が楽しかったが，最近になって興味がなくなってしまったという。「気が散って，お客さんにもぶっきらぼうな対応をしてしまうことがよくあります。怒っちゃいけないと思っても腹が立ってくるんです。すごく骨の折れる仕事ですね。あまり出張はしたくありません。煩わしいし，出張するといらいらしてくるんです」

異性との付き合いは華やかだったようである。高校の時からデートをするようになり，16歳で初めて性体験を持った。大学時代は「決まった彼氏はいなくて，いろんな違う相手と」頻繁にデートを繰り返したという。出張旅行中に知り合った男性とときどき一時の性関係を持ったが，彼女は「本当は一夜の恋なんて好きじゃないけれど」と言う。4カ月以上続いた相手は二人いた。最初の相手とは約1年関係が続いたが，「お互いの趣味が合わなかったから」別れ

た。彼女が23歳の時だった。二人目は彼女が29歳の時に知り合った相手で，その後ほぼ2年間付き合いが続いた。彼女はこの男性と結婚してもいいと思い，一緒に暮らそうかと考えた。しかし，結局それは取りやめた。「いろいろうまくいかなかったんです。共通の関心っていうのがなかったし，喧嘩することが多くなったんです。喧嘩の原因は些細なことだったけど，だんだんそれが積み重なってきて，最終的にはやっぱりこの人とは一緒に暮らせないって思ったんです。それで，それっきり会わないことにしました」。この別れの後はデートの回数が減った。彼女はその原因をいくつか挙げている。「人と会うのが面倒になってきたし，ヘルペスとかエイズのことをしょっちゅう心配しなくちゃいけないですから。ときどき外出はするけど，あまり回数は多くありませんね」。

大学時代にいくつかの薬物を使用したが，その後はたまにマリファナを吸うだけだという。学生の頃はビールやワインをよく飲んだが，卒業後は酒量がめっきり減り，だいたい付き合いで飲むだけになった。体重の変動が激しいともいう。約1年前には「やけ食い」をして，体重が1カ月に16kg増えた。その直後に過激なダイエットを始め，最終的には18kg体重を減らした。現在は若干太り気味だが，それは全然気にならないという。

彼女は現在の抑うつの主たる原因が何であるかわかっていない。金融商品の配当があまりよくないのが気になっているし，親しい友人がいないのがよくなかったのではないか，などと述べている。最近では，職業選択を間違えたのではないか，他の仕事だったらもっとうまくやれていたのではないか，などと考えるようになった。しかし，何の仕事に向いているのかはわからないという。

照会を受けた事項は次の通りである。（1）抑うつはどの程度深刻なものか。（2）感情のコントロールに問題があるか。（3）最も効果的と思われる治療計画はどのようなものか。

ケース14　33歳の女性　感情に関連するデータ

EB = 4:7.5		EBPer = 1.9		Blends	
eb = 6:7	L = 0.12	FC:CF+C = 4:5		M.C = 1	
DEPI = 5	CDI = 2	Pure C = 1		M.CF = 1	
				FM.FT.FD = 1	
C' = 2	T = 3	SumC':SumC = 2:7.5		FM.FC = 1	
V = 1	Y = 1	Afr = 0.68		FM.FT = 1	
				FM.FC' = 1	
Intellect = 2	CP = 0	S = 3(S to I,II,III = 1)		FM.YF = 1	
Blends:R = 8:20		Col-Shad Bl = 1		CF.C'F = 1	
m+y Bl = 1		Shading Bl = 0			

1．彼女が訴えている抑うつについて最もよく説明している記述は，次のうちのどれか。

　　（a）彼女はこの時は非常に抑うつ的になっていただろう。しかし，抑うつが慢性的なものなのか反応性のものなのかを推測することはできない。

　　（b）彼女は，感情が混乱するという症状を呈しやすい人である。この症状の中には

抑うつも含まれることだろう。
- （c）彼女は長い期間にわたって大感情障害に苦しんできた。
- （d）ここでの所見からは何らかの苦痛を感じていることがうかがわれる。しかし，この時点では抑うつを示す証拠は何もない。

2．ステップ2（EBとラムダ）とステップ3（$EBPer$）の所見に基づくと，次の記述のうちどれが最も適切か。
- （a）彼女は非常に思考を重視する人で，意志決定や行動の選択肢について検討している間は感情を十分コントロールしておこうとするだろう。
- （b）彼女は，意志決定するときに感情を用いたり感情に影響されることが多く，どのような決定がいいのか実際に試行錯誤的に試してみる人である。
- （c）彼女はものごとを過度に単純化してしまいやすいが，その際には感情の影響が強くなりすぎることがよくある。
- （d）彼女は問題解決や意志決定の際には思考に感情を混じらせ，感情に大きく左右されてしまう。もっと思考に頼ったアプローチの方が望ましいのが明らかな場合でさえ，彼女はこのアプローチを用いる。

3．ステップ4（eb右辺の値）の所見に基づくと，次の記述のうちどれが最も適切か。
- （a）何らかの状況ストレスによって心にかなりの苦痛がもたらされていることは明らかである。
- （b）現在の苦痛は，感情を自由に表さずに内に抱え，押さえ込んでしまいやすいために生じていると思われる。
- （c）彼女はいつでも自分を責めたり低く見てしまいがちで，たいへん寂しい思いを抱えている。このために感情が不快なものになっている。
- （d）彼女は感情面で大きな喪失体験をしたばかりであることが，この所見から裏づけられる。

4．ステップ5（$SumC'：WSumC$），6（Afr），7（知性化指標），8（CP）の所見に基づくと，次の記述のうちどれが最も適切か。
- （a）彼女は感情を直接どう扱っていいのかわからず，おそれており，感情と向き合うのを避けようとしている。
- （b）彼女は，感情をより知的に扱い，その影響を中和させようとするタイプの人である。
- （c）彼女は大部分の人と同じ程度に感情的な刺激をよろこんで取り込むようである。
- （d）彼女は，不快な状況に対して無理にでもポジティブな感情を持ち，そうすることでネガティブな感情を否認しようとする。

5．ステップ9（$FC：CF+C$）の所見からすると，次のどの仮説が最も適当か。
- （a）彼女は，大部分の成人よりも感情をはっきり，強く表す傾向がある。

（b）彼女は感情の表し方に重大な問題を持っている可能性がある。
　　（c）彼女は周りの人からは非常に衝動的あるいは未熟だと見られているだろう。
　　（d）この所見からは，彼女が大部分の人よりもだいぶ感情のコントロールに気をつかっていることがわかる。
6．ステップ11（S反応）の所見からすると，次の記述のうちどれが最も適切か。
　　（a）彼女はかなり強い怒りの感情を抱いており，それが異性との関係の持ち方に大きな影響を与えている。
　　（b）彼女は周囲の環境に対していくらか反抗的もしくは対抗的な姿勢を有しており，そのために実りある対人関係を築く力が阻害されている。
　　（c）彼女は世の中に対してきわめて反抗的な姿勢を持っており，そのためによく衝動的に行動してしまいやすい。
　　（d）彼女が周囲の環境に対して普通でないほどに反抗心あるいは怒りを持っていることを示す証拠はない。
7．ステップ12（ブレンド，EB，ラムダ），13（状況ストレスに関連したブレンド），14（普通でない複雑さ）の所見からすると，次のどの仮説が最も適切か。
　　（a）彼女の心理機能は期待される以上に複雑である。しかし，それは彼女にとっての短所とはなっていない。
　　（b）彼女の心理機能は普段以上に複雑さを増している。そして，そのために感情のコントロールが悪くなる危険性がかなり高くなっている。
　　（c）状況要因のために彼女の感情の機能は普段以上に複雑になっている。
　　（d）彼女の心理機能の複雑さは，大部分の成人に期待されるのと同じ程度のものである。

ケース15

　22歳の男性。独身，高卒である。彼は，現在，建設会社でレンガ職人として働いている。彼は飲酒運転および業務上過失致死の罪で立件され，型通りの手続きとして評価を受けることになった。彼はフットボール観戦の後に何人かの友達とパーティに行き，その後小型トラックに乗って帰宅途中，車を暴走させてしまった。トラックはセンターラインを越えて対向車と正面衝突し，運転手と同乗者1名を死亡させてしまった。彼には怪我がなかったが，彼のトラックの後部座席に乗っていた2名は重傷を負った。彼には飲酒運転の違反歴はないが，この2年の間にスピード違反で2回反則切符を切られている。
　彼は，トラックのハンドルが故障してコントロールが効かなくなったと主張している。また，事故から2時間後に行った血液検査では法定血中濃度を超えるアルコールが検出された（0.10）にもかかわらず，事故が起こったときには酔っぱらっていなかったと言い張っている。フットボールの観戦中には「1〜2杯のビール」を飲んだことは認めている。また，パーティではビ

ールを1〜2杯，ウィスキーをコップ1〜2杯飲んだと思うとも述べている。

彼は同胞3人中の長子である。父親は49歳で，大工をしている。母親は48歳，専業主婦である。彼は高卒以来ずっと同じ会社で働いており，信頼できる雇用人との評価を受けている。親友は何人かおり，定期的にデートしているという。月に3〜5時間，ボランティアで低所得者用の家屋建設に従事している。事故に対しては強い自責の念を表しているが，立件は不当だと言いたげでもあった。

照会を受けた事項としては次のようなものがあげられる。（1）彼には感情のコントロールの問題があるか。（2）彼の表す自責の念は本心からのものか。

ケース15　21歳の男性　感情に関連するデータ

```
EB    = 4:0                    EBPer     = 4.0        Blends
eb    = 4:5      L   = 1.44    FC:CF+C   = 0:0        M.FC' = 1
DEPI  = 3        CDI = 3       Pure C    = 0          M.FY  = 1
                                                      FM.FY = 1
C' = 2    T = 0                SumC':SumC = 2:0       FM.FV = 1
V  = 1    Y = 2                Afr        = 0.79

Intellect = 3    CP  = 0       S = 5(S to I,II,III = 3)
Blends:R  = 4:22               Col-Shad Bl = 0
m+y Bl    = 2                  Shading Bl  = 0
```

1. ステップ2（*EB*とラムダ）とステップ3（*EBPer*）の所見に基づくと，次の記述のうち最も適切なものはどれか。
   - （a）彼は非常に思考を重視する人で，感情を厳重にコントロールしておこうとするし，わかる限りの可能性を検討し終わるまでは決定を下さない。
   - （b）彼は複雑さや曖昧さに関わるのをできるだけ避けようとする人である。
   - （c）彼の意志決定の仕方にはほとんど一貫性がないだろう。
   - （d）自分では認めたくないほどに強く，感情が意志決定に影響を与えているだろう。
2. ステップ2（*EB*とラムダ），ステップ3（*EBPer*），ステップ4（*eb*右辺の値）の各所見に基づくと，次の記述のうち最も適切なものはどれか。
   - （a）彼は現在何らかの心理的な苦痛を感じており，感情が外に表れないようにしたりコントロールしておくためにかなり努力している。
   - （b）無力感のために，若干，心に苦痛を感じており，こうした感情を覆い隠すのに相当力を注いでいる。
   - （c）心理的な苦痛の存在を否認しようとする傾向があり，感情を知性化しようとしている。
   - （d）彼は何らかの不快を感じているのかもしれないが，これまで長いこと自分の感情を他の人にはわからないようにしてきた。

3．次の記述のうち，**正しくない**ものはどれか。
　（a）彼は，感情がほとんどの心理機能を支配してしまうといったエピソードを呈しやすい。
　（b）現在の状況によって，彼の心理的な複雑さの程度は増しているようだ。
　（c）彼はひどく寂しさを感じ，さらには強い無力感も抱いている。
　（d）彼は周囲の環境に対して強い怒りを抱きやすい。

4．次の記述のうち，このクラスターのデータからの支持が得られるものはどれか。
　（a）おそらく彼は大部分の人よりも抑うつのエピソードを呈しやすいだろう。
　（b）彼はよく自分の感情のために混乱してしまう。
　（c）意志決定のためのアプローチにはあまり柔軟性がない。
　（d）彼が罪悪感や自責の念を感じていると思わせる根拠はある。

5．次の仮説のうち，このクラスターのデータからの支持が得られるものはどれか。
　（a）彼は感情を刺激するような状況には近づきたくない人なので，現在見られる感情の萎縮はいかにも彼らしいやり方である。
　（b）彼は通常なら大部分の人と同じ程度に感情刺激を取り入れようとするので，現在感情を抑制しようとしているのは彼らしからぬことである。
　（c）彼が現在感情を抑制しようとしているのは，強い怒りの感情があることと直接関係している。
　（d）彼は普段から複雑あるいは曖昧な感情を避けようとしているので，現在感情を抑制しようとしているのも意外なことではない。

ケース14，15の解答

ケース14

1．b　*DEPI* の値が5である。
2．b　*EB* は4：7.5で，*EBPer* は1.9である。彼女は外拡型だが，固定してはいない。
3．c　*eb* は6：7で，その右辺には *T* が3，*V* が1含まれている。最近の生活歴の中には感情面での喪失体験は認められない。
4．c　*Afr* は平均域にあり，*SumC'* の値も平均値である。知性化指標は高くなく，CP反応もない。
5．a　*FC*：*CF* + *C* は4：5で，Pure C 反応の数は1である（可能な所見7を参照）。
6．b　*S* の値は3である。
7．a　反応の40%がブレンドとなっている。そのうち状況要因に関係しているものは1個だけである。けれども，彼女はかなりの資質を有している（*EA* は11.5で，*es* は13である）。

ケース 15

1. b ラムダの値が 1.44 である。その他の記述も正答の可能性はあるが，その妥当性を確認するためのデータがない。
2. a eb は 4：5 で，EB は 4：0 である。感情を相当抑え込んでいることはわかるが，それがどれくらい続いているのかを知る術はない。彼の苦痛には無力感が伴っているようだが，それだけではなく，自己卑下にまつわるネガティブな感情も含まれていることだろう。
3. c 記録中に T 反応はない。
4. d V 反応が 1 個ある。
5. b Afr の値は 0.79 である。

第5章
情報処理過程

　情報処理過程の変数は，認知活動に関する三つのクラスターの一つを構成している。三つのクラスターはひとまとめにして，**認知の三側面**として知られている。それらは次の三つからなっている。（1）**情報処理過程**（information processing），情報を入力する際の手続き，（2）**認知的媒介過程**（cognitive mediation），入力された情報を翻訳する働き，（3）**思考**（ideation），入力された情報が翻訳された後に起こる思考過程（thinking process）で，翻訳された情報を概念形成する手続きである。

　リサーチの結果によれば，この三つのクラスターのデータは相互に独立している。また，実験心理学の研究結果では，これら三つの作用は，それぞれ知覚－認知過程の別個の要因と関連していることがわかっている。しかし，このうちある一つのクラスターの結果が，残りの二つに非常に直接的な影響を及ぼすことも明らかになっている。したがって，認知の三側面は総体として，意図的で意味あるすべての行動の基盤を形成する連続的過程を表している，と仮定することができる。この過程を簡単に図示すれば以下のようになる。

入力　→	翻訳　→	概念化
（情報処理）	（認知的媒介）	（思考）

　実際には，これを円で示した方がより適切かもしれない。それは，多くの場合すでにできあがっている概念的構えが入力の仕方に影響を与えるからである。同様に，入力されたものを翻訳するやり方は概念化に影響を与える。このように三つの機能は相互に関連しているので，それらのクラスターを一緒に検討することが必要である。ロールシャッハを解釈するときにはそれぞれを別々に検討した上で，三つのクラスターを注意深く読んで，それまでに出された仮説を統合していくのが一番良いようである。

　思考に関する情報を得ることが解釈にとって最も重要となる場合は別として，たいていは認知の三側面の検討は，情報処理過程に関するデータから始め，続いて媒介，そして最後に思考に関するデータを見る。このように情報入力する方法とその作用から始めるのが最も適切である。

　情報処理過程は，刺激野をスキャニングしてその刺激野全体やその一部分の表象（アイコン）を短期記憶の中に作り出すことと関連している。動機づけ，認知的な経済性の問題，達成要求，防衛，あらかじめある構えや先入観を持った態度など多くの要因が情報処理のやり方に影響を

与える。しかし，たいていの人は，その人なりの情報処理の習慣を身につけているものである。そこで，多くの曖昧な特徴を持つ10枚の図版を見せられた時に示したその人の反応を集計すると，そこからその人の動機づけや，特性，その人らしい情報処理に対する**いつもの**取り組み方などの情報が得られるのである。

たとえば，図版によってW反応を出すのに必要な情報処理の努力は相当異なるにもかかわらず，すべての図版にW反応を出す人がいる。図版Ⅰ，Ⅳ，Ⅴなどのように，刺激野が一つの固まりになっているものでは，D反応を出すよりもW反応を出す方がより少ないスキャニングで済むが，図版Ⅲ，Ⅸ，Ⅹのように刺激野が分かれているものではW反応を出すのにより多くのスキャニングが必要となる。したがって，情報処理を手堅くこなす人や，意欲のない人は，たいていひと固まりになったブロットに対してのみW反応を出し，分割された刺激野を持つ図版に対しては，楽をして部分反応を出すものである。

また，ブロットを分割した上でさらにそれらの部分を統合して複雑な反応（DQ+）にする人もいれば，より単純な反応の仕方で一つの対象を答えるとか（DQo），刺激野の形態の特徴を無視した反応（DQv）をする人もいる。DQ+の反応は刺激野を注意深くスキャニングすることとさらにそれを繰り返すこととが必要であるが，DQvの反応は思いつきと，簡単な情報処理の努力で済ませられるものである。

どのようなアプローチが使われるにしても，それは，認知的媒介や思考活動に影響を与える。このため，認知の三側面すべてのクラスターが解釈された後に，それぞれ三つのクラスターのデータから得られた仮説を**再度見直す**必要がある。これは，三つのクラスターを検討する順番に関わりなくそうである。なぜならば，各クラスターから得られた所見は，他の二つのクラスターから引き出される所見に重要な示唆を与えることが多いからである。

情報処理過程に関連するロールシャッハの変数

情報処理のクラスターの全変数は相互に関連しているが，これらは二つの下位クラスターにまとまるようである。第一の下位クラスターは，情報処理に対する努力や動機づけに関するものであり（Zf, $W:D:Dd$, $W:M$, 反応領域の継列），第2の下位クラスターは，情報処理の質と効率に関するものである（DQ, Zd, PSV, DQの継列）。

検討事項の要点

この二つの下位クラスターに関するデータは，次の三つの問題に焦点を当てて解釈する。
（1）問題解決や意思決定に関わる情報を処理する際にそれにかける努力はどのようなものか。
（2）情報処理の質，効率，一貫性は期待値内におさまるか。
（3）情報処理に何か重要な問題があるか，もしあれば，その人の機能全体にどれほど影響を与えているか。

第5章　情報処理過程　131

これらは，よく出される質問ではあるが，簡単に答えられるとは限らない。なぜならば，ロールシャッハのデータから情報処理活動について答えるために使える情報の範囲が限られているからである。これは，テストの性質にもよるが，このテーマが興味を引かないために研究されないからである。しかし，その限られた数の研究所見はたいへん重要なものである。

情報処理クラスターの所見を解釈する際のガイドラインの説明としてケース16，17，18を呈示する。

ケース16

31歳の男性。離婚している。神経学的検査と神経心理学的検査を行い，特に問題となる所見がなかったため，ロールシャッハが施行された。彼は，不安感や，集中困難，注意散漫，無気力に悩んでいた。これらの症状を主治医に話したところ，内科的な検査が行われたが，特に問題がなかったので，神経学的な検査に回されたのだった。

彼は州立大学の物理学科の準教授である。仕事が非常に楽しくて，夢中になりすぎたために，7年間連れ添った妻がほかの男性のもとへ去ってしまったという。22歳で大学院に入学した後すぐに妻と知り合い，3年後に結婚した。しかし妻は，夫が大学教員であることに次第に嫌気が差し，彼が授業の準備や研究に没頭して多くの時間を費やすことに反感を持つようになったという。妻は離婚を求め，夫はそれを受け入れた。

この評価の2カ月前に離婚が成立している。彼は，別居してから最初の数カ月は時折落ち込むこともあったが，最近は落ち込まないという。ここ4カ月くらいは，何人かの女性と「時々」デートをしたが，それは「ただの友達」だと，あわてて弁解し，将来再婚するかどうかはわからないと述べている。

彼は，論文を書いたり研究をしたりするときに集中できず，このことが，学者としての将来に影響を及ぼすのではないかと心配している。抑うつの特徴があるかどうか，そして彼の情報処理過程，あるいは認知機能に何らかの問題があるかどうかを確かめるためにロールシャッハが施行された。

ケース16　31歳の男性　情報処理過程の変数

```
EB  = 7:3.0    Zf    = 15       Zd  = +4.5   DQ+   = 11
L   = 0.50     W:D:Dd = 8:11:5  PSV = 0      DQv/+ = 0
HVI = NO       W:M   = 8:7                   DQv   = 0
OBS = YES
              LOCATION & DQ SEQUENCING
         I: Wo.W+.Ddo      VI: Do.D+
        II: D+.DS+        VII: D+.Wo
       III: W+.Ddo       VIII: W+.Do.DdSo
        IV: W+.Do.Do      IX: Wo.D+
         V: Wo             X: D+.Ddo.Ddo.D+
```

ケース 17

　この 19 歳の女性は，保護観察中の規則違反について裁判所に提出する意見書作成のために評価を受けた。彼女は，麻薬を売ってボーイフレンドと一緒に逮捕された。17 歳の時似たような事件を起こして 3 年間の保護観察処分に付されていたが，ここ 3 カ月は保護観察官のところへ報告に行くのをさぼっていた。彼女の非行歴は家出をして他の州で捕まった 14 歳から始まっている。15 歳の時には母親の車を盗み，中古車店に売ろうとして逮捕された。16 歳の時には，アルバイトをしていたファーストフード店からお金を盗み告訴された（この告訴は，義理の父親が賠償をして取り下げられた）。彼女は今回告訴されている事件に関しては否認していて，「私はその時ただそこに居合わせただけ」で取引については何も知らなかったと言い張っている。

　彼女が 12 歳の時に両親が離婚したために母親と一緒に住むことになった。母親は 3 年後に再婚した。22 歳の兄は州立大学の 4 年生である。本人の話では，母親とはうまくいっておらず，両親が離婚した時はむしろ父親と一緒に住みたかったということである。本人は，家族が崩壊して「自分で何とかしなくては」と思ったのが間違いの元だったという。

　一人暮らしをしたいといいながらも，実家に住んでいる。高校の成績は落第すれすれで，18歳で卒業した。また，保護観察中のために仕事を探しても「人並みの仕事を誰もくれない」という。ひどく落ち込むことが多く，自殺を考えるとも話す。保護観察所は，彼女の欠点を埋め合わせる長所は何か，訴えられている抑うつの程度，変化への動機づけ，処遇の可能性，そして，深刻な精神病理学的な問題があるかどうかについて回答を求めている。

ケース 17　19 歳の女性　情報処理過程の変数

```
EB  = 2:5.5      Zf     = 8         Zd  = -4.5    DQ+   = 4
L   = 1.22       W:D:Dd = 6:12:2    PSV = 1       DQv/+ = 0
HVI = NO         W:M    = 6:2                     DQv   = 3
OBS = NO
                    LOCATION & DQ SEQUENCING
            I:   Wo.Do         VI:  Wo.Do
           II:   Do.DS+       VII:  W+
          III:   D+.Do       VIII:  Do.Dv
           IV:   W+.Do         IX:  Do.DdSv
            V:   Wo.Wo          X:  Do.Dv.DdSo
```

ケース 18

　28 歳の男性。ひどい身なりで見当識がない状態で保安官に保護され，その後郡立の精神病院の救急病棟に入院させられた。シャツも靴も身につけず（気温は摂氏約 4 度だった），身分証明書の入った財布を持っていたが，自分自身が誰だかわからなくなっていた。およそ 18 時間，時間や場所についての見当識がないままだったが，両親と兄が尋ねてきた次の日の夕方から「はっきり」してきた。そして，翌日民間の精神病院に移されたが，入院の手続きには他人

事のようにおとなしく,協力的であった。入院して2日後の臨床検査分析で高濃度の毒性が示されたが,後に,かなりの薬物を常用していたことを自ら認めている。心理学的検査は,入院後10日目までに完了した。

彼は,4人兄弟の2番目である。兄は31歳で,造園設計士で結婚して6年になる。弟は26歳で,獣医学校に通っており,一番下の弟は21歳で大学4年生である。父親は63歳で建築士。母親は58歳で大学卒。母親は結婚した当初は短期間働いていたが,以後33年間仕事には就いていない。本人は,主に住宅や小さなアパートを手がける土建業を始めて4年になる。彼は英文学の学士をとって卒業し,父親の元で2年間働いた。父親は事業を始めるためのお金を彼に援助したが,その事業はかろうじてやれているといえるものであった(父親と兄は本人の努力が足りないという)。近親に精神医学的な病歴を持つものはいない。

家族は彼が薬物を濫用していることに気づいていたが,どの程度かは把握していなかった。本人は,15歳くらいから薬物を使い始め,大学時代にひどくなったと言う。この3年間はいろいろな種類の薬物を使っていたが,中でもコカインを好んでいたと話している。30歳の女性と短期間婚約していたが,相手が「誰とでも寝る」ことがわかって2年前に別れている。最近,大学を中退した20歳の女性と婚約した。近いうちに結婚する予定なのに病院に面会に来ないので非常に困惑している。ただし,彼のアパートに住んでいる彼女と電話では話せている。

彼は,自分に重大な問題があるという意見に反対し,中毒症状がなくなり次第退院したいと主張している。しかし,両親と病院のスタッフはもっと重大な病気があるのではないかと疑っている。それは,彼があまり人とつきあわず,事業に身を入れず,さらに兄によればかなり妄想的に「従業員が自分を破産させようとしている」と話していたこともあるからである。彼のWAIS-Rは全IQ = 113(言語性IQ = 119,動作性IQ = 107)である。主な査定事項は,今回のエピソードが統合失調症によるものか,あるいは薬物によるものか,また,抑うつ状態にあるのか,どこから治療に取り掛かったらよいか,そして彼の退院要求にどう対処したらよいかということである。

ケース 18　28歳の男性　情報処理過程の変数

```
EB  = 5:6.5    Zf      = 12       Zd  = +4.0    DQ+   = 7
L   = 0.50     W:D:Dd  = 8:3:7    PSV = 0       DQv/+ = 1
HVI = NO       W:M     = 8:5                    DQv   = 2
OBS = NO
                    LOCATION & DQ SEQUENCING
            I: Ddo.DdSo.Wv.DdSv/+    VI: Dd+.Do
           II: Ddo.Dd+              VII: WS+
          III: Do.WS+              VIII: Dd+
           IV: Wo                    IX: W+
            V: Wo.Wo                  X: Wv.D+
```

解釈の手順

前もって検討すべき項目（EB，ラムダ，OBS，HVI）

情報処理データは，反応スタイルや構えに照らして系統立てて解釈していく。EBやラムダの値，OBSやHVIが陽性かどうかということは，正しい筋道で解釈を進めるために前もって検討しておく必要がある。内向型か，外拡型か，回避型か，強迫的スタイルあるいは警戒心過剰のスタイルがあるか，ということがこれに関連している。**変数の意味は変わらないが**，一つかそれ以上のスタイルが組み合わさると，解釈仮説や結論がより精密なものとなる。

たとえば，$W：M$の割合は動機づけに関係しているが，EBの所見なしには正しく解釈することはできない。W反応の数は内向型と外拡型でほぼ同じだが，M反応は内向型の方が外拡型より多い。同様に，回避型の対処スタイル（ラムダ＞0.99）がある場合，経済的で単純化しようとするこのスタイルの傾向が，情報処理の努力にも反映されていないか確かめる必要があるだろう。回避型の対処スタイルの人は，新しい情報を処理するのは控えめで，他の人たちに比べて徹底しないことが多い。このことは，必ずしも好ましくないというわけではないが，その回避型の対処スタイルが過度であると情報処理機能の質と効率によくない影響を与えることがある。

同様に，OBSかHVIが陽性である場合，情報処理に対する努力と情報入力の質に関して確実に予測できることがある。OBSが陽性であれば，それは，完全主義や，細部にとらわれがちな傾向のサインとなる。このような人々は正確でありたいという欲求に影響されているので，たいてい情報処理行動において非常に注意深い。この特徴が過度であると逆効果となり，情報処理過程の問題を生じ，それはさらに認知的媒介や思考に影響を及ぼす。

HVIが陽性であれば，それは警戒心過剰の状態を示している。このような人は，用心深く，外界を信用しない。たいてい，情報処理に非常に関心を持ち，刺激野のすべての特徴を注意深く調べたという保証が得られるまで，過剰にエネルギーを費やす。多くの場合この傾向は優れた情報処理努力を生み出すが，病理を合わせ持っていると，過剰警戒（hyperalertness）のために細部に対する並はずれた関心が助長され，結果として刺激野全体に関心がいきわたらなくなる。このような状態が生じると，情報処理活動は混沌として能率の上がらないものになることが多く，誤った認知的媒介が助長されやすい。

前もって検討すべき項目を吟味し終えたら，解釈手順としては次に，情報処理に対する努力の問題をとりあげる。二つのデータ Zf と $W：D：Dd$ が，この問題についての基本的な情報を提供する。しかし，ここで引き出される仮説はあくまでも仮のもので，ステップ3で領域継列を調べて，それらの所見を統合して**初めて**意味あるものとなる。解釈の焦点が，動機づけから，効率，質へと移っていくのに合わせて，$W：M$の割合，Zdスコア，固執反応，そして発達水準のスコアの順に検討していく。

ステップ 1：Zf

Zスコアが与えられた反応の数からは，情報処理努力についての大まかな評価が得られる。大まかな評価しか得られない理由は，Zスコアが以下の3種類のどのタイプの反応にも与えられるからである。その三つのタイプとは，（1）形態を特定するか，輪郭をもつ W 反応，（2）ブロットの部分を別個の対象に分け，それを意味ある反応に統合したもの，（3）空白領域が反応に統合されたもの，である。

前述したように，いくつかの W 反応は D 反応よりも簡単に出すことができる。そのため，どの記録にも単純な W 反応から生じる四つか五つの Z スコアがある。ブロットを別々の対象に分け，それらを意味があるように再統合するためには，より多くのスキャニングと，短期記憶に正確な表象を作り出すことが必要である。同様に，空白を統合した反応は，単純な W 反応を出すよりも複雑な情報処理努力を必要とする。このように期待値内の平均的な Zf を達成するのはそれほど難しいことではないものの，他の情報処理の変数に関連させて検討すれば，このデータは情報処理努力についてよりはっきりしたことを示してくれる。

可能な所見 1

ラムダの値が 1.0 より低い場合，不定型，内向型，外拡型のいずれであっても，Zf の期待値は 9 から 13 である。この期待値は成人と同様児童にも適用される。もしこの期待値の範囲にあれば，情報処理に対する努力はたいていの人と同様である。期待値より高ければ，刺激野を処理するのに多くの努力をしていることを示している。期待値より低ければ，より手堅く意欲的でない情報処理アプローチを示している。ステップ 2 へ進む。

> 〔ケース 16 と 18 所見該当　両方のラムダ値は 1.0 よりも低い。ケース 16 は内向型で，Zf は 15 と期待値よりも高い。しかし彼の強迫的スタイルを考慮するならば驚くほどではない。強迫的な人は，完全主義であり，混乱していない限り W や DQ+ 反応を一生懸命出そうとするからである。ケース 18 は不定型で，Zf は 12 で期待値の範囲内である。つまり，彼は最近体験した混乱にもかかわらず，かなりの情報処理努力をしているといえる。〕

可能な所見 2

ラムダの値が 1.0 よりも高い場合，それは回避型の対処スタイルを示しており，Zf の期待値は 6 から 10 の間である。回避型の対処スタイルを持つ人たちは複雑さを避け，認知的に経済的であろうとする傾向があるために，期待値の範囲は低いところにおさまる。このことは，その情報処理に対する努力が不適切であるということを意味しているのではない。それは単に，回避型と一致する，手堅く用心深い方向性を反映しているのである。もし Zf の値が期待値よりも高ければ，それは期待されるよりも努力していることを示すが，なぜそうなっているのかその理由が問題となる。Zf 値が期待値より低ければ，回避型の対処スタイルの影響が非常に大きく，情報処理努力の不足ゆえに適応に問題を引き起こす可能性もある。ステップ 2 へ進む。

〔ケース17所見　この女性は，回避−外拡型で，Zf値は8である。このZf値は比較的低いが，回避型の対処スタイルでは平均的である。このことは彼女が新しい情報を取り扱う際に用心深く，認知的に経済的であろうとし，情報を処理することについて意欲的ではないことを示している。〕

ステップ2：W：D：Dd

W：D：Ddの割合は，情報処理努力のやり方とその経済性（economy）についての理解をもたらしてくれる。より多くの努力を払うことが必ずしも**より良い**情報処理過程であるとは限らないことを強調しておきたい。このことは単に，目下の課題に最もふさわしいと思える情報処理のやり方で，その人が一生懸命努力したことを示しているにすぎない。確かに何枚かの図版（Ⅰ，Ⅳ，Ⅴ）ではW反応を容易に出せる。しかし他の図版（Ⅱ，Ⅵ，Ⅶ，Ⅷ）でW反応を出すにはより多くのスキャニングと努力が必要となり，かなりの努力を要する図版というのは少なくとも3枚ある（Ⅲ，Ⅸ，Ⅹ）。すべての図版でW反応を出すことはかなりの努力を表しているかもしれないが，あまり効率がいいとはいえないし，他のやり方よりも「良い」とは限らない。

逆のことがD反応についても言える。Ⅴ図版以外はすべてD領域に分けやすい。つまり，D反応を出すのは認知的に経済的なことである。テストを受けている人が，たくさん反応しなければいけないと感じると，経済的な情報処理が自然に起こる。

反応領域の配分は，成人と10歳以上の児童の場合，ほとんどのグループでW反応よりもD反応の方が多い。その理由の一つは，D反応はW反応に比べて情報処理努力が少なくて済むからである。もう一つは，どの図版でも刺激野の形態の特徴と一致する可能性のあるD反応の数は，W反応の数より多いからである。

Dd反応は，かなりスキャニングをした後にのみ出される。たいてい，Dd反応はより多くの情報処理努力が必要である。これに対する唯一の例外は，図と地が逆転した，空白部分だけを使ったDd反応である。

したがって，W：D：Ddを検討するとき，Dの数はWの1.3倍から1.6倍の間で，Ddは3を越えないことが期待される。この期待値はEBのスタイルやラムダの値に関係なく適用される。ただし，10歳未満の児童**だけは**例外である。彼らは少なくともDと同じ数のW反応を出し，時にはDよりも多くのW反応を出す。児童は課題に対して気ままに取り組み，その刺激野の複雑さにあまり頓着しないため，しばしば，これらはWv反応となる。テストに対してどうしていいかわからなかったり，脅えたりしている幼い子どもには，Dd反応が多くなる傾向がある。

可能な所見1

W：D：Ddの三つすべての変数が期待値の範囲内にある場合（1：1.3〜1.6：Dd＜4），情報処理に対する努力とそのやり方は普通と言える。しかし，この仮説はステップ3で領域継

列を検討するまでは一時的なものとしておくことが重要である。領域継列を検討すると，ステップ1と2で得られた情報処理努力と動機づけに関する所見がよりはっきりしたものとなる。ステップ3に進む。

可能な所見2

$W：D：Dd$ の三つのうち，どれかの変数が期待値の範囲に入らない場合，情報処理に対する努力やそのやり方に問題があることを意味している。いくつかの可能性があるが，次の仮説のどれが該当するか，データを注意深く検討する。すべてを検討したらステップ3へ進む。

2a $W：D：Dd$ で W 反応の割合が期待値より大きく，かつ Dd が3を越えない場合は，情報処理により多くの努力を費やしていることを示している。この仮説は，W 反応が8より大きいとき，かなり強まる。もし，W 反応の割合が期待値より大きく，Dd が3を越えるならば，この所見を2cで述べられる可能性に照らして再検討する。

ケース16　31歳の男性　情報処理過程の変数

```
EB   = 7:3.0    Zf      = 15        Zd   = +4.5    DQ+   = 11
L    = 0.50     W:D:Dd  = 8:11:5    PSV  = 0       DQv/+ = 0
HVI  = NO       W:M     = 8:7                      DQv   = 0
OBS  = YES
              LOCATION & DQ SEQUENCING
          I:   Wo.W+.Ddo      VI:  Do.D+
          II:  D+.DS+         VII: D+.Wo
          III: W+.Ddo         VIII: W+.Do.DdSo
          IV:  W+.Do.Do       IX:  Wo.D+
          V:   Wo             X:   D+.Ddo.Ddo.D+
```

ケース17　19歳の女性　情報処理過程の変数

```
EB   = 2:5.5    Zf      = 8         Zd   = -4.5    DQ+   = 4
L    = 1.22     W:D:Dd  = 6:12:2    PSV  = 1       DQv/+ = 0
HVI  = NO       W:M     = 6:2                      DQv   = 3
OBS  = NO
              LOCATION & DQ SEQUENCING
          I:   Wo.Do          VI:  Wo.Do
          II:  Do.DS+         VII: W+
          III: D+.Do          VIII: Do.Dv
          IV:  W+.Do          IX:  Do.DdSv
          V:   Wo.Wo          X:   Do.Dv.DdSo
```

ケース 18　28 歳の男性　情報処理過程の変数

```
EB  = 5:6.5      Zf      = 12        Zd  = +4.0      DQ+    = 7
L   = 0.50       W:D:Dd  = 8:3:7     PSV = 0         DQv/+  = 1
HVI = NO         W:M     = 8:5                       DQv    = 2
OBS = NO
                      LOCATION & DQ SEQUENCING
           I:  Ddo.DdSo.Wv.DdSv/+       VI:  Dd+.Do
           II: Ddo.Dd+                  VII: WS+
           III: Do.WS+                  VIII: Dd+
           IV: Wo                       IX:  W+
           V:  Wo.Wo                    X:   Wv.D+
```

2b　$W:D:Dd$ で D 反応の割合が期待値より大きい場合は，情報処理努力を非常に効率よくすることを示している。D 反応の割合が W 反応の 2 倍以上で，Dd の数が 3 以下のときは特にそうである。もし Dd 反応が 4 以上であれば，D 反応の多さによって示される効率のよさは実質的にはそれほどのものではない。この所見は 2c で再検討する。

　　〔ケース 17 所見 2b が該当　$W:D:Dd$ は 6：12：2 で，情報処理は非常に
　　控えめで経済的過ぎる。彼女の回避型の対処スタイルを考慮すれば意外なことで
　　はない。〕

2c　前述したように，Dd 反応は効率のよい情報処理を反映しているわけではない。なぜなら，相当スキャニングをした後にようやく出される反応であり，短期記憶の中にいったん取り入れた表象を再び反応に取り上げたものだからである。Dd 反応の数が 4 以上の場合，普通よりもスキャニングが移ろいやすく，図版の小さなところや普通でない特徴に焦点づけをするような，ある種非定型的な情報処理があると言える。$W:D:Dd$ の割合は Dd 反応の数が期待値より大きければ，それを前提として解釈する必要がある。2a と 2b で特定された $W:D$ についての一般的な原則は有効ではあるが，Dd の所見に合わせた修正が必要である。

　たとえば，W が D よりも大きいとき，より多くの情報処理の努力がなされているという仮説は，Dd 反応の頻度が高いとより確かなものとなる。その場合，なぜそうなっているのかの理由も重要である。同様に，D 反応の割合が大きいとき，普通よりも経済的に情報処理をするという仮説は，Dd 反応の性質がわかれば確かなものとなる。次の三つの可能性がある。

（1）刺激野の細かいところに不必要にとらわれる，完全主義的で強迫的な傾向があるかもしれない。特に OBS が陽性の場合，たいてい D 反応が W 反応より多くなる。なぜならば，このような人は，決断することを避けようとし，複雑さが少なく，単純な刺激野を扱う方を好むからである。

（2）警戒的で，疑い深く，曖昧さに巻き込まれるのを最小限にしようとしているかもしれない。そのために，はっきりした輪郭を持つ Dd 領域を作ったり，選んだりする。このやり方は回避型の対処スタイルや HVI が陽性の人では珍しくない。

（3）空白を過度に使う，否定的で反抗的な構えがあるのかもしれない。空白を伴ういくつかの反応は WS か DS 反応とコードされるが，空白反応が多過ぎると，たいてい DdS 領域を含むことになるので，Dd の頻度が上がる。この種の情報処理のやり方はあまりみられないが，情緒的にひどく混乱している人たちにはよく見られるものである。

　〔ケース16所見該当　$W：D：Dd$ は8：11：5である。五つの Dd 反応は，細部にとらわれ過ぎる彼の強迫的なスタイルからするとあり得ることである。$W：D$ の関係が1：1.4で，期待値内にあることは重要である。このことは，彼の情報処理が徹底していて，手堅く，正確であるため Dd 反応が多いという仮説を支持する。〕

　〔ケース18所見該当　$W：D：Dd$ の関係は8：3：7で，期待値と一致しない，非常に変わった情報処理のアプローチをする人である。おそらくそれなりに情報処理の努力をする人ではあるが，その努力にもかかわらず，期待に反して Dd 反応が多く D 反応が少ないことから，この情報処理はむしろ乱れていると言える。ステップ3では次の二点について鑑別する。第一は，Dd 反応が常に図版の最初にあるあるいは最後の反応として規則的に出ているかどうかである。そうであれば，Dd 反応が多いのは情報処理が組織的に秩序立てて行われた結果かもしれない。第二は，ほとんどが空白反応を伴っているかどうかである。もしそうであれば，この乱れた情報処理は主に怒りや否定主義に起因していることになる。これらの可能性のどちらにも当てはまらない場合は，このデータは非常に深刻な心理的混乱の状態を反映している。〕

ステップ3：領域継列

　領域継列では以下の二点をみていく。一つは，どの図版に W 反応が出ているかである。これは，ステップ1と2で得られた仮説を評価する重要な情報源となる。次に，情報処理に対する努力とそのやり方がテストを通してほどよく一貫しているかを見る。これはその人の情報処理の習慣に関する新たな見通しを与える。

　W 反応の継列はたいていステップ1と2の仮説を支持する結果になるが，時には，その仮説のうちのどちらかあるいは両方を修正したり取り下げたりすることになる。特に，ステップ1と2の仮説が一致しないときはそうである。

　たとえば，構造一覧表で Zf が10，$W：D：Dd$ が9：11：1であったとする。Zf 値は平均的で普通の情報処理努力を示しているのに，$W：D：Dd$ をみると，W 反応の割合が高い。これは，期待されるよりも念入りに情報処理の努力をしている可能性を示している。しかし，W 反応の継列が図版 I，IV，V，VII で二つずつ，VI で一つとすると，慣れた解釈者であれば $W：D$ の9：11は間違った印象を与えるものだとわかるはずである。なぜならば，9個の W 反応のうち6個は W 反応を出しやすい図版（I，IV，V）に，残りの3個は W 反応をするの

がそれほど難しくない図版にあるからである。結局ここでは，Zf値から引き出された仮説の方がより適切となる。

　反対に，たとえばZf値が10，W：D：Ddの値が9：11：1という先と同じ結果であっても，W反応が図版Ⅰ，Ⅱ，Ⅳ，Ⅴ，Ⅶ，Ⅷ，Ⅹに一つずつ，Ⅸに二つある場合はどうだろう。この継列は，かなり情報処理の努力がなされていることを示す。この場合，Zf値が誤った印象を与えるのであり，W：D：Ddから引き出される仮説の方が正しい。

　ある場合にはZfとW：D：Ddの両方のデータが非常に誤解を招くもので，領域継列を検討してはじめてその意味が明らかになることがある。これはテストを受ける人が，おそらくよく準備ができていないために状況に対して用心深くなるためである。このような場合，非常に単純なD反応やDd反応を最初の4，5枚の図版に見る。このうちいくつかが空白反応を伴っていることも珍しくない。状況に慣れて気楽になるにしたがって，後半の5枚の図版にW反応を4〜5個出す。

　Zfが6か7と低く，W：D：Ddも5：10：3であれば，かなり経済的で楽な情報処理で済ませていることを示す。しかしこのような場合でも，実際は課題に慣れた後ではかなりの情報処理の努力がなされていることもある。

　領域継列をみる2番目の目的は情報処理に対するアプローチが一貫しているかどうかを検討することである。W反応の位置が特に重要である。一貫している場合は，W反応の**ほとんど**が最初か最後にある。一貫していない場合は，W反応がいろいろな位置に表れる。Dd反応が期待値よりも多いときには，Ddについても同じように一貫したパターンがあることが見込まれる。ただし，ほとんどの場合Ddは最初の反応としては期待されない。実際，ほとんどのDd反応は各図版の反応継列の最後に出てくる。

　図版を通じて継列のパターン，特にW反応とDd反応の表れ方に脈絡がない場合は，問題解決や意思決定の際の情報処理努力やそのやり方が不規則になっていることを示している。これは児童には珍しいことではないが，成人や青年にこの一貫しないパターンが見られるならば，情報処理の習慣が効果的でないことを示している。これは大きな短所とは言えないまでも，情報処理の習慣に一貫性がなければ，誤った情報入力が増え，いくら努力しても情報処理活動の質は低くなってしまうであろう。

可能な所見1

　ステップ1と2から引き出された情報処理努力に関する仮説が一致しているならば，W反応の継列もその仮説を支持する結果になるはずである。ステップ1と2が一致しているにもかかわらず，継列がその仮説を支持しない場合は，仮説を修正する必要がある。WとDd反応をはじめとする領域選択の継列が記録の中で一貫していれば，情報処理の努力と習慣は規則的で予測可能であると仮定できる。領域選択の継列に一貫性がまったくない場合は，情報処理に対する努力とそのやり方についての仮説は，その一方か両方が不規則であると修正する。

ケース16　31歳の男性　情報処理過程の変数

```
EB  = 7:3.0      Zf       = 15      Zd   = +4.5     DQ+    = 11
L   = 0.50       W:D:Dd   = 8:11:5  PSV  = 0        DQv/+  = 0
HVI = NO         W:M      = 8:7                     DQv    = 0
OBS = YES
```

```
                LOCATION & DQ SEQUENCING
           Ⅰ: Wo.W+.Ddo       Ⅵ: Do.D+
           Ⅱ: D+.DS+          Ⅶ: D+.Wo
           Ⅲ: W+.Ddo          Ⅷ: W+.Do.DdSo
           Ⅳ: W+.Do.Do        Ⅸ: Wo.D+
           Ⅴ: Wo              Ⅹ: D+.Ddo.Ddo.D+
```

ケース17　19歳の女性　情報処理過程の変数

```
EB  = 2:5.5      Zf       = 8       Zd   = -4.5     DQ+    = 4
L   = 1.22       W:D:Dd   = 6:12:2  PSV  = 1        DQv/+  = 0
HVI = NO         W:M      = 6:2                     DQv    = 3
OBS = NO
```

```
                LOCATION & DQ SEQUENCING
           Ⅰ: Wo.Do           Ⅵ: Wo.Do
           Ⅱ: Do.DS+          Ⅶ: W+
           Ⅲ: D+.Do           Ⅷ: Do.Dv
           Ⅳ: W+.Do           Ⅸ: Do.DdSv
           Ⅴ: Wo.Wo           Ⅹ: Do.Dv.DdSo
```

ケース18　28歳の男性　情報処理過程の変数

```
EB  = 5:6.5      Zf       = 12      Zd   = +4.0     DQ+    = 7
L   = 0.50       W:D:Dd   = 8:3:7   PSV  = 0        DQv/+  = 1
HVI = NO         W:M      = 8:5                     DQv    = 2
OBS = NO
```

```
                LOCATION & DQ SEQUENCING
           Ⅰ: Ddo.DdSo.Wv.DdSv/+   Ⅵ: Dd+.Do
           Ⅱ: Ddo.Dd+              Ⅶ: WS+
           Ⅲ: Do.WS+               Ⅷ: Dd+
           Ⅳ: Wo                   Ⅸ: W+
           Ⅴ: Wo.Wo                Ⅹ: Wv.D+
```

可能な所見2

　ステップ1と2から得られた仮説が一致しない場合，W反応の継列を検討すると，どちらが正しいかがわかる。所見1でみたように，領域選択の継列は記録を通じてほど良く一貫していることが期待されるが，特にW反応とDd反応はそうである。領域選択の継列が一貫していれば，情報処理の習慣は規則正しく予測可能なものであると仮定できる。しかし，領域選択の継列に一貫性がまったくない場合は，情報処理に対する努力とそのやり方に関する仮説は両

方，あるいはどちらかが不規則であると修正する。

〔ケース16所見　8個のW反応のうち4個は図版Ⅰ，Ⅳ，Ⅴ（W反応が出やすい図版）にあり，残りの4個は，W反応を出すのにより多くの努力を必要とする図版（Ⅲ，Ⅶ，Ⅷ，Ⅸ）にある。Dd反応が5個と多いので，ときに手堅くなりすぎることはあるが，ステップ1と2の所見からは彼の情報処理の努力は十分なものであることがわかる。W反応の領域継列はその仮説を支持する傾向にある。加えて，すべての領域継列は適度に一貫している。8個のWのうち6個は初発反応であり，5個のDdのうち，2個は図版Xの第2，第3反応で，3個は最後の反応である。概して，情報処理に対する努力はかなり適切で，そのやり方は比較的一貫している。〕

〔ケース17所見　6個のW反応のうち4個は図版Ⅰ，Ⅳ，Ⅴにあり，残りの2個は図版ⅥとⅦにある。これは，明らかに認知的に経済的なアプローチで，ステップ1と2から得られた経済性と用心深さに関する仮説とまったく一致している。加えて，6個のW反応のうち5個は初発反応で，2個のDd反応は図版ⅨとⅩで最後の反応として出ている。おしなべて言えば，彼女は，新しい情報をあまり熱心に処理しようとはせず，経済的で決まりきったやり方をする人である。これは彼女の回避型の対処スタイルと非常に一致している。〕

〔ケース18所見　ステップ1と2の所見から，彼は情報処理をする際には非常に努力をするにもかかわらず，情報処理の習慣が不規則でおそらく混乱していることがわかるだろう。8個のW反応のうち5個は図版Ⅰ，Ⅳ，Ⅴにあるが，3個はかなりの努力を必要とする図版Ⅲ，Ⅸ，Ⅹにある。また，W反応の継列に一貫性がない。5個は初発反応であり，2個は第2反応で，1個が第3反応である。同様のパターンがDdについてもいえる。7個のうち4個は初発反応で，2個は第2反応，残る1個は第4反応である。5個のDd反応が最初の二つの図版に出ていることにも注目すべきである。これは，彼がテストを受ける準備ができていなかったためにうまく機能できなかった状況因がある可能性を示している。しかし，図版ⅣとⅤにW反応だけを出した後に，図版Ⅵの最初の反応にDd反応を出した点や，図版ⅧにはDd反応しか出さなかったところをみると，彼の非効率的で不規則な情報処理が状況因ばかりであるとは言えないだろう。むしろ，このデータは，彼が情報処理に対して努力はするものの，そのやり方は不規則で，おそらく非常に非効率的で，かなりの心理学的混乱があることを反映しているだろう。〕

ステップ4：$W：M$

$W：M$は時に，達成要求の度合いを表すものといわれる。なぜならば，ほとんどのW反応

はその課題に対して必要以上に努力するサインであり，M 反応は推理や質の高い概念化，そして観念化へ焦点を向けるよう方向づける作用と関連しているからである。このように，M 反応の数は課題達成のために利用可能な資質についてのおおまかな指標となる。

Zf や $W：D：Dd$ の比が広い意味で達成動機に関連しているのに比べると，$W：M$ の割合には情報処理の努力に直接結びつく情報は少ない。しかし，もし論理的に用いるならば，情報処理努力が相当努力を伴っているものか慎重で控えめなものなのかがわかり，情報処理努力を評価するのに役に立つ。これは，情報処理努力はその人が使える自分の資質に見合っていなければならないという仮説を踏まえての解釈である。

W と M の割合は，それが不釣合いであるときに解釈的に意味を持ってくる。不釣合いとは，M 反応に対して多過ぎるか少な過ぎる W 反応があることを言う。$W：M$ が不釣合いであるかどうかは，EB との関連で判断する。内向型の人はたいてい外拡型の人よりも明らかに多くの M 反応を出す。不定型の人は外拡型の人よりも多くの M 反応を出しやすいが，内向型の人よりは M 反応は有意に少ない。ところが W 反応の数は，どの体験型でもほぼ同じである。

可能な所見 1

EB スタイルに照らして，W 反応の割合が M 反応よりも多いと言える場合。これは，その割合が（約分したとき）内向型で $1.5：1$，不定型で $2：1$，外拡型で $3：1$ を超える場合である。

この所見が該当するとき，その人は現在の自分の能力を超えた，より多くのことを達成しようと努力していることを示している。この傾向が日々の行動の中でみられると，目標を達成できない可能性が増し，失敗が増える。その結果，欲求不満を経験することも多い。$DQ+$ の頻度が低ければこの仮説はより強まる。

これは成人や青年期後期の人にとっては重要だが，児童や思春期後期にはよくみられることである。5歳，6歳の子どもは $W：M$ の割合が $5：1$ から $8：1$ の間であり，さらに大きな差があっても珍しくはない。同じように，9歳，10歳，11歳の児童も $W：M$ が $4：1$ かそれより大きく，12歳，13歳，14歳くらいになると $3：1$ の比になる。若年者が自分の能力を過大評価し，非常に高い目標をかかげるということは周知の事実である。幸いなことに彼らはまた，それらの目標にそれほど価値を置かないため，たいてい失敗したとしてもその結果を気楽に受け止めることができる。したがって，欲求不満はあっても長くは続かないだろう。ステップ 5 へ進む。

〔ケース 16, 17, 18 の所見　ケース 16 と 17 の $W：M$ は不釣合いではない。ケース 16 は内向型で $W：M$ が $8：7$，つまり約 $1.1：1$。これは期待値の範囲内である。ケース 17 は回避－外拡型で，$W：M$ が $6：2$，つまり $3：1$ である。これは外拡型の期待値の上限にあたる。回避型の対処スタイルであることは，$W：M$ には何も影響していない。ケース 18 は不定型で $W：M$ は $8：5$ であり，約 $1.6：1$ である。この三つのケースはどれも $W：M$ は不釣合いではないが，それは彼らの達成要求が「平均的」だということを意味するのでは**ない**。そうで

はなく，単に $W：M$ の値が何ら解釈上の意味を持たないということである。〕

可能な所見2

EB スタイルに照らして，W 反応の割合が M 反応と比べて不釣合いに低い場合。すなわち，外拡型と不定型で 1.2：1 かそれよりも低いとき，内向型で 0.75：1 かそれよりも低くなるときである。

この所見が該当するとき，その人は非常に用心深く過度に手堅いか，達成目標を決める際に意欲が足りないことを示している。「用心深く手堅い」と，「意欲が足りない」とを区別するには Zf を見る。もし，Zf が平均値あるいは，平均以上であればその人は達成目標を決めることに関して用心深く手堅いといえるだろう。もし Zf が平均より低ければ，おそらく達成目標を立てるための意欲が足りないといえるだろう。回避型の対処スタイルを持つ人たちにはしばしばこのパターンが見られる。ステップ5へ進む。

ステップ5：Zd

Zd は，Zスコアの合計（$Zsum$）と，統合された反応の頻度（Zf）に基づく推定値（$Zest$）との差を示す値である。Zd スコアからは情報処理する際のスキャニングの効率を判断することができる。情報処理を効果的にしようとする高い動機づけを持った人がわかることもある。Zd の値は＋3.0から－3.0であることが期待される。

可能な所見1

もし Zd の値が平均域内（±3.0）であるなら，スキャニングの効率は他の人たちと同じであると仮定できる。ステップ6へ進む。

可能性な所見2

Zd の値が－3.0よりも低いとき，それはスキャニング活動が**アンダーインコーポレイティブ（underincorporative：情報の取り込み不足）**であることを意味している。急いで，場当たり的にスキャニングするために，その刺激野にある重大な部分や手がかりを見逃すことが多くなる。これは10歳未満の子どもにはよくあることで，子どもが重大な困難を抱えていない限りたいていは問題ではない。しかし，情報の取り込み不足は認知的媒介で誤りが生じる可能性を生み，効果的でない行動パターンを導くので，年長児童や成人の場合には重大な短所になりうる。時間をかけて注意深くスキャニングをするように促して，認知的な取り組み方を再学習させることによって，情報の取り込み不足は比較的容易に修正することができる。ステップ6へ進む。

ケース17　19歳の女性　情報処理過程の変数

```
EB  = 2:5.5   Zf      = 8       Zd  = -4.5   DQ+   = 4
L   = 1.22    W:D:Dd  = 6:12:2  PSV = 1      DQv/+ = 0
HVI = NO      W:M     = 6:2                  DQv   = 3
OBS = NO
```

```
                    LOCATION & DQ SEQUENCING
            Ⅰ: Wo.Do              Ⅵ: Wo.Do
            Ⅱ: Do.DS+             Ⅶ: W+
            Ⅲ: D+.Do              Ⅷ: Do.Dv
            Ⅳ: W+.Do              Ⅸ: Do.DdSv
            Ⅴ: Wo.Wo              Ⅹ: Do.Dv.DdSo
```

〔ケース17所見該当　Zd スコアは－4.5で，期待される範囲の下限よりも低く，彼女は情報の取り込み不足の人である。彼女のスキャニングは明らかに効率が悪く軽率で不注意である。これは回避型の対処スタイルの産物であるかもしれない。原因が何であれ，決断をし，行動を起こすのに重要な周囲の手がかりを無視することになり，大きな欠点となるであろう。〕

可能な所見3

Zd の値が＋3.0よりも大きいとき，**オーバーインコーポレイティブ（overincorporative：情報の取り込み過剰）**のスタイルを意味する。情報の取り込み過剰は，スキャニングに多くの努力とエネルギーを費やす，性格傾向に組み込まれた変わりにくい特徴となる。情報の取り込み過剰の人は，不注意であることを避けようとし，そのために状況の特徴のスキャニングに必要以上の努力をする。余分な努力が加わるのでいくらか非効率的ではあるが，情報の取り込み過剰は長所であることが多い。周到なアプローチをすることで，すべての手がかりを見落とさずにすむからである。しかし，心理学的な問題がある場合には，情報の取り込み過剰のスタイルが強まるため，意思決定において不必要な迷いを生じ，短所となる。ステップ6へ進む。

ケース16　31歳の男性　情報処理過程の変数

```
EB  = 7:3.0    Zf      = 15        Zd  = +4.5    DQ+   = 11
L   = 0.50     W:D:Dd  = 8:11:5    PSV = 0       DQv/+ = 0
HVI = NO       W:M     = 8:7                     DQv   = 0
OBS = YES
                    LOCATION & DQ SEQUENCING
            Ⅰ: Wo.W+.Ddo          Ⅵ: Do.D+
            Ⅱ: D+.DS+             Ⅶ: D+.Wo
            Ⅲ: W+.Ddo             Ⅷ: W+.Do.DdSo
            Ⅳ: W+.Do.Do           Ⅸ: Wo.D+
            Ⅴ: Wo                 Ⅹ: D+.Ddo.Ddo.D+
```

ケース18　28歳の男性　情報処理過程の変数

```
EB  = 5:6.5    Zf      = 12        Zd  = +4.0    DQ+   = 7
L   = 0.50     W:D:Dd  = 8:3:7     PSV = 0       DQv/+ = 1
HVI = NO       W:M     = 8:5                     DQv   = 2
OBS = NO
```

```
              LOCATION & DQ SEQUENCING
    I : Ddo.DdSo.Wv.DdSv/+    VI : Dd+.Do
    II : Ddo.Dd+              VII : WS+
    III : Do.WS+              VIII : Dd+
    IV : Wo                   IX : W+
    V : Wo.Wo                 X : Wv.D+
```

〔ケース16と18所見該当　ケース16の Zd スコアは＋4.5である。これは彼の強迫的なスタイルと一致しており，スキャニング活動がきわめて周到であることを示している。この所見は彼の用心深くて手堅い情報処理のアプローチから見て予想のつくことである。ケース18もまた，Zd スコアが＋4.0で情報の取り込み過剰である。刺激野をスキャニングするのにかなり努力をしている。しかしこの場合は，ケース16よりも驚くべき所見である。なぜなら，彼の情報処理の努力が不規則で無秩序であることをすでにみてきたからである。このケースは，情報の取り込み過剰スタイルが長所というよりも短所となる例である。不確実さと優柔不断を引き起こして，無秩序な情報処理努力の原因となっている。〕

ステップ6：固執反応（PERSEVERATION：PSV）

Zd の値にかかわらず，PSV反応がある場合は，情報処理の効率にいくらか問題があることが示唆される。3種類の反応がPSVとコードされる（カード内の固執，内容の固執，機械的な固執）。一番よく見られるのは**カード内**の固執反応である。これは，あるカードで一つ前の反応とほとんど同じ反応が次に出た場合にコードする。つまり反応領域，DQ，決定因子，形態質，反応内容が同じで，Z スコアがあればそれも同じである（訳注：運動反応のaとpも同じであること，ただし平凡反応とスペシャルスコアは同じでなくてもよい。）。

内容の固執反応（PSV）は，前に見たのと**同じ対象が**再び反応に登場する場合にコードされる。内容のPSVは情報処理過程とは関係ないが，その人が何にこだわっているのかがわかる。機械的なPSVは，同じ反応内容を何度も繰り返し言う場合にコードする。固執反応の中で最も珍しく，深刻な認知的・神経心理学的な問題があるために，おそらくロールシャッハ・テストをするのが適当でない被検者が示す，短くて単純で妥当性の少ないプロトコルによくみられる。

可能な所見1

PSVが1個で，それが**カード内**PSVならば，時に注意の転換が難しく，情報処理活動の効率が下がっていることを示す。ステップ7へ進む。

〔ケース17所見該当　PSVが1個ある。図版Vの第2反応がカード内PSVである（最初の反応はコウモリで $Wo\ Fo\ A\ P\ 1.0$，2番目の反応はトリで，$Wo\ Fo\ A\ 1.0$）。これは，時々注意の転換が困難になり，情報処理活動の効率が悪くなるこ

とを示している。この所見はZdの仮説と一致する。〕

可能な所見2

カード内PSVが1より大きい場合，注意を転換することが非常に難しいことを意味している。この所見はたいてい，幼い子どもたちや深刻な心理的混乱を抱えている人，あるいは神経心理学的な問題を抱えている人たちに見られる。この所見が該当する場合，認知機能についてロールシャッハのデータからわかる以上に詳しく理解するために，より詳細な評価を行う必要がある。ステップ7へ進む。

ステップ7：発達水準（DQ）の分布

*DQ*分布は情報処理活動の質だけでなく，認知的媒介と概念化**にも**関係している。情報処理の問題について考える場合，*DQ*スコアの解釈は注意深く論理的になされなければならない。なぜならば，情報処理は入力の作用（スキャニングや表象を作ること）にのみ焦点を当てているのに対して，*DQ*スコアは，一連の認知活動を通して最終的に作り上げた反応に付けるコードだからである。

情報処理活動が十分な質を伴わなければ，「形のはっきりした」反応は生成されない。情報処理を評価するときに*DQ*スコアを解釈として含めるのはそのためである。形態のはっきりした反応とは，適度に正確なもので，輪郭があるか特定の輪郭を持つ反応で，場合によっては刺激野が統合されている反応である。*DQ+*と*DQo*は形態がはっきりしているが，*DQv*と*DQv/+*の反応は形態がはっきりしているとは言えない。たとえ*DQv/+*反応は統合を含んでいるとしても，形態ははっきりしているとは言えないものである。

下の図のように，四つの*DQ*スコアは，認知活動の最も洗練された形態から最も洗練されない形態までを示す，一本の連続線上にあると考えることができる。

DQ+　　　　　　DQo　　　　　　DQv/+　　　　DQv

この連続線では，左端の*DQ+*が最も質の高い分割と統合の形態を表している。ほとんどの人が皆この反応をいくつか出すが，十分な教育を受けた人や，心理的に複雑な人にはより頻繁に見られる。連続線の右端は*DQv*反応である。分割はほとんどされていないし，統合はまったくされていない。見えた通りのものにこだわったり漠然とした印象に基づくといった未熟な形態の認知活動を反映している。おそらく情報処理過程が散漫で，不適当であることを表しているだろう。この反応は児童や知的に制限のある人たちや神経心理学的な障害を持った人たちの間で最もよく見られる。

*DQo*は連続線の中央よりわずかに左側にある。これは最もよくある反応で，経済性を優先した認知でありながらもその質を損ねないものである。形態を用いた手堅い認知機能の表れで，刺激野全体や一部を単純でわかりやすく意味づけしたものである。

$DQv/+$ は連続線の中央と右端の間くらいに位置している。これは四つの DQ の中でも出現頻度は最も少ない。若年児童の記録では，これはむしろ良いサインで，認知活動がより高いレベルへ向かっていることを示している。しかし，$DQv/+$ 反応は，成人や青年の記録では期待されない。なぜならば $DQv/+$ 反応は，情報処理の失敗によって統合しようとする試みが損なわれ，障害されたことを示すからである。

形態のはっきりとした反応（$DQ+$ と DQo）が効果的で効率のよい適応と同義**ではない**，ということを理解しておくことは重要である。情報処理活動を含む認知作用は非常に複雑で洗練されているかもしれないが，最終的に作り上げられたもの（反応や行動）は，現実に基づいてないかもしれないし，適応的でないかもしれない。実際，深刻な症状や不適切な行動の多くは非常に念入りな認知作用なくして発展しないものである。

期待される範囲と値

DQ スコアのうち $DQ+$ と DQv の期待値は，成人と青年の場合は EB スタイルによって変わってくる。内向型は，不定型と外拡型よりも多くの $DQ+$ を出す傾向がある。それは，内向型がより多くの人間運動反応を出し，M はほかの反応よりも統合を伴う傾向があるからである。外拡型は，内向型や不定型より DQv が多くなる傾向がある。このような差は，外拡型の人が色彩の特徴により多く反応し，血や火，葉っぱ，絵の具などの形態を必要としない色彩を伴ったまとまりのない反応を多く出す傾向があるためである。

興味深いことに，回避型の対処スタイルのあるなしはこの期待値に影響しない。回避型の対処スタイルがあっても $DQ+$ と DQv の数はほかの人とほとんど同じである。回避型の対処スタイルは，情報処理に対する努力に影響しても，その質には影響しないからである。

一方，Zd に示される情報処理の効率は，DQv と $DQv/+$ 反応に関連している。このタイプの反応は，情報の取り込み不足の人には情報の取り込み過剰の人に比べて約2倍多い。ただし，いつもそうとは限らない。混乱している情報の取り込み過剰の人に，期待に反して高い頻度の DQv と $DQv/+$ が見られることがある。この場合，情報処理の質が混乱の影響を受けていることを示している。

成人や青年の場合，$DQ+$ の値は，**不定型と外拡型**では5から8の間，**内向型**は7から10の間にあることが期待される。12歳未満の児童にはこのような EB による違いはなく，5から8が期待値である。

内向型と**不定型**の成人や青年は，DQv は0か1，**外拡型**では1か2が期待される。児童の場合は DQv が多くてもおかしくはない。10歳未満の子どもでは4個くらいは珍しくない。$DQv/+$ 反応は成人と児童ともにあまり見られない反応である。10歳未満の子どもでは1個あるのは珍しくないが，成人や年長児童の期待値は0である。

可能な所見1

$DQ+$ の値が期待値内にあり，DQv と $DQv/+$ を足した値が内向型か不定型では1以下，外拡型で2以下の場合，情報処理の質はたいへんよい。ステップ8へ進む。

可能な所見 2

　$DQ+$ の値が期待値内にあり，DQv と $DQv/+$ を足した値が内向型や不定型で 1 より大きい場合，あるいは外拡型で 2 より大きい場合は，情報処理の質はよいが，時に情報処理活動が洗練されない，未熟なレベルに落ちる。これは児童にはよくあるが，成人や青年でははるかに少ない。洗練されない情報処理は，効果的でない翻訳や，効果的でない適応パターンを導く。ステップ 8 へ進む。

ケース 18　28 歳の男性　情報処理過程の変数

```
EB   = 5:6.5     Zf      = 12       Zd  = +4.0     DQ+   = 7
L    = 0.50      W:D:Dd  = 8:3:7    PSV = 0        DQv/+ = 1
HVI  = NO        W:M     = 8:5                     DQv   = 2
OBS  = NO
                    LOCATION & DQ SEQUENCING
         I: Ddo.DdSo.Wv.DdSv/+      VI: Dd+.Do
        II: Ddo.Dd+                VII: WS+
       III: Do.WS+                VIII: Dd+
        IV: Wo                      IX: W+
         V: Wo.Wo                    X: Wv.D+
```

〔ケース 18 所見該当　この人は不定型で，$DQ+$ は 7 個で期待値内である。しかし，DQv と $DQv/+$ の合計は 3 で期待値より多く，情報処理の質が時に実質上悪くなることを示している。これは彼の情報処理の習慣に関する他の所見とも一致している。新しい情報を取り入れる際に，かなり努力してむしろ周到にスキャニングをするが，その情報処理過程はあまり規則正しくなく，時には無秩序でさえある。そのため，情報処理努力の質は非常に洗練度の低いものになってしまい，結果として認知と思考活動の両方に重大な影響を及ぼす可能性がある。〕

ケース 16　31 歳の男性　情報処理過程の変数

```
EB   = 7:3.0     Zf      = 15       Zd  = +4.5     DQ+   = 11
L    = 0.50      W:D:Dd  = 8:11:5   PSV = 0        DQv/+ = 0
HVI  = NO        W:M     = 8:7                     DQv   = 0
OBS  = YES
                    LOCATION & DQ SEQUENCING
         I: Wo.W+.Ddo             VI: Do.D+
        II: D+.DS+                VII: D+.Wo
       III: W+.Ddo               VIII: W+.Do.DdSo
        IV: W+.Do.Do              IX: Wo.D+
         V: Wo                     X: D+.Ddo.Ddo.D+
```

ケース 17　19 歳の女性　情報処理過程の変数

```
EB   = 2:5.5      Zf      = 8         Zd   = -4.5    DQ+   = 4
L    = 1.22       W:D:Dd  = 6:12:2    PSV  = 1       DQv/+ = 0
HVI  = NO         W:M     = 6:2                      DQv   = 3
OBS  = NO
```

LOCATION & DQ SEQUENCING

　　I: Wo.Do　　　　VI: Wo.Do
　　II: Do.DS+　　　VII: W+
　　III: D+.Do　　　VIII: Do.Dv
　　IV: W+.Do　　　 IX: Do.DdSv
　　V: Wo.Wo　　　　X: Do.Dv.DdSo

可能な所見 3

$DQ+$ が期待値を超えていて，DQv と $DQv/+$ を足したものが内向型か不定型で 1 以下の場合，あるいは外拡型で 2 以下の場合は，情報処理の質は極めてよく，複雑であると言える。この所見は十分教育を受けた人にはよくあるが，必ずしも効率の良い認知とか，効果的な適応パターンであることと同義ではない。単に，情報入力の質が高いことを示しているだけである。ステップ 8 へ進む。

　〔ケース 16 所見該当　$DQ+$ が 11 で，内向型の期待値を超えている。DQv と $DQv/+$ は 1 個もない。情報処理の質は極めてよい。これは彼の強迫的なスタイルと十分な教育からすれば驚くことではなく，情報処理の習慣に関する他の所見とも一致している。〕

可能な所見 4

$DQ+$ が期待値を超えていて，DQv と $DQv/+$ を足した値が内向型や不定型で 1 より大きく，外拡型で 2 より大きい場合，情報処理の質はたいていよく，複雑であると言える。しかし時に，情報処理活動の質が損なわれ，処理結果が未熟になることも示している。これは何らかの心理学的な混乱を抱えている人たちを除いては，どのグループにもあまりないことである。このような情報処理の問題は，認知的媒介や概念化に問題を起こす可能性を生むことになりかねない。ステップ 8 へ進む。

可能な所見 5

$DQ+$ が期待値より低く，DQv と $DQv/+$ を足した値が内向型や不定型で 1 以下，外拡型で 2 以下の場合，情報処理の質はよいが，一般よりも手堅くて経済的すぎる情報処理であることを示している。この所見は回避型の対処スタイルが存在する場合には珍しくない。それほど回避型の対処スタイルは優位にあって，個人の心理的活動を方向づけるのである。ステップ 8 へ進む。

可能な所見 6

$DQ+$ が期待値より低く，DQv と $DQv/+$ を足した値が内向型や不定型で 1 より大きく，外拡

型で2より大きい場合，情報処理の質が適切なレベルより低く，複雑な状況ではより悪くなる。ステップ8へ進む。

〔ケース17所見該当　回避－外拡型で，$DQ+$は4個でDQvが3個ある。これまでにわかっているように，彼女はあまり情報処理に努力しない人で，新しい刺激野をスキャニングする際には軽率で不注意であることが多い。経済的で単純化しすぎるために機能全体が損なわれ，情報処理の質が明らかにひどく影響を受けている。この洗練されない情報処理のアプローチでは，入力された情報をうまく翻訳できずに，社会からの要請や期待に応えられない行動パターンを生み出すことになるだろう。〕

ステップ8：発達水準（DQ）の継列

領域継列と共に，DQ継列もまた情報処理努力の質を理解するのに役立つ情報を提供する。たとえば，W反応はいくつかの図版に出しやすく，他の図版ではより難しいということを述べてきたが，同じような違いが$DQ+$反応にもあり，それはW反応で示されたものとはほとんど**逆**である。

一般的には，ブロットが分かれている刺激野ほど$DQ+$を出しやすい。したがって，$DQ+$反応は図版Ⅱ，Ⅲ，Ⅶ，Ⅷ，Ⅹで多く出される傾向があり，図版Ⅰ，Ⅳ，Ⅴ，Ⅵ，Ⅸでは少ない傾向にある。その中で$DQ+$の頻度が最も高いのは図版Ⅲで，少ないのは図版Ⅴである。DQv反応についてのデータはそれほどはっきりしていないが，色彩の特徴を含む図版Ⅲ，Ⅷ，Ⅹには，他の図版に比べるとかなり多く出される。

どの図版で$DQ+$やDQvが出たかを見れば，情報処理の質に関する仮説がより明確になる。また，図版内の$DQ+$やDQvの継列をみるのも重要である。たとえば，情報処理の質が常に非常によい人たちは$DQ+$反応を初発反応として出す傾向がある。このことは情報処理が必ずしもより効率的であることを意味するのではなく，質の高いレベルで情報処理をすることに慣れているということを意味している。

一方，$DQ+$反応が図版の継列で主に最後の反応として出る場合，刺激がかなり周到にスキャニングされるか組織化されるまで情報処理作業を辛抱強く続けていることを示す。これは肯定的な特徴ではあるが，新しい情報を処理する際に，その人が高い質で行うことに慣れていないことも示している。

時には，$DQ+$反応のほとんどが空白を統合していることがある。これは情報処理の質が良いことを反映しているだけでなく，環境に対する何らかの否定的で敵意をもった見方も示している。

10歳未満の児童を除いて，初発反応としてDQvが出てくることはまず**ない**。DQvが初発反応として出る場合，そして特にそれが1個以上ある場合には二つの説明が考えられる。一つはある種の認知的な衝動性があるために，はっきりした表象を作ったり見直したりする前に反応

が決められるためである。もう一つは，短期記憶に問題があって，短期記憶に表象を作り出したり，作り出した表象を保持することが難しい場合である。この場合，注意の焦点を保つことに問題があることが多い。

多くの場合，DQ継列を見ると，DQv反応は図版の真ん中か最後の反応にある。このようなDQ継列が起こるのは，頭の中に浮かんだ表象や課題に混乱したり，不満をもったり，苛立ったり，怖さを感じたときである。このような時は，混乱や，不満，苛立ち，恐怖感をもたらす表象を変えようと試みる。そのために図版をひっくり返して，別の新しい表象を見つけようとすることもある。図版をひっくり返すほうが，DQv反応を出してしまうよりも状況を取り扱う方法としては洗練されていると言える。しかしそうした後でも，結局DQv反応を出してしまうかもしれない。そうするとせっかく試みた情報処理の努力を損なうことになる。最初に頭に浮かんだ表象が，曖昧なまま輪郭を持たないものとしてどうしても反応となるからである。

図版の真ん中や最後に出るDQv反応について他に考えられる説明は，短期記憶にある表象を維持することが難しい場合があるということである。一般的には，顕著な認知的あるいは神経学的な欠陥を持っていない限りあまり起こらない。そのような欠陥がもしあれば，DQv反応はかなり多く，記録全体が混乱したものとなっているはずである。

可能な所見

DQ継列の所見は，情報処理に対する努力や効率，質に関するほかの所見と丁寧に統合されることによって，先に得られた結果を補足し明確にする。DQ継列の情報が他の所見と合わない場合は，前に立てた仮説を適宜修正する。

〔ケース16　11個の$DQ＋$のうち6個は初発反応である。これらのうち5個は比較的分かれたブロットに出ている（Ⅱ，Ⅲ，Ⅶ，Ⅷ，Ⅹ）。初発以外の$DQ＋$5個のうち4個は比較的固まったブロットに出ている。図版Ⅴを除いてすべてのカードに少なくとも1個の$DQ＋$反応があって，DQvや$DQv/＋$は1個もない。これは彼の情報処理活動に関するほかの所見とも一致する質の高い結果である。〕

〔ケース17　4個の$DQ＋$のうち3個は分かれたブロットに出ており，いずれも初発反応である。3個のDQv反応は最後の3図版に出されており，どれも初発反応ではない。彼女は思考や意志決定の際に感情を伴い，同時に複雑さを避けたがる回避－外拡型の人であった。DQv反応はこの回避的な特徴の産物のようである。全般的に，彼女の情報処理活動は劣っていて，秩序立っておらず，期待されるよりも未熟さが目立つ。彼女に対する治療介入は，情報の取り込み不足と，情報処理全般において単純化しすぎてしまう傾向に焦点を当てたものとなるだろう。〕

〔ケース18　7個の$DQ＋$反応のうち2個だけが前半の5枚の図版にあり，どちらも第2反応である。残る5個のうち4個は図版ⅥからⅨの初発反応である。残りの1個は図版Ⅹの第2反応で，それは，DQv反応に続いている。2個の

DQv 反応のうちのもう一つは図版Ⅰの第3反応で，$DQv/+$ 反応がそのあとに出ている。この不規則なパターンは，彼の情報処理の質がテストの始まりではあまり良くないが，課題に慣れるに従ってよくなっていく傾向があることを示している。しかし，7個の $DQ+$ 反応のうち3個が Dd 領域で，図版Ⅹの初発反応が DQv であるという事実から，課題に取り組むにあたっていくら努力をしても，情報処理は混乱して無秩序になってしまう，という先の結論を支持することになる。このようなパターンは何らかの認知的混乱を示している。しかし，それがはたして中毒状態に見られるような神経学的な基盤をもつものなのか，あるいは統合失調症や重症の感情障害などに見られるより慢性化した認知障害に直接関連しているのかは疑問である。〕

情報処理過程に関する所見の要約

　情報処理過程の所見は，解釈の手順を一通り終えた後，情報を保存しておく目的で要約する。ここでの所見は認知－知覚活動の入力の面のみを扱っているので，そのまとめは短いものになる。そして，認知の三側面の残り二つ，認知的媒介と思考から引き出される結論と合わせてまとめるとより重要な意味を持つものとなる。この章で用いられた三つのケースについてのまとめは次のようになる。

ケース16（31歳　物理学準教授）

　彼はいくらか強迫的な人であり（前もって検討すべき項目），完璧主義への傾向があって細かいところにとらわれている。情報を処理する際，かなり努力してスキャニングし，アプローチは一貫している（ステップ1から5）。概して，彼の情報処理の質はかなり良い（ステップ7と8）。

ケース17（19歳　保護観察中の規則違反）

　彼女は曖昧さや複雑さを避けようと一生懸命の人である（前もって検討すべき項目）。そのため彼女は新しい場面や新しい情報に直面した時には非常に手堅くなる。情報処理のアプローチは，過度に用心深い熱心さに欠けるものとなりやすく，期待されるよりも未熟な特徴を持っている（ステップ1から3）。新しい刺激をスキャニングするやり方は軽率で不注意で，結果として判断や行動を形成するのにきわめて重要な手がかりを無視してしまうことが多い（ステップ5）。実際，物事を単純化しようとするために機能全体が犠牲になっており，社会的要求や期待に沿わない行動を起こす可能性を生み出している（ステップ7と8）。

ケース18（28歳　土建業）

　彼は新しい情報を処理する際かなり努力するようである（ステップ1，2，5）。しかし，情報処理のやり方は不規則で，時に無秩序のようにみえる（ステップ2，3，7，8）。結果として情報処理の質は時に非常に粗雑なレベルまで落ちてしまう。新しい情報を扱う時の混乱

したやり方は，何らかの神経学的な障害か，あるいはより慢性化した認知的障害の可能性を示唆している。

練習問題

ケース19

この14歳の少年は，自分の全寮制私立学校のカウンセラー二人から評価を受けるようアドバイスされた。カウンセラーは次の2点を憂慮している。（1）学業成績がかなり良いときと悪いときとで差が著しい，（2）ひきこもりの傾向と，集団での活動を避けようとする傾向が強い。

公立学校6年生の時，ほとんど落第点をとり，加えて始終11歳の弟とけんかをするので，両親が彼を転校させた。そして，全寮制の学校に2年間行くことになった。同じ頃，アルコール中毒だった母親が治療を始めた。彼は背が高く，やせていて，知的に高い相手とは意気投合してうまくやれると報告されている。WISC-Rの成績は言語性IQ＝149，動作性IQ＝120，全IQ＝139であった。

彼の父親は39歳で弁護士。母親は38歳で主婦，美術史の学位をもっているが，仕事はしていない。母親は30歳頃アルコール依存になり，ここ3年の間ひどくなっていた。現在彼女は週に1回精神科に通っていて週に2回AAミーティングに出ている。父親によれば，母親はこの8カ月間は「断酒」しているとのことである。

本人は毎週末と，夏休みに少なくとも3週間は家に帰っているという。寮は，「自分がやりたいことをする時間がある」ので申し分ないと述べる。ほとんどの時間をコンピューターの勉強に費やし，コンピューターゲームを楽しんだり，自分でゲームを作ったりしている。彼によれば，成績にばらつきがあるのは授業の質と直接関連しているという（「先生の授業が単純だとつまらなくて居眠りをしてしまう」）。たいてい算数と理科では非常に成績が良く，今はフランス語の勉強に興味があるという。

公立学校でほとんど落第点だったのは，先生が嫌だったのと，先生も自分のことを嫌っていたからだと言う。また，もっと家で生活したかったが，弟としょっちゅう喧嘩をしたり，母親の「弱さ」を嫌ったために家にいられなくなったと理解している。たいていの同級生は，「自分にはあまりにも幼稚に見えて」好きではないと言う。しかし，ダンスにいって興味を持った女の子とは知り合いになったという。麻薬やアルコールの使用は否定している。

彼が孤立しなくなり，学業成績が一貫することを目的とした介入計画を立てるためにこの査定は依頼された。また，家族とのつながりがうすくなっていることについて，当の家族に何をどう伝えられるのかも問題となっている。

ケース 19　14歳の男性　情報処理過程の変数

```
EB  = 8:1.5      Zf      = 13       Zd  = +4.5      DQ+    = 8
L   = 0.38       W:D:Dd  = 12:3:1   PSV = 0         DQv/+  = 0
HVI = YES        W:M     = 12:8                     DQv    = 0
OBS = NO
                    LOCATION & DQ SEQUENCING
              Ⅰ: WSo.WSo         Ⅵ: Dd+.Wo
              Ⅱ: W+              Ⅶ: W+
              Ⅲ: W+.Do           Ⅷ: W+
              Ⅳ: W+.Do           Ⅸ: Wo
              Ⅴ: Wo.Wo           Ⅹ: W+.D+
```

1．ステップ1（*Zf*），2（*W：D：Dd*），3（領域継列）に基づく次の仮説のうちどれが彼の情報処理の努力を最もよく説明しているか。
   （a）新しい情報を処理する際同年齢の人たちと同じくらい努力している。
   （b）新しい情報を処理する際同年齢の人たちよりもずっと多く努力している。
   （c）新しい情報を処理する際細かいところを見落とすことが多く，このため必要以上に多く努力する結果となっている。
   （d）新しい情報を処理する際明らかに細かいところにとらわれていて，このため必要以上に努力することとなっている。

2．次のうちステップ1（*Zf*），2（*W：D：Dd*），3（領域継列）から引き出された情報処理努力に関する結論を説明する主たる要因はどれか。
   （a）知的に非常に高い。
   （b）内向型である。
   （c）ラムダの値が非常に低い。
   （d）警戒心過剰である。

3．ステップ4（*W：M*）の所見からみて最も適切な仮説は次のうちのどれか。
   （a）大きな目標を掲げているようだが，それは彼の能力を超えてはいない。
   （b）自分の能力を超えた高い目標に向かって奮闘する傾向がある。
   （c）新しい情報を処理する場面では控えめな目標設定をする。
   （d）細部を無視するのは，達成しやすい目標を求めやすいことと一致する。

4．ステップ5（*Zd*）と6（PSV）から得られる所見を一番よく述べているのは次のどの仮説か。
   （a）新しい刺激野に対する彼のスキャニングは不注意でおそらく幾分でたらめな傾向がある。
   （b）新しい刺激野を同年齢の人たちと同じくらい効果的にスキャニングする。
   （c）新しい刺激野をスキャニングするとき，重要な細部を見落としてしまわないように必要以上に多く努力する傾向がある。

（d）新しい刺激野をスキャニングするとき，課題に対してかなりのエネルギーを費やしているように見えるものの，非常に散漫である。
5．彼の情報処理の質を最もよく説明するのは次の仮説のうちどれか。
　　　（a）内向型としてはきわめて普通である。
　　　（b）内向型として期待されるよりもかなり悪い。
　　　（c）内向型の青年としては，期待されるよりもかなりよい。
　　　（d）年齢から期待されるよりも情報処理の質は一定していない。

ケース20

　この34歳の男性は保留になっている離婚判決と子どもの監護権の決定に関連して評価を受けた。彼は3人兄弟の2番目である。兄は37歳で妹は27歳，共に既婚。父親は60歳で，魚類野生動物庁で検査官として働いている。母親は58歳で主婦。

　彼は18歳で高校を卒業し，その後州立大学で林学を2年学んだ。成績は平均より上だったが，大学を中退し，州の営林署に就職した。現在再植林のチームで指導者をしている。

　彼は25歳で結婚した。妻はその時22歳で正看護婦をしていた。結婚して最初の3年間は二人でアパートに住んでいたが，その後父親と兄と本人とで家を設計して建てた。その家がほぼ完成したころ妻は妊娠し，一人娘を出産した。その子は現在6歳である。

　娘が生まれて約1年たった頃から，夫婦は興味関心の違いから頻繁にけんかをするようになった。妻は常勤の仕事に戻り，社会的なつながりを広げることに興味を持ち始めた。彼は妻の大勢の友達と過ごすのが嫌で，何かと口実をみつけては妻と出かけないようにしたと言う。

　妻に対する身体的虐待は否定している。しかし，「そうしかねなかった」こともあり，別居の直前，妻が勤務先の研修医と浮気していると確信した時などはまさにそうだったと言う。彼は，結婚生活はもう意味がないと言い，「二人は完全に違う世界に住んでいて，まったく違うことに興味を持っています。もし彼女が他に好い人をみつけたのならそれはそれでいい。ただ娘を独占しているのは許せない」と話す。また，妻は仕事と社会的興味のために「家にいるよりも外にいることが多くなっている」と述べている。

　二人は1年4カ月前に別居した。それまで長いこと争い，この間に妻は2度殴られたと主張している。争いの内容ははっきりしていないが，夫が妻と社交の場に出ることを拒んでいることと，妻が娘を私立の学校に入れたいと望んでいることが関係していたのは確かである。

　現在，夫は兄の農場に住んでいて，予備裁判の命令に従って自分たちの家は妻に譲渡している。妻は娘の監護権を持っており，夫には週末に訪ねる権利がある。彼は共同親権を要求している。

　裁判長は，彼の養育能力に焦点を当てた査定報告と，性格上の長所と短所に関した情報を提供するよう要求している。

ケース20　34歳の男性　情報処理過程の変数

```
EB   = 4:3.0    Zf      = 11        Zd    = -1.5    DQ+    = 6
L    = 0.99     W:D:Dd  = 8:11:2    PSV   = 0       DQv/+  = 0
HVI  = NO       W:M     = 8:4                       DQv    = 0
OBS  = NO
                    LOCATION & DQ SEQUENCING
             I: Wo.WSo        VI: Wo.Ddo
            II: D+.Do        VII: W+
           III: D+.Do       VIII: W+.DSo
            IV: W+.Do.Do     IX: Wo.D+
             V: Ddo.Wo        X: Do.Do.Do
```

1. ステップ1（*Zf*），2（*W：D：Dd*），3（領域継列）の所見に基づくと，彼の情報処理努力を一番よく述べているのは次の仮説のうちどれか。
    - （a）新しい情報を処理する際，非常に手堅く控えめな傾向がある。
    - （b）新しい情報を処理する際，他の人よりも多く努力する。
    - （c）新しい情報を処理する際，人と同じくらいに努力する。
    - （d）情報処理努力は非常に散漫であるために，必要以上に努力することとなっている。
2. 彼の達成要求について最もよく述べているのは次のうちどれか。
    - （a）新しい情報を処理する際，自分の能力を越えた高い目標を設定する傾向がある。
    - （b）新しい情報を処理する際，絶対に何も見逃さないようにしようとする人である。
    - （c）新しい情報を処理する際，能力と一致した目標を設定する傾向がある。
    - （d）新しい情報を処理する際，目標設定は明らかに控えめである。
3. 新しい情報を処理する際のスキャニングと効率について最もよく述べている仮説は次のうちどれか。
    - （a）新しい情報を処理する際，きまぐれで幾分でたらめな傾向がある。
    - （b）スキャニングする際，必要以上に努力していて，しばしば細かいところにとわれる。
    - （c）スキャニングと情報処理の効率は一貫していない。しかも作り出した表象を維持するのが困難なために効果的でない。
    - （d）スキャニングと情報処理の効率は他の人と同じようである。
4. 彼の情報処理の質を一番よく述べているのは次の仮説のうちどれか。
    - （a）情報処理の質は一般に期待されるよりもかなり低い。
    - （b）情報処理の質はよいが，時々細部にこだわり過ぎて間違う。
    - （c）情報処理の質は不定型の成人に期待されるよりもずっとよい。
    - （d）情報処理の質は不定型の成人の期待値内である。

ケース 19, 20 の解答

ケース 19

1. b　Zf 値が 13 なのは単に期待値の上限であって,「より多くの努力」をしているとはいえない。しかし,その仮説は次の三つの理由から,おそらく間違いである。まず,反応数が 16 しかないので Zf 値が 13 というのは割合としては高い。2番目に,$W:D:Dd$ は 12:3:1 で, W 反応の割合がかなり多い。これは相当の努力を示している。3番目に領域継列をみると,図版Ⅲと X を含むすべての図版に少なくとも一つの W 反応がある。これは期待よりもずっと多く努力がなされていることを意味している。

2. d　警戒心過剰の人たちは,刺激野のすべての特徴が注意深く調べられ組織化されることに非常に心を砕いている。これはたいてい,精神病理がない限り優秀な情報処理努力になる。

3. a　$W:M$ が 12:8, つまり 1.5:1 になる。これは内向型の人の期待値内である。

4. c　Zd が +4.5 であることは情報の取り込み過剰であることを示している。

5. a　8個の $DQ+$ 反応は内向型の成人と青年の期待値内である。

ケース 20

1. c　Z スコアの頻度 (Zf) と $W:D:Dd$ は共に期待値内であり,10枚の図版のうち 7枚に W 反応がある。

2. c　$W:M$ は 2:1 になるが,これは不定型の人の期待値である。

3. d　Zd 値の -1.5 は,意味としては Zd 値 = 0 と同じである。また固執反応もない。

4. d　$DQ+$ が 6 というのは不定型の期待値内であり,6枚の図版にわたって出ている。

第6章
認知的媒介

　認知的媒介は認知の三側面の第2番目のクラスターである。情報処理過程のデータは心的表象やアイコン（icon）を作り上げる時の情報入力活動に焦点をあててきたが，この認知的媒介のクラスターのデータは，表象がどのように同定され，翻訳されるのかということに関連している。「これは何に見えますか」という課題の質問に答えるためには，それまでに蓄積してきた表象と記憶から引き出される事柄とをすり合せて一致するものを選び出す（認知的媒介）作業が必要である。

　このクラスターの変数に関連のある課題は幅の広いものである。それは，どの程度ブロットの刺激特徴と一致した同定（反応）をしているか，という現実検討に関連した課題である。しかし，解釈は，単に反応に使用された領域に反応がぴったりするか否かに焦点を当てるだけではない。それどころか，翻訳の特徴が一般的なものか否か，あるいは正確さの程度はどうかといった，認知的媒介活動についての詳しい情報を把握し，解釈を肉づけしようともする。また，不正確な翻訳が生じた状況にも焦点を当てる。

　解釈の的確さは，どれほど解釈者が反応過程について理解しているのか，その理解の程度によってだいぶ変わってくる。特に反応過程と形態質の関連を理解することは，形態質とクラスターの他の変数との関連を理解すること同様重要なことである。

反応過程と認知的媒介

　「これは何に見えますか」と質問されることによって始まる，反応を作るための心的過程は，椅子の写真を見せられて同じ質問をされた時に起こるプロセスと似ている。教示は手短ではあるが，この課題にはブロットの**手がかり特性**（distal property）と**一致した**反応を選択するようにとの含みがある。手がかり特性とは，刺激野を実際に構成している要素である。インクブロットを見せられて，手がかり特性と一致したものをみつける作業はかなり複雑である。なぜならば，椅子の写真にははっきりとした**手がかり特性**が存在するのに，ブロットにはそれがないからである。

　たとえば，椅子には脚，座るところ，背もたれがある。もちろん，クッションやひじかけがある場合もあるが，椅子とテーブルや丸い椅子を区別する最も重要な**手がかり最小情報**（critical distal bits）は，脚，座るところ，背もたれである。

重要な手がかり最小情報（CRITICAL DISTAL BITS）

　重要な最小情報（critical bits）とは，最も強い影響力のある刺激野の手がかり特性（distal properties）のことである。要するにそれは，同定される対象の範囲を限定し，さらにはある特定の対象への同定を促す刺激要素となるものである。たとえば，野球ボールとオレンジが丸くてほぼ同じ大きさであったとしても，たいていの人はそれらを区別することができる。このような区別が容易にできるのは，常にその対象を示す重要な手がかり特性があるからである。オレンジにはでこぼこの表面と固有の色があり，野球ボールには縫い目と白い色がある。

　インクブロットの手がかり特性は，椅子や野球ボールにあるほど明確で独立したものではない。しかしそれぞれのブロットは何らかの手がかり最小情報を含んでいる。**インクブロットは，完全に曖昧なものというわけではない**。実際は，図版のある領域がいくらか曖昧であるにすぎない。ロールシャッハは，**恣意的な形態**（arbitrary forms）を持つものとしてそれぞれの図版を意図的にデザインした。絵の具やインクを紙にたらして二つに折って開くと対称の図版が出来上がるが単にその結果にまかせたわけではない。たしかにそのように作り始めたのだが，曖昧な形を作った後で，彼はそのブロットの細部までを注意深くスケッチしていったのである。彼の目的は，それぞれの図版にはっきりとした重要な手がかり最小情報を含めることだった。この重要な最小情報は，可能性のある反応の範囲を限定するだけでなく，ブロットや特定のブロット領域への特有な反応の種類を引き出しやすくする。彼の研究の当初の目的は，主として統合失調症者のような重篤な知覚の問題を持つ者を鑑別する方法を見つけることであった。**平凡反応**の概念が，おそらく彼の意図するところを最もよく説明してくれるだろう。

平凡反応

　平凡反応は，三つのプロトコル中少なくとも一つで出現する反応であるが，これはとても控え目な基準である。実際，多くの平凡反応はもっと頻繁に生じている。たとえば，90％以上の被検者が図版Ⅷの $D1$ 領域をなんらかの四足獣と見る。それは，この領域の輪郭が四足獣の輪郭とよく合致していて，図版Ⅷの他の領域の輪郭よりもはっきりしているからである。それゆえに，この部分のピンク色は大部分の動物の色彩と合わないにもかかわらず，ほとんどの人がこの領域に「動物」を見るのである。

　同様に，全被検者の約 85％が図版Ⅰと図版Ⅴに羽のある対象を見るが，たいていそれはコウモリかチョウである。80％より多くの被検者が図版Ⅲの $D9$ 領域に人間を見る。実際のところ，平凡反応を決定するために使われたデータ・セットの 7,500 のプロトコルにおいて，50％を下回る頻度だったのは 13 個の平凡反応のうち 2 個だけであった。図版Ⅸの $D3$ 領域の人間もしくは人間類似反応の出現率は 7,500 プロトコル中 39％で，図版Ⅱの $D1$ 領域の動物の頭もしくは動物の全体像の出現率は 35％だった。

重要な最小情報の競合（COMPETING CRITICAL BITS）

時には，同じ領域に重要な手がかり特徴が競合しているために，二つ以上の対象が同定（翻訳）されやすくなる場合がある。図版Ⅴがよい例である。すでに述べたように，患者，非患者の両方の被検者の約85％が，図版Ⅴにコウモリかチョウを見る。二つの反応の比率はほぼ同じである。約44％がチョウと答え，約41％がコウモリと答える。なぜ，ある人はコウモリと答え，別の人はチョウを見るのだろうか。この違いは，性別，年齢，病理の種類や程度，あるいは基本的な反応スタイル（内向型か外拡型か）によって生じるものではない。

この問題に関する研究によれば，図版Ⅴの刺激野にある三つの重要な手がかり最小情報のどこに重きを置くか，それによって違いが生じるとされている。その一つはブロットの灰・黒色である。これはチョウの反応にはあまり合わない。図版をピンク色に変えてみたところ，期待したほどではなかったが，反応頻度に変化が生じた。反応者の約55％がチョウと言ったが，約30％は相変わらずコウモリの反応を出した。刺激野に含まれる他の二つの重要な最小情報は輪郭である。これはコウモリを選ぶかチョウを選択するかに関して，より大きな影響を持つ。まず，側面の $D10$ 領域の出っ張りは，どちらの反応にも一致しないように見えるが，どうもそうではないようだ。この $D10$ 領域を図版から削除すると，約70％がチョウと答え，わずか15％のみがコウモリと反応した。チョウという答えを出にくくし，コウモリという答えを容易にする点で，明らかに $D10$ 領域は重要である。もう一つ重要な特徴は頂点にある $Dd34$ の突出部である。$Dd34$ を削除すると，被検者の約70％がコウモリを見て，チョウというのは15％未満になる。$Dd34$ 領域がチョウの反応をする人にとって大事な手がかり特徴になることは明らかである。

手がかり特徴の影響力

被検者が図版を見る向きを変えると，手がかり特徴の影響力も変わる。たとえば，図版Ⅶが正位置で見られた場合，被検者の約65％は $D2$ 領域に人間の姿を見て，約25％が動物，たいていはウサギを見る。ところが，図版Ⅶを横位置にすると人間が見られることはめったになくなり，約50％がイヌを見るようになる。

輪郭が，おそらくブロットの中で最も重要な手がかり特徴ではあるが，時には色彩と濃淡の特徴が反応を決定する要因として大きな役割を果たすこともある。たとえば，図版Ⅰを灰・黒色から水色に変えると，コウモリの反応はほとんどなくなる。図版Ⅵを，図版内部の濃淡の違いのないべた塗りの灰色にして提示すると，$D1$ 領域の平凡反応である動物の毛皮反応は有意に減少する。

時には，反応の中で特に明言していなくても，ブロットの手がかり特徴が反応形成に影響していることがある。たとえば，図版Ⅱの $D1$ 領域にみられる平凡反応の動物約85％に動物運動反応（*FM*）が含まれている。この反応のうち約30％は，動物が遊んでいる（COP）と見られて，40％あまりが闘っている（AG）とか傷ついている（MOR）といった攻撃的な活動に関

連する反応であった。COP 反応が含まれる場合，ブロットの赤色領域（たいていは $D3$ 領域）に言及したのは 40 % であった。AG 反応か MOR 反応の場合，赤色領域（$D2$ 領域もしくは $D3$ 領域）に言及したのは，約 60 % であった。

$D2$ 領域もしくは $D3$ 領域をブロットから削除するとか，あるいは色彩を灰・黒色にすると，動物運動反応の出現頻度は同じでも，AG 反応および MOR 反応の比率は 5 % 未満にまで減少する。一方 COP 反応の発生率は 70 % 近くまで増加する。AG 反応の約 40 % は赤色への言及がされて**いない**ものの，図版Ⅱの赤色領域が AG 反応の形成に重要な意味を持っていることは明らかである。

形態水準表

形態水準表は適正な形態質（FQ）のコードを決定する基準として使用されるが，この表もまた反応形成に及ぼすブロットの手がかり特性の相対的な影響力を説明してくれる。形態水準表の 1993 年改訂版では，209,480 個の反応を含む 9,500 プロトコルが使用された。9,500 のプロトコルは，非患者成人 3,200 プロトコル（96,769 反応），統合失調症以外の外来患者 3,500 プロトコル（81,107 反応），統合失調症以外の入院患者 2,800 プロトコル（58,604 反応）からなっている。この表には，5,018 項目が，それぞれ，普通反応（o），特殊反応（u），マイナス反応（−）に分類されている。そして，W 反応が 1,051 項目，D 領域の反応が 2,820 項目，Dd 領域の反応が 1,147 項目ある。

W や D 反応を**普通反応**（o）と評定するための基準は，9,500 プロトコルで少なくとも 2 %（190）の頻度で報告された項目であることと，実在する輪郭を含み，述べられたものの形態がその輪郭と無理なく一致していることである。Dd 反応が**普通反応**（o）となるためには，その領域が少なくとも 50 のプロトコルで使われていることと，その領域の反応の 3 分の 2 以上の頻度で出現する項目であることが条件となる。形態水準表の 5,018 項目中，o と評定されたのは 1,011 項目（21 %）で，そのうち 865 項目が W 反応もしくは D 反応であった。

特殊反応（u）と評定する基準は，9,500 プロトコル中 2 % 未満でしか出現しないが，別個に評定した 3 名の判定が一致し，**すぐに容易に**（quickly and easily）見ることができること，そして輪郭が適切に使われていることである。形態水準表には，u と評定された項目が 2,176 項目（43 %）あり，このうち W と D 反応は 1,611 項目であった。また，1,831 項目（36 %）が**マイナス反応**としてあげられているが，これは 9,500 プロトコル中少なくとも 4 回出現したものに限定している。このうち W および D 領域の反応は 1,395 項目である。

o 反応の評定基準を 2 % とするのは，ずいぶん寛容であると思われるかもしれない。しかし，実際には o と評定された W と D の項目中，9,500 プロトコルで 2 % しか出現しなかったものはほとんどなかった。すでに述べたように，平凡反応の多くは，プロトコルの 3 分の 1 以上で生じている。9,500 プロトコル中 16 % ～ 25 % の出現率であったものは 33 項目，11 % ～ 15 % の出現率であったものはざっと 157 項目だった。o と評定された大半の項目（603 項目）の出

現率は6%～10%で，2%～5%の出現率だったのはわずか59項目だけである。

　u項目も，o項目の場合と同様，輪郭が適切に使用されていることが分類の条件となる。それに，経験のある検査者であればわかると思うが，u項目のリストには反応として出される可能性のあるものすべてを載せているわけではない。そういった制約があるにもかかわらず，u項目はo項目の2倍以上の数になっている。しかしそれでも，9,500のプロトコルに基づくと，o反応の割合を示すX+%は平均で0.64（非患者0.74，外来患者0.64，入院患者0.52）である。つまり，サンプルの中にある209,480反応のうち134,067反応に，形態水準表でoとなる1,011項目が含まれているわけである。一方，Xu%の平均値は，わずか0.17（非患者0.15，外来患者0.17，入院患者0.20）なので，ブロットの輪郭に適合しながらも形態水準をoとするほどの出現頻度がなかった反応（u反応）は35,616しかなかったことになる。

表　9500プロトコールの209,480反応を反応領域とFQによって六つのカテゴリーに分けた場合の，それぞれに該当する項目の数

	W & D（178,582反応：約85%）	Dd（30,898反応：約15%）
o（134,067反応：約64%）	865（117,864反応；約56%）*	146
u（35,616反応：約17%）	1,611	565
−（39,797反応：約19%）	1,395	436

＊178,582反応×0.66（X+%の割合）で計算したもの
（注：本文の理解をしやすくするために監訳者が作成したもの）

　この数値は，しかし，これだけでは誤解を招きやすい。というのは，209,480反応の約85%（178,582反応）が，WまたはD領域で生じた反応だからである。上述のように，形態水準表に載せられているWまたはD領域のo反応の項目は865しかない。9,500のプロトコルについてWとD領域だけのX+%を算出すると0.66になるので，WとD領域に対する178,582反応の約3分の2に，これら865項目が含まれることになるのである。

　表7には，10枚の図版中の10個のW領域と82個のD領域にどれだけの数のo反応があるかを示している。この表からわかるように，WまたはD領域にある865項目は10枚の図版に

表7　図版および領域ごとのWとDの普通（o）項目

図版	W	D1	D2	D3	D4	D5	D6	D7	D8	D9	D10	D11	D12	D13	D14	D15	計
Ⅰ	44	11	14	7	12	−	−	8	−	−	−	−	−	−	−	−	96
Ⅱ	11	10	12	12	10	16	4	−	−	−	−	−	−	−	−	−	75
Ⅲ	3	11	21	9	−	5	−	10	3	10	−	−	−	−	−	−	72
Ⅳ	30	12	8	4	11	10	5	10	−	−	−	−	−	−	−	−	90
Ⅴ	17	4	−	−	6	−	4	5	−	8	2	−	−	−	−	−	46
Ⅵ	18	13	15	18	17	12	6	−	11	−	−	−	7	−	−	−	117
Ⅶ	18	8	14	3	18	2	9	−	−	−	−	−	−	−	−	−	80
Ⅷ	20	1*	4	6	5	4	−	−	−	−	−	−	−	−	−	−	57
Ⅸ	24	10	16	22	5	8	10	−	10	−	3	3	−	−	−	−	116
Ⅹ	13	6	5	8	4	4	7	9	10	11	8	9	8	2	8	4	116

＊この項目には12種類以上の動物が含まれている。

均等に散らばっているわけではない。図版Vでは最も少なく，最も多いのは図版VI，図版IXである。

ある領域にどれだけo項目の数があるかを見ると，手がかり最小情報の影響力がとてもよくわかる。たとえば，D領域の半数以上（82領域のうち48領域）でo項目が8個以下，3分の1（82領域のうち28領域）で5個以下となっているが，o項目の数が少なければ，それだけその刺激野の性質はかなりはっきりしていて，手がかり情報と一致するような翻訳の数を限定していると言えるのである。

意志決定としての反応

たいてい，ブロットとその領域をスキャンすると，人はいくつかの**可能な**反応を思いつくものである。これは，重要な最小情報（critical bits）を含む手がかり特徴（distal features）が，複数の翻訳を容易にし，促進するためである。たとえば，多くの人が図版Iを一目見て，コウモリかトリかチョウに見えるとすぐに気づくが，それらすべてを反応する人は少ない。この3個の反応のうち二つを言う人も多くない。実際，仮面や女性など他の反応を選んで，この三つすべてを避ける人もいる。これは，ある可能な反応と他の可能な反応とを一対比較する認知的媒介で起こるプロセスである。多くの潜在反応は，この一対比較の手続きによって放棄され，他のものは検閲によって放棄される。

このような意志決定のプロセスの産物として反応が生み出される。多くの要因が人の意志決定に影響を与えうる。思考の構え，反応スタイル，欲求，肯定的感情や否定的感情，社会からの要請などすべてが意思決定に一役かっている。認知的媒介のデータを解釈する際には，なぜその反応（意思決定）が生じたのかその原因に焦点をあてるのでは**なく**，むしろ，意思決定する時に，個人の心理的側面に影響されないで，どれほど外的現実（ブロットのより明確な手がかり特性）を認めることができるのかその程度に焦点をあてる。この問題に取り組むために，反応を平凡反応，o反応，u反応，－反応など一連のカテゴリーに区別する。

認知的媒介に関連するロールシャッハの変数

認知的媒介のクラスターには6個の変数〔$XA\%$，$WDA\%$，$X-\%$，P，$X+\%$，$Xu\%$〕と，空白領域Sを含むマイナス反応の頻度，すべての反応の形態質およびWとD反応だけの形態質の分布〔＋，o，u，none〕，そしてマイナス反応の継列と特徴のデータがある。マイナス反応がある場合は，その同質性や歪みの程度も検討する。

検討事項の要点

認知的媒介のデータを解釈する際の問題点は以下のようなものである。
（1）認知的媒介活動が，どの程度状況にふさわしい（現実的な）行動（反応）をもたらして

いるか。
（2）認知的媒介活動が，どの程度状況にふさわしくない（非現実的な）行動（反応）をもたらしているのか。
（3）認知的媒介に機能低下が起こる場合には何か決まったパターンがあるか。
（4）認知的媒介がひどく損なわれているという証拠があるか。
（5）期待される行動や受け入れられる行動が何であるのか容易にわかるような状況で，慣習的な行動（反応）をどれほどとれるか。
（6）入力情報を慣習的に翻訳することについて，全般的にはどのような傾向がみられるか。
（7）入力情報の翻訳は，どの程度個性的で非慣習的なものか。

　情報処理の解釈で使ったケース 16, 17, 18 のデータを用いて，認知的媒介の検討の手続きを説明する。

ケース 16　31 歳の男性　認知的媒介に関するデータ

```
R = 24      L = 0.50      OBS = Pos        Minus & NoForm Features
FQx+    = 5       XA%    = .92        VII 15. Wo FC'- Xy 2.5 PER
FQxo    = 13      WDA%   = .95         X  22. Ddo34 FY- An MOR
FQxu    = 4       X-%    = .08
FQx-    = 2       S-     = 0
FQxnone = 0
(W+D    = 19)     P      = 8
WD+     = 5       X+%    = .75
WDo     = 11      Xu%    = .17
WDu     = 2
WD-     = 1
WDnone  = 0
```

ケース 17　19 歳の女性　認知的媒介に関するデータ

```
R = 20      L = 1.22      OBS = NO         Minus & NoForm Features
FQx+    = 0       XA%    = .75        III  6. Do7 F- An MOR
FQxo    = 11      WDA%   = .83        VIII 15. Dv2 C Hd, An PHR
FQxu    = 4       X-%    = .15        IX  17. DdSv29 F- Ad
FQx-    = 3       S-     = 2          X   19. Dv9 C Bl
FQxnone = 2                           X   20. DdSo22 CF- Hd PHR
(W+D    = 18)     P      = 4
WD+     = 0       X+%    = .55
WDo     = 11      Xu%    = .20
WDu     = 4
WD-     = 1
WDnone  = 2
```

ケース18　28歳の男性　認知的媒介に関するデータ

```
R  = 18      L  = 0.50     OBS = NO         Minus & NoForm Features
FQx+   = 0       XA%  = .39    I    2. DdSo99 F-  (Hd) 3.5 PHR
FQxo   = 3       WDA% = .45    II   5. Ddo99 Mp- Hd MOR,PHR
FQxu   = 4       X-%  = .56    II   6. Dd+99 Ma.mp- 2 Hd 5.5 AG,PHR
FQx-   = 10      S-   = 3      III  7. Do7 FC'- An MOR
FQxnone = 1                     III  8. WS+1 FC'.C- 2 Ad,Art 5.5 AB,INC
(W+D   = 11)     P    = 1      V   10. Wo1 F- A 1.0 MOR
WD+    = 0       X+%  = .17    VI  12. Dd+99 Ma- Hd,Sx 2.5 DV,PHR
WDo    = 3       Xu%  = .22    VII 14. WS+ F- Fd 4.0 MOR
WDu    = 2                     VIII 15. Dd+99 Ma.mp.CF- (H),Na,Ay 3.0 PHR
WD-    = 5                     X   17. Wv1 C Art PER
WDnone = 1                     X   18. D+2 Ma.C- H,Na 4.5 ALOG,PHR
```

ケース16

最近離婚した31歳の物理学の準教授。彼は不安感や集中困難，注意散漫，全般的な無気力を訴えている。

ケース17

保護観察中の規則違反に関連して評価を求められた19歳の女性。照会事項は，欠点を埋め合わせる長所は何か，訴えられている抑うつの程度，そして変化への動機づけと処遇の可能性である。

ケース18

28歳の男性入院患者で長い薬物濫用歴がある。彼のエピソードが統合失調症によるものか，あるいは薬物によって引き起こされたものなのか，また，抑うつ状態にあるのか，そして彼の退院要求にどう対処したらいいのかについて尋ねられている。

解釈の手順

　認知的媒介に関連するデータの解釈は難しくはないが，無造作に型どおりの解釈をするのはよくない。残念なことに，平凡反応の数と，構造一覧表のデータのパーセントをざっと見るだけで解釈仮説を作る人がいる。それでも何らかの妥当な仮説が得られるならば，それは心をそそられる方法ではある。しかし，そこでデータの検討が終わってしまうと，認知的媒介に関連する価値ある情報は無視され，仮説に被検者の個別の特性を盛り込めなくなってしまう。現実検討の問題に関連している頻度データ，スコア継列の情報，不適切な反応を検討することは，個人の認知的媒介活動を理解する上でかなり重要である。

　解釈手順には六つの基本的なステップがあるが，もし記録中にマイナス反応があれば八つになる。最初の三つのステップでは，反応が適切なものか否かに焦点を当て，もしそこに認知的

媒介の機能の低下が認められた場合にはそれがどの程度のもので，現実検討にどれほど影響しているかを見る。後半の三つのステップでは，どれほど認知的媒介活動が適切な翻訳（反応）を作り出しているのか，それは一般的で慣習的なものなのか，あるいは一般的でなくて個性的なものなのかに焦点を当てる。

前もって検討すべき項目（R，OBS，ラムダ）

解釈にあたっては，常に R を念頭に入れておく必要がある。このことは認知的媒介についてのデータを検討するときには，特に重要である。認知的媒介のデータのいくつかは R との比率で示されているので，長いプロトコルよりも短いプロトコルの方がパーセンテージに対する1個の反応の影響が大きいからである。たとえば，反応が24個あるプロトコルで3個のマイナス反応があると $X-\%$ は 0.13 となるが，反応数が 15 個の記録で 3 個のマイナス反応があれば $X-\%$ は 0.20 となる。表面的に見ると，$X-\%$ が 0.13 よりも，0.20 の方がより否定的な解釈仮説を導くことになるが，このように扱うのは不当なことであり，誤った結論をもたらしかねない。データが比率でない場合でも，R は時に解釈仮説の基準を変えることがある。たとえば，反応が 15 個の記録中の 7 個の平凡反応は期待値を超えるが，反応数 24 のプロトコル中の同数の平凡反応は期待値の範囲内のものである。

2番目はOBSである。OBS陽性は，完全主義の著しい傾向と，物事の細部に対して普通以上に関心があることを示している。このような人たちは，正確であることや慣習的であることへの欲求に強く影響されているので，刺激を翻訳する際にも非常に慎重である。このスタイルの人たちの認知的媒介は用心深く精密であることが多く，たいてい $XA\%$，$WDA\%$，$X+\%$ は平均値より高くなる。もしそうならないとすれば，強迫的な特徴が逆効果になって認知的媒介の何らかの妨げとなっていることを示す。

3番目のラムダは，マイナス反応の同質性を検討するときのガイドラインとなる。また，認知的媒介がどれほど慣習的なのか検討する際には，$X+\%$ と $Xu\%$ のデータの解釈の助けになる。

ステップ1：XA％およびWDA％

形態がどれほど適切に用いられているかを知っておくことは，認知的媒介のデータを解釈する際の基礎の一つである。二つの変数，$XA\%$ と $WDA\%$ は，この問題について直接的な情報を提供する。これらの変数は，認知的媒介活動から生じた行動（反応）が，どの程度状況に合致しているかを扱っている。変数が二つある理由は，一方だけでは形態の適切な使用について十分な全体像が得られないのに，二つを組にして検討するとそれが可能になるからである。最初の $XA\%$ は記録中の「形態によく合った」反応のすべての比率である（$FQ+$，FQo，FQu の合計／R）。2番目の $WDA\%$ は，それらの反応を W と D 領域の反応に限って計算した場合である（W と D 領域の $FQ+$，FQo，FQu の合計／$W+D$）。

XA＋％と WDA ％の両方の値はある程度高く，その値が近似していることが期待されるが，普通は WDA ％の方が高くなる。なぜならば，WDA ％は明確なブロット領域の反応を表していて，そこには最も目立った手がかり特徴が含まれているからである。したがって，大部分のケースでは XA ％は WDA ％よりも低くなる。しかし，それが逆になっているケースもある。この二つの変数に関する解釈仮説は，変数そのものの値と，この二つの変数の差の大きさから導き出される。

ケース 16　31 歳の男性　認知的媒介に関するデータ

```
R = 24      L = 0.50     OBS = Pos        Minus & NoForm Features
FQx+    = 5      XA%   = .92        VII 15. Wo FC'- Xy 2.5 PER
FQxo    = 13     WDA%  = .95         X 22. Ddo34 FY- An MOR
FQxu    = 4      X-%   = .08
FQx-    = 2      S-    = 0
FQxnone = 0
(W+D    = 19)    P     = 8
WD+     = 5      X+%   = .75
WDo     = 11     Xu%   = .17
WDu     = 2
WD-     = 1
WDnone  = 0
```

可能な所見 1

XA ％が 0.78 〜 0.90 で，WDA ％の値が XA ％の値と同じかそれ以上であれば，認知的媒介は常に状況に対して適切であることを示している。別な言い方をすると，慣習的な現実検討をするのに必要な基本的な要素はまったく損なわれていないことを示している。ステップ 2 へ進む。

可能な所見 2

XA ％が 0.90 より大きく，WDA ％が XA ％の値と同じかそれ以上の場合，その人は認知的媒介が状況に即したものとなるように特別に努力していることを示している。これは，強迫スタイルの人に一般的な所見であるが，機械的に強迫性と同一のものとみなすべきではない。これは単に，その人の認知的媒介活動が，状況を正確に翻訳しようとする強い志向性に影響されていることを意味しているに過ぎない。ステップ 2 へ進む。

〔ケース 16 所見該当　この記録で XA ％は 0.92，WDA ％は 0.95 で，患者群に期待されるより高い値である。このことは，彼の強迫スタイルを考慮するならば驚くにはあたらない。状況が正確に翻訳されていることを確信する必要があるため，新たな刺激入力を翻訳するにあたっては，慎重で，おそらくいくらか完全主義になることを示している。〕

可能な所見 3

XA ％が 0.78 以上で，WDA ％が 0.75 未満になるのはごくまれな所見で，おそらく計算違いかもしれない。計算違いでないとすると，それは短い記録中に（反応数 16 以下）Dd 反応がか

なりあって，そのたいていが *FQo* か *FQu* で，*W* と *D* 領域の反応の多くがマイナスか，無形態となるような奇妙な組み合わせの場合である。このようなプロトコルは情報処理が問題であることを示している場合もあるが，被検者がひどく混乱しているふりをしようとした時にも起こりうる。ステップ2へ進む。

可能な所見4

XA %が 0.70 ～ 0.77 で，*WDA* %が 0.80 以上の場合，明白な状況では認知的媒介の翻訳はおおむね適切でも，そうでない状況ではやや不適切になる傾向を示している。認知的媒介の効果（あるいは現実検討）が損なわれる理由は多くある。たいていは，感情や思考が邪魔するために起こるが，時には情報処理の問題によって生じることもある。無形態やマイナス反応の特徴を検討すると，たいていこの要因についての情報を得ることができる。ステップ2へ進む。

ケース17　19歳の女性　認知的媒介に関するデータ

```
R = 20        L = 1.22      OBS = NO         Minus & NoForm Features
FQx+    = 0        XA%    = .75           III  6. Do7  F- An MOR
FQxo    = 11       WDA%   = .83           VIII 15. Dv2 C  Hd, An PHR
FQxu    = 4        X-%    = .15           IX   17. DdSv29 F- Ad
FQx-    = 3        S-     = 2             X    19. Dv9 C  Bl
FQxnone = 2                                X    20. DdSo22 CF- Hd PHR
(W+D    = 18)      P      = 4
WD+     = 0        X+%    = .55
WDo     = 11       Xu%    = .20
WDu     = 4
WD-     = 1
WDnone  = 2
```

〔ケース17所見該当　反応数20のプロトコルで *XA* %は 0.75，*WDA* %は 0.83 である。*XA* %が期待の範囲をわずかに下回っているだけなのは安心であり，また二つの変数の差が8ポイントというのも適度である。つまり，彼女の認知的媒介活動は，たいていの場面では適切であると結論できるが，時にわずかながら機能が低下することがある。機能の低下が起こる具体的な場面については，ステップ2および3で検討する。〕

可能な所見5

XA %が 0.70 未満で，*WDA* %が 0.80 以上の場合，翻訳を適切にするための手がかりが明らかでない状況では，認知的媒介（現実検討）がかなり悪くなることを示している。二つの数値の差は，誤った見方を含む多数の *Dd* 反応によるものであろう。前章で指摘したように，*Dd* 反応は，経済的な情報処理を反映しているわけではない。むしろ，*Dd* 反応は防衛や，細部に対する普通でないとらわれや，あるいは否定的な構えによって，いったん取り入れた表象が再び反応にしたてあげられたものである。マイナスと無形態の反応を検討すると，効果的な認知的媒介が阻まれる原因について何らかの情報が得られるはずである。ステップ2へ進む。

可能な所見 6

XA％が 0.70 ～ 0.77 で，WDA％が 0.75 ～ 0.79 の場合，認知的媒介の機能はいくらか低下していることを示している。XA％が 0.70 を下回り，WDA％が 0.75 ～ 0.79 の場合はより機能が低下していることを示す。この場合は WDA％および，WDA％が期待を下回る理由の方におもに焦点を当てる必要がある。なぜならば，マイナスの Dd や無形態反応が多くあっても，期待値を下回る XA％になることはあれ，WDA％にはそれほど影響しないからである。それは，W と D 領域には最も明白な手がかり特性があるし，それらの手がかり特性に基づいた翻訳は歪曲されにくいためである。

したがって，WDA％が 0.80 を下回る場合は，W と D 領域の反応の少なくとも 5 個に 1 個で，明白な特徴が歪曲されたり無視されていることになる。これは，現実検討に問題があることを意味している。こうした事態は感情や思考が関与したために引き起こされることが多く，W と D 領域のマイナスと無形態の反応を検討すると，認知的媒介が損なわれる理由について納得が得られるはずである。ステップ 2 へ進む。

可能な所見 7

XA％が 0.70 より低く，また WDA％が 0.75 より低い場合は，認知的媒介の機能がひどく損なわれていることを示している。どこまで広範囲に障害がいきわたっているかを理解するには，二つの要素が重要である。まず WDA％で，これが 0.65 ～ 0.74 の場合，機能はよりひどく低下していて，現実検討はかなりその影響を受けることになるだろう。WDA％が 0.65 を下回る場合，機能の低下はより深刻で，現実検討は著しく損なわれる。精神病様の状態にある場合はこれらの所見は一般的であるが，認知的媒介に関する残りのデータをすべて検討する前にその結論に達するのは時期尚早である。

この問題に関連のある 2 番目の要素は，XA％と WDA％の差である。これは，現実検討の悪さが，日常的な機能にどれほどインパクトを与えるかについて情報もたらすことが多い。二つの数値の差が 0.10 以上であれば，認知的媒介の手がかりがはっきりしない状況では機能の低下がより一層深刻なものとなることを示している。二つの数値の差が 0.10 より小さい場合，機能の低下は全体に及んでいて，手がかりがどれほど明確か否かに関係なく機能の低下は起こると考えられる。

たとえば，反応数 24 のプロトコルの XA％が 0.58 で，18 個の W および D 反応と 6 個の Dd 反応があって，形態水準は $o = 10$，$u = 4$，マイナス反応 $= 9$，無形態反応 $= 1$ であるとしよう。もし，6 個の Dd のうち 3 個が u 反応で，3 個がマイナス反応であれば，18 個の W 反応および D 反応には，10 個の o 反応と 1 個の u 反応が含まれることになる。したがって，WDA％は 0.61（11/18）となり，現実検討の問題は全体に及び，おそらく日々の行動においても目立つものになっていると考えられる。一方，もし 6 個の Dd の 1 個が u で，5 個がマイナスだとすると，18 個の W と D 反応の形態質は，10 個の o と，3 個の u で，WDA％は 0.72（13/18）となる。この場合，XA％との差 0.14 は，認知的媒介のための手がかりが明確でない

状況において機能が一層損なわれることを示している。ステップ2へ進む。

ケース18　28歳の男性　認知的媒介に関するデータ

R = 18		L = 0.50	OBS = NO		Minus & NoForm Features	
FQx+	= 0	XA%	= .39	I	2.	DdSo99 F- (Hd) 3.5 PHR
FQxo	= 3	WDA%	= .45	II	5.	Ddo99 Mp- Hd MOR,PHR
FQxu	= 4	X-%	= .56	II	6.	Dd+99 Ma.mp- 2 Hd 5.5 AG,PHR
FQx-	= 10	S-	= 3	III	7.	Do7 FC'- An MOR
FQxnone	= 1			III	8.	WS+1 FC'.C- 2 Ad,Art 5.5 AB,INC
(W+D	= 11)	P	= 1	V	10.	Wo1 F- A 1.0 MOR
WD+	= 0	X+%	= .17	VI	12.	Dd+99 Ma- Hd,Sx 2.5 DV,PHR
WDo	= 3	Xu%	= .22	VII	14.	WS+ F- Fd 4.0 MOR
WDu	= 2			VIII	15.	Dd+99 Ma.mp.CF- (H),Na,Ay 3.0 PHR
WD-	= 5			X	17.	Wv1 C Art PER
WDnone	= 1			X	18.	D+2 Ma.C- H,Na 4.5 ALOG,PHR

〔ケース18所見該当　反応数18の記録でXA％は0.39，WDA％は0.45で，共に期待される範囲をかなり下回った結果である。二つの変数の差はわずか0.06で，深刻な機能低下の影響が全体に及んでいることを示している。WDA％が相当低いのが不安である。なぜならば，翻訳のための手がかりがどれほど明確であるか否かに関係なく機能低下が生じることを示すからである。これは，目下，障害をもたらすような精神病様のプロセスにあることを示している。〕

ステップ2：無形態反応（FQxnone）

　無形態反応（*FQxnone*）については，感情や思考のクラスターでそれぞれ詳細な解釈仮説を設けて考察するが，無形態反応があった場合は，ステップ1の仮説，特に，所見4，5，6，7で得られた仮説に何らかの修正が必要となる。無形態反応は，認知的媒介過程の最中に起こってくる内的刺激に影響されて，輪郭を無視した反応をしてしまう例である。一般的には，輪郭はブロットの中でも最も確かな手がかり特徴なので，刺激野の翻訳を形成するときに輪郭を無視することはまれであり，もしそういうことがあれば，それは認知的媒介過程に欠陥があることを示す。たいていの無形態反応は，有彩色（Pure *C*）を伴うが，いくつかの反応では無彩色や濃淡の特徴（*C'*，*T* または*V*）を伴っている。どちらのタイプの無形態反応も，強い感情と関連している。人間運動反応を含む無形態反応（*Mnone*）が生じるのは，特に珍しい。これはよく統制されていない思考活動を表している。

　無形態反応の頻度は，たいていの記録では0か1で，この範囲であれば，認知的媒介における種々の比率の計算に対する影響は少ない。しかし，無形態反応が多くなると，たいていの無形態反応は*W*や*D*領域に生じるので，*WDA*％や*XA*％などの認知的媒介のデータの解釈に関わってくる。たとえば，反応数18のプロトコルに14個の*W*と*D*反応があって，そのうち4個が無形態反応だとすると，残り10個の*W*と*D*反応の形態質が＋や*o*であったとしても，

WDA％は0.79より高くはならないことになる。

可能な所見

無形態反応の頻度が2以上の場合は，ステップ1で得られた解釈仮説を次のように修正する必要がある。時に，思考の構え（無形態運動反応の場合）や強い感情（他のタイプの無形態反応の場合）に妨害されて，認知的媒介活動の効果は損なわれることがあることを示す。マイナス反応がある場合はステップ3へ，マイナス反応がなければステップ4へ進む。

〔ケース17所見該当　反応数20の記録に，2個のPure C反応があり，それらは共にD領域である。WDA％は0.83となるが，強い感情が十分に調節されないと，認知的媒介に際しての手がかりがどんなに明確であっても，彼女の認知操作はその影響を受けて混乱してしまうことが示されている。〕

ステップ3：X－％，FQx－，FQxS－，Dd領域のFQ－

XA％とWDA％では適切な反応はどの程度あるかを見てきたが，このステップと二つの下位セクション（3aと3b）では，不適切な反応，すなわちマイナス反応に焦点を当てて検討する。マイナス反応とは，手がかり特性に一致しないやり方でブロットの特徴を翻訳する場合である。マイナス反応はほとんどすべての記録に生じる。多くのマイナス反応はDd領域やS領域で生じるが，それらはWやD領域で生じるマイナス反応と比べたら，悪いといってもまだ良い方である。

マイナス反応が起こる原因はたくさんある。情報処理に原因がある場合もあるが，たいていは情報処理は適切で，むしろ感情の要因，思考の構えやとらわれのせいで刺激野の特徴を誤って同定してしまうことの方が多い。原因が何であれ，マイナス反応はその人のある一面を反映している。まさにその一面のために刺激野は無視され，代わりにその人の内面世界が反応に投映されることになる。マイナス反応は，現実を無視したり，現実を歪曲したものである。多くの場合，マイナス反応には領域，決定因子，あるいは反応内容に同質性があるので，そこから認知的媒介の機能低下の由来をつかむことができるであろう。

マイナス反応がたくさんあれば，たいていそれはさまざまな種類の深刻な心理的あるいは神経学的問題と関連する，著しい認知の機能の低下を示している。このステップでは，記録中のマイナス反応の比率（$X-$％）の検討から始まって，マイナス反応の頻度（$FQx-$），$S-$反応の頻度，マイナス反応の領域の分布をみていく。このステップの最初の下位セクション（3a）は，マイナス反応の継列，決定因子，反応内容に同質な特徴があるか探索し，次の下位セクション（3b）では，マイナス反応に反映されている機能低下の大きさを評価する。

可能な所見1

$X-$％は0.15未満が期待値で，マイナス反応の数は1〜3個以内であることが期待される。この条件に合う場合は，認知的媒介の機能の低下はたいていの人よりも起こりにくいだろう。$S-$反応の頻度を見て，時々起こるこの事態に拒絶や怒りが関与していないか明らかにする必

要がある。ステップ 3a に進む。

ケース 16　31 歳の男性　認知的媒介に関するデータ

R = 24	L = 0.50	OBS = Pos	Minus & NoForm Features	
FQx+ = 5	XA% = .92		VII 15. Wo FC'- Xy 2.5 PER	
FQxo = 13	WDA% = .95		X 22. Ddo34 FY- An MOR	
FQxu = 4	X-% = .08			
FQx- = 2	S- = 0			
FQxnone = 0				
(W+D = 19)	P = 8			
WD+ = 5	X+% = .75			
WDo = 11	Xu% = .17			
WDu = 2				
WD- = 1				
WDnone = 0				

〔ケース 16 所見該当　この記録には，マイナス反応は 2 個しかない。一つは W 反応，二つ目は Dd 領域で，共に S を含んでいない。$X-$% は 0.08 で，認知的媒介過程に心配な点はない。しかし，ステップ 3a と 3b で，両方のマイナス反応について機能低下が偶発する要因を探し，その大きさを検討する。〕

ケース 17　19 歳の女性　認知的媒介に関するデータ

R = 20	L = 1.22	OBS = NO	Minus & NoForm Features	
FQx+ = 0	XA% = .75		III 6. Do7 F- An MOR	
FQxo = 11	WDA% = .83		VIII 15. Dv2 C Hd, An PHR	
FQxu = 4	X-% = .15		IX 17. DdSv29 F- Ad	
FQx- = 3	S- = 2		X 19. Dv9 C Bl	
FQxnone = 2			X 20. DdSo22 CF- Hd PHR	
(W+D = 18)	P = 4			
WD+ = 0	X+% = .55			
WDo = 11	Xu% = .20			
WDu = 4				
WD- = 1				
WDnone = 2				

可能な所見 2

$X-$% が 0.15 ～ 0.20 の場合は，時折認知的媒介の機能低下が起こる可能性を示す。R とマイナス反応の頻度が，この問題を理解する上で重要である。平均的な長さの記録に 3 ～ 4 個のマイナス反応があれば $X-$% は 0.15 ～ 0.20 の範囲になり，マイナス反応の同質性を検討すると，機能低下の原因が明らかになることが多い。一方，短い記録の 3 個のマイナス反応は，多くの反応をしないように手堅い態度でテストに臨んでいるにもかかわらず起きている機能低下なの

で，より重大な問題である。たいてい短いプロトコルには，DdやS反応はみられない。したがって，マイナス反応はWかD領域で起こることになる。反応数が14～16個の記録で3個のマイナス反応が出され，X－%が0.15～0.20の範囲になる場合は，機能低下を軽く見積もらないように注意しなければならない。実際にはX－%に示されるよりも機能低下は広範囲にわたるものかもしれない。逆に，S－の頻度がFQx－と等しいかそれに近い値である場合は，機能低下はむしろ被検者の感情の特徴と直接関連している。ステップ3aへ進む。

〔ケース17所見該当　反応数20のプロトコルのX－%は0.15で，3個マイナス反応がある。これは，時折認知的媒介が損なわれることを示している。3個のマイナス反応のうち2個はDdS領域で，機能の低下がたいていは否定的感情に影響を受けたためであることを示している。この所見は，2個のPure C反応について検討したステップ2の仮説とも一致する。つまり，彼女の認知的媒介の努力は，たいていは適切であるが，激しい否定的な感情によって時にその翻訳は著しく影響を受けるものとなる。〕

可能な所見3

X－%が0.21～0.25の場合，認知的媒介の機能低下は広範囲にわたっている可能性がある。この所見を理解するためには，Rの値，マイナス反応の頻度，**Sマイナス**の頻度が重要である。たとえば，反応数が14から16の記録で，3，4個のマイナス反応がWまたはD領域にあるとすれば，機能低下は広範囲にわたっておりおそらく深刻なものである。

一方，平均的な長さの記録で，少なくともマイナス反応の半分がDd領域であったり，Sを含んでいる場合がある。そのようなケースでは，認知的媒介の機能の低下はむしろ情報処理や感情などの特定の問題と関連していると考えられる。実際，**Sマイナス**反応がマイナス反応の半分以上を占める場合は，否定的な感情がその問題の要因となっているので，感情に関連したデータを検討すると理解が深まるはずである。機能低下が広範囲にわたっているか否かにかかわらず，この結果は重要なので，認知的媒介に問題があることを十分強調しておく。

ケース18　28歳の男性　認知的媒介に関するデータ

```
R = 18      L = 0.50     OBS = NO           Minus & NoForm Features
FQx+    = 0     XA%    = .39    I   2. DdSo99 F- (Hd) 3.5 PHR
FQxo    = 3     WDA%   = .45    II  5. Ddo99 Mp- Hd MOR,PHR
FQxu    = 4     X-%    = .56    II  6. Dd+99 Ma.mp- 2 Hd 5.5 AG,PHR
FQx-    = 10    S-     = 3      III 7. Do7 FC'- An MOR
FQxnone = 1                     III 8. WS+1 FC'.C- 2 Ad,Art 5.5 AB,INC
(W+D    = 11)   P      = 1      V   10. Wo1 F- A 1.0 MOR
WD+     = 0     X+%    = .17    VI  12. Dd+99 Ma- Hd,Sx 2.5 DV,PHR
WDo     = 3     Xu%    = .22    VII 14. WS+ F- Fd 4.0 MOR
WDu     = 2                     VIII 15. Dd+99 Ma.mp.CF- (H),Na,Ay 3.0 PHR
WD-     = 5                     X   17. Wv1 C Art PER
WDnone  = 1                     X   18. D+2 Ma.C- H,Na 4.5 ALOG,PHR
```

可能な所見 4

$X-\%$ が 0.25 より大きく，特に 0.30 以上の場合は，認知的媒介がひどく損なわれている可能性があることを示している。これは少なくとも 4 回に 1 回はマイナス反応が発生していることになる。マイナス反応にはなんらかの同質性がみつかることもあるだろう。しかし，この機能低下は，同質性だけを理由にすることはできないほど，きわめて広範囲にわたるものとなりがちである。この所見に該当する個人は，適切な現実検討に必要な基礎を欠いているために，何らかの不適応の問題をかかえていることだろう。

〔ケース 18 所見　反応数 18 の記録で，$X-\%$ は 0.56 である。これは 10 枚の図版の 8 枚に生じた 10 個のマイナス反応による。10 個のマイナス反応のうち 5 個が Dd 領域にあるからといって，機能低下の原因を情報処理の問題であるとするには無理がある。同様に，10 個のうち 3 個は S を含んでいるがこれを原因とするには説得力がない。この所見は，非常に現実検討が損なわれていて，それが広範囲にわたっていて障害となっていることを示している。〕

可能な所見 5

$X-\%$ が 0.70 を超える場合は，S マイナスや Dd の頻度に関係なく，被検者はおそらく事態を誇張しているかあるいは病気を装っている。もし，$X-\%$ が本当に 0.70 を超えているとすれば，被検者はテストを受けるのが非常に困難だっただろう。このように重度の障害のある人がテストを受けることは普通は不可能である。このような場合，一般的には，最近の生活歴を見ると被検者が精神病様の状態にあることが確認できる。もし，生活歴から精神病様の状態が確認できなければ，病気を装っている可能性がかなり高くなる。ステップ 3a へ進む。

ステップ 3a：同質性の問題

多くの場合，認知的媒介の機能低下が起こる前兆を特定できる。ステップ 3 の最初に，S 反応，Dd 反応の頻度を検討するのはこのためである。しかし，マイナス反応は，思考の構え，とらわれ，感情的要素などいろいろな理由で起こるので，このステップ 3 の後半部分では，機能低下と関係する共通の要素を探求する。ステップ 3a で示される仮説は相互に排他的ではないので，プロトコルの解釈にあたっては，どの可能性もすべて当たってみる価値がある。

可能な所見 1

時には，**すべての**マイナス反応が，最初の 2～3 枚の図版に起こることがある。このような場合，機能の低下はテスト状況に対する反応である。つまり，課題について理解していないために不安が生じたか，否定的な態度でテストに取り組んだかである。もし後者であれば，マイナス反応はたいてい S 領域を含んでいる。どちらの場合も機能の低下は一過性のものである。

$X-\%$ は確かにテスト結果を代表するものである。しかし，これは慣れ親しんだ状況での認知的媒介の機能についてはより悪く評価してしまっているかもしれない。テスト状況の性質や，被検者のテストに対する準備，テスト理由に関する情報があると，この一過性の機能の低下に

ついて説明することができる。さらに，生活歴をみることによって，なじみのない状況や，まったく望んでいないことを要求される状況で，似通った機能低下が習慣的に起こるのかどうかを知ることができる。

ケース 16　31 歳の男性　認知的媒介に関するデータ

```
R = 24      L = 0.50     OBS = Pos        Minus & NoForm Features
FQx+    = 5      XA%   = .92          Ⅶ 15. Wo FC'- Xy 2.5 PER
FQxo    = 13     WDA%  = .95          Ⅹ 22. Ddo34 FY- An MOR
FQxu    = 4      X-%   = .08
FQx-    = 2      S-    = 0
FQxnone = 0
(W+D    = 19)    P     = 8
WD+     = 5      X+%   = .75
WDo     = 11     Xu%   = .17
WDu     = 2
WD-     = 1
WDnone  = 0
```

ケース 17　19 歳の女性　認知的媒介に関するデータ

```
R = 20      L = 1.22     OBS = NO         Minus & NoForm Features
FQx+    = 0      XA%   = .75          Ⅲ  6. Do7 F- An MOR
FQxo    = 11     WDA%  = .83          Ⅷ 15. Dv2 C Hd, An PHR
FQxu    = 4      X-%   = .15          Ⅸ 17. DdSv29 F- Ad
FQx-    = 3      S-    = 2            Ⅹ 19. Dv9 C Bl
FQxnone = 2                           Ⅹ 20. DdSo22 CF- Hd PHR
(W+D    = 18)    P     = 4
WD+     = 0      X+%   = .55
WDo     = 11     Xu%   = .20
WDu     = 4
WD-     = 1
WDnone  = 2
```

可能な所見 2

すでに述べたように，マイナス反応の大半に S が含まれている場合は，おそらく機能の低下の一部は拒絶や怒りに関係した感情の問題によって生じている。その他の感情も認知的媒介に影響する。大部分のマイナス反応が，あるいはすべてのマイナス反応が有彩色の図版にある場合は，感情によって認知的媒介に混乱が起こっていることは確かである。同様に，怒りや拒絶以外の感情による妨害が先駆けとなって認知的媒介の機能を低下させている場合は，マイナス反応の決定因子になんらかの同質性があり，たいていは，有彩色決定因子か，無彩色あるいは濃淡決定因子が含まれている。

〔ケース 16 所見　2 個のマイナス反応は，拡散濃淡反応（FY）と無彩色反応

第6章　認知的媒介　177

（FC'）で，不快な感情を抱えるのが難しいことを示している。〕

〔ケース17所見　3個すべてのマイナス反応は有彩色図版にある。この所見は，3個のマイナス反応のうち2個がS領域にあることや，2個のPure C反応があるという前の所見と一致する。これらのデータを組み合わせると，彼女は感情にかなり影響され，それによって認知的媒介に困難が生じているという見解が明らかになる。〕

ケース18　28歳の男性　認知的媒介に関するデータ

R = 18	L = 0.50	OBS = NO	Minus & NoForm Features
FQx+ = 0	XA% = .39		I 2. DdSo99 F- (Hd) 3.5 PHR
FQxo = 3	WDA% = .45		II 5. Ddo99 Mp- Hd MOR,PHR
FQxu = 4	X-% = .56		II 6. Dd+99 Ma.mp- 2 Hd 5.5 AG,PHR
FQx- = 10	S- = 3		III 7. Do7 FC'- An MOR
FQxnone = 1			III 8. WS+1 FC'.C- 2 Ad,Art 5.5 AB,INC
(W+D = 11)	P = 1		V 10. Wo1 F- A 1.0 MOR
WD+ = 0	X+% = .17		VI 12. Dd+99 Ma- Hd,Sx 2.5 DV,PHR
WDo = 3	Xu% = .22		VII 14. WS+ F- Fd 4.0 MOR
WDu = 2			VIII 15. Dd+99 Ma.mp.CF- (H),Na,Ay 3.0 PHR
WD- = 5			X 17. Wv1 C Art PER
WDnone = 1			X 18. D+2 Ma.C- H,Na 4.5 ALOG,PHR

可能な所見3

時には，マイナス反応が運動決定因子（M，FM，m）に集中することがある。運動決定因子はすべて思考活動と関連している。かなりのマイナス反応が運動決定因子を含む場合，何らかの奇妙な思考活動が現実を歪めていることを示している。思考活動の特徴については，認知の三側面の第3番目のクラスター（思考）で詳細に検討するが，このクラスターでは，FMとmのマイナスと対照させてM−の頻度を検討することが重要である。なぜならば，M−反応は意図的に方向づけられた，統制された思考活動の様式を反映しているからである。

ときには，一時的に筋の通らない論理を展開してしまって，1個のM−反応を出すこともある。しかし，一つのプロトコルに2個以上M−反応があって，特にそれが全体のマイナス反応の大部分を占めている場合は，歪曲した思考が認知的媒介に衝撃を与えていることを示す。それに比べると，FM−反応とm−反応は，周辺的で，あまり意図的でない思考活動を表している。大部分のマイナス反応がFMもしくはmであれば，欲求やストレス体験によって起こる周辺的な心理活動のために，注意や集中が困難になって，筋道を立てて考えることができにくくなり，効果的な認知的媒介が妨害されることを示している。

〔ケース18所見　反応数18の記録中に10個のマイナス反応があるが，そのうちの5個には運動決定因子が含まれている。5個すべてがMである。このことは重大な思考の問題が，認知的媒介に影響を及ぼしていることを示している。ま

た，6個のマイナス反応は感情に関係のある要素（S反応，無彩色反応，有彩色反応）を含んでいることも事実である。全体像としては，精神病様の状態が存在するときにあるような，認知的混乱を示している。〕

可能な所見4

時には，ほとんどすべてのマイナス反応に反射反応または形態立体反応が含まれている場合がある。これは，認知的媒介が自己イメージの問題に影響を受けていることを示している。

可能な所見5

マイナス反応の頻度（$FQ-$）が4以上で，ほとんどのマイナス反応がPure Fの場合は，ラムダの値が重要である。ラムダが0.99より大きく，回避型の対処スタイルで，ほとんどのマイナス反応がPure Fの場合，そのスタイルが効果的でなくなり，現実の方を歪曲することでそのスタイルを維持しようとしていることを示している。一方，ラムダの値が1.0未満でほとんどのマイナスがPure Fであれば，より意図的に防衛として現実を歪曲していることを示している。たいていのマイナス反応はDd領域に生じるが，WやD領域にあったとしても，それは状況の明白な現実を無理やり歪め，対処するのを回避しようとしている。

可能な所見6

マイナス反応が同質の反応内容にまとまっている場合，なんらかのとらわれが，認知的媒介の機能を低下させていることを示している。そのとらわれの性質はたいてい反応内容の分類をみればわかることが多いが，ケースによっては，自己知覚に関するデータを検討する際に反応自体を読んで初めて明らかになる場合もある。

〔ケース16 所見　すでに見てきたように，二つのマイナス反応は濃淡拡散決定因子（FY）と無彩色反応（FC'）である。また，両方ともに身体の内部の反応内容である（An と Xy）。このことは，どうすることもできない身体への関心によって，時に認知的媒介が損なわれることを示している。〕

〔ケース18 所見　10個のマイナス反応に，反応内容の同質性がある。6個には何らかの人間反応が含まれており，人に対する普通でないとらわれが彼の認知的混乱の一因となっている可能性を示している。〕

可能な所見7

マイナス反応の頻度（$FQx-$）が4以上で，それらがいつも各図版の最初の反応として出現する場合は，意欲がないか，性急な認知的媒介のアプローチを表している。これは，情報処理過程の問題でもあるが，認知的媒介が衝動的になる傾向も示している。もし，最初のマイナス反応の後に続く反応が適切なものである場合は，特にこのことが言える。逆に，マイナス反応が各図版の最後に現れる場合には，二つの可能性を考慮しなければならない。まず，より一般的なのは，それらのマイナス反応が被検者にとって特別に意味がある場合で，マイナス反応の特徴や内容を検討するとよりその意味が明らかになるはずである。二つめの可能性は，なんらかの理由で，被検者は自分のまずさを誇張する傾向があるということである。特に**すべてのマ**

イナス反応が図版の最後にあればそうである。ステップ3bへ進む。

ステップ3b：マイナス反応の歪曲レベル

　すべてのマイナス反応が，同じ程度で現実を無視しているわけではない。大部分のマイナス反応は刺激野の要素と一致する特徴を含んでいる。たとえマイナス反応とコードされていても，領域は適度に正確であり，反応を構成しているいくらかの部分は容易に確認できるものである。図版Ⅱ，図版Ⅲおよび図版Ⅹの顔反応，図版Ⅱ，図版Ⅲおよび図版Ⅷの解剖反応，図版Ⅳもしくは図版Ⅴのカニの反応，図版Ⅶの割れたクッキーあるいはクラッカーなどはその例である。これらは中程度の歪曲のレベルを反映している。より深刻なマイナス反応は，大部分の形態は適切であるにもかかわらず，明らかに不適切な要素を反応の重要な要素として付け加えてしまうために，結局反応を損ってマイナスとコードされる場合である。たとえば，図版Ⅲの「二人の男（$D9$ 領域）が，女性の頭（$D7$ 領域）を叩いている」という反応である。$D9$ 領域に人の姿を見るのは適切なもので，平凡反応でさえあるが，$D7$ 領域の人の頭は明らかなマイナスである。

　最も悪いマイナス反応は，刺激野をほぼ完全に無視したものである。どこを見たのか，その領域を確認するのは難しく，どんなに共感的な解釈者でも，反応の一部分でも追認知するのが困難で，場合によっては不可能なものである。たとえば，図版Ⅰ全体の「炭坑夫の集団が地球の中心に向かって深く掘り進んでいる」という反応とか，図版Ⅳの中央部分の「グレムリンの顔」，図版Ⅹ全体の「フラミンゴの群が頭上を飛んでいる」などの反応である。このようなマイナス反応は，認知的媒介の機能低下がかなり深刻であることを表している。これらは，ひどく現実から遊離していて，ある種の精神病様の活動がなければ起こらない反応である。このように各マイナス反応を検討して，反応が刺激野の特性をどの程度侵害しているかを理解することが重要である。

　このように反応を見ていくことは，**反応に投影された内容を調べることではない**。また，機能低下の程度を判断するにあたっては，反応のコードに含まれる特殊スコアに左右されないようにする。むしろ問題の焦点は，現実からどれほどかけ離れたものかということにある。

可能な所見

　ひどく歪曲しているマイナス反応がある場合には，ステップ3と3aから得られた所見は次のように修正する必要がある。つまり，時には認知的媒介に関連する認知操作は精神病様の状態にある人に見られるのと同様の深刻な破綻をきたす，ということである。1個のマイナス反応でも，歪曲の度合いがひどければ，状況に合わない，期待はずれで不適切な行動をとる可能性を示唆する。ひどく歪曲したマイナス反応が複数ある場合は，認知的媒介活動は大混乱状態で，効果的でない不適切な行動が生み出されるのは必至であると結論することができるだろう。ステップ4へ進む。

　　〔ケース16 所見　2個のマイナス反応がある。

図版Ⅶ（W）「これは全部X線写真のように見える，たぶん骨盤」（質問段階）「ただこの形からだけど，色も黒くてX線写真みたい」

図版Ⅹ（Dd34）「この部分が頭蓋骨のように見える」（質問段階）「そんな形をしているのと，ずっと日なたに置かれていたのか，色が褪せているように見える」

いずれの反応もひどい歪曲を含んでいない。〕

〔ケース17 所見　3個のマイナス反応がある。

図版Ⅲ（D7）「これは肋骨かもしれない」（質問段階）「わかりません，ただそう思っただけです。形から。つぶされたのかもしれない，だってぺしゃんこになっていてもう丸くなっていないから」

図版Ⅸ（DdS29）「この小さな白いところは，何か虫の頭のように見える」（質問段階）「どんな種類の虫かわからない。ただなんか虫に見える，頭のよう。これは何かの虫の頭のようにとがっている」

図版Ⅹ（DdS22）「これはヤクをやっている誰かの顔のように見える。目が黄色くて，頬がピンク色」（質問段階）「いろんな色のせいでおかしく見える。自分でおかしな色を塗ったか，でなければきついヤクをやったのか。目が黄色くて，頬が上気してピンク色」

どの反応もひどい歪曲を表していない。〕

〔ケース18 所見　このプロトコルには10個のマイナス反応がある。

図版Ⅰ（DdS99）「もし，この白い部分の回りに円を描いたら，ハロウィーンのカボチャ」（質問段階）「えーともう今は見えないけど，こうすると（丸く囲む）カボチャ，目で口，他は無視して」

図版Ⅱ（Dd99〔D3の内部〕）「この下の方は悲しそうな顔，目がやっぱり悲しそう」（質問段階）「ちょうどここ（囲む），眉をひそめているように見える。本当に劇で使うこんな仮面があってね，これは悲しい感じだね，こう両端が下がっている」

図版Ⅱ（Dd99〔D2＋点々〕）「ここの上のところは二人がお互いに唾を吐きかけ合っているように見える。二人の間に唾が飛んでいるでしょう」（質問段階）「人の頭だけど，体はなくて，こことことに鼻と口が見えて，ここの間に唾が見える」

図版Ⅲ（D7）「肺か，なにか癌みたいで気持ち悪い」（質問段階）「ここが本当に病んでいるみたい。煙草を吸いすぎるとこんな風に肺が全部真っ黒になって，癌か他の肺病にかかっているよう。これとこれ，これがつなげている組織のよう」

図版Ⅲ（WS）「さてこうすると，まったくクロゴケグモ（訳注 black widow：

ヒメグモ科の毒グモでまっ黒い腹の下側に8の字状の赤い模様がある。米国に広く分布）のように見える，砂時計の模様がお腹にあって，ここが手でここが頭，これは実物ではなくて，芸術家が抽象的に表現したもの」（質問段階）「そう，これは全体ではなくて頭と体の一部，手で，砂時計の模様。ここの外にある二つの赤いしみは子を産んだ後にオスを殺したことを表している。他は白くなっているけど本当は黒で，だから芸術家が抽象的に描いたんだと思う」

　図版Ⅴ（W）「何かの動物を切り開いたみたい，ウサギかも」（質問段階）「真ん中で切ったので両側がまったく同じ，これらがたぶん後足と前足で，ここの上が耳で，ちょうど肉切り包丁か何かで割ったみたい」

　図版Ⅵ（Dd99）「これこそ皆がセックスしているところと言うものなんだろうけれど，わからないなぁ，そうとも思えないけど，たぶん……わからない」（質問段階）「そう，わからなかったんだけど，ここに膣の道（訳注：vagina path が DV）があって（D12 の周囲を囲む），ペニスがこれ（D12）。たぶんセックスしているのかもしれないね」

　図版Ⅶ（WS）「割れたクッキー，まん中に穴のあいたヒナギクのようなクッキー。牛乳と一緒に食べるとおいしいんだ」（質問段階）「うん，割れたのを元に戻したら真ん中に穴があいた丸い形になるんだけど，誰かが一口食べちゃったみたいで，サンシャインバタークッキーだね。これが穴で，これがその残り」

　図版Ⅷ（Dd99〔逆位置で D2 ＋ D5 中央部＋ D3 両側〕）「こうすると，人が誰か他の人を引っ張っているように見える。たぶん神様が彼の息子を天国に引き戻していて，きれいな色の光が周囲に放射している」（質問段階）「たった一人の息子，神様には一人の息子しかいないんだ。外に差し出された腕がこれで，彼の頭上には光が見える。ここの上を見て，光が放射していて，これが神様（D2 の一部を囲む）。これが腕で，この下が息子で，足が開いていて，彼は上の方にいるよう（囲む）。想像力を使わないとわからないよね」

　図版Ⅹ（D2 と D6）「女の子が背面飛びでプールに入ろうとしていて，背面飛びをしているから，ダイビングコンテストだね」（質問段階）「これは本当にバカみたいだ，これが本当に最後だろ？　そうだな，ここに，女の子か男の子か，どちらでも，やっぱ，やっぱ，これは女の子かな。女の子が背面飛びをしている，女の子の背中は背面飛びに向いているから。ここが腕を外に出していて，体が後ろに曲がっている（なぞる）。顔もよく見えない，この下の青いのが水，水は青いだろ」

　2番目と9番目のマイナス反応で，図版Ⅱの D3 領域内部の顔と図版Ⅷの「神様」を見ることは不可能である。これらは非常に歪んでいる。図版Ⅵ中心部分の性反応と，図版Ⅹの「ダイビング」の反応も見出すのは困難であり，かなりの歪

曲を表している。ステップ3では，重大な障害の存在と，現実検討を悪くし，まったく非効果的あるいは不適切な行動を導きかねないような精神病様状態の可能性が示唆されていた。以上見てきたマイナス反応は，この所見を強く支持するものである。〕

ステップ4：平凡反応

平凡反応は，ブロットの最も明確な手がかり特性を使用することを必要とする。平凡反応の頻度からわかることは，どのような行動が期待され，受け入れられるのかについての手がかりが容易に見つけられるような場面で，**明らかに**慣習的でありきたりの反応をするかどうかについてである。理論的には，被検者はみんなこういう楽なやり方をするだろうと考えられるが，たいていそうならないのは，重要な手がかり特性がどれほどはっきりしているかが図版ごとに異なるためであろう。大部分の人は，6～8個の平凡反応を答える。9個の平凡反応を見る人はごくわずかで，長いプロトコルであっても10個以上平凡反応を出す人はほとんどいない。

可能な所見1

R が17～28の場合，平凡反応の期待値は，成人と青年では5～7個で，12歳未満の児童では4～7個である。R が16以下の場合は，P の期待値は年齢に関係なく4～6個である。R が29以上の場合は，P の期待値は年齢に関係なく6～9個である。P が期待値内であれば，期待され受け入れられる反応の手がかりが明白な時には，そうした反応が起こり得ることを意味している。単純で明確に定義された場面では，**たとえ情報処理になんらかの問題が指摘されていたとしても**，非慣習的な反応が生じる可能性はほとんどない。ステップ5へ進む。

可能な所見2

平凡反応の数が期待値より大きい場合，慣習や正確であることについて一般的でないほどの関心を示している。このような人は，社会的に期待され受け入れられる行動に関連する手がかりを発見することに執着しすぎているのかもしれない。これは強迫スタイルの人には珍しくないが，たとえ強迫スタイルでなくても，完全主義の顕著な傾向を反映している。これは短所とみなされるべきではないが，その人が社会に容認されることに過剰な関心を抱いているのではないかという疑問が生じてくる。この所見は，先に進んでステップ6の $XA\%$ と $X+\%$ との関連でさらに評価される。ステップ5へ進む。

ケース16　31歳の男性　認知的媒介に関するデータ

```
R = 24       L = 0.50      OBS = Pos        Minus & NoForm Features
FQx+  = 5    XA%  = .92    VII 15. Wo FC'- Xy 2.5 PER
FQxo  = 13   WDA% = .95    X   22. Ddo34 FY- An MOR
FQxu  = 4    X-%  = .08
FQx-  = 2    S-   = 0
FQxnone = 0
```

```
(W+D    = 19)    P     = 8
WD+     = 5      X+%   = .75
WDo     = 11     Xu%   = .17
WDu     = 2
WD-     = 1
WDnone  = 0
```

〔ケース16所見　8個の平凡反応があるのは一般に期待されるよりやや多い。しかし，彼の強迫スタイルを考慮するならば驚くには当たらない。混乱していない強迫様の人は，正確であることに強い関心があるので平均より多い平凡反応を出すものである。この所見だけから言えることは，適切で受け入れられる行動についての手がかりが明白な時には，そのような行動をとることが期待できるということである。しかし同時に，正確であることを追求するあまり，彼は自分の個性を犠牲にしていないかどうか疑問がわいてくる。〕

可能な所見3

平凡反応が平均値を下回る場合，単純で明確に定義された状況でさえも，非慣習的でより個性的な反応が生じるであろう。これは必ずしも短所ではないが，社会的慣習を無視する根強い傾向があるのではないかといった疑問が生じてくる。この問題についてはステップ6でさらに検討する。ステップ5へ進む。

ケース17　19歳の女性　認知的媒介に関するデータ

```
R = 20      L = 1.22     OBS = NO          Minus & NoForm Features
FQx+     = 0       XA%   = .75       Ⅲ   6. Do7   F-   An MOR
FQxo     = 11      WDA%  = .83       Ⅷ  15. Dv2   C    Hd, An PHR
FQxu     = 4       X-%   = .15       Ⅸ  17. DdSv29 F-  Ad
FQx-     = 3       S-    = 2         Ⅹ  19. Dv9   C    Bl
FQxnone  = 2                         Ⅹ  20. DdSo22 CF- Hd PHR
(W+D     = 18)     P     = 4
WD+      = 0       X+%   = .55
WDo      = 11      Xu%   = .20
WDu      = 4
WD-      = 1
WDnone   = 2
```

ケース18　28歳の男性　認知的媒介に関するデータ

```
R = 18      L = 0.50     OBS = NO          Minus & NoForm Features
FQx+     = 0       XA%   = .39       Ⅰ  2. DdSo99  F-    (Hd) 3.5 PHR
FQxo     = 3       WDA%  = .45       Ⅱ  5. Ddo99   Mp-   Hd MOR,PHR
FQxu     = 4       X-%   = .56       Ⅱ  6. Dd+99   Ma.mp- 2 Hd 5.5 AG,PHR
FQx-     = 10      S-    = 3         Ⅲ  7. Do7     FC'-  An MOR
```

```
FQxnone  = 1              Ⅲ  8. WS+1 FC'.C- 2 Ad,Art 5.5 AB,INC
(W+D     = 11)    P  = 1  Ⅴ 10. Wo1  F-  A 1.0 MOR
WD+      = 0      X+% = .17  Ⅵ 12. Dd+99 Ma- Hd,Sx 2.5 DV,PHR
WDo      = 3      Xu% = .22  Ⅶ 14. WS+ F- Fd 4.0 MOR
WDu      = 2              Ⅷ 15. Dd+99 Ma.mp.CF- (H),Na,Ay 3.0 PHR
WD-      = 5              Ⅹ 17. Wv1 C Art PER
WDnone   = 1              Ⅹ 18. D+2 Ma.C- H,Na 4.5 ALOG,PHR
```

〔ケース17およびケース18所見　ケース17には20反応中4個の平凡反応があるが，これは平均をやや下回っている。彼女は回避型の対処スタイル（L = 1.22）を持っているので，最も単純で明白な平凡反応を出そうとするのが自然なのに，そうしていない。これは前章で指摘した性急で幾分不注意な情報処理の結果であると思われるが，慣習性を故意に無視しているとか，慣習性を見分けるのが困難であるということがあるかもしれない。この問題は，今後解釈を進めていく中で念入りに検討する必要がある。

　ケース18は，反応数18で平凡反応は1個だけである。平凡反応が顕著に欠落しているということは，適切な行動についての明白な手がかりがある時でさえも，決まってそのような行動が起こらないことを示している。平凡反応の頻度がそれほど低いということは，慣習を著しく無視するとか，認知的媒介のより深刻な問題がある可能性を示している。このケースでは後者であることがすでに明白である。〕

ステップ5：FQ＋

成人や年長の青年のプロトコルで，かなり知的に優れているか，十分な教育を受けた人の場合には，若干の（1〜3個）*FQ*＋反応が含まれていることが多い。このコーディングは，普通よくある反応（o）に限られ，知覚された対象を描写する際に普通以上に，あるいは必要以上にその**形態**の特徴をはっきりさせるので，「過剰な明細化」の反応と言われる。これは，正確であろうとする志向性と，その数が若干である限りは，テストを受けている人がその課題を熱心にやっていることを示している。想像がつくように，回避型の対処スタイルの人の記録中に*FQ*＋反応があることはかなりまれである。

可能な所見1

FQ＋の値が0のときには，確実な結論は引き出せない。しかし，被検者が十分な教育を受けているとか，知能が平均より高いと確信できる理由があるのに，*FQ*＋反応がない場合は，意欲のなさや防衛的構え，さらには認知的媒介のアプローチが損なわれていることを示している可能性があるので，形態質が正しくコーディングされているか見直すとよい。

〔ケース17およびケース18所見　両方の記録とも*FQ*＋の値は0である。ケー

ス 17 は回避型の対処スタイルの人なので驚くにはあたらない。むしろ，ケース 18 は大学を卒業しているのでやや驚きである。しかし，彼の認知的媒介には深刻な問題があり，おそらく精神病様の状態にあることはすでにわかっていることである。〕

可能な所見 2

$FQ+$ の値が 1〜3 であれば，被検者は刺激入力を媒介する際にはより正確であろうとする方向づけを持っている。おそらくテストを受けることに対して十分な動機を持っていたことを示している。

可能な所見 3

$FQ+$ の値が 4 以上であれば，詳細で，正確であろうとする顕著な方向づけを示している。このことは短所と見なされるべきではないが，このような人は意思決定において過度に用心深いことを示す。強迫スタイルの人がこの所見に該当する場合は，認知的媒介におけるより完全主義的な方向づけを反映している。

〔ケース 16 所見該当　5 個の $FQ+$ 反応は彼の 24 個の反応の約 5 分の 1 である。この比率はかなり高い。これは，彼の強迫スタイルと矛盾しないとは言っても，ひどく用心深く，おそらく確信を持っていないと意思決定しないということをかなり強調するものである。この傾向は，彼が慣習的であることや正確であることのために個性を犠牲にしているようであれば短所となる。この可能性についてはこれから先の解釈で検討される。〕

ステップ 6：X+％と Xu％

このステップでは，プロトコル中の適切な反応が慣習的なものか，あるいはより個性的な認知的媒介によるのかを検討する。X+％はプロトコル中の o 反応の割合を表している。これらは，形態水準表を作成する際に用いたプロトコルに最も頻繁に出現した反応である。これらの反応には必ずその刺激野の中でも強い影響力のある手がかり特性が使われている。強い影響力のある手がかり特性は，単に注意を引きつけるだけではなく，その領域に一致する翻訳の範囲を限定する。その刺激野で出されうる反応の中から普通反応（o）が選択されているならば，その被検者の認知的媒介の決定は一般的で慣習的な傾向を示している。

Xu％はプロトコル中の u 反応の割合を表している。これらはブロットの特性に一致した反応でありながら，それほど高い頻度で見られない反応であるという点が特に重要である。ほとんどすべてのプロトコルにはこの特殊反応（u）があるだけに，その解釈は骨が折れるものである。明らかにそれほど慣習的な反応ではなく，むしろ個人的な反応である。多くの反応がおそらく何らかの投影的要素を含んでいるが，それは認知的媒介を検討するここでの問題ではない。ここで問題とするのは，記録中に出現したこれらの反応の割合が慣習を無視する傾向を表しているのかどうかである。

いくつかの u 反応は，一般的でないやり方で言語化された o 反応の変形である。単により慎重で防衛的な場合もある。たとえば，図版 II の D3 領域を「チョウ」と見るとそれは o とコードするが，同じ領域を「羽がある昆虫」と言うと，その反応は u とコードされる。チョウは羽のある昆虫なので，補外法に則って両方とも o とコードすべきだという議論が起こるかもしれない。しかしそうすると，「昆虫」と見た認知的媒介の翻訳の特殊性を無視することになる。矛盾したことを述べているように思えるかもしれないが，そうではない。o 反応の定義は，表の作成に使用された 9,500 の記録中少なくとも 190 で生じたということを思い出していただきたい。実際，「チョウ」の反応は 963 のプロトコルに出現しているのに，「羽がある昆虫」の反応は 37 の記録にしかなかった。これは不適切な反応というわけではない，単に手がかり特性をより一般化して慎重で防衛的なやり方で翻訳したのである。

大部分の u 反応は，単に o 反応を慎重に，あるいは防衛的に変化させて一般化したものではない。むしろ，多くの u 反応はより独創的で創造的なものである。たとえば 図版 IV 全体（D1 を棒として）の「かかし」の u 反応は，平凡反応の人間や人間類似の反応と同じくらい容易に見ることができるし，他の W 領域の o 反応「棒にかかったブーツ」や，「紋章」や「地勢図」よりも簡単に見えるが，9,500 のプロトコルでの出現頻度は 43 しかない。明らかに，この反応は独創的なものである。おそらく自己知覚の脈絡では特別な意味があるが，それはこの章での関心事ではない。重要なことは，表象は適切に翻訳されたが特殊な流儀だったということである。

記録の半分を越える，時には 4 分の 3 より多くの反応が o とコードされるが，加えていくつかの u 反応もあることが期待される。特に R が 18 以上の場合はそうである。u 反応の割合はさまざまであるが，常にマイナス反応の割合よりも多いことが期待される。$Xu\%$ が 0.15 ～ 0.25 の範囲内になるのは珍しいことではないが，それが 0.25 を超える場合には，個性的であろうとする傾向が強すぎるか，慣習的で社会的に期待される行動を故意に無視しようとする方向づけがないかどうかについて確かめる必要がある。

ケース 16　31 歳の男性　認知的媒介に関するデータ

```
R = 24        L = 0.50        OBS = Pos           Minus & NoForm Features
FQx+    = 5         XA%   = .92          VII 15. Wo FC'- Xy 2.5 PER
FQxo    = 13        WDA%  = .95           X 22. Ddo34 FY- An MOR
FQxu    = 4         X-%   = .08
FQx-    = 2         S-    = 0
FQxnone = 0
(W+D    = 19)       P     = 8
WD+     = 5         X+%   = .75
WDo     = 11        Xu%   = .17
WDu     = 2
WD-     = 1
WDnone  = 0
```

可能な所見 1

X+%が 0.70 〜 0.85 の間で，Xu%が 0.10 から 0.20 の場合，社会的要求や期待に一致した行動を取る傾向がかなりあることを示している。Xu%が 0.10 より少ない場合，時に何らかの認知的媒介の機能低下によってその志向性が妨げられることを示している。

〔ケース 16 所見該当　X+%が 0.75 で，Xu%は 0.17 である。これは，高い XA%と平均を上回る平凡反応の数を考慮するならば予想のつく所見である。この人は，自分の行動が必ず，慣習にそい，受け入れられるものであるようにする，強い方向づけを持った人である。〕

可能な所見 2

X+%が 0.85 より大きい場合，Xu%にかかわらず，慣習的であることに傾倒しすぎていることを示している。これは必ずしも短所ではないが，社会に許容されることに過剰にとらわれて，時に個性を犠牲にしてしまうこともある。高い X+%は強迫性や完全主義に対する重要な傾向を示す。

ケース 17　19 歳の女性　認知的媒介に関するデータ

```
R = 20      L = 1.22    OBS = NO         Minus & NoForm Features
FQx+    = 0             XA%   = .75      III   6. Do7  F- An MOR
FQxo    = 11            WDA%  = .83      VIII 15. Dv2  C  Hd, An PHR
FQxu    = 4             X-%   = .15      IX   17. DdSv29 F- Ad
FQx-    = 3             S-    = 2        X    19. Dv9  C  Bl
FQxnone = 2                               X    20. DdSo22 CF- Hd PHR
(W+D    = 18)           P     = 4
WD+     = 0             X+%   = .55
WDo     = 11            Xu%   = .20
WDu     = 4
WD-     = 1
WDnone  = 2
```

可能な所見 3

X+%が 0.55 〜 0.69 の間で，Xu%が 0.20 以上の場合，大部分の人よりも社会的要求や期待を無視した認知的媒介の決定をする傾向があると言える。それらは，環境が容認するものとはかけ離れたものであるために，環境や価値体系との間に齟齬を生じる。

原因が何であれ，この所見はあまり慣習的でない行動のパターンが頻繁に生じる可能性を示しているが，その行動が社会に受け入れられないものであるとか，反社会的であるということを必ずしも意味してはいない。単に，多くの人々よりも強く個性を強調しているということを示しているにすぎない。回避型の対処スタイル（L > 0.99）の人にこの所見が該当するときは，社会から疎遠になっていたり，社会に対して防衛的になっていることを表しているかもしれない。つまり，このような人々にとって環境は脅威であり，要求がましく，つまらないものだか

ら，慣習を避けることによって，そうした環境から距離をとろうとするのである。

〔ケース17所見　$X+\%$は0.55で，$Xu\%$は0.20で，たいていの人よりも非慣習的な行動をとりやすいことを示している。回避型の対処スタイルがあるので，彼女の非慣習的な傾向は社会から遠ざかっていたり，防衛的になっていることと関連していると言える。この仮説は，彼女の生活史と一致している。〕

ケース18　28歳の男性　認知的媒介に関するデータ

```
R = 18        L = 0.50      OBS = NO          Minus & NoForm Features
FQx+    = 0    XA%   = .39    I   2. DdSo99  F-     (Hd)    3.5  PHR
FQxo    = 3    WDA%  = .45    II  5. Ddo99   Mp-    Hd      MOR PHR
FQxu    = 4    X-%   = .56    II  6. Dd+99   Ma.mp- 2Hd     5.5  AG PHR
FQx-    = 10   S-    = 3      III 7. Do7     FC'-   An      MOR
FQxnone = 1                   III 8. WS+1    FC'.C- 2 Ad,Art 5.5 AB,INC
(W+D    = 11)  P     = 1      V   10. Wo1    F-     A       1.0  MOR
WD+     = 0    X+%   = .17    VI  12. Dd+99  Ma-    Hd,Sx   2.5  DV PHR
WDo     = 3    Xu%   = .22    VII 14. WS+F-         Fd      4.0  MOR
WDu     = 2                   VIII 15. Dd+99 Ma.mp.CF- (H),Na,Ay 3.0 PHR
WD-     = 5                   X   17. Wv     C      Art     PER
WDnone  = 1                   X   18. D+ 2   Ma.C-  H,Na    4.5  ALOG PHR
```

可能な所見4

$X+\%$が0.55より低い場合，$X-\%$が解釈にとって重要な基準となる。$X-\%$が0.20を上回る場合，期待されないような非定型的で不適切な行動が生じる可能性が高くなる。非慣習的な行動が起こりやすいのは，認知的媒介の機能低下と現実検討の問題による。解釈においてはこの点を強調すべきである。個性的であろうとする顕著な傾向があるとはしない方がよい。

逆に，$X-\%$が0.20以下であれば，おそらく$Xu\%$は少なくとも0.25で，時には0.30を超えるかもしれない。$X-\%$が0.15であれば，$Xu\%$は0.30以上になるだろう。どちらにしても，認知的媒介による決定が非慣習的になることは必至である。これは現実検討の問題を示しているわけではない。なぜならば状況に対し独特ではあっても適切であることには違いがないからである。ただし，このような人は社会からの要求や期待にあまり影響されないことを示している。このことは，必ずしも短所ではないが，多くの行動が社会慣習を無視したり避けたりしたものとなるであろう。これらの非慣習的な行動のパターンがどれほど効果的なものであるのかは，それがどれほど創造的なものなのかとか，個性の問題として周りの環境がどれほど柔軟にそれを受け入れるのかにかかっている。

〔ケース18所見該当　$X-\%$は0.56で，すでに見てきたように認知的媒介はひどく損なわれているために，$X+\%$の0.17や$Xu\%$の0.22は意味ある解釈に仕立て上げられなくなっている。明らかに，彼の多くの行動は慣習をかなり無視したものであり，個性的であると考えるのは難しい。〕

認知的媒介に関する所見の要約

　認知的媒介に関する所見は，認知の三側面の残り二つのクラスターから得られる所見と統合しやすくするために，情報を要約して取っておくのがよい。この章で取り上げた3ケースの要約は以下のようである。

ケース16（31歳　物理学準教授）

　彼は，新しい情報を翻訳するに際しては慎重で，おそらく完全主義である（ステップ1）。身体に関する関心があって，それに関しては自分ではどうすることもできないと感じていて，それが時折認知的媒介の機能の低下のエピソードを生み出している（ステップ3a）。しかし，全般的には重大な障害を示す証拠はない（ステップ3）。彼は正確であることに関心が高く（ステップ4），自分の決断が確かに受け入れられるものでありたいと願っている（ステップ5と6）。

ケース17（19歳　保護観察中の規則違反）

　彼女の認知的媒介はたいてい適切である（ステップ1）。しかし，強い感情や否定的な感情に影響されると，認知的媒介過程は混乱しかねない（ステップ2，3と3a）。認知的な混乱が起こるのは，不注意な情報処理をするためでもあるが，たいていの人よりも慣習を取り入れないからである。このような傾向は，彼女が社会から疎遠になっていることや社会に対して防衛的になっていることと関連しているだろう。原因が何であれ，彼女はたいていの人よりも非慣習的な行動パターンをとるであろう（ステップ4と6）。

ケース18（28歳　建設請負業）

　彼の認知的媒介過程はひどく損なわれているために，効果的な現実検討に相当支障をきたしている。この機能の低下はかなり広範囲にわたっていて，ひどく障害になっている（ステップ1と3）。彼には深刻な思考障害があるようで，それが認知操作に大きな混乱を招き，精神病様の状態像を生み出している。現実検討はひどく損なわれているため，適切な認知のための手がかりがどれほど明確でも，認知的媒介活動は適切な翻訳をもたらさなくなっている。（ステップ3a，3bと4）。

練習問題

ケース21

　21歳の女性。彼女は，抑うつ，不安，集中困難を訴え，自分から医者に足を運んだ。小規模の大学の4年生で，経済学を専攻している。同胞は弟（18歳）一人である。父親は46歳で，製造会社で管理職をしている。母親は46歳で，秘書派遣業を営んでいる。大きな怪我や病気の既往はなく，発育は「正常」だった。14歳の時までガールスカウトに入っており，11歳か

ら16歳の間には，2〜3週間の各種サマーキャンプに参加した。高校の成績は平均でBだった。17歳で高校を卒業し，翌秋，大学に入学した。大学での成績はたいがいBかCである。

高校時代は仲間グループに「くっついてあるいていた」が，デートはあまりしなかった。大学でも同じような状態が続いていた。彼女が「くっついていた」友達には同性も異性もいる。大学2年の時には一人の男の子と何回かデートを重ね，初めての性体験もした。親しくしている仲間には薬物使用や飲酒が見られる。彼女も大学3年の時にはかなり薬物を使用し，酒を飲んだ。しかし，一時的な記憶喪失や記憶の欠落を3〜4回経験したため，その後はやめているという。現在はたまにワインを飲む程度で，「薬は一切やっていない」と述べる。

4カ月前，妊娠に気づき，中絶した。子どもの父親が誰なのかわからないが，この件は二人の親友にしか相談しなかった。その後も何回かデートをしたが，「男の人と二人っきりでいると何だか不安で，落ち着けない」と言う。この1カ月の間，集中困難が続いていると訴える。「元気がなくって，憂うつな感じがする」のだという。「中絶したことに罪の意識は感じていません。間違ってはいませんでした。でも，何かがおかしいんです。筋道立てて考えられなくなっちゃって。だから手助けしてほしいんです」。治療者の質問は，彼女の混乱は反応性のものなのか，それとも慢性的な問題が潜在しているのか，というものである。彼女自身も，どのような治療モデルがいいのか，アドバイスを求めている。

ケース21　21歳女性　認知的媒介に関する変数

```
R = 28      L = 0.93      OBS = No          Minus & NoForm Features
FQx+    = 2      XA%  = .86        Ⅲ   8. DdSo99 FC.FC'- (Hd),Sc 4.5
FQxo    = 13     WDA% = .89        Ⅲ   9. Do1 F- Hd MOR,INC
FQxu    = 9      X-%  = .11        Ⅵ  17. Dd+33 Ma- 2 H 2.5
FQx-    = 3      S-   = 1           Ⅹ  27. Wv C.Y Art MOR
FQxnone = 1
(W+D    = 18)    P    = 5
WD+     = 2      X+%  = .54
WDo     = 9      Xu%  = .32
WDu     = 5
WD-     = 1
WDnone  = 1
```

1. ステップ1（XA％，WDA％）とステップ2（FQxnone）の所見として最も適切なのは，次のうちのどれか。

    (a) 事態が明らかな場合には，通常，彼女の認知的媒介は適切なものである。しかし，翻訳のための手がかりが明白でない場合には，適切でなくなってしまいやすい。

    (b) 情緒的に激しく揺さぶられるような状況においては，認知的媒介はひどく誤ったものになってしまうだろう。

（c）通常，彼女の認知的媒介は状況に適したものである。現実検討力が損なわれていると考えるべき根拠は存在しない。

（d）認知的媒介活動のほぼ全般に及んで中程度の機能低下がみられる。

2．ステップ3（$X-\%$, $FQx-$, $FQxS-$, Dd領域の$FQ-$）の所見として最も適切なのは，次のうちどれか。

（a）認知的媒介の機能が低下するのは，たいがいネガティブな感情や怒りの感情の影響を受けたときである。

（b）教育歴の割には，彼女の認知的媒介の機能は劣っている。

（c）認知的媒介活動の全般にわたって機能低下がみられる。

（d）認知的媒介活動の機能が低下することがあるが，その頻度は大部分の人と同じ程度である。

3．ステップ3a（マイナス反応の同質性）の所見として最も適切なのは，次のうちどれか

（a）いつも同じような理由で認知的媒介の機能が低下するわけではない。

（b）他者や自己イメージが気にかかり，おそらくそれに刺激されて，ときに認知的媒介の機能が低下するのだろう。

（c）思考に問題があるために認知的媒介に対する努力が阻害され，ひいてはその機能が低下していると思われる。

（d）認知的媒介の機能低下と身体への非常に強いとらわれとの間に何らかの関連があるのは明らかである。

4．ステップ4（P）とステップ5（$FQ+$）の所見として最も適切なのは，次のうちどれか。

（a）入力情報を翻訳するときには正確であろうとする。また，手がかりがはっきりしている場合には，期待されたり受け入れられる反応をするだろう。

（b）慣習的であろうとしすぎ，認知的媒介活動にはやや完全主義の傾向があるだろう。

（c）新しい入力情報を翻訳するときには，大部分の人よりも慣習を無視することが多いだろう。

（d）新しい入力情報を翻訳するときには正確であろうとするものの，多くの人と比べると，慣習的な反応を避ける傾向がうかがえる。

5．ステップ6（$X+\%$, $Xu\%$）の所見として最も適切なのは，次のうちどれか。

（a）社会的に受け入れられる反応をしようとし過ぎている。

（b）多くの人と比べると，認知的媒介は社会的な要求や期待を無視したものになりやすい。

（c）認知的媒介は，たいがい，社会的要求や期待に沿ったものになるだろう。

（d）認知的媒介は，大部分の人よりも個性的なものである。日常の行動は社会的な慣習を無視あるいは回避したものになりやすいだろう。

ケース 22

12歳の少女。家族が手を焼いているとの理由で照会されてきた。彼女は度々かんしゃくを起こし，つい最近は自殺をすると言って脅した。査定のためのこの照会は，これから彼女を受け持つサイコロジストが私立のクリニックに依頼したものである。父親は40歳で，会計士。母親は37歳で，代用教員をしている。14歳になる兄はハイスクールの1年生である。両親は，被検者の年齢が増すにつれ問題も大きくなっていると訴える。彼女はよく兄に暴力をふるい，最近は自宅の屋根から飛び降り自殺すると言って周りをあわてさせた。

親戚付き合いも濃い。母方祖母はすぐ近くに住んでおり，家族内の決めごとには積極的に口を出す。被検者は祖母は好きでないと話しているが，母に言わせると二人の仲はよいという。しかし，厳しい制約を課せられるために被検者がしばしば祖母を嫌がっていることは，母も認めている。両親の話では，被検者はここ数年登校拒否を繰り返していたとのことである。学校の成績はかなりいいのに，昨年は不登校がますますひどくなったと言う。両親に暴言を吐き，無理に登校させようとすると，死んでやると言って脅す。両親は，言葉だけでなくて実際に自他を傷つけるようになるのではないか，体格が大きくなると取り押さえるのが難しくなるのではないか，と心配している。

彼女は，学校の勉強は簡単で，優等の成績を取っている科目は二つある（スペイン語と科学）と言う。教師との関係には何の問題もないが，決まり切ったことをするのが好きではなく，退屈してしまうのだと言う。学校の友達は数人いる。しかし，住んでいる地域が違うので，校外ではクラスメートとの付き合いがまったくない。男の子は「すごくガキっぽい」ので興味はないと話す。兄と言い争いになるのは，兄が「嫌なことを言うから」であり，「本当に痛めつけてやりたくなる」ときもあると言う。また，両親や祖母が決めるルールは一貫してないと訴える。「ルールは変わってばかりだった」ので，罰せられるのは不当だと感じている。自殺するつもりはないと言うが，これまでに少なくとも2回，両親に対してひどく腹を立てたときに自殺すると言って脅したことがあると認めている。

評価を受けている間は非常に協力的だったが，ロールシャッハを受けるときにはやや反抗的な態度が見られた。WISC-Ⅲの結果は，言語性IQ = 119，動作性IQ = 120で，サブテスト間に顕著なばらつきはなかった。照会された事項は次のようなものである。自殺の可能性。入院，投薬の必要性。行動療法は適当か。優先的あるいは補足的なアプローチとして家族療法は必要か。

ケース22　12歳女性　認知的媒介に関する変数

```
R = 23      L = 0.44      OBS = No         Minus & NoForm Features
FQx+    = 0       XA%  = .74        Ⅲ   6. Do7 FY- Hd
FQxo    = 12      WDA% = .79        Ⅳ   8. Dd+99 FMp- A,Id 4.0 FAB
FQxu    = 5       X-%  = .26        Ⅷ  15. D+1 FMa.Ma- 2 A,Hd 3.0 FAB
FQx-    = 6       S-   = 1          Ⅸ  19. Do1 FMp.FC- 2A
FQxnone = 0                         Ⅹ  21. D+1 Ma.FMa- 2 H,A 4.0
```

```
(W+D     = 19)    P    = 6            X 23. DdSo99 FC- Hd
WD+      = 0      X+%  = .52
WDo      = 12     Xu%  = .22
WDu      = 3
WD-      = 4
WDnone   = 0
```

1．ステップ1（*XA*％，*WDA*％）とステップ2（*FQxnone*）の所見として最も適切なのは，次のうちのどれか。
    （a）彼女の認知的媒介は，事態が明らかな場合にはたいがい適切である。しかし，翻訳のための手がかりが明白でない場合にはそれほどうまくいかない。
    （b）翻訳が状況に適したものになるよう，かなりの努力を払っている。
    （c）認知的媒介活動は中程度に損なわれている。それは，ほとんど日常的に現実を歪めてしまっているためでもあるし，感情が激しくなると認知的媒介に対する努力が途切れてしまうためでもある。
    （d）認知的媒介活動の損なわれ具合は中程度である。翻訳のためのはっきりした手がかりがあっても，それらを歪めたり無視してしまうことがある。
2．ステップ3（*X*－％，*FQx*－，*FQxS*－，*Dd*領域の*FQ*－）とステップ3a（マイナス反応の同質性）の所見として最も適切なのは，次のうちのどれか。
    （a）ステップ1とステップ2で確認された機能低下は，おそらく深刻なものだろう。それは，思考の問題に関係あると思われる。
    （b）ステップ1とステップ2で確認された機能低下は，おそらく深刻なものだろう。それは，感情の対処に困難を抱えていることに関係していると思われる。
    （c）ステップ1とステップ2で確認された機能低下は，おそらく広範囲にわたるものだろう。それは，情報処理過程に問題があるために生じていると思われる。
    （d）ステップ1とステップ2で確認された機能低下は，自分では十分コントロールできないネガティブな感情や怒りの感情と関係していると思われる。
3．ステップ4（*P*）とステップ5（*FQ*＋）の所見として最も適切なのは，次のうちのどれか。
    （a）慣習的であろうとし過ぎ，社会的に期待される反応をしようと相当頑張っている。
    （b）手がかりが明白な場合は，期待されたり受け入れられる反応をするだろう。
    （c）期待され，受け入れられる行動をするための手がかりがかなりはっきりしていても，あまり慣習的でない反応をしがちである。
    （d）期待され，受け入れられる行動が何であるか，一生懸命見つけようとしている。そして，間違いのない行動をしようと努めている。
4．ステップ6（*X*＋％，*Xu*％）の所見として最も適切なのは，次のうちのどれか。

（a）同年齢の者にはあまり見られない行動や不適切な行動に及ぶ可能性が高い。

（b）同年齢の者と比べても認知的媒介は社会的要求や期待を無視したものになりやすいが、現実検討力に重大な問題は見られない。

（c）慣習的であろうとし過ぎ、社会的期待に沿った翻訳をしようとかなり努力している。

（d）慣習的な反応をしようとかなり努力しているが、社会から疎遠になっているため、実際にはうまくいかないことが多い。

ケース21, 22の解答

ケース21

1. c XA%は0.86で、WDA%は0.89である。無形態反応は記録中に1個しかない。
2. d $X-$%は0.11である。
3. b 三つのマイナス反応はいずれも人間反応である。
4. a P反応は5個あり、$FQ+$反応は2個である。
5. d bも正しい。しかし、$X+$%は0.54しかなく、一方Xu%はかなり高いので、最も適切なのはdである。

ケース22

1. d XA%は0.74で、WDA%は0.79だけである。記録中に無形態反応はないので、無形態反応によってWDA%が低くなっているわけではない。
2. a $X-$%は0.26である。マイナス反応は6個あり、そのうち4個はD領域で出されている。マイナス反応のうち、運動決定因子を伴うものは4個ある。そして、そのうちの2個には人間運動決定因子と動物運動決定因子の両方がある。
3. b プロトコル中に平凡反応（P）は6個ある。
4. a XA%とWDA%は0.70代の真ん中もしくは後半の値であるが、$X-$%が0.26というのはかなり重大である。これは、現実検討力に大きな問題があり、容易に不適切な行動に及んでしまいかねないことを示している。

第7章
思　考

　思考は認知の三側面では3番目のクラスターとなる。これら三つのクラスターはどれも精神活動に関連しているが，おそらく思考はその中でも最も複雑なものである。情報処理は表象を作り出す活動に関わり，認知的媒介はその表象をどのように翻訳するのかに関連するが，思考は入力された情報の翻訳がどのように概念化され，行使されるのかに関係している。思考とは，シンボルや概念を個人にとって意味あるものにまとめ上げる働きをいう。概念的思考は，現実検討にとって基本的に重要な要素である。思考は心理活動の核となるもので，あらゆる決断や意図的な行動はここから導き出される。

　すべてのロールシャッハ反応は，必ずなんらかの概念化を伴っているが，特に反応段階では必ずしもそれが明白でないこともある。たとえば，ある人がもし図版Ⅰを見て「コウモリ」と言ったとしても，それは単に表象を翻訳して言葉にして表したというだけのことである。たとえ質問段階で，検査者がそれはどこに見えて，どういうところからそう見えるのかを尋ねたとしても，必ずしも概念化の材料となった要素を引き出せるとは限らない。「これが羽で，これが体です」と言う場合も，これは単に翻訳を述べたものである。この反応が作り上げられるまでには，何らかの思考（概念化）活動が起こっていたことはほぼ間違いないが，その活動を示すものはこの言葉の中には見つからない。

　幸いにも，多くのロールシャッハ反応には，単に翻訳を説明する以上の表現が含まれることもある。反応段階や質問段階で，コウモリは飛んでいるとか，急降下している，寝ている，ぶら下がっているなどと描写されるかもしれない。これらはどれも概念化である。怒っている，傷ついている，死んでいると描写されるのも同じである。どれも思考活動の産物である。場合によっては概念化がもっとはっきりしていることもある。図版Ⅲで「二人の人が鍋で何か料理をしている」とか，図版Ⅴに「二人の人が背中合わせに座っていて，お互いに寄りかかっている」というためには，相当の思考活動や概念化が必要である。

思考に関連するロールシャッハの変数

　このクラスターには14の変数（*EB*，ラムダ，*EBPer*，*eb*，*a：p*，HVI，OBS，*Ma：Mp*，知性化指標，MOR，*Sum6*，*WSum6*，*M*－，*Mnone*）があり，それに*M*反応の質と六つの重要特殊スコアの質を検討することが加わる。概念活動の特徴を明らかにするいくつかの反応をみ

ても思考の微妙なニュアンスを読みとれないことが多いが，これらの反応から引き出されるデータを組み合わせると，たいていの場合その個人の思考（概念化）活動について有益な描写を得ることが可能になる。

実際のところ，思考の表れ方にはいく通りかある。対象に動きを見るときには概念化が起こるので，すべての運動反応（*M*，*FM*，*m*）は思考の特徴を反映している。運動反応に含まれる思考の特徴が決定因子にだけ表れる場合もあるし，概念化活動がよりはっきりとその言語表現の中に示されることもある。

たとえば，「人が切り株に座っている」という反応と「長い道を旅してきた男が，疲れてこの切り株にぐったりと足を突き出して座っている」という反応を比べてみよう。両方とも*Mp*反応ではあるが，前者は表象をどのように翻訳したのかについての情報があるだけである。それに比べると，後者の反応には，概念化を仕立て上げていく時に使われた素材が豊富に含まれている。ここで概念化と投映が混乱しないように区別することは大事である。投映は概念化された素材の中に展開されるものである。したがって，投映については自己知覚や対人知覚のクラスターで検討する。思考のデータとして解釈する時には，考え方の特徴，思考の質と明瞭さの特徴，頻度に示される特徴や思考の用い方に焦点を当てていく。

たとえば，上の二つの例ではどちらにも概念化が含まれている（人が切り株に座っている）が，後者の方が念入りに概念化されている（「長い道を旅してきた……，疲れて……ぐったりと」）。明らかに，概念化された内容が詳しく述べられていて，より多くの投映された素材が含まれている。しかし，思考に関していうならば，概念化の質が重要である。

この情報を得るための主な情報源は運動反応だが，その他の反応の特徴や内容からもその人の思考活動の大事な点について細かに知ることができる。六つの重要特殊スコア（DV，DR，INCOM，FABCOM，ALOG，CONTAM）は，認知的操作の誤り，思考のずれや間違った判断について価値あるデータを提供してくれる。他の特殊スコア，たとえばMORは思考の構えを明らかにするし，データを一まとめにすることによって（AB，*Art*，*Ay*），概念活動が防衛として用いられていることを示すものもある。

検討事項の要点

思考に関して以下の基本的な事項について考える。

（1）日常の対処や意思決定をする際に，意図的で方向づけられた思考を用いるやり方に特定の型にはまった特徴があるか。

（2）一般的な水準と異なる辺縁思考活動があるか。

（3）柔軟性のない思考になってしまうような普通でない構えがあるか，あるいはそれが概念化や意思決定に強い影響を及ぼしているか。

（4）思考はたいてい明確で，現実検討に悪い影響を与えるような奇妙で間違った判断をほとんどしないと言えるか。

情報処理過程と認知的媒介の解釈で使ったケース 16, 17, 18 の思考のデータを, 思考についての所見のガイドラインを説明するために用いる。この章の終わりには, 認知の三側面すべてのクラスターから出された結論をまとめて要約する。

ケース 16
最近離婚した 31 歳の物理学の準教授。不安感, 集中力の欠如, 注意散漫, 全般的な無気力感を訴えている。

ケース 17
19 歳の女性。保護観察中の規則違反のために評価を受けた。抑うつの程度, 変化への動機づけ, 欠点を埋め合わせる長所は何か, 処遇の可能性について回答を求められている。

ケース 18
28 歳の男性入院患者で, 長い薬物濫用歴がある。彼の精神病様の現れは, 統合失調症と関係があるのか, あるいは薬物によって誘発されたものなのか, または抑うつなのか。そして, 彼の退院要求にどのように対応するのが一番よいのか尋ねられている。

ケース 16　31 歳の男性　思考の変数

```
L    = 0.50         OBS    = Pos     HVI = No         Critical Special Scores
                                                       DV   = 0    DV2   = 0
EB = 7:3.5          EBPer  = 2.0     a:p    = 9:7      INC  = 0    INC2  = 0
                                     Ma:Mp  = 3:4      DR   = 0    DR2   = 0
eb = 9:6            [FM = 4 m = 5]                     FAB  = 1    FAB2  = 0
                                     M-     = 0        ALOG = 0    CON   = 0
Intell Indx = 2     MOR    = 3       Mnone  = 0        Sum6 = 1    WSum6 = 4
                                                            (R = 24)

                        M Response Features
         I    2. W+  Mp.FMa+  2 (H),A,Art 4.0 GHR
         III  6. W+  Ma.mp.C.FD+ 2 H,Fi,Fd P 5.5 COP,MOR,GHR
         IV   8. W+  Mp.FDo (H),Bt P 4.0 GHR
         VII 14. D+  Mpo 2 H P 3.0 GHR
         IX  20. D+  Ma.mpo H 4.5 GHR
         X   21. D+  Mao 2 A 4.0 FAB,AG,PHR
         X   24. D+  Mp+ H,Sc 4.0 GHR
```

ケース 17　19 歳の女性　思考の変数

```
L    = 1.22         OBS    = No      HVI = No         Critical Special Scores
                                                       DV   = 1    DV2   = 0
EB = 2:5.5          EBPer  = 2.8     a:p    = 3:0      INC  = 0    INC2  = 0
                                     Ma:Mp  = 2:0      DR   = 3    DR2   = 0
eb = 1:4            [FM = 0 m = 1]                     FAB  = 0    FAB2  = 0
                                     M-     = 0        ALOG = 0    CON   = 0
Intell Indx = 1     MOR    = 2       Mnone  = 0        Sum6 = 4    WSum6 = 10
                                                            (R = 20)
```

```
                      M Response Features
        Ⅲ   5. D+ Mp.FC'o 2 H,Hh P 3.0 COP,GHR
        Ⅶ  13. W+ Mao 2 H,Sc P 2.5 COP,GHR
```

ケース18　28歳の男性　思考の変数

```
L  = 0.50           OBS    = No     HVI = No      Critical Special Scores
                                                  DV  = 2    DV2  = 0
EB = 5:6.5          EBPer  = N/A    a:p  = 6:4    INC = 1    INC2 = 0
                                    Ma:Mp = 4:1   DR  = 0    DR2  = 1
eb = 5:4           [FM = 1 m = 4]                 FAB = 0    FAB2 = 0
                                    M-   = 5      ALOG = 1   CON  = 0
Intell Indx = 5    MOR   = 5        Mnone = 0     Sum6 = 5   WSum6 = 15
                                                        (R = 18)

                      M Response Features
        Ⅱ    5. Ddo Mp- Hd MOR,PHR
        Ⅱ    6. Dd+ Ma.mp- 2 Hd 5.5 AG,PHR
        Ⅵ   12. Dd+ Ma- Hd,Sx 2.5 DV,PHR
        Ⅷ   15. Dd+ Ma.mp.CF- (H),Na,Ay 3.0 PHR
        Ⅹ   18. D+ Ma.C- H,Na 4.5 ALOG,PHR
```

解釈の手順

　解釈の戦略には11のステップがある。この中ではM反応の質を検討するし，六つの重要特殊スコアのいずれかが該当した場合にはその反応の質も検討する。M反応によって概念化の質について理解できる。重要特殊スコアそのものを検討することと，Rを念頭に入れて重みづけした重要特殊スコアを検討することによって，思考のずれや間違った判断についてより明確な説明を得ることができる。

　最初の七つのステップでは，意図的で方向づけられた思考が，日常生活でどのように用いられるのかという大きな問題を扱う。さらに，もし，普通でない特徴や構えがあった場合，それがどれほど日常生活における思考活動を効果的でないものにしているのか検討する。残りのステップでは，思考の明確さに焦点を当てて評価していく。

ステップ1：EBとラムダ

　EBとラムダについてはすでに第4章の感情のクラスターで検討してきた。そこでの議論は思考に関してもあてはまるものであるが，それらをもう少し思考の枠組みに置き換えて整理しなおす必要がある。第4章で述べたように，EAが10以下であればEBの両辺の差が2以上の時，またはEAが10を超える場合は両辺の差が2.5以上あると，EBは内向型か外拡型のスタイルを示す。比率の左辺の値が高い場合を内向型，右辺の値が高い場合を外拡型と考える。どちらのスタイルなのかを決める基準を満たさない場合は不定型とする。また，第4章で述べた

例外について思い起こすことも重要である。それらは，特に思考を検討する際には意味がある。

最初の例外は，EA が 4.0 より低いプロトコルについてである。このような記録には，EB の左辺か右辺に 0 があって，たとえば 0：2.0，0：3.5，2：0，3：0 のようになっていることがある。時には，2：1，1：2.5，3：0.5 のように EB の両辺ともに低い数値であることもある。どちらの例においても，EB のデータの数値は少なすぎて，優位な対処スタイルを区別するための妥当性はないので，内向型，不定型，あるいは外拡型のどの EB も**持たない**ものと考えなければならない。典型的には，このようなプロトコルは回避型の対処スタイルを持つものと考えられる。

第2の例外は，より直接に思考と関係する。それは，EB の左辺が 0 で，右辺の値が 4.0 以上の場合で，たとえば 0：4.0，0：6.5 などである。このような値は外拡型を示しているようにみえるものの，おそらくそれは間違いである。なぜならば，この値は普通でない感情状態にあることを示しているからである。このような場合，その人は感情に圧倒されているか，感情があふれてどうしようもなくなっている。このような状態の時には，特定の対処スタイルを考慮することは避けなければならない。代わりに，非常に強い感情によって思考が妨げられ，注意と集中に必要な能力が損なわれていると結論するための根拠として，この EB の所見を用いることができる。このような感情の強さは非常に破壊的で，たいてい思考と行動のどちらか一方，あるいは両方ともが衝動的なものとなる。普通はこのように思考に感情が侵入したとしても一時的である。このような状態になり，それが持続している間，その個人はこの強い感情に効果的に取り組むことは難しい。

どちらの例外にも当てはまらない場合，EB とラムダからいくつかの解釈を引き出すことができる。第4章で述べたように，この二つの変数の組合せから六つの対処スタイルあるいは意思決定の傾向が同定できる。それは，（1）内向型，（2）外拡型，（3）不定型，（4）回避－内向型，（5）回避－外拡型，（6）回避－不定型である。それぞれの心理活動の中で，思考はたえず重要な役割を果たしているが，心理活動に与える思考の一般的な影響力や優位性は，この六つの傾向では異なっていて，場合によっては相当違ったものとなる。このような傾向やスタイルにおける思考の影響は，固定していたり変化しないものとは考えないほうがいいが，少なくとも六つのうち四つでは，思考に重きをおいたり，特別なやり方で思考を用いる傾向がある。

可能な所見1

EB が内向型で，ラムダが 1.0 より少なければ，その人は「思考型」の人である。このような人は，概念的思考を非常に頼りにする。よくよく考えて，さまざまな選択肢を考慮し終えるまで行動を遅らせる傾向がある。自分の内的見立てを頼りにし，外界からのフィードバックを当てにしないだけでなく，感情にも影響されすぎないようにする。意思決定をするに当たっては，慎重で的確な理屈を必要とし，なるべく試行錯誤的な行動をとらないようにする人である。

この基本的な対処スタイルは，日常生活の必要な要求に応えるのにとても有効である。ただし，そのためには思考が論理的で，明確で，一貫していることが必要となる。さらには，直観に頼るとか試行錯誤をした方がよいのが明らかな場面では，柔軟にそのやり方をとれることも必要である。ステップ2に進む。

ケース16　31歳の男性　思考の変数

```
L = 0.50           OBS    = Pos    HVI = No       Critical Special Scores
                                                  DV   = 0    DV2  = 0
EB = 7:3.5         EBPer  = 2.0    a:p   = 9:7    INC  = 0    INC2 = 0
                                   Ma:Mp = 3:4    DR   = 0    DR2  = 0
eb = 9:6           [FM = 4 m = 5]                 FAB  = 1    FAB2 = 0
                                   M-    = 0      ALOG = 0    CON  = 0
Intell Indx = 2    MOR    = 3      Mnone = 0      Sum6 = 1    WSum6 = 4
                                                     (R = 24)

                    M Response Features
        I    2. W+ Mp.FMa+ 2 (H),A,Art 4.0 GHR
        III  6. W+ Ma.mp.C.FD+ 2 H,Fi,Fd P 5.5 COP,MOR,GHR
        IV   8. W+ Mp.FDo (H),Bt P 4.0 GHR
        VII 14. D+ Mpo 2 H P 3.0 GHR
        IX  20. D+ Ma.mpo H 4.5 GHR
        X   21. D+ Mao 2 A 4.0 FAB,AG,PHR
        X   24. D+ Mp+ H,Sc 4.0 GHR
```

〔ケース16の所見　EBが7：3.5でラムダが0.50で内向型，あるいは思考型スタイルを示している。意思決定をする際には，感情をわきに置いておく傾向があり，さまざまな選択肢を徹底的に熟考するまで行動に取りかかるのを延期する傾向がある。〕

可能な所見2

EBが内向型の対処スタイルで，ラムダが0.99より大きい時，被検者は回避－内向型である。回避－内向型の人は思考優位ではあっても，「純粋な」内向型とは本質的に異なっている。多様な選択肢を熟考している間，決定を延期する傾向はあるが，回避的な対処スタイルが優位なために，そのプロセスは十分なものとならず，概念化活動はかなり単純さが目立ったものとなりがちである。問題解決や意思決定に際しては，感情をわきにおいて置くことを好むが，複雑で曖昧な場面に直面すると，思考に感情が侵入してしまいやすい弱みがある。彼らは一般に単純な理屈を好み，たいていは可能な限り試行錯誤の探査を避けようとする。概念的思考がかなり明確で一貫していればこの対処方法は，決まりきった，曖昧さの少ない状況のもとでは，効果的である。ステップ2に進む。

可能な所見3

EBが外拡型の対処スタイルで，ラムダが1.0より小さい時，被検者は問題解決や意思決定

をする際に，思考に感情を混ぜ合わせる傾向があると言える。内向型の人はたいてい「考え深い」やり方に相当頼って判断を下したり，計画を練ったりするのに対して，外拡型の人は感情を頼りにする。だからといって，外拡型の人の思考は一貫性がないとか，論理的でないということではない。ただ，思考に与える感情のインパクトのためにより複雑な思考パターンが生じることはある。外拡型の人は，正確でない曖昧な論理体系を受け入れやすい傾向がある。外部からのフィードバックを頼りにするし，試行錯誤の結果に基づいて判断することが多い。このような直観的なスタイルが日常生活で効果的であるためには，思考がおおむね明確で一貫性があって，感情によって混乱しておらず，激しい感情の支配下にないことが必要である。ステップ2に進む。

ケース17　19歳の女性　思考の変数

```
L = 1.22          OBS    = No      HVI = No       Critical Special Scores
                                                  DV   = 1    DV2  = 0
EB = 2:5.5        EBPer  = 2.8     a:p  = 3:0     INC  = 0    INC2 = 0
                                   Ma:Mp = 2:0    DR   = 3    DR2  = 0
eb = 1:4    [FM = 0 m = 1]                        FAB  = 0    FAB2 = 0
                                   M-   = 0       ALOG = 0    CON  = 0
Intell Indx = 1   MOR    = 2       Mnone = 0      Sum6 = 4    WSum6 = 10
                                                       (R = 20)
                    M Response Features
            Ⅲ   5. D+ Mp.FC'o 2 H,Hh P 3.0 COP,GHR
            Ⅶ  13. W+ Mao 2 H,Sc P 2.5 COP,GHR
```

可能な所見 4

　EB が外拡型の対処スタイルで，ラムダが 0.99 より大きい時，被検者は回避－外拡型である。「純粋な」外拡型と同じように，回避－外拡型の人は，感情を使い感情に影響される傾向が強い。意思決定の必要に迫られると，外部のフィードバックを頼りにして，試行錯誤の行動をとることが多い。しかし，回避的な対処スタイルが支配的であるために感情体験を十分に区別できない傾向があって，そのために感情が思考に影響を与え過ぎてしまうことになりかねない。感情の調節がうまくいかなくなった時には，衝動的に見える思考が生じやすい。このような思考は，欠陥のある，あまりにも単純な論理に終わり，状況に対して効果的でない不適切な決定や行動を容易にもたらすことになる。回避－外拡型の対処スタイルの人は，予測可能で複雑さが少ないだけでなく，自由な感情表現が容易に受け入れられ，むしろ重んじられるような状況で，概して最もうまく機能する。ステップ2に進む。

　　〔ケース17所見　*EB* は 2：5.5 でラムダが 1.22 なので，彼女は回避－外拡型である。彼女の思考においては，感情が大変重要な役割を果たしていて，意思決定をする際には，試行錯誤のやり方を好む。複雑さや曖昧さを避ける傾向が強く，そのために自分の感情を的確に区別できないかもしれない。そのために，感情は

思考に非常に強い影響を与えるようになり，それが単純化しすぎたり間違った論理を含む思考パターンを生み出していく。〕

可能な所見 5

EB が内向型の対処スタイルでも外拡型の対処スタイルでもなく，ラムダが 1.0 より小さい時は不定型である。不定型の人の思考活動にはあまり一貫性がない。時には，その思考パターンは内向型に似かよっていて，感情の影響をあまり受けずに時間をかけて問題を考える傾向がある。またある時には，思考はより直観的で感情に影響されるので，ほとんど外拡型のようである。このように概念的思考が形成され使用されるやり方には一貫性がないために，効果は減じられる。

不定型の人は，間違った判断をしやすく，また前にした判断をひるがえしやすい。他の人よりも問題解決の失敗から学ぶことが少なく，その結果望ましい効果的な解決にいたるまでに手間取ることが多い。不定型であることが必ずしも適応の問題につながるわけではない。しかし，一貫性のない思考は心理学的に効果的でなく，日常生活に必要な対処をするためにより多くの時間と努力を要するので弱点となりやすい。ステップ 3 に進む。

ケース 18　28 歳の男性　思考の変数

```
L       = 0.50        OBS     = No       HVI = No          Critical Special Scores
                                                           DV   = 2    DV2  = 0
EB = 5:6.5            EBPer   = N/A      a:p    = 6:4      INC  = 1    INC2 = 0
                                         Ma:Mp  = 4:1      DR   = 0    DR2  = 1
eb = 5:4              [FM = 1  m = 4]                      FAB  = 0    FAB2 = 0
                                         M-     = 5        ALOG = 1    CON  = 0
Intell Indx = 5    MOR    = 5            Mnone  = 0        Sum6 = 5    WSum6 = 15
                                                              (R = 18)

                       M Response Features
              II    5. Ddo Mp- Hd   MOR,PHR
              II    6. Dd+ Ma.mp- 2 Hd 5.5 AG,PHR
              VI   12. Dd+ Ma- Hd,Sx 2.5 DV,PHR
              VIII 15. Dd+ Ma.mp.CF- (H),Na,Ay 3.0 PHR
              X    18. D+ Ma.C- H,Na 4.5 ALOG,PHR
```

〔ケース 18 の所見　*EB* は 5：6.5 で，ラムダが 0.50 である。彼は不定型で，概念を形成し使用するやり方が変化しやすい。ある時は感情をわきに追いやり，問題を論理的に処理しようとする。時には，感情が彼の判断や意思決定を方向づける非常に強い影響力持つ。どちらも効率的ではない。なぜなら，どちらかを一貫して用いることをしないために，結果として，日常生活に必要な対処に余分な努力をしなければならないからである。〕

可能な所見 6

EB が不定型でラムダが 0.99 より大きい時，被検者は回避－不定型である。*EB* とラムダを

検討するにあたって六つの可能な所見があるが，これはその中で最も望ましくないものである。ただでさえ非効率的な不定型が，さらに回避的なスタイルに支配されるというのは，望ましくない心理的組合せである。複雑さを避けるという志向性が一貫性のない概念的思考を上ぬりするために，その結果は相当効果のないものとなる。なぜならば，いろいろな概念形成が可能であってもそれがなかなかできなくなってしまうからである。回避－不定型は洗練されない思考に陥りやすいが，感情の調節がうまくいかないことがさらに多いだろう。このような特徴は幼い子どもにおいてはごくあたりまえのことで，まわりも大目に見るが，年齢が上がるに従ってこのような特徴はあまり容認されなくなる。回避－不定型のスタイルでは複雑な環境に適応するのは困難であることが多い。

ステップ2：EBPer

内向型か外拡型（回避－内向型と回避－外拡型を除く）の場合，意思決定場面でそのスタイルが示す方向性がはっきりと固定したものであるか否かをみるために，*EBPer* の値を検討する。すでに述べたように，内向型あるいは外拡型のどちらも，日常生活に必要な対処のためには効果的で能率的である。しかし，時には逆の取り組み方が有効となる場合もある。内向型の人が，試行錯誤をした方がより効果的な解決を得られると気づく状況もあるだろうし，外拡型の人が，時間をかけて選択肢を吟味するためによく考える方が現実的な状況におかれることもあるだろう。*EBPer* のデータは，内向型や外拡型のスタイルが，この種の柔軟性を制限するほど固定しているかどうかについての問題を示している。*EBPer* は，体験型の固定度を連続線上の数値として評価するものではなく，固定しているか，固定していないかの分類モデルとして用いられる。体験型が固定していることが必ずしも不利とは言えないが，意思決定や対処行動において柔軟性がない可能性を示している。

可能な所見1

内向型で *EBPer* が 2.5 未満の場合，その人は判断に時間をかける思考型のスタイルをとることが予想されるが，時には感情が意思決定にかなり影響する場合もある。一方，*EBPer* が 2.5 以上になると，直観的で試行錯誤的な取り組みの方がむしろ望ましい場面でも，その人は意思決定行動に感情をほとんど含めないことを示す。ステップ3に進む。

ケース16　31歳の男性　思考の変数

				Critical Special Scores			
L = 0.50	OBS = Pos	HVI = No					
				DV = 0		DV2 = 0	
EB = 7:3.5	EBPer = 2.0	a:p = 9:7		INC = 0		INC2 = 0	
		Ma:Mp = 3:4		DR = 0		DR2 = 0	
eb = 9:6	[FM = 4　m = 5]			FAB = 1		FAB2 = 0	
		M- = 0		ALOG = 0		CON = 0	
Intell Indx = 2	MOR = 3	Mnone = 0		Sum6 = 1		WSum6 = 4	
				(R = 24)			

```
              M Response Features
    I   2.  W+  Mp.FMa+  2 (H),A,Art     4.0  GHR
    III 6.  W+  Ma.mp.C.FD+ 2 H,Fi,Fd P  5.5  COP,MOR,GHR
    IV  8.  W+  Mp.FDo  (H),Bt       P  4.0  GHR
    VII 14. D+  Mpo     2 H          P  3.0  GHR
    IX  20. D+  Ma.mpo  H               4.5  GHR
    X   21. D+  Mao     2 A              4.0  FAB,AG,PHR
    X   24. D+  Mp+     H,Sc             4.0  GHR
```

〔ケース16所見　彼は内向型で EBPer は 2.0 である。はっきりとした思考型の
スタイルを持っているが，意思決定や対処の仕方には柔軟性がある。〕

可能な所見2

外拡型で EBPer が 2.5 未満の場合，たいてい思考に感情を混じらせる傾向があることを示す。感情をわきに置き，さまざまな選択肢をよく考えるために思考型のアプローチを取ることもある。反対に，もし EBPer が 2.5 以上であれば，外拡型のスタイルはかなり固定している。感情はほとんどいつも思考パターンに大きな影響を与えるが，それはそのような直観的なアプローチがあまり効果的ではない状況においてさえそうである。〔注意：ケース17の EB は 2：5.5 で外拡型である。計算すると EBPer は 2.8 となるが，ラムダが 1.22 なので彼女は回避－外拡型となる。このように回避型の場合，他のスタイルの特徴は従属的なものとなるために，EBPer も解釈的な意味をほとんど持たない〕ステップ3に進む。

ステップ3：a：p

柔軟性の乏しさについて扱うもう一つのデータは a：p の比である。EBPer は，対処する際にアプローチをどれほど切り替えられるのかに関連していたが，この a：p の比は，態度や価値観がどれほど変わりにくいかを扱い，それが概念化の過程にどれほど影響するのかをみるものである。したがって a：p の比はすべての対処様式に適用できる。態度や価値観が非常に変わりにくいと，他の人であれば十分考慮に入れるかもしれない概念化の範囲を自ずと狭めてしまうことになる。態度や価値観が変わりにくければ変わりにくいほど，その態度や問題に関連する事柄を扱う時のその人の思考は柔軟性のないものとなる。思考に柔軟性がないと，与えられた問題についていろいろな概念的な選択肢を考えるのが，心理的におっくうになったり，あるいはできなくなったりする。そして，比較的狭い，凝り固まった概念の枠組みの中でしか考えようとしなくなる。

柔軟性のない思考の例としては，先入観や偏見が挙げられることがある。しかし，a：p の所見に反映される思考の柔軟性のなさというのは個人の価値観にとどまらないことを強調しておく必要がある。それらは，広い範囲の心理的場面や行動場面に顕在化するものである。たとえば次のような場合である。監護権をめぐって争っている親は，まさか自分の子どもが相手の方を好ましいと思っているとは「信じられない」だろう。また，ある課題に対する取り組み方

は自分のやり方以外にあるはずがないと思っている指導者もいる。このように柔軟性がない特徴をもつ患者を相手にすると，問題や状況の原因について別の見方を提案してみてもなかなか受け入れてもらえなくて，おそらく治療者は挫折感をいだくことになるだろう。

通常 $a：p$ の比は，一方の値はもう片方の2倍を超えることはない。両辺の差が大きくなればなるほど，思考の構えや価値観はいっそう凝り固まっていて，変えるのが難しいことを示している。このデータの割合が解釈をして意味があるのは，$(a + p)$ の値が4以上の時に限られる。

可能な所見1

両辺の合計値が4で，一方の値が0の時，その人の思考や価値観はたいていの人より柔軟性がなく，変わりにくいという仮説が立てられる。ステップ4に進む。

可能な所見2

両辺の合計値が5以上で，一方の値が他方の2倍より大きく3倍までのとき，その人の思考の構えや価値観はかなり凝り固まっていて，変わりにくいと推定できる。ステップ4に進む。

可能な所見3

両辺の合計値が5以上で，一方の値がもう一方の3倍より大きい時，その人の思考の構えや価値観は変わりにくく，柔軟性がないと結論する。このような人は，態度や意見を変えたり，自分の見方と異なる見方をすることが非常に困難である。ステップ4に進む。

〔ケース16，17，18の所見　$a：p$ のデータは，どのケースにも当てはまらない。ケース16は9：7で，ケース18は6：4である。ケース17の3：0は，値を合計しても4に満たないので解釈できない。〕

ステップ4：HVI，OBS，MOR

この三つの変数は，概念を作り上げたり使ったりするときのやり方に影響する可能性のある，心理的な構えや態度と関連している。HVIとOBSはそれぞれが構えとなるので，情報処理と認知的媒介過程を検討する際にもあらかじめ見ておくべき情報として論じてきた。そのような構えは，思考の検討にも大いに関連がある。また，MOR反応の頻度が通常の値を越える場合も，概念思考に強い影響を与える心理的構えがあることを示す。このような変数によって表される特徴は共存しうるので，三つの可能な所見はすべてステップ5に進む前に検討する。

可能な所見1

OBS陽性は，正確さや完全主義についての心理的な構えを示す。強迫的スタイルのある人は，概念を形成したり，それを用いたりするのに細心の注意を払う。自己表現をする際に，たいてい人よりも「言葉が多く」なるのは，正確であろうと骨を折るために彼らの概念思考が複雑なものになるからである。強迫的スタイルの人は，必要以上に思考の努力や活動をしようとする。その意味でこのスタイルはいくらか効率的ではないと考えられる。しかし，思考に一貫性のなさやまとまりのない堂々巡りを示す証拠がなければ，あるいは思考に関して，不適切な

言葉の使用，奇妙な表現，話を終えられないなどの目立ったエピソードがみられなければ，このスタイルは短所と考えなくてよい。

可能な所見2

　HVI陽性は，個人の心理にとって重要な役割を果たすような，性格に組み込まれた特徴があることを意味する。それは概念的思考にも重要な影響をもたらすものである。警戒心過剰の人は，即応態勢を維持しておくために相当のエネルギーを使う。あらかじめ予期し，警戒を怠らない状態というのは，発達過程で形成された，環境に対する否定的で信頼感のない態度と関連している。これは，子どもが親や養育者の行動，特に感情的な行動をきちんと予測するのが不可能と思える事態が積み重なって出来上がったものである。このために安全でないという感覚や傷つきやすさがもたらされ，行動しようと考えたり，実際に行動に移す段には，ますます用心深くなってしまう。また，次第に自分だけの空間に没頭するようになり，対人関係が発生することに対してひどく身構えるようになる。

　警戒心過剰の人は，親密さを期待せず，他者が親密さを示す振る舞いをすると混乱したり，疑い深くなったりする。警戒心過剰な構えがあると，概念的思考の明確さが減じ，望ましい柔軟性を欠いてしまい，論理的でない思考パターンが起こる。これは精神病の状態ではないが，悪くするとたいてい思考は明らかなパラノイド様の特徴を持つものとなる。

可能な所見3

　MOR反応は自己イメージの問題と最も関連が深いので，その問題を扱うクラスターで丁寧に検討する。しかし，この反応が**3以上**であれば，概念思考は悲観的な構えが目立ったものとなる。この反応の基準値は3であり，値が3であれば，極端ではないが重大な意味を持つ悲観的構えがあると解釈するのが最もよい。値が4以上となれば，ほぼ等比級数的に意味が強まる。4以上の値は，思考に非常に強い影響をもたらす悲観的構えがよりはっきりしていることを示す。

　深刻さの度合いにかかわらず，悲観的構えのある人は世の中と自分の関係を疑いと落胆の思いを抱きながら概念化する。この構えのある人は，どんな努力をしたのかに関係なく，自分の努力に対する結果は悲観的なものであると予測してしまう。悲観主義は，選択肢の狭い決まりきったやり方で問題を簡単に始末してしまう思考パターンを導く。たとえ論理に欠点があり，判断が間違っていることに本人が気づいていても，それは無視される。結局のところ，悲観的構えは概念的思考の質を低下させることになり，時には非常に混乱した思考を持った人のように見えさせる。ステップ5に進む。

ケース16　31歳の男性　思考の変数

```
L   = 0.50      OBS   = Pos    HVI = No       Critical Special Scores
                                               DV   = 0    DV2  = 0
EB = 7:3.5      EBPer = 2.0    a:p = 9:7      INC  = 0    INC2 = 0
                               Ma:Mp = 3:4    DR   = 0    DR2  = 0
eb = 9:6        [FM = 4 m = 5]                 FAB  = 1    FAB2 = 0
```

```
                                    M-     = 0       ALOG = 0    CON    = 0
Intell Indx = 2    MOR     = 3      Mnone  = 0       Sum6 = 1    WSum6  = 4
                                                              (R = 24)
                     M Response Features
          I   2. W+  Mp.FMa+ 2 (H),A,Art 4.0 GHR
          III 6. W+  Ma.mp.C.FD+ 2 H,Fi,Fd P 5.5 COP,MOR,GHR
          IV  8. W+  Mp.FDo (H),Bt P 4.0 GHR
          VII 14. D+ Mpo 2 H P 3.0 GHR
          IX  20. D+ Ma.mpo H 4.5 GHR
          X   21. D+ Mao 2 A 4.0 FAB,AG,PHR
          X   24. D+ Mp+ H,Sc 4.0 GHR
```

〔ケース16の所見　彼は強迫的スタイルの人であり，3個のMOR反応がある。思考に限って言えば，強迫的スタイルが弱点となることを示す所見はない。彼は内向型ではあるが固定していなくて，M反応の形態質はすべてよい。記録には1個の重要特殊スコア（INC）があるだけである。強迫的スタイルは彼にとって弱点ではないように見えつつも，それほどひどくないはずの悲観的構えの特徴をより悪化させる働きをするかもしれない。強迫的な人は正確であろうと望むが，悲観主義があると疑いと落胆から容易に失敗を予期してしまう。この二つは正反対の性質を持つ，葛藤する思考形態であり，おそらく現在の訴えである不安感や無気力，集中困難などの症状と直接関連していると思われる。〕

ケース18　28歳の男性　思考の変数

```
L = 0.50          OBS    = No    HVI = No         Critical Special Scores
                                                    DV   = 2    DV2    = 0
EB = 5:6.5        EBPer  = N/A   a:p   = 6:4       INC  = 1    INC2   = 0
                                 Ma:Mp = 4:1       DR   = 0    DR2    = 1
eb = 5:4          [FM = 1 m = 4]                   FAB  = 0    FAB2   = 0
                                 M-    = 5         ALOG = 1    CON    = 0
Intell Indx = 5   MOR    = 5      Mnone = 0        Sum6 = 5    WSum6  = 15
                                                              (R = 18)
                     M Response Features
          II   5. Ddo Mp- Hd MOR,PHR
          II   6. Dd+ Ma.mp- 2 Hd 5.5 AG,PHR
          VI   12. Dd+ Ma- Hd,Sx 2.5 DV,PHR
          VIII 15. Dd+ Ma.mp.CF- (H),Na,Ay 3.0 PHR
          X    18. D+ Ma.C- H,Na 4.5 ALOG,PHR
```

〔ケース18の所見　OBSとHVIは該当しないが，5個のMOR反応があって悲観的構えがあることを示している。この否定的構えは，おそらくほとんどの彼の認知活動に侵入して，疑いと失敗への予期を強めている。そして，まちがいなくそれが彼の概念的思考に大きな影響を与えていると思われる。〕

ステップ5：ebの左辺（FM, m）

*eb*左辺の値は，*FM*と*m*の合計から得られる。前の章で述べたように，これらの変数は，意識的な注意の中心からそれた精神活動に関連している。この精神活動は，欲求体験（*FM*）や，外部からの要請を敏感に感知すること（*m*）によって日常的に発生する。この辺縁の思考形式は，誰にでもある当たり前のもので，警戒刺激として価値があり，注意をそらしたり注意の向きを変えたりする働きをする。しかし，この辺縁の思考が頻繁にまた強烈に注意の中心に割り込んでくると，意図的で概念的な思考が混乱することになる。そうなると，本来警戒機能として役立つはずの，誰にでもある当たり前の心理活動が，注意散漫を引き起こすものになってしまう。

たいていの人が折々このような経験をするはずである。そうすると，注意集中するのが難しかったり，まとまった考えを維持するのが困難になったりする。たいてい，このような事態は一時的なものであるが，辺縁の精神活動を高めている欲求や要請が満たされないままだと，慢性的に思考は過負荷状態になるために，概念思考はいっそう断片的で一貫性のないものとなる。

*eb*左辺の値は，辺縁思考を検討するための大雑把な基準として役に立つだけである。それは，平均範囲内（成人も児童も3～6）に収まるか,それを上回るか,下回るかのどれかである。これによってわかるのは辺縁の精神活動がどれくらいかということである。*FM*と*m*の値は，辺縁の精神活動の根源は何であるのかを特定するための情報をもたらしてくれる。*FM*の方がより安定した変数で，欲求状態によって引き起こされる精神活動に関連していると思われる。

一般的に，*FM*の値は成人も児童も3～5で，たいていは*FM*＋*m*の合計との差は1以内であることが期待されている。なぜならば，*m*の変数は大変不安定で，状況ストレスによって起こる辺縁の精神活動と関連するからである。*m*の値は0～2であり，なおかついつも*FM*の値よりも少ないことが期待されている。

ケース18　28歳の男性　思考の変数

```
L  = 0.50          OBS   = No     HVI = No       Critical Special Scores
                                                 DV    = 2   DV2   = 0
EB = 5:6.5         EBPer = N/A    a:p   = 6:4    INC   = 1   INC2  = 0
                                  Ma:Mp = 4:1    DR    = 0   DR2   = 1
eb = 5:4           [FM = 1 m = 4]                FAB   = 0   FAB2  = 0
                                  M-    = 5      ALOG  = 1   CON   = 0
Intell Indx = 5    MOR   = 5      Mnone = 0      Sum6  = 5   WSum6 = 15
                                                     (R = 18)

                      M Response Features
         Ⅱ   5. Ddo Mp- Hd MOR,PHR
         Ⅱ   6. Dd+ Ma.mp- 2 Hd 5.5 AG,PHR
         Ⅵ  12. Dd+ Ma- Hd,Sx 2.5 DV,PHR
         Ⅷ  15. Dd+ Ma.mp.CF- (H),Na,Ay 3.0 PHR
         Ⅹ  18. D+ Ma.C- H,Na 4.5 ALOG,PHR
```

可能な所見 1

eb の左辺の値が平均値の範囲内（3〜6）の場合は，FM の値の方が m の値より大きいことが期待される。もし m の値が FM の値より大きければ，辺縁思考のいつものレベルが状況関連のストレスによって高くなっていることを示している。欲求はいろいろな形で精神活動に割り込んでくるが，もし FM の値が1以下であれば，それらを最小限に抑えたり，避けたりしていることを示している。たいてい回避型の対処スタイルの人であることが多いが，中には欲求が起こってくると，その欲求を軽減するために即座に行動に移す人もいる。また，概念化して対処しようとする人もいる。それはより統制され，方向づけられた思考の中に辺縁思考を防衛的に組み込むやり方である。そうしても，欲求はなくなるわけではなくて，かえって持続して強まるかもしれないが，それでも欲求の影響力を一時的に減じることはできる。たとえばとても空腹な人は，食べ物の品目を思い浮かべたり，料理のレシピのことばかり考えようとするかもしれない。そうしたところで空腹感は減らないが，空腹感によって高められた辺縁の精神活動を緩和するのには役立つのである。ステップ6に進む。

〔ケース18の所見　eb の左辺（5）は平均範囲内であるが，FM は1個しかなくて m は4個ある。FM の値が意外にも低いのは，欲求を満たすために即座に行動するか，あるいは欲求によって引き起こされる辺縁思考を概念思考に組み込む傾向があることを示している。それにもかかわらず，最近の状況ストレスによって一般的にはないほど辺縁思考が高まっている。〕

可能な所見 2

eb の左辺の値が2以下というのはあまりない。これは回避型の対処スタイルを持つ人のプロトコルに最もよくみられる。回避型の対処スタイルがない場合は，辺縁思考を方向づけられた概念の枠組みの中に防衛的に組み込んでいる可能性がある。（可能な所見1参照）。回避型の対処スタイルがある場合は，辺縁思考が割り込んでくることによって起こる苛立ちを減ずるために，即座に行動に移す傾向があるだろう。これは，FM が0か1の場合に最もよく当てはまる。このやり方はホメオスタシスの観点からはポジティブなものであっても，急いで行動に移された反応はえてしてよく考え抜かれたものではないし，長期的な効果は期待できないので，たいていはネガティブなものとみなされるべきである。ステップ6に進む。

ケース17　19歳の女性　思考の変数

L = 1.22		OBS = No	HVI = No		Critical Special Scores		
					DV = 1	DV2 = 0	
EB = 2:5.5		EBPer = 2.8	a:p = 3:0		INC = 0	INC2 = 0	
			Ma:Mp = 2:0		DR = 3	DR2 = 0	
eb = 1:4	[FM = 0 m = 1]				FAB = 0	FAB2 = 0	
			M- = 0		ALOG = 0	CON = 0	
Intell Indx = 1	MOR = 2		Mnone = 0		Sum6 = 4	WSum6 = 10	
					(R = 20)		

```
          M Response Features
   Ⅲ   5. D+ Mp.FC'o 2 H,Hh P 3.0 COP,GHR
   Ⅶ  13. W+ Mao 2 H,Sc P 2.5 COP,GHR
```

〔ケース17の所見　ebの左辺はmが1だけで，FM反応はない。このことは辺縁思考がないということを意味しているわけではない。辺縁思考によってもたらされる衝撃を何とか避けよう，無視しようとしていることを意味している。彼女は回避－外拡型の人で，ものごとを単純化することに関心があって，明らかにかなり感情に影響される傾向がある。欲求を減らすためにすぐに行動に移す人である可能性が高い。このやり方が危険なのは，欲求を減らすために選ぶ反応のいくつかはあまりに性急なもので，長期的にはどうなるかをよく考え抜かないからである。〕

可能な所見3

ebの左辺の値が7で，すべてFM反応であるとか，m反応があっても1個だけの場合，あるいは，ebの左辺の値が8以上で，FM反応が6個以上ある場合は，内的欲求状態によって辺縁の精神活動はかなり高まっていると推測できる。通常，このような状況は一時的というよりは慢性的で，頻繁に注意集中が妨げられることになるだろう。もしmが3以上であれば，状況ストレスによっても辺縁の精神活動が高まっていることを示している。ステップ6に進む。

可能な所見4

ebの左辺の値が7で，FMが4以下の場合，またはebの左辺の値が8以上でFMが5以下の場合，ebの左辺の値が高いのは，期待以上に多いmのためであることは明らかである。この所見は，状況に関連するストレスのために，辺縁の精神活動が著しく高進していることを示している。通常これは一時的なものではあるが，この状態が持続する間，注意集中活動が著しく低下することに留意しておくことは大事である。ステップ6に進む。

ケース16　31歳の男性　思考の変数

```
L = 0.50         OBS    = Pos    HVI = No        Critical Special Scores
                                                 DV  = 0      DV2   = 0
EB = 7:3.5       EBPer  = 2.0    a:p   = 9:7     INC = 0      INC2  = 0
                                 Ma:Mp = 3:4     DR  = 0      DR2   = 0
eb = 9:6         [FM = 4 m = 5]                  FAB = 1      FAB2  = 0
                                 M-    = 0       ALOG = 0     CON   = 0
Intell Indx = 2  MOR    = 3      Mnone = 0       Sum6 = 1     WSum6 = 4
                                                      (R = 24)
                    M Response Features
       Ⅰ    2. W+ Mp.FMa+ 2 (H),A,Art 4.0 GHR
       Ⅲ    6. W+ Ma.mp.C.FD+ 2 H,Fi,Fd P 5.5 COP,MOR,GHR
       Ⅳ    8. W+ Mp.FDo (H),Bt P 4.0 GHR
       Ⅶ   14. D+ Mpo 2 H P 3.0 GHR
```

```
IX  20.  D+  Ma.mpo    H      4.5  GHR
X   21.  D+  Mao    2  A      4.0  FAB,AG,PHR
X   24.  D+  Mp+       H,Sc   4.0  GHR
```

〔ケース 16 の所見　eb の左辺の値は 4 個の FM と 5 個の m からなっている。何らかの状況関連のストレスによって，彼の辺縁思考は普通でないほど高まっている。これは，気が散りやすく，注意集中するのが困難だという彼の訴えをよく説明するものであろう。おそらく，不安感を訴えていることとも関連するだろう。意図的な思考に辺縁思考が頻繁に割り込んで邪魔をすると，そのフラストレーションの感覚は，強迫的スタイルがある彼にとってより大きな混乱をもたらすものとなるだろう。〕

ステップ 6：Ma：Mp

　誰でも空想することはあるだろう。これは，概念的思考を用いて，つらい現実のもろもろの要請を一時的に回避するには便利な方法である。事実，現代には，本やテレビ，ラジオ，映画などの空想が広がるのを手助けする情報源は多い。それぞれがそれぞれのやり方で簡単に現実ばなれできるような手軽な刺激を与えてくれる。しかし，空想を引き起こすためにはどの手段も本当には必要ではない。そのような手段がなくても誰でも「白日夢」にふけることができるのである。白日夢というのは，概念的思考が現実以外のものに焦点をあてるようになる空想過程である。

　記憶，予想，欲求，願望などいろいろなものが人を白日夢に駆り立てる。元が何であれ，白日夢は日常生活によくあることで，その中では，現実世界の退屈さや過酷さを否認し，それらの代わりにもっと簡単に何とかなる状況を創り出すために意図的思考が使われる。空想は，現実から目をそむけてつかの間の安堵をもたらす以上のものである。それは喜びの元（たとえ非現実的なものであったとしても）になり，しかも絶対的な統制力を持つ感覚をもたらすものとなり得る。人によっては後者が最も重要になる。

　空想がもたらす心理的安堵感はたとえ一時的なものであったとしても，それをなくてはならない防衛手段の一つとして使う人もいる。このような人は，一般の人より空想にふけることがはるかに多い。こうなると空想の濫用であって，一時的な補強手段であったはずのものが，あまりにも頻繁に現実から引き離す働きをするようになるため重大な欠陥になってしまう。このような思考による現実否認があまりにも頻繁に起こると，人は，不快な状況は放っておけば誰かが解決してくれるだろうという暗黙の仮説を抱くようになるために，他人に依存するようになる。空想の濫用は誰にとっても危険ではあるが，おそらく内向型の人の場合にはその基本的な対処スタイルが長期にわたって効果的でないものになる可能性が高いので，最も危険性は高いだろう。

　Ma：Mp の比からその人の空想生活の内実が直接わかるわけではない。しかし，Ma の値はいつも Mp の値より大きいことが期待できるという事実は役に立つ。ケース 17 と 18 のように

これがあてはまる場合は両辺の差の大きさには解釈的な意味はない。しかし，Mp の値が Ma の値より大きい場合，その人は普通よりも日常的に空想を使う人であるといえる。この仮説が使えるのは，**M の値が 2 以上ある場合に限られる。**

可能な所見 1

Mp の値が Ma より 1 多い時，その人はストレスのある状況では，防衛的に空想を使い，それを現実と置き換える傾向があるといえる。これは，大変効果的な防衛手段でもありうるので，その人が他者に依存しすぎることを示す他の証拠が得られない限り，これを欠点と考えないほうがよい。しかし，他者に普通以上に依存的になる傾向がある場合は，空想を濫用する傾向はその依存傾向を助長する。ステップ 7 に進む。

ケース 16　31 歳の男性　思考の変数

```
L   = 0.50       OBS   = Pos    HVI = No      Critical Special Scores
                                               DV   = 0    DV2  = 0
EB  = 7:3.5      EBPer = 2.0    a:p   = 9:7    INC  = 0    INC2 = 0
                                Ma:Mp = 3:4    DR   = 0    DR2  = 0
eb  = 9:6        [FM = 4  m = 5]               FAB  = 1    FAB2 = 0
                                M-    = 0      ALOG = 0    CON  = 0
Intell Indx = 2  MOR   = 3      Mnone = 0      Sum6 = 1    WSum6 = 4
                                                    (R = 24)

                 M Response Features
       I    2. W+  Mp.FMa+   2 (H),A,Art   4.0  GHR
      III   6. W+  Ma.mp.C.FD+ 2 H,Fi,Fd P 5.5  COP,MOR,GHR
       IV   8. W+  Mp.FDo    (H),Bt    P   4.0  GHR
      VII  14. D+  Mpo       2 H       P   3.0  GHR
       IX  20. D+  Ma.mpo    H             4.5  GHR
        X  21. D+  Mao       2 A           4.0  FAB,AG,PHR
        X  24. D+  Mp+       H,Sc          4.0  GHR
```

〔ケース 16 所見　Mp は Ma より 1 多い。これは，彼がたいていの人よりも空想にふける傾向があることを示している。しかし，この傾向が彼の最近の訴えに関連しているのか，あるいはこれは彼の欠点と考えられるのかについては，対人関係に関する情報を得るまで一時保留する。〕

可能な所見 2

Mp の値が Ma の値より 2 以上大きい時，不快な状況に対処するときには決まって，空想への逃避という手段を用いる傾向があることを示している。このような特徴を示すのを，**白雪姫シンドローム**というが，それは責任や意思決定を回避するのが主な特徴となる。このような人は，現実を否認するために空想を濫用しすぎるので，それによってもたらされる結果はたいてい本人の本来望むところとは逆のものになることが多い。

この対処法をとると，他者に依存することになるので，自らを無力にすることにもなる。不

幸なことに，このような特徴を持つ人は他者から操作されやすい。この防衛的な対処スタイルが広範囲にわたると，特に内向型の被検者には不利である。なぜならば，複雑すぎる状況や，ストレス含みの状況では，基本にある思考を使う傾向が依存の傾向に取って代わられてしまうからである。ステップ7に進む。

ステップ7：知性化指標

概念的思考が防衛として使われるもう一つの例が知性化である。感情の強さを緩和し，中和するために思考を使うプロセスについては，すでに第4章で説明した。知性化とは否認の一種であり，現実を曲げるためにある種の普通でない思考を必要とするものである。たとえば，明らかに悲しんでいる人が「いい気分だ」と頑固に言い張っているとすれば，自分の言っている言葉が正しいと信じるために，自分の内面にある手がかりの概念を歪めているはずである。

ほとんどの人が時折知性化をするが，防衛として習慣的に過剰に知性化を用いていると，思考は論理的でなくなり，内面の手がかりを歪曲することになりかねない。すぐにこれが思考の問題につながるわけではないが，誤った概念を作り上げたり，受け入れたりする可能性を高めることになるだろう。極端な場合，知性化は，妄想に似た非常に誤った解釈に基づく概念を形成し維持する要因になることもある。

ケース18　28歳の男性　思考の変数

```
L  = 0.50      OBS    = No     HVI = No       Critical Special Scores
                                               DV   = 2    DV2  = 0
EB = 5:6.5     EBPer  = N/A    a:p  = 6:4     INC  = 1    INC2 = 0
                               Ma:Mp = 4:1    DR   = 0    DR2  = 1
eb = 5:4       [FM = 1 m = 4]                 FAB  = 0    FAB2 = 0
                               M-   = 5       ALOG = 1    CON  = 0
Intell Indx = 5  MOR  = 5      Mnone = 0      Sum6 = 5   WSum6 = 15
                                                     (R = 18)

                    M Response Features
           II   5. Ddo Mp- Hd MOR,PHR
           II   6. Dd+ Ma.mp- 2 Hd 5.5 AG,PHR
           VI  12. Dd+ Ma- Hd,Sx 2.5 DV,PHR
           VIII 15. Dd+ Ma.mp.CF- (H),Na,Ay 3.0 PHR
           X   18. D+ Ma.C- H,Na 4.5 ALOG,PHR
```

可能な所見1

知性化指標が4から6の場合，たいていの人よりも感情を知性化する傾向があると言える。このことは，状況から本来受けるはずのインパクトを否認するために，歪んだ概念形成をしたり，受け入れたりすることを示している。ステップ8に進む。

〔ケース18の所見　知性化指標の値は5であり，たいていの人より多く知性化することを示している。歪曲した概念形成をしたり受け入れたりしやすいことだ

ろう。〕

可能な所見2

知性化指標の値が6を超える場合，ストレスを感じる状況では，知性化を主な防衛手段として使うことを示している。これは偽りの知的プロセスで，自分でわかって否認を用いているかどうかは別として，結果的に感情は直接的，現実的には扱われなくなる。このような人は歪曲した概念を容易に受け入れやすく，強い感情経験にさらされると思考はまとまりのないものになる。なぜならば，知性化の方便は大きなストレスを含む刺激を前にすると効果的ではなくなるからである。ステップ8に進む。

ステップ8：Sum6 と Wsum6

これは思考が明確であるか特異なものであるかの問題に焦点を当てる，四つのステップの中で最初のものとなる。六つの重要特殊スコアは，概念思考にある問題を見つけるためのもので，思考の明確さについても間接的に示す。それぞれが何らかの認知的誤りや思考のずれが起こっていることを知らせるが，それぞれが表す困難さの程度はかなり異なっている。それゆえにこれらを重みづけしてある。認知の機能低下については，DV1からCONTAMまでを三つに分けて，一つの連続体として考えるのが最もよいだろう。

DV1 INC1 DR1	DV2 FAB1 INC2 ALOG	DR2 FAB2 CONTAM
軽度	中程度	重度

このように考えると，概念や思考の問題を最も端的に表すのが第2・第3の区分に入る特殊スコアということになる。最初の区分にある三つのスコア（DV1，INC1，DR1）は，認知の不注意を反映することが多い。だからといって思考を検討する際にこれらは重要でないというわけではない。そのような考え方は正しくない。最初の三つのスコアは思考に明確さが欠けていることを意味するし，概念的思考に困難がある場合には目立って増加することが多い。

DV1の反応はちょっとした認知的誤りに関係している。間違った言葉づかい，特異な表現の仕方のために，明確なコミュニケーションの能力が妨げられる。児童の記録にはよくあるが，彼らは簡単で明確に言いたいことを言うのに苦労することが多い。DV1の反応が2個，あるいは3個あってもたいして重要ではないが，もし成人の記録にこれよりも多く起こった場合は何らかの認知的問題があるかもしれないので，言語能力についてもっとよく検討しておく必要がある。DV2の反応は，ずっと深刻な認知的誤りである。これは，概念化の操作に割り込んでくる何らかのとらわれがあることを示していることが多い。

INCOM1は六つの重要特殊スコアの中で最も出現頻度が高く，非患者成人の記録や子どもの記録の中に頻繁に現れる。これは，ブロットの部分を普通ではないやり方で組み合わせて，単一の対象を作り上げるものである。これは奇妙な思考でないとしても，概念的に異なるものを識別できないとか，ブロットの具象性にとらわれた固い理由づけをしていることを表してい

る。DV1と同様，1個か2個のINCOM1の反応があっても特別なことではない。逆に，INCOM2の反応は単純な識別の失敗をはるかに超えている。それらはたいてい奇妙で，こじつけの論理を反映している。これは，何かにひどくとらわれているとか，現実をかなり無視する人の思考に最も多く現れる。

DR1の反応は，優柔不断であることや，目の前の課題から離れるための防衛的な試みを表している。その意味では，これは単に貧弱な判断力を反映しているにすぎない。しかし，もしこれが頻繁に出現し，まとまりのなさが長引く場合は，思考の衝動をうまく統制できないことを示している。DR2の反応は，思考の衝動を統制できないことに関するいっそう深刻な問題を反映している。これは「的に集中する」ことができない何らかの欠陥を意味する。1個でもDR2の反応があれば，それは概念的思考が衝動的でとりとめがないものであることを示している。

FABCOM1の反応は思考の未熟さを表している。これは，思考が明確でないときに起こる非常に正確さを欠いた概念のつながりであり，不合理な統合である。年少児童にはよくあるが，青年期や成人では頻度は低くなる。13歳以上の被検者の記録に2個以上のFABCOM1の反応があるのはネガティブなサインである。少なくともそれは思考の不正確さや未熟さを表している。FABCOM2の反応は相当奇妙で，明らかに概念化の重大な欠陥を示している。これは，極端に現実を無視していることを表し，思考が十分に統制されていないために誤った判断をしてしまうか，まともな判断ができなくなることを示している。たとえ一つのFABCOM2であっても，思考に深刻な問題があって，概念の歪曲がかなりあるため，現実検討力が危うくなっていることを示している。

ALOG反応はこじつけの論理の表れで，誤った因果関係を単純化して作り上げた主張である。たいていは奇妙というよりはブロットの具体的な特徴にしばられたもので，判断力の乏しさが概念化に影響を与えていることを示している。児童の記録には珍しくないが，青年や成人の記録に現れた時には，予想外に判断力の乏しい未熟な思考を示すものと考える必要がある。CONTAMの反応は極めてまれで，最も深刻な思考の解体を反映している。COMTAMは，流動的に移り変わる概念化の活動がこじつけの理屈で融合したものである。最終的にはひどく現実から逸脱した思考形態となる。

ほとんどのプロトコルには特殊スコアがいくつかあるが，児童のプロトコルの方がその頻度は高い。DR2，FAB2，CONTAMがなくて，それ以外の特殊スコアも多くない限り，必ずしも心配する必要はない。合計（*Sum6*）は，思考の誤りやずれがどれほど頻繁に起こっているかを表すので，ある程度解釈に関係してくる。しかし，普通は重みづけをした合計値（*WSum6*）を*R*との関連で考察し，六つの重要特殊スコアの頻度データをそれぞれ検討して，思考の明確さと，思考に問題があるかどうかについてより詳細な情報を得る。

Sum6，*Wsum6*そして重要特殊スコアの頻度から得られる思考の明確さについての情報は間接的なものである。はっきりした否定的な特徴がないということは，認知的な誤りや思考のず

れが期待されるよりも少ないということを示しているだけである。これは,「知らせがないのは良い知らせ」ということで,概念的思考の明確さを疑う理由がないことを意味する。しかしだからといって,必ずしも思考が適切で,効果的であるということを意味するわけではない。思考の明確さの問題については解釈手順の残りのステップで再び取り上げる。その際にここで得られた明確さについての仮説は変更されることもある。

可能な所見1

R に関係なく成人と14歳以上の青年で,*WSum6* が6以下で,レベル1のDV,INCOM,DR反応**だけ**しかない場合,これはとりたてて何も言うことのない所見である。概念的思考の明確さを疑う理由はない。

ケース16　31歳の男性　思考の変数

```
L  = 0.50          OBS    = Pos    HVI = No        Critical Special Scores
                                                    DV   = 0    DV2  = 0
EB = 7:3.5         EBPer  = 2.0    a:p   = 9:7      INC  = 0    INC2 = 0
                                   Ma:Mp = 3:4      DR   = 0    DR2  = 0
eb = 9:6          [FM = 4  m = 5]                   FAB  = 1    FAB2 = 0
                                   M-    = 0        ALOG = 0    CON  = 0
Intell Indx = 2    MOR    = 3      Mnone = 0        Sum6 = 1    WSum6 = 4
                                                          (R = 24)

                    M Response Features
            I   2. W+ Mp.FMa+ 2 (H),A,Art 4.0 GHR
            III 6. W+ Ma.mp.C.FD+ 2 H,Fi,Fd P 5.5 COP,MOR,GHR
            IV  8. W+ Mp.FDo (H),Bt P 4.0 GHR
            VII 14. D+ Mpo 2 H P 3.0 GHR
            IX  20. D+ Ma.mpo H 4.5 GHR
            X   21. D+ Mao 2 A 4.0 FAB,AG,PHR
            X   24. D+ Mp+ H,Sc 4.0 GHR
```

可能な所見1a（若年者の場合）

若年者の概念的思考は,青年や成人ほど明確で洗練されていることが期待されていない。彼らは認知的誤りや思考のずれを表しやすい傾向がある。こうしたことから,思考の明確さは当該年齢の大多数の人と同じであると結論するためのガイドラインは以下の通りとなる。ただし,この場合,CONTAMの反応がないことが前提となる。

11～13歳　*WSum6* は8以下
8～10歳　*WSum6* は10以下
5～7歳　*WSum6* は12以下

ステップ9に進む。

〔ケース16の所見　*Sum6* は1で *WSum6* が4で,一つの FABCOM 反応だけである。ここでは彼の概念的思考の明確さを疑う理由はみあたらない。〕

可能な所見2

Rに関係なく，WSum6が6以下の成人と14歳以上の青年で，FABCOMまたはALOG反応が1個あるが，CONTAMまたはレベル2の反応はない場合，思考には普通よりも誤った判断やずれが多く見られる傾向を示す。これは必ずしも思考に問題があることを示すわけではないが，期待されるよりも思考が明確でないとか，概念化が場合によって未熟で，洗練されないものであることを示している。ステップ9へ進む。

可能な所見3

Rが17以上で，WSum6が7から10の範囲の成人と14歳以上の青年で，CONTAMまたはレベル2反応がない場合，思考活動には，普通より多くの思考のずれや誤った判断が見られやすい。これは必ずしも思考に問題があることを示しているわけではないが，思考が明確でなく，大多数の人に比べてかなり洗練されていないことを示している。同様のことは，成人と年長の青年の記録において，Rが16以下で，WSum6が7から9の間にあって，レベル2またはCONTAMの反応がない場合にも適用できる。

可能な所見3a（若年者の場合）

CONTAM反応がない場合，以下のような年齢を基準にしたガイドラインにあてはめて若年者にも同様の結論を適用する。

11～13歳　　WSum6は9～12
8～10歳　　WSum6は11～14
5～7歳　　　WSum6は13～15

ステップ9に進む。

ケース17　19歳の女性　思考の変数

```
L     = 1.22       OBS    = No      HVI = No         Critical Special Scores
                                                     DV   = 1    DV2  = 0
EB = 2:5.5         EBPer  = 2.8     a:p   = 3:0      INC  = 0    INC2 = 0
                                    Ma:Mp = 2:0      DR   = 3    DR2  = 0
eb = 1:4       [FM = 0 m = 1]                        FAB  = 0    FAB2 = 0
                                    M-    = 0        ALOG = 0    CON  = 0
Intell Indx = 1    MOR    = 2       Mnone = 0        Sum6 = 4    WSum6 = 10
                                                          (R = 20)

                     M Response Features
              III   5. D+  Mp.FC'o  2 H,Hh  P 3.0 COP,GHR
              VII  13. W+  Mao     2 H,Sc  P 2.5 COP,GHR
```

〔ケース17の所見　WSum6は10で，1個のDVと3個のDRから得られたものである。先にも述べたように，DR反応は目前の課題から離れようとする防衛的な試みである。これは判断力の弱さを反映しているが，場合によっては思考の衝動を統制できないことを示すこともある。このケースは回避型の対処スタイルをとる人なので，前者が該当すると思われる。しかし，この仮説はステップ9で

ケース18　28歳の男性　思考の変数

```
L     = 0.50          OBS    = No      HVI = No         Critical Special Scores
                                                        DV   = 2    DV2  = 0
EB    = 5:6.5         EBPer  = N/A     a:p  = 6:4       INC  = 1    INC2 = 0
                                       Ma:Mp = 4:1      DR   = 0    DR2  = 1
eb    = 5:4           [FM = 1  m = 4]                   FAB  = 0    FAB2 = 0
                                       M-   = 5         ALOG = 1    CON  = 0
Intell Indx = 5       MOR    = 5       Mnone = 0        Sum6 = 5    WSum6 = 15
                                                             (R = 18)

                        M Response Features
            II    5. Ddo Mp- Hd MOR,PHR
            II    6. Dd+ Ma.mp- 2 Hd 5.5 AG,PHR
            VI   12. Dd+ Ma- Hd,Sx 2.5 DV,PHR
            VIII 15. Dd+ Ma.mp.CF- (H),Na,Ay 3.0 PHR
            X    18. D+ Ma.C- H,Na 4.5 ALOG,PHR
```

可能な所見4

Rが17以上で，WSum6が11から17の成人および14歳以上の青年の場合，思考に深刻な問題があることを示している。思考の断絶や誤った概念化のために思考が鈍くなり，間違った判断が起こるというエピソードが，望ましくないほど出現する。その結果，誤った意思決定をすることが多くなると思われる。この仮説は，Rが16以下でWSum6が10から12の，成人と年長の青年の記録にも当てはまる。

可能な所見4a（若年者の場合）

同様の結論を若年者の場合にも，以下の年齢を基にしたガイドラインに従って適用する。

11～13歳　WSum6は13～17

8～10歳　WSum6は15～19

5～7歳　WSum6は16～20

ステップ9に進む。

〔ケース18の所見　反応数18の記録の中の5個の重要特殊スコアのために，WSum6は15となる。これは期待されない結果であり，とりわけ大学卒業者ではそうである。思考に深刻な問題があることを示している。彼の思考は衝動的で混乱していて，おそらくこじつけの強い論理が目立つと思われる。〕

可能な所見5

Rが17以上で，WSum6が19以上の成人と年長の青年の場合，思考に深刻な障害があると考えられる。概念化がこの程度まで損なわれていると，良くてもその個人の現実検討は限界ぎりぎりのものである。思考は混乱していて一貫せず，非常に誤った判断が頻繁に起こってくる。奇妙な概念化も珍しくなく，このような人はたいてい，日々の生活で必要とされることに取り

組むのに効果が持続するやり方をとることができない。この仮説は，成人と年長の青年の記録で R が 16 以下で $WSum6$ が 13 以上の場合にも当てはまる。

可能な所見 5a（若年者の場合）

同様の結論を若年者にも，以下の年齢を元にしたガイドラインに従って適応する。

11 〜 13 歳　$WSum6$ は 19 以上
8 〜 10 歳　$WSum6$ は 20 以上
5 〜 7 歳　$WSum6$ は 21 以上

ステップ 9 に進む。

ステップ 9：重要特殊スコアの評価

$WSum6$ は時折，ネガティブな思考の特徴を過大評価したり，過小評価してしまうことがある。重要特殊スコアを含む反応内容を検討する必要があるのは，このためである。たとえば，動物について説明するときに前足や足のことを「手」という習慣があり，ただそれだけの理由で $WSum6$ がかなり大きくなることがある。これが 4，5 回起こると，$WSum6$ の値はネガティブな仮説を示す範囲に入ってしまう。INCOM をコードするのは正しいが，その結果得られた $WSum6$ の値は誤解を招くものであるため，ステップ 8 で導き出された仮説は緩和される必要がある。逆に，プロトコルには重要特殊スコアが 2 個か 3 個しかないものの，スコアラーがそれらに含まれている奇妙さをレベル 2 の基準に見合うものであると判断しかねる場合もある。このような場合，$WSum6$ は，現にある思考のずれの程度を容易に過小評価してしまうことになる。

このステップでは，より個人的な評価をするために次の 3 点に焦点を当てる。

（1）重要特殊スコアがどれほど，下位文化，教育不足，あるいは言語選択の誤りを繰り返す傾向を反映しているのか。
（2）明確でない思考や誤った判断が反応内容の中にどの程度現れているか。
（3）CONTAM，レベル 2，ALOG 反応の奇妙さが，どれほどはっきりと病的な思考のサインを示しているか。

可能な所見 1

重要特殊スコアを含む大多数が，被検者の下位文化では普通にみられる言い回し，あるいは被検者と同程度の教育水準の者がよくする言い回しを反映したものである場合，思考のずれがあるという仮説は排除する必要はないまでも，緩和した方がよい。同様に，特殊スコアのたいていが，言葉の選択の誤りが持続したためにもたらされたのであれば，ステップ 8 で立てた仮説は適切に修正する必要がある。ステップ 8 の仮説を修正した場合は必ずステップ 10 で再評価する。

可能な所見 2

重要特殊スコアを含む反応に奇妙なものがないにもかかわらず，該当する年齢には期待され

ないような未熟で誤った論理が反映されていることもある。この場合，ステップ8で立てた仮説を拡大して，その個人は社会生活に対する力不足があり，思考を適切に制御したり方向づけたりできない可能性がある，と注釈する必要がある。時には統制に関するデータがこの所見に役立つ情報をもたらす場合があるが，統制の所見に関わりなく，概念化は誤った論理や間違った判断に非常に影響を受けやすいと結論するのが理にかなっている。

可能な所見3

ALOG，CONTAM，レベル2の反応の奇妙さが明らかに混乱した思考の証拠となるとき，その人の最近の行動を見ると，これを裏づける情報が入手できると思われる。もしも裏づける行動がない場合は，症状の誇張や病気を装っている可能性を疑う必要がある。ステップ10に進む。

〔ケース16所見　FABCOM反応が1個ある。

図版Ⅹ（D2）「この上の部分（D8）は，2匹のアリが棒かなにかのことで言い争いをしているようにみえる」（質問段階）「この棒のようなものの両側に1匹ずついて，足で押し合っていて，相手から棒を取ろうとしている。触角で，足。何かはわからないけど棒のように見える」

アリは言い争いをしないので，FABCOMの反応をコードするのは正しいが，これはほとんどDVに近い反応で，「言い争う」という言葉が闘うという言葉の代わりに選択されたものである。アリは闘う。これは小さな認知の誤りの例と考えられる。これは，この記録の唯一の重要特殊スコアであり，彼の思考の明確さに疑問を投げかけるものでもなければ，思考に問題がある可能性を示すものでもない。〕

〔ケース17の所見　このプロトコルには4個の重要特殊スコアがある。

図版Ⅱ（D6）「これは気持ち悪いgruely（訳注：正しくはgruesomeと言うべきところgruelyという言葉を使った）ガに見える」（質問段階）「いいえ，gruelyではなくて，gruesome気持ち悪いという意味です。ガは気持ち悪い。特にこのガのように黒いのは。ここにあるのが羽」〔DV〕

図版Ⅴ（W）「創造的にならなきゃね。さっき大きな鳥と言いましたよね。今度は大きなワシにします。でも本物のワシを私は一度も見たことがないと思いますけど」（質問段階）「大きな翼とツメがある。ワシにはツメがあるものでしょう」〔DR〕

図版Ⅸ（Dl）「この部分は誰かが木のてっぺんに見えるように描いたのだと思う。どうして誰かが木のてっぺんを好んで描いたのかはわかりません」（質問段階）「木のてっぺんを上から見たらこんな風に丸いし，ある部分は他の部分より近くに見える，この暗いところ〔E：私にもわかるように教えて下さい〕「丸くて緑色で，誰かが木のてっぺんを描いたみたいです」〔DR〕

図版X（D9）「これは気持ち悪い。血のようです」（質問段階）「どうして血に見えるように描いたのかはわからないけど，でもとにかく誰かがそうしたんです。全部この赤いのが血。ただ血のように見えます。私にそんなこと聞かれてもわからないわ」〔DR〕

　ステップ8では，彼女の重要特殊スコアは課題から離れるための防衛的な試みを表しているとの仮説が立てられた。また，おそらくは判断のまずさや思考の衝動性を制御することの困難さを反映していると考えられた。反応を検討してもこの仮説を裏づけるものとなっている。さらに彼女の思考を特徴づける，固さや未熟さが目立っている。〕

〔ケース18の所見　このプロトコルには重要特殊スコアのつく反応が5個ある。
　図版Ⅰ（W）「これは，誰もまだ見たことのない，未発見の土地の地図」（質問段階）「これ全体。もし誰もまだ見たことがないのだとしたら，本当にアトランティス大陸のようなものかもしれない。でもわからないから，アトランティスというわけではないけど，それはどうせ誰も知らないんだ」〔DR2〕
　図版Ⅲ（WS）「さてこうすると，まったくクロゴケグモのように見える。砂時計の模様がお腹にあって，ここが手でここが頭，これは実物ではなくて，芸術家が抽象的に表現したもの」（質問段階）「そう，これは全部ではなくて頭と体の一部，手で，砂時計の模様。ここの外にある二つの赤いしみは子を産んだ後にオスを殺したことを表している。他は白くなっているけど本当は黒で，だから芸術家が抽象的に描いたんだと思う」〔INC〕
　カードⅣ（W）「巨大な<u>直立ギガンテス</u>（訳注：gigantus erectrusと言ったが，gigantes erectusの意）だと思う。頭はとても小さくて腕は大きくて」（質問段階）「頭はとても小さいけれど，長鼻はとても大きくて前に突き出ている。これが腕（指差す）でぱたぱたしているみたい。もしかしたら，ネス湖の怪獣のような大きな海草モンスターかもしれない。大きな尾と大きな胸びれがここに見える（指でなぞる）。頭はとても小さい。これについて書いた本があったと思う」〔DV〕
　図版Ⅵ（Dd99）「これこそ皆がセックスしているところというものなんだろうけれど，わからないなぁ，そうとも思えないけどだぶん……わからない」（質問段階）「そう，わからなかったんだけど，ここに膣の<u>道</u>（vagina path）があって（指で囲む），ペニスがこれ（指でなぞる）。たぶんセックスをしているのかもしれないね」〔DV〕
　図版Ⅹ（D2）「女の子が背面飛びでプールに入ろうとしていて，背面飛びをしているから，ダイビングコンテストだね」（質問段階）「これは本当にばかみたいだ，これが本当に最後だろ？　そうだな」〔E：そうです〕「ここに，女の子か男の子か，どちらでも，やっぱ，やっぱ，これは女の子かな。女の子が背面飛びを

している，女の子の背中は背面飛びに向いているから」〔E：同じように見たいのでどう見たらいいか教えて下さい〕「ここが腕を外に出していて，体が後ろに曲がっている（指でなぞる）。顔もよく見えない，この下の青いのが水，水は青いだろ」〔ALOG〕

　ステップ8では，深刻な思考の問題が注目されていて，思考はおそらく混乱していて衝動的なものであるとの仮説が立てられた。この5個の反応を検討しても，その仮説は支持される。彼は時々とりとめもなく話すこともあれば，インテリをきどることもある。判断は良くなくて，時には図版Xの反応のようにブロットの具体的な特徴にしばられてしまうこともある。しかし，これらの反応は妄想的なものではない。思考の問題を反映してはいるが，それは自分の概念化したものを十分統制されたやり方でよく考えるのが難しいことを示している。これが，現実検討にネガティブな影響を及ぼす問題であることは明らかである。〕

ステップ10：Mの形態質

　人間運動反応にはたいてい最もはっきりした概念思考が表現されているが，これらの反応の形態質からは思考の明確さを評価することができる。

　すべてのM反応の形態質は+，o，uのどれかであることが最も望まれるが，そうでない場合は，期待されるよりも思考は鈍く，場合によっては風変わりで混乱したものであることを示している。そのような場合には，たいていステップ8と9の所見と一致するはずである。前の所見で思考の問題の微妙な点までは見抜けなかったとしても，Mの形態質を検討することによってそれが明らかになることもある。

ケース16　31歳の男性　思考の変数

```
L     = 0.50        OBS    = Pos    HVI = No         Critical Special Scores
                                                     DV   = 0    DV2   = 0
EB = 7:3.5          EBPer  = 2.0    a:p   = 9:7      INC  = 0    INC2  = 0
                                    Ma:Mp = 3:4      DR   = 0    DR2   = 0
eb = 9:6            [FM = 4  m = 5]                  FAB  = 1    FAB2  = 0
                                    M-    = 0        ALOG = 0    CON   = 0
Intell Indx = 2     MOR    = 3      Mnone = 0        Sum6 = 1    WSum6 = 4
                                                            (R = 24)

                        M Response Features
            I    2.  W+ Mp.FMa+ 2 (H),A,Art 4.0 GHR
            III  6.  W+ Ma.mp.C.FD+ 2 H,Fi,Fd P 5.5 COP,MOR,GHR
            IV   8.  W+ Mp.FDo (H),Bt P 4.0 GHR
            VII  14. D+ Mpo 2 H P 3.0 GHR
            IX   20. D+ Ma.mpo H 4.5 GHR
            X    21. D+ Mao 2 A 4.0 FAB,AG,PHR
            X    24. D+ Mp+ H,Sc 4.0 GHR
```

ケース 17　19歳の女性　思考の変数

```
L  = 1.22        OBS    = No      HVI = No       Critical Special Scores
                                                  DV   = 1    DV2  = 0
EB = 2:5.5       EBPer  = 2.8     a:p   = 3:0    INC  = 0    INC2 = 0
                                  Ma:Mp = 2:0    DR   = 3    DR2  = 0
eb = 1:4    [FM = 0   m = 1]                     FAB  = 0    FAB2 = 0
                                  M-    = 0      ALOG = 0    CON  = 0
Intell Indx = 1   MOR  = 2        Mnone = 0      Sum6 = 4    WSum6 = 10
                                                        (R = 20)
                  M Response Features
         Ⅲ    5. D+  Mp.FC'o  2 H,Hh  P  3.0  COP,GHR
         Ⅶ   13. W+  Mao     2 H,Sc  P  2.5  COP,GHR
```

可能な所見 1

ケース 16 と 17 のように，M 反応のすべてが＋，o, u の形態質である場合，そのデータは解釈には使わない。ステップ 11 に進む。

可能な所見 2

M−がプロトコルに 1 個の場合。もし記録に形態質のない M 反応がなければ，認知的媒介や思考の明確さを妨げるような何らかのとらわれによって風変わりな思考が出来上がり，1 個の M−になったと考えられる。場合によっては 1 個の M−は思考の混乱の一部だけを垣間見せているのかもしれないが，もしそうであれば前の重要特殊スコアについての所見に意味あることが述べられているだろう。

可能な所見 3

M−反応がなくて，形態質のない M がある場合がある。形態質のない M は，明確な思考を妨げるような思考の統制の問題と関連している。たいていの形態質のない M 反応は，悲嘆，怒り，痛み，恍惚感，愛などの感情的要素を含んでいる。しかし，場合によっては平和，創造，知性などというようなもっと難解な性質のものもある。

前者は，思考が感情に圧倒されて現実からかけ離れてしまうという不安定さを露呈した例である。後者は，思考が流動的になって内面のとらわれが現実に二重写しになるか，それが現実に置き換わった場合である。どちらの例も思考を統制する能力が損なわれていることを示している。しかし，より難解な形態質のない M 反応の方には，幻覚体験が起こるのに似た過程が含まれていると思われる。

可能な所見 4

M−と形態質のない M の合計が 2 以上の時，思考は奇妙で混乱していることは間違いない。これは，半ば現実から遊離したとらわれによって作り出されたものではあるが，より広い範囲の思考の混乱を表すだろう。その場合は WSum6 がかなり高くなっていることから確認できる。

ケース18　28歳の男性　思考の変数

```
L   = 0.50         OBS     = No    HVI = No         Critical Special Scores
                                                     DV   = 2    DV2  = 0
EB  = 5:6.5        EBPer   = N/A   a:p    = 6:4      INC  = 1    INC2 = 0
                                   Ma:Mp  = 4:1      DR   = 0    DR2  = 1
eb  = 5:4          [FM = 1  m = 4]                   FAB  = 0    FAB2 = 0
                                   M-     = 5       ALOG  = 1    CON  = 0
Intell Indx = 5    MOR    = 5     Mnone  = 0        Sum6  = 5    WSum6 = 15
                                                          (R = 18)

                      M Response Features
            Ⅱ   5.  Ddo Mp- Hd MOR,PHR
            Ⅱ   6.  Dd+ Ma.mp- 2 Hd 5.5 AG,PHR
            Ⅵ  12.  Dd+ Ma- Hd,Sx 2.5 DV,PHR
            Ⅷ  15.  Dd+ Ma.mp.CF- (H),Na,Ay 3.0 PHR
            Ⅹ  18.  D+ Ma.C- H,Na 4.5 ALOG,PHR
```

〔ケース18の所見　5個のM反応はすべてマイナスの形態質で，思考がかなり奇妙で混乱していることを示している。この所見は，ステップ8と9でわかっていたことと一致するが，すべてのM反応がマイナスであるということには驚かされる。5個のM－反応はどんなプロトコルにもあり得ないほどで，おそらくかなりの思考障害を示しているだろう。WSum6が15という数値が示すより以上に広範囲に及ぶ障害となっているであろう。彼の入院時の混乱状態は中毒症状か，あるいは統合失調症の兆候に関連しているかという問題が照会の中にあるが，5個のM－反応があるというのにWSum6が15というのはいくらか不釣合いなので，認知の三側面のクラスターの所見がまとまるまではこの問題に解答するのは難しい。〕

ステップ11：M反応の質と所見の要約

　先にも述べたように，プロトコルの多くの反応は，インクブロットをどう翻訳したか単に述べたという域を越えた，概念思考のさまざまな側面を含んだものである。しかし，多くの場合，反応の言葉そのものは概念化についてヒントを残すだけのものである。人間運動反応にはこの概念化が最も直接に一貫して表れる。そのため，人間運動反応は，思考の質と明確さを個別に評価するには最も優れた資料となる。

　確かに，記録中のM反応の出現頻度によっては，この判断のよりどころの範囲は限られたものになる。特に回避型または外拡型の記録の多くでは，M反応が1個または2個しかないことがあり，内向型の記録でも4，5，6個のM反応しか含まれていないこともある。しかし，たとえサンプルの数が少なくても，M反応は必ず読み直す。読み直すことによって，思考についてこれまでわかってきた所見が明確になり，理解の枠が広がるからである。

たいていの M 反応は，インクブロットの領域に合っていて，説明はほどよく簡潔で，「的を射ている」。M 反応を説明する時の言葉づかいは，だらだらしていなくて，ためらいがなく，不確かな論理がない。これが一般的な M 反応で，たいてい明確な思考を反映している。一般的な M 反応からは，それがどのように作られ，説明されたのかをみることによって，思考の質についての情報が得られる。多くの M 反応には，一般的な M であれ，変わった M であれ，そこには思考の質についての豊富な情報が含まれている。非常に洗練された概念化を示すものもあれば，子どもっぽい概念化や，原始的な概念化を示すものもある。

可能な所見

成人の記録では，運動反応に含まれる概念化の質は普通程度もしくは洗練されたものであることが期待される。そうであれば，これはポジティブな所見となり，このことを思考についてのまとめに含めるべきである。成人や年長の青年の記録に1個以上の子どもっぽい概念化を含む M 反応があれば，その人の思考の質はあまり成熟していないと仮定できる。これは，児童や若年青年が示す人間運動反応にはよくある特徴である。しかし，若年者の反応にこのような特徴がまったくない場合は，同年代よりも成熟した考え方を持っていると仮定できる。

原始的な概念化を特徴とする M 反応は，8歳以下の子ども以外には期待されない。原始的な特徴をもつ M は何らかの形で目立つもので，反応の言葉づかいの中に一つ二つの特殊スコアがある。原始的な特徴をもつ M 反応の思考の質は，目前の事物の具体的な特徴にしばられた，未成熟なものである。成人や年長の青年の場合は，非常に強いとらわれがあって，思考の機能が損なわれていることを示している。

ケース16　M反応

図版 I　(W)「真ん中に両手を上げた女性の彫像があって，2羽の大きな鳥がその女の人の両側にいて，羽を外に広げて羽ばたいているようで，女の人につかまっています」（質問段階）「彫像はこの真ん中で，両手を上げています。これが腕で（指で示す），腰と脚で，両側に大きな鳥がいます。羽をここに広げて（指で示す）。この下が鉤爪，頭，くちばしで，これは彫像のよう，両側から鳥がつかまっています」

図版 III　(W)「二人の人が何かを料理しているのか，料理の準備をしているところ。二人の後ろには肉の塊がぶら下がっています。料理の準備をしているようですね」（質問段階）「両側に一人ずつ。二人でこの鍋を真ん中の火の方に戻そうとしているみたい。腕で，脚で頭，これが鼻でこれが靴。この真ん中の物が鍋で，所定の場所に置いて料理をしようとしているところ。〔E：二人の後ろに肉の塊があるというのを教えて〕ええ，この二つの赤い塊，何かが殺されて吊り下げられているようです。赤くてまだ料理する前のようです。〔E：火を教えて〕真ん中のこの赤いのがそうです」

図版 IV　(W)「切り株に座っている大きな怪物，見上げるほど大きい。大きな足を前に投げ出して。大きくてがっしりした怪物」（質問段階）「これが足で，上のは小さな腕と頭。そ

してこれは怪物が座っている切り株」

図版Ⅷ（D2）「二人の女の子がお互いに見合っている」（質問段階）「両側に一人ずつ，しゃがんで互いに見合っている。顔，鼻，腕は後ろのここ」

図版Ⅸ（D1）「大きな女の人か，大きな男の人が小さな女の子の後を歩いている。女の子は走っていて，髪の毛が後ろになびいている」（質問段階）「これが大きな人，頭，体，脚ははっきり見えません。前には小さな女の子がいて走っているようです。髪の毛がうしろになびいているから，ここです（指差す）」

図版Ⅹ（D2）「この上の部分（D8）は2匹のアリが棒かなにかのことで言い争いをしているようにみえる」（質問段階）「この棒のようなものの両側に1匹ずつついて，足を押し合っていて，相手から棒を取ろうとしている。触角で，足。何かはわからないけど棒のように見える」

図版Ⅹ（D10）「これは男の人が信号旗かバトンを揚げていて，レースが始まるときみたいに，旗を揚げてレースをスタートさせようとしているところ」（質問段階）「はっきりみえないけれど，頭，脚，腕はここ（指差す）。ここにあるのは合図のもの，たぶん旗かバトンを両手に一つずつ持って上に揚げていて，今合図をするところ。レースを始めるところと言ったけど，誰かと手旗信号でコミュニケーションを取ろうとしているのかもしれない。今はここに立っていて，合図をしようとしているところ」

ケース16のまとめ

ほとんどのM反応はかなり複雑なものである。3個は一般的な反応だったものの（図版Ⅳ，Ⅷ，Ⅹの最初の反応），残りの4個はずっと洗練されたものである。全体的に思考の明確さを反映する反応で，概念の質は良好なものから独創的なものまで幅が広い。この結論は，思考の明確さを確認した時に入手した情報（ステップ8，9，10）と一致する。彼は思考型のスタイル（ステップ1）の人であるだけにこの所見はとりわけ重要である。さまざまな選択肢を熟考し終えるまで行動の開始を遅らせようとする。しかし，対処行動や意思決定において柔軟性を欠くという心配はない（ステップ2）。

彼は強迫的な人であるが，それが彼の中程度の悲観的構えを促進してしまうかもしれない（ステップ4，5）という以外，それが大きな欠点であることを示す明らかな所見はない。強迫観念のために正確であろうとするが，悲観的な見方のために疑いが生じて，失敗に対する心配が大きくなる。これは矛盾する思考形態であるため，おそらく彼の不安，無気力，集中困難についての訴えのいくつかに直接関連していると思われる。

ある種の状況関連のストレスが原因で，彼の辺縁思考が普通でないほど増大していて，それが注意散漫や集中困難（ステップ5）の訴えの原因になっていると考えられる。また，不安感にも関係しているであろう。意図的な思考に辺縁思考が頻繁に割り込んでくると，たいてい無力感や欲求不満が起こるものである。彼は，空想の世界に入る傾向がある（ステップ6）が，このことが現在の彼の訴えと関連しているかどうかを検討するのは，対人関係に関する情報が

ケース17　M反応

図版Ⅲ（D1）「二人の黒人の女性がテーブルか何かの上にかがみこんでいます」（質問段階）「二人の女の人，ここが胸で，脚，頭。二人は真ん中の何かの上にかがみこんでいる。これがテーブルで，テーブルに手をかけて持ち上げようとしています。〔E：黒人の女性と言うのを教えて〕もちろん，黒いからです」

図版Ⅶ（W）「二人の小さな女の子がシーソーで遊んでいるところかもしれない」（質問段階）「両側に一人ずつ，ここに座っているみたい。押さえつけると，上がったり下がったりするの知っているでしょう。この上のところが女の子の髪の毛で，これが鼻，二人の子ども。本当にそうだと思う。誰にでもすぐわかるはずだわ」

ケース17のまとめ

　M反応は両方ともよく見られるもので，明確で論理的である。実のところ，予想していたよりも良好なものである。先の所見からは，彼女は回避－外拡型で（ステップ1），思考はそれほど成熟していないかもしれない（ステップ8，9）と考えられたからである。感情が思考において重要な役割を果たしている。その一方で複雑さや曖昧さを避けようとするために，自分の感情を正確に区別しそこねてしまいやすい。そのため感情が思考に過剰な影響を与え，その結果思考は単純になり過ぎたり，誤った論理を持つ思考パターンを作り上げることになっている（ステップ8，9）。

　また，彼女は欲求からくる緊張を減らそうとして非常に性急に行動に移す人である。この対処法の弊害は，欲求からくる緊張を減らそうとしてあまりに急いで反応を選択するために，長期の見通しを持った十分考えられた行動を取れないことである。彼女の思考には，状況の複雑さから逃れようとする防衛的試みが多く見られ，このことが具体的なことにとらわれて抽象化できない思考や未成熟な判断に結びつく（ステップ5）。一方で，良好なM反応が2個あるのをみると，感情の強さを統制したり，単純化しすぎないようにすれば，彼女の思考の質も効果もかなり改善することを示している（ステップ11）。

ケース18　M反応

図版Ⅱ（Dd99〔D3内部〕）「この下の方は悲しそうな顔，目がやっぱり悲しそう」（質問段階）「ちょうどここ（囲む），眉をひそめているように見える。劇で使うこんな仮面が本当にあってね，これは悲しい感じだね，こう両端が下がっている」

図版Ⅱ（Dd99〔D2＋点々〕）「この上が，二人がお互いに唾を吐きかけ合っているように見える。二人の間に唾が飛んでいるでしょう」（質問段階）「人の頭だけど，体はなくて，こことここに鼻と口が見えて，ここの間に唾が見える」

図版Ⅵ（Dd99）「これこそ皆がセックスしているところというもんなんだろうけど，わからな

いなぁ，そうとも思えないけど，たぶん……わからない」（質問段階）「そう，これはわからなかったんだけど，ここに膣の道（D12の周囲を指でなぞる）があって，ペニスがこれ（D12）。たぶんセックスしているのかもしれないね」

図版Ⅷ （Dd99〔逆位置でD2 + D5の中央部 + D3の両側〕）「こうすると，人が誰か他の人を引っ張っているように見える。たぶん神様が息子を天国に引き戻していて，きれいな色の光が周囲に放射している」（質問段階）「たった一人の息子，神様には一人の息子しかいないんだ。外に差し出された腕がこれで，彼の頭上には光が見える。ここの上を見て，光が放射していて，これが神様（D2の一部を囲む）。これが腕で，この下が息子で，足が開いていて，彼は上に引っ張り上げられているよう（囲む）。想像力を使わないとわからないよね」

図版Ⅹ （D2とD6）「女の子が背面飛びでプールに入ろうとしていて，背面飛びをしているからダイビングコンテストだね」（質問段階）「これは本当にバカみたいだ，これが本当に最後だろ？　そうだな？　ここに，女の子か男の子か，どちらでも，やっぱ，やっぱ，これは女の子かな。女の子が背面飛びをしている，女の子の背中は背面飛びに向いているから。ここが腕を外に出していて，体が後ろに曲がっている（なぞる）。顔も良く見えない，この下の青いのが水，水は青いだろ」

ケース18のまとめ

　これらの反応はどれも一般的なものではなく，非常に変わっているものもいくつかある。すべてがマイナスの形態質であることを棚上げすると，多くの反応は知的に高いものであるように感じられる。しかし，どれも洗練された反応であることを示す明確な論理を含んでいない。図版Ⅱの「悲しい顔」の反応以外は，もっと洗練された説明の仕方があったかもしれないのに，説明をすればするほど反応の質が下ってしまっている。たとえば，図版Ⅹの「背面飛び」の反応は創造的な反応だったかもしれないのに，反応してすぐに「背面飛びをしているからダイビングコンテストだ」と言って反応を台なしにして，さらに質問段階では抽象化できずに具体的特徴をそのまま用い，「女の子の背中は背面飛びに向いている」となった。これらの反応に目立つ障害の特徴は，深刻な認知的混乱を示す他の所見と合致するものである。

　彼は不定型なので，思考を形成したり使ったりするやり方には一貫性がなく，時には感情をわきに置いて問題に思慮深く取り組むが，またある時には感情にすっかり頼って判断や意思決定を行うこともある。いずれのやり方もあまり効果的とは言えず，日常生活の算段にも余計に努力が必要となるばかりである（ステップ1）。彼をとりまく状況は，他のいくつかのネガティブな特徴のためにさらに複雑になっている。深刻な思考の問題がその主要なものである。彼の思考は衝動的でばらばらで，折々ひどくゆがんだ論理が目立つものとなる。時にはとりとめなくおしゃべりをしたり，インテリをきどる傾向もある。彼の判断は悪く，時には目前の事物の具体的な特徴にしばられすぎている（ステップ8，9，10）。しかし，彼の思考は奇妙なものであっても，妄想的なものではない。

第7章　思考　229

それにもかかわらず，彼は自分の概念を統制しながら十分に考えることができずにいる。このことが彼の現実検討にネガティブな影響を与えていることは疑う余地がない（ステップ9，10，11）。顕著な悲観的構えによって生み出される疑いの感覚と，失敗するのではないかという予測がない交ぜになって，彼の概念思考は決定的なインパクトを受けるのを避けられなくなっている（ステップ4）。性急に行動を起こして欲求を満たそうとしたり，ストレスに対応しようとしているが，彼の思考が明確でないために，それほどうまくいっていない（ステップ5）。問題に対しては知的に取り組もうと試みているが，そのために単純すぎる概念や，歪んだ概念を創り上げたり，受け入れたりしやすくなっている（ステップ7）。彼の抱える問題は相当な障害となっている。

認知操作に関する所見の要約

　認知の三側面の各クラスターのデータを別々に検討してきたが，所見は統合されると最も意味がある。一つのクラスターから得られた所見が，他のクラスターの所見を説明したり，確認することになることが多いので，統合することは大事である。たとえば，思考が混乱していると，情報処理の効率は悪くなる。同様に，いいかげんな情報処理はしばしば誤った認知的媒介を導き，当然のことながら認知的媒介の問題は，奇妙な概念形成を作り出すだろう。これら認知操作の間には，一対一対応する直接的な関係が**いつも**あるわけではない。それゆえに，それぞれのクラスターから得られた所見を見直す時間を取って，評価されているその人にとって最も意味があり，挙がっている問題に最も近づくように所見をまとめることが必要である。

　多くのケースにおいて，これら三つの認知活動の因果関係を発見することができる。ある一つの認知操作の強みや弱さが，もう一方の認知操作にどのような影響を与えるのかが比較的はっきりわかっていると，その情報は，被検者の個人像を肉づけしたり，査定の項目として挙げられているさまざまな問題を検討する上で大変役に立つ。しかし中には，「タマゴが先かニワトリが先か」というジレンマに陥るケースもある。それぞれの認知操作の強みや弱さははっきりできても，因果関係を明確にするのは難しいし，特に弱みについての因果関係ははっきりしないものである。たとえそうであっても，所見を統合することによって認知の長所と短所が全体として理解可能になり，ひいてはそれが全体の機能にどのように影響を与えているのかを十分に知ることができる。

　これまで見てきたケースの要約を統合することによって，認知の三側面の三つのクラスターの所見をまとめて一つにすることがいかに個人を理解するための枠組みを広げ，時には大変重要な問題を際立たせることになるのかを示す。

ケース16
　彼は強迫的な人で，完全主義の傾向があり，細かいことにこだわる。情報を処理するにあたっては，大変な努力をして新しい刺激野をひとつひとつ検討し，いつもこのやり方を変えない。

総じて彼の情報処理の質はかなり良い。完全主義の志向性は、彼が新しい情報をどのように翻訳するのかにも影響している。彼は注意深く、いつも正しくあろうとして、自分の決断は周囲に受け入れられるものであるかどうか気にする人である。

　彼には身体的な関心があって、そのことで無力感を感じているようである。時にそれが認知的媒介の機能の低下をもたらすが、それほど重大な問題とはなっていない。彼は、感情を抜きにして、さまざまな選択肢を熟考してから行動を開始するタイプである。だからと言って、彼の対処方や意思決定が柔軟性を欠いているということはない。

　彼の思考は明確で、概念の質は時にはかなり創造性豊かなものとなる。強迫的な特徴は彼にとって短所であるとは思えないが、彼が抱えているいくらか悲観的な構えを強めることになるかもしれない。正しくあろうと努力する一方で、彼の悲観主義が疑いを生みだすために、失敗への不安が助長される。このような矛盾した思考形態は、不安感や無気力などの現在の症状とも関連しているだろう。

　ある種の状況関連のストレスが、注意散漫や集中困難の直接の原因になっていると考えられる。不安を感じるという訴えともおそらく関係あると思われる。また彼は、他の人よりも空想に浸る傾向があるが、それが現在の症状と関連するのか、あるいは欠点となるのかについては、彼の対人関係の情報がないと確かなことは言えない。

コメント

　このまとめはかなり簡単である。情報処理過程から、認知的媒介、思考の順でまとめられている。全般的に所見はポジティブなものである。うまく情報処理し、的確に翻訳し、そして思考は常に明確で質の点でも良い。問題があるとすれば、いくらか悲観的な構えがあることと（ほとんど認知面での問題になるほどではないが）、状況関連のストレスによって辺縁思考がかなり高まっていることである。これらの要素は彼の現在の問題と直接関係があると思われるが、彼についての他の特徴（自己知覚と対人知覚）が彼の問題についてより確実な情報をもたらすものと思われる。認知機能についての比較的ポジティブな所見からは彼の特徴と資質が強調された。それらは治療についての決定をする際に重要となるであろう。

ケース17

　この女性は曖昧さや複雑さを避けようとする人である。状況の複雑さと関わらずにいようとする防衛的な試みの影響が思考にも及んでおり、そのために彼女の判断は目前の事物の具体的特徴にしばられたり、未熟なものとなりがちである。この傾向は、他の二つの相互に関連し合う要素によってさらに複雑なものとなる。

　第一に、複雑さを避ける傾向のために、新しい情報を処理したり翻訳したりすることに乗り気になれなかったり、早急に済ましてしまいやすくなっている。これは一種の子どもっぽい投げやりなやり方であるために、自分の意思決定や行動に関わる重大な手がかりを見落としてしまうことになりかねない。第二に、彼女の思考は非常に感情に影響されやすいのに、自分の感情を必ずしもきちんと区別できていない。このことは彼女が新しい情報を扱うときのやり方に

影響して，思考は単純化するか，間違った論理の特徴をもったものになるパターンを作ってしまう。

ところが，もし彼女が時間をかけて新しい情報を注意深く処理することができたならば，そして自分の感情の衝動を統制して，単純化しないで済ませられたならば，彼女の思考は明確で論理的になり，その質や効果も著しく改善する。しかし残念なことに，このようなことはそれほど多く起こらない。むしろ欲求を感知するとすぐに行動に移してしまいがちである。そうすると，長期の見通しや結果を度外視した行動を取ってしまいがちになるという弊害が生じる。

また，彼女は他の人よりも社会慣習に関心が向かないために，彼女を取り巻く環境はさらに複雑なものとなる。これはおそらく，彼女が社会とは疎遠で，社会に対して防衛的であることと関連しているだろう。これらが全体にまとまって彼女の単純化するという志向性を作り出す。その結果，社会の要請や期待に合わない行動をとる可能性がかなり高くなっている。

コメント

この統合的なまとめは，ケース16とはかなり違ったものである。確かに，彼女は明確で論理的に思考することができることを指摘したが，同時に強調したように，いつもそのようにできるわけではない。むしろ目につくのは彼女の回避型の対処スタイル，性急な情報処理のあり方，社会慣習への関心の不足，そして強い感情が認知活動に強烈な影響を与えていることなどである。おそらく，対社会的あるいは，対人関係での問題が彼女の困難の中核にあると思われる。

ケース18

彼は一貫性のないやり方で概念を形成したり適用させたりする人で，時には感情をわきにおいてよく考えて問題を扱うこともあれば，自分の感情を頼りにして判断や意思決定をすることもある。いずれのやり方もそれほど効果的ではなく，日々の営みにも余分な努力を費やさなければならないだろう。それが弱点になるわけではないが，彼の状況はいくつかのネガティブな特徴のためにもっと複雑なものとなっている。まずは，何といっても彼には深刻な思考の問題がある。

彼の思考は衝動的で脈絡がなく，時には非常に歪んだ論理がみられる。これは，残りの認知の三側面にも衝撃的な影響を与える。たとえば，彼は大変な努力をして新しい情報を処理するにもかかわらず，そのやり方は不規則で時には混乱したものになる。その結果，新しい情報を入力する彼のやり方は台なしになる。同様に，この問題は新しい情報を彼がどのように翻訳するのかにも影響し，効果的な現実検討にとって重大なハンディキャップになる。実際，正しい翻訳のための手がかりがどんなに明らかな場面でも，彼は新しい情報を現実に即して翻訳するのに失敗してしまう。

彼の思考の問題は，顕著な悲観的構えと複合している。悲観的な構えによって生み出される疑いの感覚と，失敗するのではないかという予測がない交ぜになって，彼の概念思考は決定的なインパクトを受けるのを避けられなくなっている。明らかに，彼は性急に行動することによ

って欲求を満たし，ストレスに対応しようとするが彼の思考が混乱しているためほとんど成功していない。

彼は能力の高い人に見えるが，ほとんどの場合，その能力を一貫して適切な方法で発揮することができない。それどころか，彼の思考はとりとめがなく，インテリをきどる傾向がある。その結果，判断は良くなく，時には事物の具体的な特徴にとらわれて抽象化できなくなる。また，稚拙で歪んだ概念化を創り上げたり受け入れたりしやすくなる。妄想的思考を示すはっきりした証拠はないが，彼の概念化は不安定で奇妙であることが多い。この問題は，彼の現実検討に間違いなく望ましくない影響を与える。

コメント

照会事項として，入院時の支離滅裂な状態が中毒によるものなのかそれとも統合失調症の兆候であるのかという問題が提起されている。このまとめではこの問題に直接触れていない。思考の障害とそれがその他の認知活動に及ぼす悪影響については強調してきた。しかしこの因果関係は推論でしかなく，さらに議論を展開して彼の状態が薬物によって引き起こされたのかそれとも統合失調症なのかを鑑別することを試みても無駄である。なぜならば，生活歴からはそのどちらとも言える。彼が入院してから比較的短期間で正気に戻ったということから，問題が中毒によるものであったことが示唆されるが，統合失調症としても矛盾はない。このテストは入院10日後に行われた。問題が中毒に起因するものであったのなら，10日後，20日後には彼の思考はもっと明確なものになっているはずである。この間にもう一度検査が行われていれば，中毒の問題なのか統合失調症の問題なのかを検討するのはもっと簡単だったと思われる。

練習問題

ケース23

28歳の女性。彼女はたくさんの身体上の不調を訴えて一般開業医にかかったが，処方された薬では効果がなかったため，セラピストに紹介された。この評価は，そのセラピストが求めたものである。彼女が訴えているのは，頭痛，背中や首の痛み，度重なる胃の不調などである。セラピストは痛みと不安のマネージメントを行いながら彼女を2カ月半みてきた。しかし，目に見えた改善は得られなかった。セラピストが気づいたのは，夫婦間に相当の不和があるということだった。そこでセラピストは，現在の治療計画に替えて夫婦療法を行うか，あるいは現在の治療計画に夫婦療法を補足的に取り入れるのが適当ではないか，との問いを発することになった。また，身体症状の原因に関する情報も求めている。

彼女は26歳で結婚した。夫は34歳で，会計士をしている。二人は約5カ月つき合ってから結婚した。彼女は「二人の間はうまくいってます。問題はあるけど，でもそれはどこの夫婦にもあるようなことですから」と話す（セラピストによれば，彼女は夫に支配されているように感じ，二人の趣味があまり合わないことに不満を抱いているのだという）。彼女は一人っ子で

あり，62歳の父親は小さな会社を経営している。母親は57歳のときに乳癌で亡くなった。彼女は高校を卒業すると公立短大（コミュニティカレッジ）に入った。そして，21歳の時から弁護士秘書として現在の職場で働き始めた。仕事は楽しいが，現在抱えている問題のせいで仕事の能力の向上が妨げられるのではないかと心配している。セラピストから出されている質問は，彼女は抑うつ状態にあるのか，自分で認識している以上の感情の混乱が存在するのか，というものである。

ケース23　28歳の女性　思考の変数

```
L = 0.21         OBS   = No       HVI  = No        Critical Special Scores
                                                   DV   = 1    DV2  = 0
EB = 5:5.5       EBPer = N/A      a:p  = 8:2       INC  = 0    INC2 = 0
                                  Ma:Mp = 4:1      DR   = 0    DR2  = 0
eb = 5:4         [FM = 2  m = 3]                   FAB  = 0    FAB2 = 0
                                  M-   = 1         ALOG = 0    CON  = 0
Intell Indx = 8  MOR   = 1        Mnone = 0        Sum6 = 1    WSum6 = 1
                                                      (R = 17)

                         M Response Features
     I    2.  W+   Mpo          2 (H),Sc,Art        4.0  DV,GHR
     III  5.  D+   Ma+          2 H,Id            P 3.0  COP,GHR
     III  6.  DdS+ Ma.FC'.FDu     Art,(A),Cg        4.5  GHR
     VII 11.  W+   Ma+          2 H,Cg              3.0  COP,GHR
     X   17.  WS+  Ma.FC'.FC.mp- Hd,Ay,Art          5.5  DR,PHR
```

　5個のM反応は次の通りである。

I　「ええと，これは鐘で，両側に天使が二人つかまってます。教会にある精巧にできた彫像みたいなやつです。横に天使がついた教会の鐘」（質問段階）「ここが鐘で（*Dd24*），形，ゴーンという音が鳴ります。両側にあるのが天使の体。これが羽で，だから天使って言いました。鐘の上にあるのは，鐘を支えるものです」

III　「うーん，そうね，ダンサーが二人，何か踊っているところ」（質問段階）「お互いが手を取り合って体を後ろに倒している感じ。体で，胸で，腕で，脚，お尻。二人で踊ってるみたいです」

III v　「これは子ども向けのキャラクターのようです。ディズニーランドの漫画みたいに，大きな蝶ネクタイをして白いトレーナーを着ています。カエルみたいにくりくりっとした目で，何か手前に出てるみたい，頭のところから出っ張って。カエルをキャラクターにしたような感じ。子どもが喜びそうなやつで，交通整理か何かをしているみたい」

VII v　「二人のダンサー。髪の毛を高く結い上げていた時代の，古い映画に出てくるような。肩で，脚で，ちょうどダンスしているところ」（質問段階）「こんなふうに髪の毛を巻き上げていて，鼻は上を向いています。腕はこっちに出していて，スカートで，脚。踊っているところ」

Ⅹv 「こうすると，インディアンの顔。見せ物か何かのために扮装しています。戦いの実演かな。目で，口。インディアンが見せ物のときにするみたいに，顔中に色を塗っています。最初に白を塗って，その上にいろんな色を重ねたみたい。たぶん戦いの踊りをしているところで，かぶり物から垂れ下がったものが揺れています」（質問段階）「目はここ。目と口は戦い用に化粧されてます。両側にはばらけた羽があります。戦いの踊りとか雨乞いの踊りか何かのときに振り回すみたいに。インディアンみたいに派手な色使い。これを作った人はすごくクリエーティブですよね，絶対」

1．彼女の通常の意思決定の仕方について最も適切に述べているのは，次のうちのどれか。
　　（a）さまざまな選択肢を十分検討し終えるまで，決定を先に延ばそうとする。
　　（b）感情を手がかりにして意思決定をする。
　　（c）大切な決定を下す責任を回避し，他者に決めてもらおうとしがちである。
　　（d）意思決定するための方法には一貫性がない。

2．ステップ3（$a:p$）の所見として最も適切なのは，次のうちのどれか。
　　（a）意見や価値観は変わりにくく，あまり柔軟でない。
　　（b）大部分の人と同じくらい柔軟に意見や価値観を変えることができる。
　　（c）意見や価値観はある程度変わりにくいが，それらを批判的に検討することはできる。
　　（d）意見や価値観に柔軟性があるのは明らかだ。

3．ステップ4（HVI, OBS, MOR）とステップ5（FM, m）の所見として最も適切なのは，次のうちのどれか
　　（a）注意を傾けようとしても余計な考えが割り込んできてしまい，集中力に問題が生じている。
　　（b）非常に悲観的な人であり，そのためにできあがった構えが意思決定に大きな影響を与えている。
　　（c）意識的な注意の及ばぬ思考活動は大部分の人と同じ位あるが，それらは状況関連ストレスのためにいつもより増している。
　　（d）欲求を感じたら即座に行動に移し，欲求のために注意の及ばぬ思考が増えることがないようにしている。

4．ステップ7（知性化指標），8（$Sum6, WSum6$），9（重要特殊スコアの評価），10（Mの形態質）の所見として最も適切なのは，次のうちのどれか。
　　（a）普段は思考は明晰だが，過度に知性化する傾向があり，そのために未熟で歪んだ考えを取り入れてしまうことがある。
　　（b）認知の誤りと思考のずれが目立ち，そのために誤った判断を導くことがよくある。
　　（c）思考活動がところどころ途切れることが多く，大部分の成人と比べると判断に

　　　　　誤りが多い。
　　（d）思考活動には何らかの重大なとらわれが生じている。そのために誤った考えを
　　　　　したり，非論理的になったりしやすい。
5．Mの質に関して最も適切なことを述べているのは，次のうちのどれか。
　　（a）洗練されており，論理の誤りは見られない。
　　（b）成人にしては具体的なことがらにしばられており，子どもっぽい。
　　（c）かなり洗練されてはいるが，幼稚な知性化も目につく。
　　（d）ばらばらでまとまりがなく，思考が時々混沌としたものになることを示してい
　　　　　る。

ケース24

　26歳の男性。内科医からの照会で精神科医がコンサルテーションのための訪問をした結果，評価に回されることになった。彼は，過去に3回，かかりつけの内科で胸の痛みと頻発するめまいを訴えている。症状にははっきりした器質性の原因は見あたらず，内科医は，それらには性格上の理由があるか，職業上の問題に関係しているのではないかと考えている。しゃべり方が遅いことや感情が平板であることから，精神科医はうつ病や人格障害を疑っている。

　検査中，被検者は協力的だったが，話し方はきわめてゆっくりで，わざとではないかと思えるぐらい慎重だった。WAIS-Rの結果は，全IQ＝111だった（言語性IQ＝114，動作性IQ＝108）。彼は同胞二人の末子である。姉は32歳で既婚。准看護婦として働いている。父親は54歳で，大手の製造会社で発送管理の業務に就いている。母親は53歳で，専業主婦である。近親には精神医学上の病歴を持つ者はいない。

　高校を卒業したのは19歳の時だった（リューマチ熱のために，10歳の時に1年休学した。合併症はなく，12歳までには心雑音はなくなった）。ドラッグストアの店員として1年間働き，20歳の時に大学に入った。大学には実家から通った。大学では歴史学を専攻し，24歳の時に卒業した（夏休みにはドラッグストアでのアルバイトを続けた）。大学卒業後は，高校で歴史を教えることになった（教員資格を取るために，次の夏休みにさらに教職課程を履修することが義務づけられていた）。

　3年目には契約は更新されなかった。「高校側は満足しなかったんですよ。僕は生徒ともめ事を起こしましたから。どうせ，もうやりたくない仕事だったんですけど」。彼はずっと実家で暮らしている。彼は胸の痛みはリューマチ熱に関係があると思っており，検査でその点が明らかにならなかったことに当惑しているようである。高校や大学時代には「何度か」デートをした。職に就いてからのことは次のように述べている。「誰彼となく，僕を女の子とくっつけたがってました。そう，ブラインドデートみたいに。でも，僕は誰とも深い付き合いはしませんでした。たぶん，大学院に進めばよかったんです。大学で教える方がうまくいったと思います」。父親については，「厳格で，本当にまっすぐな人」だと述べる。母親は「とても理解があ

り，母とは楽に話せる」という。

ケース24　26歳の男性　思考の変数

```
L     = 0.67         OBS  = No      HVI  = No        Critical Special Scores
                                                     DV  = 0    DV2  = 0
EB    = 3:3.0        EBPer = N/A    a:p  = 4:2       INC = 1    INC2 = 0
                                    Ma:Mp = 0:2      DR  = 1    DR2  = 0
eb    = 4:2         [FM = 4  m = 0]                  FAB = 0    FAB2 = 0
                                    M-    = 1        ALOG = 1   CON  = 0
Intell Indx = 4      MOR  = 1       Mnone = 0        Sum6 = 3   WSum6 = 10
                                                         (R = 15)

                  M Response Features
       Ⅲ   4. D+1   Mpo   2 H,Art,Hh,Cg  4.0  DR,COP,GHR
       Ⅳ   5. W+    Mpo   2 H,(Hd),Hh  P 4.0  ALOG,GHR
       Ⅹ  17. DdS+22 Mp-  Hd,Sc        4.0  PHR
```

3個のM反応は次の通りである。

Ⅲ 「うん，これは二人のダンサーの絵です。ダンスの最中，体を屈めています。何かの理由でミトンをはめて，真ん中のものを持ってます」（質問段階）「ちょうどここです（指さす）。頭で，脚。鍋を持っています。（E：ミトンをはめてるっておっしゃいましたね）ええ，描いた人は何かの理由でミトンをはめさせたかったんでしょう。鍋を持つのにミトンをはめることはあるけど，踊る場合には適当じゃないですよね。まあとにかく，鍋を持つためにこの大きなミトンをはめてるんです。手は見えなくて，ミトンだけです」

Ⅳ 「ブードゥー教の儀式みたいです。魔術師が椅子に座ってます」（質問段階）「魔術師の一人。仮面をかぶっていて，顔は見えません。椅子に座ってます。（E：ブードゥー教の儀式っておっしゃいましたね）これが脚です。これは仮面で，だからブードゥー教に決まってます」

Ⅹ 「これが顔。しかめっ面をしていて，変な眼鏡を掛けています。あっ，ちょっと待って，眼鏡はなくて，鼻当てのところだけです，ここ（*D6*を指す），目はここ（*D2*），眼鏡はありません」（質問段階）「この黄色いところが目で，青いところが眼鏡の鼻当て。変わったやつです。これが口で（*D3*），これが顎髭（*D11*）。しかめ面をした，変な顔をした人」

次の各事項につき，正しいか間違っているか（○か×で）答えよ。
1．意思決定のためのアプローチには一貫性がないようだ。
2．状況ストレスによって，注意の及ばぬ思考活動が非常に高まっている。そのために集中力が損なわれているだろう。
3．価値観や態度にはあまり柔軟性がないだろう。
4．感情が思考に及ぼす影響は，大部分の成人の場合より大きい。

5. 外界に対する警戒的あるいは不信に満ちた構えがあり，それが思考に影響を及ぼしている。
6. 大部分の成人よりも，感情を知性化する傾向がみられる。
7. 不快な状況から逃れようとして防衛的に空想を用いる傾向がある。
8. 思考は期待されるほど明晰でなく，具体的なことがらにとらわれて抽象化できない。
9. 非常に悲観的な構えがあり，それが思考に影響を及ぼすことがよくある。
10. 思考に重大な問題がありそうである。

ケース23，24の解答

ケース23

1. d EB は5：5.5である。
2. a $a：p$ は8：2である。
3. c eb は5：4である。しかし，左辺の値には m が3個含まれている。
4. a 知性化指標の値は8，特殊スコアの数は2（DV，DR），$M-$ の数は1である。この組み合わせは思考に関する重大な問題を意味しないものの，知性化によって時に思考のずれが生じることを示している。
5. c $M-$ があるとは言え，M の質はよい。しかし，ほとんどの反応で過度の明細化をしているのに，それは必ずしも反応の質を高めることになっていない。

ケース24

1. ○ 不定型の人である。
2. × eb の左辺の値は4だけであり，m は含まれていない。
3. × $a：p$ は4：2である。
4. × 不定型の人である。
5. × HVI は陽性でない。
6. ○ 知性化指標の値は4である。
7. ○ $Ma：Mp$ は0：2である。
8. ○ M 反応の最初の二つは，見たとおりのものを単純に意味づけた，固くて融通の利かない反応である。三つめはややまとまりに欠けた反応である。
9. × MOR 反応は1個だけである。
10. ○ 15の反応中に特殊スコアが3あり，$WSum6$ は10，$M-$ 反応の数は1である。

第8章
自己知覚

　心理学においては，自己についてさまざまな考え方がなされている。それゆえ，このクラスターで自己という言葉を用いるに当たっては，まずその使い方を明確にしておくことが大切となる。自己知覚は，**自己イメージと自己への関与**という二つの特徴に関係している。自己イメージは，個人が自分の特性について抱く印象から成り立っている。自分自身の特性についての，心の中に持っている語彙集のようなものである。こうした印象の多くは意識に上りやすいものである。しかし，中には部分的にしか気づけなかったり，まったく意識できないようなものもある。これらは本人が望んでいなかったり葛藤をもたらすもののため，意識的に抑え込まれたり，ときには抑圧されることさえあるからである。

　ときに人は，自分の印象について，心の中で大まかな言葉を使ってまとめ上げる（私は平凡な人間だ，私は善人である，など）。しかし，印象についての語彙集の中には，元気がいい－元気がない，魅力的な－醜い，社交的－内気，などのような連続線上のどこかに，具体的に位置づけられる特徴もかなりある。それでも，そのようなものさし上に位置づけることなく，ただ単に，創造的，脆い，親切，好意的，繊細，誠実，人を疑わない，といった印象としてまとめられることも多い。

　この語彙集は経験を積むことで厚みを増していく。また，自分にあると思っている特性の多くは，現実の経験に基づくものである。しかし，語彙集の中には，経験を間違って解釈してできあがった特徴や，まったくの想像でしかない特徴も含まれているかもしれない。このように何に基づいているかはいろいろであるが，自分で気づいている特性の語彙集というのは，それがそのまま，心の中に抱く自己概念となる。そして，こうした自己イメージと現実とがどの程度一致しているのか，あるいは一致していないのかによって，適応の善し悪しもだいぶ変わってくる。

　自己への関与は自己イメージから派生するもので，外界へ向ける関心と比べた場合の自分自身へ向ける関心の程度と関係している。要するに，自己への関与は自己中心性と同義である。しかし，だからといって，自分にたくさん関心を向ける人や非常に自己中心的な人が必ずしも高い自尊心を持っているとは限らない。たしかに，自分により多くの関心を向ける人ほど高い自尊心を持っていることは多い。そういう人たちは，外部からの情報に抗ってでも，自己イメージや，自己イメージを構成する諸々の特性に高い価値を置く。問題を抱えている人も自分に多くの関心を向けることがしばしばあるが，外界へ向ける関心の方は必要以下になりがちであ

る。その代わり，こういう人たちは，他者，特に現実もしくは想像上の重要な他者と比べて自分の価値が不足しているということの方に，意識を集中させてしまいやすい。

このように，自己への関与は，ポジティブとネガティブ両方の枠組みの中で考えることができるし，個別具体的な言葉でも（「私は彼女と同じくらいに社交的だ」），一般的な言葉でも（「私は大部分の人よりも創造的な方だ」），言い表すことができる。自己への関与は，達成目標を設定する際には重要な役割を担う。すでに述べたように，自己イメージと自己への関与は相互に関連している。ただし思ったほど直接的な関係ではないこともある。たとえば，自分では自分の特徴について大したことないとか平均以下だと考えている人が，実は高い自尊心を持っていることもある（「私は大して才能はないけれど，すごく善良な人間だ」）。

自分についての特徴が主に想像や現実の歪曲に基づいて知覚されている場合は，自分の価値についての誤った感覚が生まれてしまう。たとえば，もしも自己イメージを構成する特徴の多くがネガティブなものとして知覚されていれば，自己イメージが現実に基づいているかどうかにかかわりなく，ほぼ間違いなく自尊心は低くなる。同様に，知覚された自己イメージの諸特徴が過大評価されていれば，自己への関与は過剰なものになり，自己価値感は誇大的になる。このような知覚をしている人は，業績や対人関係を通して誇大な自己イメージの裏づけを得られなければ，普通，肥大した自己価値感を維持しようとして防衛の手段を使いすぎるようになる。こうした事態は，自分の内面と外界もしくはそのどちらか一方に問題を引き起こしやすい。

自己知覚に関連するロールシャッハの変数

自己知覚に関連したロールシャッハデータはいろいろだが，解釈するとなれば，それはかなりのところ，投映された内容を見つけたり利用したりする技術に掛かってくる。このクラスターに含まれているのは，9の構造変数（OBS，HVI，反射反応，自己中心性指標，*FD*，*SumV*，*H*：*(H) + Hd + (Hd)*，*An + Xy*，MOR），すべての人間反応のコーディング，プロトコル中のいくつかの反応に投映された自己表象の吟味，などである。また，反応数（*R*）と体験型（*EB*）は，人間反応を検討する際にあらかじめ必要とされる情報となる。

自己イメージを特徴づける性質について，ネガティブなもののみならずポジティブなものも探し出すことが，解釈者にとっては非常に大切なことである。普通，ネガティブな特徴は簡単に見つけられる。しかし，ポジティブな所見は見落とされてしまうことが多い。ポジティブな特徴は見きわめるのが少々難しく，そのためにこのような見落としが生じる場合もあるかもしれない。しかし，もっと多いのは，求められている査定課題を見て解釈者が持つ構えのために見落としが生じる，という場合である。査定課題は，たいてい，ネガティブな特徴や問題に関連している。そのため，それらについて検討しようとすれば，解釈者はポジティブな要素を見逃したり，軽視してしまいやすくなるのだろう。

検討事項の要点

自己知覚に関する資料を解釈する際の基本的検討事項は，次の通りである。

（1）特別な自己イメージがあることを示すパーソナリティの特徴的スタイルはあるか。
（2）自己評価や自己への関心の程度は，被検者の年齢相応のものか否か。
（3）ある特定の自己イメージの特徴へのとらわれはあるか。
（4）自己イメージの特徴のうち，明らかにネガティブなものは何か。
（5）自己イメージの特徴のうち，明らかにポジティブなものは何か。
（6）ポジティブもしくはネガティブな自己イメージの特徴に関し，重大な歪曲が存在する証拠はあるか。

次に三つのケースを用い，自己知覚の検討の手続を説明する。この手続では，まず構造変数に焦点を当て，次いで反応内容の検討へと移る。

ケース25

35歳の男性。彼は8歳の息子の監護を巡る訴訟との関連で評価を受けた。2年半ほど前の離婚以来，33歳の前妻が息子の法的な監護権を持っている。ただし，彼の方にも週末の訪問権と夏季30日間の一時的監護権が認められていた。彼に言わせれば，離婚訴訟の際には自分の弁護士にだまされてこれら取り決めに同意してしまったが，そのときはこの取り決めが実質的には「共同監護」と同じものと思い込んでいたのだと言う。彼は2カ月ほど前，息子の担任教師が息子についての心配な点を前妻に話しているのを知った。その内容は，息子は社会性の面でかなり未熟なようで，小学校3年の同級生たちになかなか相手にしてもらえない，というものだった。彼は息子の日常の生活習慣について助言しようとしたのだが，そのとき，自分には法的権限が何もなく，子どもに関して何も決められないということを知った。そこで，彼は共同監護を求める訴えを提起した。彼の陳述書によれば，前妻はこの件に関して非協力的で，自分が再婚を考え始めたために「仕返し」のつもりでこの訴訟が提起されたものと信じているらしい。彼の方は彼女のこの思い込みを否定し，彼女が再婚することを望んでいると述べている。そして，息子は社会性の発達の面で問題を抱えているようだから，ぜひその解決のために力を貸したい，と強く主張している。

彼は同胞3人の長子である（弟30歳，妹26歳）。父は57歳で，元消防士。母は55歳で，専業主婦をしている。父母は遠方の州で生活している。彼は18歳で高校を卒業し，その後すぐに陸軍に入隊した。3年間任務に就き，そのうち1年半は武装部隊の一員として海外に派兵されていた。22歳のときに除隊し，州立大学に入学した。しかしその1年後には学業の継続を断念し，自動車販売修理店の整備工の職に就いた。そして，パートタイムでストックカーレースのピット作業員として働くようになった。数カ月後，お互いの共通の友人を介して妻と知り合い，定期的にデートするようになった。当時，彼女は大学4年生だった。彼女が大学を卒業すると，二人はまもなく結婚し，彼女の方は大学院で経営学を学び始めた。

結婚3年目のとき，彼は自動車部品販売店の主任ポストを得た。そして，ここ2年の間に彼

は自社株を買い続け，現在は全株の3分の1を保有するまでになった。子どもが産まれた後，妻は広告会社に就職した。彼女は仕事ではかなりの成功を収めている。この間，平日は子どもを保育施設に預け，午後になると彼の方が子どもを迎えに行っていた。彼によれば，妻は同僚や友達とのつきあいをもっと多くさせてほしいと要求するようになり，それがもとで二人の仲は悪くなっていったのだと言う。給料は妻の方が断然多い。子どもが幼稚園に入る頃には二人の愛情はもはや冷め，お互いが結婚生活の不満を漏らすようになった。そして彼らは別居した。二人が住んでいたアパートには，妻が残った。彼女は「料理のためのメイド」を雇い，留守中の子どもの世話をしてもらった。彼は，離婚自体でもめることはなかったし，当時は離婚条件にも十分満足していた，と言う。しかし，今は，それは世間知らずのゆえだったかもしれない，と思っている。再婚したいと思ってはいるが，現在付き合いのある女性の中には再婚相手として考えられる人は一人もいないと言う。彼は，自分は息子にとってのよい役割モデルだし，今よりもっと成長のための体験を積ませてあげられる，と考えている。彼は夏の間はリトルリーグの野球チームの補佐をしている。また，赤十字のボランティアをずっと続けている。

ケース25　35歳の男性　自己知覚に関するデータ

R = 26	OBS = No	HVI = No		Human Content, An & Xy Responses
			I 2.	Do Fo Hd PHR
Fr+rF = 0	3r+(2)/R = 0.35		III 6.	D+ Mao 2 H,Id P 3.0 COP,GHR
			VI 13.	D+ Mp.FD+ H,Sc 2.5 GHR
FD = 3	SumV = 0		VII 14.	W+ Mao 2 H,Ls P 2.5 COP,GHR
			VII 15.	W+ Mao 2 H 3.0 COP,GHR
An+Xy = 1	MOR = 2		IX 19.	D+ Ma.FCo 2 (H),Id P 2.5 COP,GHR
			IX 20.	D+ Mao H,Sc 2.5 GHR
H:(H)+Hd+(Hd) = 6:3			X 21.	D+ Mau 2 (H),Bt 4.0 COP,GHR
[EB = 8:5]			X 24.	Dv Fu An MOR
			X 25.	D+ Ma.FCo H,Bt 4.0 GHR

ケース26

23歳の女性。彼女はかかりつけの医者の勧めにより，自ら個人開業のメンタルヘルスクリニックを訪れてきた。彼女の主治医はこの7カ月ほどの間，彼女の痙攣性結腸の治療に当たってきた。症状は何度もぶり返した。医師の話では，ストレスにうまく対処できていないことと関係あるのではないかということだった。彼女は二人姉妹の妹である（姉は25歳で，大卒。結婚して3年になる）。父親は50歳で，製造会社の役員をしている。母親は48歳，専業主婦である。姉妹の仲はとてもよい。それぞれ異なる州に住んでいるが，しょっちゅう電話で話をしている。特に，姉が双子の姉妹を生んでからのこの1年半の間は，電話の量が多くなっている。彼女によれば，姉への電話は自分の生活の中の重要なひとこまで，電話をしていると「たいがいは気持ちが落ち着く」のだという。

彼女は高校時代，クラスの上位20％に入る学業成績を修めていた。18歳で高校を卒業し，

初等教育を専攻するつもりで大学に入学した。大学2年の終わりを待たずして，彼女はこの先の授業に幻滅を感じてしまった。そして，最低2年間は大学から離れて，仕事を通じて自分がもっと関心を持てるものを見つけだそうと考えた。彼女は弁護士補助員の職に就き，その仕事を大変おもしろく思うようになった。現在，彼女はもう一度学校に入り直せないかと考え，法学準備教育を履修して，法科大学院〈ロースクール〉への入学申込をするつもりでいる。彼女は，今の仕事はやればやっただけの報いが得られるが，私生活ではまるでそういうことがなかったと話す。就職以来，彼女は自分のアパートで暮らし，2年ほど前には，ずっと交際を重ねてきた男性（学生）と「同棲」の取り決めをした。しかしその関係はわずか4カ月で幕を閉じた。曰く，「信じられないくらい彼のことを誤解していたわ。彼はいつも要求ばかりしていて，全然助けてくれなかった。しばらくしたら，まるで彼の女中になったような気がしてきたわ。でも，そうは思っても，彼を追い出すだけの勇気を奮い起こすのに1カ月くらいかかってしまったの」。その翌年，彼女は何人もの男性とデートをした。その間，性関係を持つこともたくさんあったが，今は「そんなことするなんて，やっぱり大馬鹿だった。だって，おかげでとんだトラブルを背負い込んじゃったんですもの」と話している。1年ほど前，彼女は37歳の男性との交際を始めた。その男性は妻と別居しており，妻とは離婚するつもりだと言っていた。付き合い始めて3カ月目に彼は彼女のアパートに転がり込み，ほぼ3カ月近く，「同棲」を続けた。この関係が終わりを告げたのは，彼が，妻のところにも通っているし，妻とはよりを戻すことになるだろうと認めたときだった。

この6カ月間は「めちゃくちゃな生活だった」と言う。仕事には集中できないし，よく眠れず，かなりの苦しみを感じることがたびたびあった。知り合いは何人もいるが，自分の苦悩をわかってくれるのは姉しかいない，とこぼす。彼女は自分に手助けが必要だということは理解しているようで，「必要なことは何でもするわ，自分がちゃんとするためには」と言う。照会を受けた事項は次の通りである。彼女のパーソナリティ構造はいかなるものか。覆いを取る〈アンカバリング〉治療モデルにどの程度耐えられるのか。個人療法に加えてグループ療法を行うことは可能かどうか。

ケース26　23歳の女性　自己知覚に関するデータ

```
R = 19      OBS  = Yes    HVI = No         Human Content Responses
Fr+rF = 3   3r+(2)/R = 0.74      Ⅱ  3. WS+ CF.FT.Mp- Hd,Bl 4.5 MOR,PER,PHR
                                 Ⅲ  5. D+  Ma+      2 H,Cg P 4.0 COP,GHR
FD = 1      SumV = 1             Ⅲ  6. DS+ Ma.FC'o  2 H,Cg,Hh P 4.5 COP,GHR
                                 Ⅴ 10. W+  Ma.mpo   2 H,Cg 2.5 GHR
An+Xy = 0   MOR  = 1             Ⅶ 13. W+  Mp.Fr+   H,Hh,Cg P 2.5 GHR
                                 Ⅹ 17. Dd+ Mpo      2 (Hd),Cg 4.5 GHR
H:(H)+Hd+(Hd) = 4:2
[EB = 6:3.5]
```

ケース27

26歳の男性。彼は，裁判所の許可のもと，私立の精神病院に入院している。初回入院であ

る。評価を受けた日は入院9日目だった。彼は，入院する3週間前，ハラスメント禁止命令を破ったかどで逮捕された。禁止命令は，彼が以前働いていた会社の秘書をしている23歳の女性の申立によって発令されたものだった。彼女の主張によれば，彼は彼女の職場と家に毎日4ないし6回は電話をかけてよこし，しかもその電話のほとんどが猥褻な内容のものだった。また，彼女の職場の行き帰りにあとを付けたり，車のフロントガラスにメモを残したりした。彼女のアパートに無理矢理入ろうとしたことも3回あったと言う。彼女は自宅の電話番号を変え，電話帳に載せないようにした。それでも彼には新しい番号がわかってしまった。禁止命令が出された後，警察は彼からかかった電話のうちの2回を録音している。その2回の電話の中で，彼は彼女に結婚してほしいと嘆願していた。また，前妻が自分のことについて言っていることは嘘だし，自分は「この世で一番のセックス」をしてあげられるんだとほのめかしていた。そして，セックスについての事細かな描写を加えていた。この2回目の電話の後，彼は逮捕された。その後，彼は裁判所の意見に従い，「評価と治療」のために入院することに同意した。

彼は同胞二人の長子である（妹は22歳で，大卒。最近結婚した）。父は51歳で，保険のセールスマンをしている。母は50歳で，法律事務所の秘書をしている。母は39歳のとき，抑うつ症状のために外来で5カ月間の治療を受けたことがある。本人の申告では，発達は正常だった。高校時代は平均以上の生徒で，陸上競技の優秀選手に選ばれたことがあると言う。いろいろな女性とデートし，16歳のときに初めて性体験を持った。同性愛は否定している。18歳のときに高校を卒業し，合格していた州立大への入学を延期し，建設会社にレンガ工見習いとして就職した。親と一緒に暮らしていたので「働いた分たくさん貯金ができ，そのために金の心配をせずに大学に進めたんだ」と言う。

大学には20歳のときに入学したが，大学は「まったくおもしろくなかった」し，成績は落第すれすれのものだった（1年の2学期終了後には仮及第の措置を取られた）。彼は，他の学生を介して知り合った20歳の秘書と付き合い始め，その年の夏に婚約をした。2年に進級してからは大学への失望感はますます募り，進級後5週間で中退した。そして建設会社にレンガ工として就職し，その1カ月後に結婚した。

彼の前妻によれば，「彼は遅くまで起きてテレビを見たりビールを飲んでいて」，4カ月もすると結婚生活は崩壊し始めたという。彼は大学の教官は不公平だと文句を言い，彼女が化粧して仕事に行くことに反対するようになった。他の男の気を引くためだろうと責め立てたのである。彼女はたまりかねて家を出て，自分の両親のもとで暮らすことにした。懇願に負けて1カ月後には彼のところに戻ったが，しかし口論の最中に殴られることがあったため，再び家を出た。そして，その後すぐに離婚訴訟を提起した。彼は離婚訴訟に対する抗弁はしなかったものの，電話や手紙ではもう一度チャンスをくれと何度も彼女に頼んだ。

離婚成立後，彼女は彼と2回会ったことがあるが，2回目のときには彼から性交渉を求められた。彼女が断ると，彼は彼女を口汚く罵り，俺の同僚と関係を持っただろうと責め立てた（彼女の知らない男性のことだったが）。彼女は「あなたには助けが必要よ」と告げようとした

が，彼があまりにも激しくなじるので，車を降りて逃げ去った。その後はこの4年間，彼とは接触していない。ただし，今でも彼の方は，誕生日，バレンタイン，イースター，クリスマスに，カードを送ってくる。

離婚後，彼は四つの会社でレンガ工として働いてきた。会社をいくつか変わったのは仕事上の理由からだという。解雇された形跡はない。離婚してからはたくさんの女性と交際しているが，例の禁止命令を請求したのはその中の一人である。彼は，彼女は電話の回数を大げさに申し立てているし，セックスしたいと言っていたのは彼女だと主張している。彼女は彼の前妻と知り合いで，そのことが「僕らの間の邪魔になっている」と述べる。曰く，「妻はただ僕の人生を惨めなものにしたいだけさ。自分が幸せじゃないから，僕にも幸せになってほしくないんだ。だから僕についての嘘をたくさん言い立てているんだ」。

抑うつ状態になっていることは認めている。しかし「仕事に行けなくなるほどじゃあない」と言う。抑うつは大学時代から続いており，今は新たな人生の意味を見つけようとしているところだと言う。そして，もしも「すてきな人と」再婚できれば何もかもうまくいくだろうと考えている。入院したことについては，「ここは気違いのための場所だ。僕は気違いじゃない」と言って，腹を立てている。しかし，ときに他の男性患者に暴言を吐くことはあるものの，おおむね協力的な姿勢をとり続けている。妄想，強迫症状，幻覚の訴えはない。ときどき病院の職員と軽口をたたき，「忙しくしていたいから」と言って，何か所かの建物の修理を申し出たりした。診断のための評価が終えるまでは投薬は差し控えられている。

ケース27　26歳の男性　自己知覚に関するデータ

```
R = 18       OBS = No       HVI = Yes     Human Content, An & Xy Responses
Fr+rF = 0    3r+(2)/R = 0.28              III   5. W+ Ma.C.FDo 2 H,Art,Sx,Cg P 5.5 GHR
                                          IV    8. Wo Fu A,An 2.0 MOR
FD = 4       SumV = 0                     IX   16. WSo CF.Mp.FD- Hd,An 5.5 MOR,PHR
An+Xy = 2    MOR = 4
H:(H)+Hd+(Hd) = 1:1
[EB = 2:7.5]
```

解釈の手順

ここでの解釈手順は8のステップから成り立っている。7番目までは，構造データおよび人間内容を含む反応のコーディングに焦点を当てる。最後の一つのステップでは，プロトコル中の言葉づかいや反応内容中の投映内容を吟味する。

ステップ1：OBSとHVI

OBSとHVIについてはすでに認知機能との関連で検討してきた。しかし，これらを自己知覚との関連で再検討してみることは重要である。

OBS についての可能な所見

すでに述べたように，OBS 陽性は完全主義へのとらわれを意味する。このスタイルは必ずしも欠点というわけではない。しかし，その程度が極端だったり，当人が重大な失敗を体験したりした場合には，欠点にもなり得る。強迫的な人は正確さや厳密さにたいへん価値をおく。そして，こうした価値観を共有しない者を軽蔑しがちである。強迫の原因については諸説あるが，いずれの説にも共通するのは次の点である。すなわち，強迫的な人は自分の能力に疑問を感じ，心中に不確実感を潜ませている，というものである。一生懸命に完璧さを追求することは，不確実感に思い悩む気持ちを鎮める手段になっている。さらには，自分の不全感を裏づけてしまうひどい失敗をしでかさないようにするための手段ともなっている。通常，強迫的な人の自己イメージにはあまり誇大的な特徴は見られない。むしろ，自分を必要以上に控えめに，ときには否定的に見る傾向がある。強迫的な人の自己イメージに非現実的な誇張が含まれているような場合は，失敗があったときに心理的な問題が生じる危険はかなり大きい。なぜならば，強迫的な人は失敗の重みや結果を大げさに受け取め，すぐに自分に価値がないと思い込みやすいからである。

〔ケース 26 所見該当　彼女は強迫的なスタイルを持っており，自己イメージには自分の能力に対する不安が色濃く反映されている。もしかしたら，自分は望むほどにはしっかりしていないという思いも自己イメージの中に含まれているかもしれない。〕

HVI についての可能な所見

HVI 陽性は，傷つきやすさへのとらわれがあることを示している。そのとらわれは全般的なものであって，ある特定の傷つきやすさについてのものではない。前章で述べたように，このとらわれは外界に対する不信感に端を発している。警戒心過剰な人は自分を無傷で完全なまま保つことに大きな関心を寄せている。そして，状況からしていかに非現実的であろうと，困難や失敗の原因は外部にあると考えてしまいやすい。自分の行動や他者からの反応に安心感を持てないため，自分の行動が適切であるという確証や自分の評価が下がったり操作されたりすることがないという確証を得たい，と強く願っている。警戒心過剰な人はこうした警戒的な姿勢をあまり柔軟に変えることはないし，この姿勢を維持するためにかなりのエネルギーを使う。過剰な警戒心をさらに強めるような境遇にある場合，その人の思考にはパラノイド様の特徴がかなり見られるようになる。ステップ 2 に進む。

〔ケース 27 所見該当　彼は警戒心過剰な人であり，外界に不信感を持ちやすい。また，自分の評価を下げたり操作されたりするおそれがないかと気にしてばかりいる。そして，そういうことが生じる可能性を見きわめたり対処するのに備え，多大なエネルギーを投じている。彼にとっては自分が無傷のまま保たれることがとても大切である。自分の完全さを守るためには，現実の状況がどうであろうと，否定的な出来事の原因は外部にあると考えることが多いだろう。〕

ステップ２：反射反応

反射反応は自己愛的な人格特徴に関係がある。この特徴は自己の中核的要素となるが，これには自分を非常に高く価値づける傾向がかなり含まれている。年少児童の場合は，この特性があるのは自然なことである。しかし，形式的認知操作が広く及ぶようになり，社会的な交流が新たな重要性を帯びてくる思春期には，普通，この特性は消失したり，適度なものになってくる。誇大な自己価値感があっても，それが自動的に何らかの病理をもたらすわけではない。自尊心の高い人の多くは，かなり成功した人生を送っているものである。しかし，無傷のまま完全であろうとする配慮を自分に対しても他者に対しても健康な程度に払うのが成熟したバランスというものだが，自己中心性はそうしたバランスの発達を妨げる危険性を常に有している。

肥大した自己価値感が適応上の問題につながる可能性は，その人が自己価値の保証をどれだけ得られるかによって変わってくる。自分を高く価値づける傾向は，地位を求める動機づけを高めることが多い。もしも周囲からの承認が得られれば，病理や不適応が生じる可能性は低くなる。しかし，高い自己価値を再確認することができないと，普通は欲求不満や否定主義が引き起こされる。その結果，自分についての法外な評価をそのまま信じていられるようにするために，精巧な防衛のシステムを作り上げてしまう。このことにより，病理や不適応に陥りやすくなる。典型的な例では，合理化，外在化，否認などが防衛の中核となる。

可能な所見

$Fr + rF$ の値が０より大きい場合は，自己への関与が過剰な上，肥大した自己価値感によって世の中に対する見方が決定づけられていることを示す。この特性は自分の高いプライドが何度も確認されたり補強されることを求めるものなので，被検者の意思決定と行動に大きな影響を与える基本的な人格特徴となる。このような特徴を持つ青年および成人は，意味ある対人関係を築いたり維持することに困難を感ずることが多い。ときには，そのために自己点検が促されることもある。その場合には，自分を高く価値づけることと，それは正しくないかもしれないという気づきの間で，内的な葛藤が生じる可能性がある。特に自分の価値を再確認できないような情況が続くときには，非社会的あるいは反社会的な構えが容易につくり出されてしまうおそれがある。ステップ３に進む。

ケース26. 23歳の女性　自己知覚に関するデータ

```
R = 19        OBS  = Yes     HVI = No        Human Content Responses
Fr+rF = 3    3r+(2)/R = 0.74    II   3. WS+ CF.FT.Mp- Hd,Bl 4.5 MOR,PER,PHR
                                III  5. D+ Ma+ 2 H,Cg P 4.0 COP,GHR
FD = 1       SumV = 1           III  6. DS+ Ma.FC'o 2 H,Cg,Hh P 4.5 COP,GHR
                                V   10. W+ Ma.mpo 2 H,Cg 2.5 GHR
An+Xy = 0    MOR  = 1           VII 13. W+ Mp.Fr+ H,Hh,Cg P 2.5 GHR
                                X   17. Dd+ Mpo 2 (Hd),Cg 4.5 GHR
H:(H)+Hd+(Hd) = 4:2
[EB = 6:3.5]
```

〔ケース26 所見該当　彼女のプロトコルには反射反応が3個ある。これは，彼女が非常に自己中心的で，誇大な自己価値感を抱いていることを示している。この特性は彼女の意思決定や行動にかなり大きな影響を及ぼし，成熟した対人関係を築いたり維持したりするのを困難にしてしまうだろう。また，自分に向けられた非難を外部のせいにしたり，自分が引き受けたくないストレスの存在を否認したりしやすくなっている。彼女が強迫的なスタイルを持っているということからすると，この所見はいささか特異なものである。強迫的な人は普通自分自身に不確実感を持っているので，そういう人が自分に自己愛的関心を向けるのは矛盾したことなのである。一方，完全主義的であったり正確であろうとすることは，高い自尊心を持つことを論理的に正当化する手段ともなり得る。後者が当てはまる場合は，自分の人生に傷を付けるような否定的な出来事の責任をすべて外部に求める可能性が高くなる。〕

ステップ3：自己中心性指標

自己中心性指標は，自己への関与と自尊心がどの程度なのかを示している。また，自分にどれだけ注意を向けるのかを示すものさしと言える。この値が平均域を超える場合は，自己への過剰な関与があることを示す。しかし，**反射反応がなければ，それは必ずしもポジティブな自尊心を示すわけではない**。一方，値が平均域を下回るときは，自尊心が必要以上に低いことを示す。すなわち，自己を他者と比較検討した場合には否定的な結論を出しやすい，ということである。

成人の場合，この指標の期待値の範囲もしくは平均域は0.33から0.45の間である。しかし若年被検者の場合，平均域の上限と下限がそれぞれ広がる。その値は下に示すように年齢によって異なっている。

5歳	0.55〜0.83	11歳	0.46〜0.58
6歳	0.52〜0.82	12歳	0.46〜0.58
7歳	0.52〜0.72	13歳	0.41〜0.55
8歳	0.48〜0.74	14歳	0.37〜0.54
9歳	0.47〜0.69	15歳	0.33〜0.50
10歳	0.47〜0.61	16歳	0.33〜0.48

若年者の期待値が高いことには納得がいく。グループとして考えた場合，特に前思春期の者たちには，成人よりもかなり自己に関心を注ぐ傾向があるからである。しかしこのような自己中心性は，児童がより現実を知るようになったり，他者の重要性や対人関係の価値を認識するようになるにつれ，次第に減少していく。

可能な所見1

自己中心性指標の値が平均を超える場合，被検者はたいていの人よりも自分に関心を向けやすいということがわかる。そして，この記録に1個以上の反射反応があるときは，被検者の心

理には自己愛的な特徴がしっかりと組み込まれていて，他者よりも自分の方をより好ましい存在と見ていることが予想される。反射反応がない場合は，外界を無視してしまいやすいぐらい，自分に対して著しく強い関心を持っていることを示す。平均を超える自己中心性指標は，高い自尊心や自己評価を意味していることが多い。しかし，自分への強い関心は自分についての不満足感を示している場合もある。後者が当てはまる場合，プロトコルには自分に対する価値下げや社会適応上の問題を示す証拠が含まれていることが多い。ステップ4に進む。

ケース26. 23歳の女性　自己知覚に関するデータ

```
R = 19      OBS = Yes      HVI = No        Human Content Responses
Fr+rF = 3   3r+(2)/R = 0.74   II   3. WS+ CF.FT.Mp- Hd,Bl 4.5 MOR,PER,PHR
                              III  5. D+ Ma+ 2 H,Cg P 4.0 COP,GHR
FD = 1      SumV = 1          III  6. DS+ Ma.FC'o 2 H,Cg,Hh P 4.5 COP,GHR
                              V   10. W+ Ma.mpo 2 H,Cg 2.5 GHR
An+Xy = 0   MOR = 1           VII 13. W+ Mp.Fr+ H,Hh,Cg P 2.5 GHR
                              X   17. Dd+ Mpo 2 (Hd),Cg 4.5 GHR
H:(H)+Hd+(Hd) = 4:2
[EB = 6:3.5]
```

〔ケース26所見該当　自己中心性指標の値は0.74で，成人の平均域の上限をだいぶ越えている。3個の反射反応は指標の値を上げるのに大きく寄与しており，自分を高く価値づける傾向と過度の自己関与があることを明らかにしている。〕

可能な所見2

成人で，自己中心性指標の値が0.33から0.45という平均域にある場合は（若年者ならば，それぞれの平均域内にある場合は），被検者が大部分の人と同じ程度，自分へ関心を向けていることを示している。

ケース25　35歳の男性　自己知覚に関するデータ

```
R = 26      OBS = No       HVI = No      Human Content, An & Xy Responses
                                         I    2. Do Fo Hd PHR
Fr+rF = 0   3r+(2)/R = 0.35              III  6. D+ Mao 2 H,Id P 3.0 COP,GHR
                                         VI  13. D+ Mp.FD+ H,Sc 2.5 GHR
FD = 3      SumV = 0                     VII 14. W+ Mao 2 H,Ls P 2.5 COP,GHR
                                         VII 15. W+ Mao 2 H 3.0 COP,GHR
An+Xy = 1   MOR = 2                      IX  19. D+ Ma.FCo 2 (H),Id P 2.5 COP,GHR
                                         IX  20. D+ Mao H,Sc 2.5 GHR
H:(H)+Hd+(Hd) = 6:3                      X   21. D+ Mau 2 (H),Bt 4.0 COP,GHR
[EB = 8:5]                               X   24. Dv Fu An MOR
                                         X   25. D+ Ma.FCo H,Bt 4.0 GHR
```

〔ケース25所見該当　自己中心性指標は0.35であり，プロトコル中に反射反応はない。この結果からは，彼が大部分の人と同じ程度に自分へ関心を向けている

可能な所見 2a

自己中心性指標が平均域で，かつ反射反応が1個以上あるというのは珍しいことである。なぜならば，自己愛的特徴があると自己への強いとらわれが生じるはずだからである。反射反応がありながら自己中心性指標が平均域という場合は，自分を高く評価するのは間違っているかもしれないとの気づきがいくらかあるだろうし，自分に対して懐疑的になることも珍しくはない。

こうした結果が思春期の青年に見られる場合，おそらくそれは社会的な成熟が進みつつあることを示しているので，好ましいことと言えそうである。しかし，成人の場合はそれほど肯定的なものとは言えない。なぜならば，誇大な自己価値感に疑いを向けられると，これまで用いてきた防衛をますます使うようになってしまうからである。そうなると心理機能は秩序を失って効果的ではない状態に陥りかねない。気分の変動が生じることも珍しくない。ステップ4へ進む。

可能な所見 3

自己中心性指標が平均を下回る場合，被検者の自己評価はネガティブなものになりやすいと考えられる。このような人は，他者と比べて自分はうまくいっていないと考えやすい。この特性は，抑うつ状態をもたらす前駆となることが多い。反射反応を含む記録でこの所見が該当することは稀である。反射反応を含むプロトコルで自己中心性指標が平均を下回る場合は，被検者が自己イメージや自己評価にまつわる深刻な葛藤を経験していることを示している。気分の変動が生じる可能性は大きく，行動面にもその影響が表れることが多いだろう。ステップ4へ進む。

ケース27　26歳の男性　自己知覚に関するデータ

R = 18	OBS = No	HVI = Yes	Human Content, An & Xy Responses
Fr+rF = 0	3r+(2)/R = 0.28	III 5.	W+ Ma.C.FDo 2 H,Art,Sx,Cg P 5.5 GHR
		IV 8.	Wo Fu A,An 2.0 MOR
FD = 4	SumV = 0	IX 16.	WSo CF.Mp.FD- Hd,An 5.5 MOR,PHR
An+Xy = 2	MOR = 4		
H:(H)+Hd+(Hd) = 1:1			
[EB = 2:7.5]			

〔ケース27所見該当　自己中心性指標は0.28で，平均を下回っている。記録中に反射反応はない。自己を他者と比較すると，自分のネガティブな特徴の方に目が向いてしまいやすい。その結果，彼の自尊心は低くなっている。〕

ステップ4：FDとSumV

形態立体反応（*FD*）と展望反応（*V*）は内省活動と関係している。自己点検することで自分自身についてより多く知ることができるので，それは普通ポジティブな特徴と考えられる。最も望ましい内省は，自分をできるだけ客観的に見ること，偏見，構え，感情をわきに置くこと，

自分の特性を現実的視点から検討すること，などを伴うものである。自己検閲は，たいてい，より高いレベルの自覚を促す。多くの人は，自分の長所と短所をよりよく知ろうとして，何らかの形で自己点検をする。内省はときとして自分の完全さについて再考を迫るので，何らかのリスクを伴うものでもある。内省が度を超せば，考えが堂々巡りしたり，非常に不快な感情が生じることがある。

FD 反応は内省の傾向があることと関係している。一般的には，FD 反応がプロトコル中に見られるのは，その数が**多すぎなければ**，肯定的なサインである。V 反応となると，肯定的な意味合いは薄くなる。V 反応は自己検閲の傾向があることを示しているが，こちらの自己検閲は，その過程で非常にネガティブな感情を引き起こす類のものである。第3章および第4章で述べたように，V 反応は状況関連の罪悪感や後悔の念と関係していることがある。しかし，どちらかというと，自分のネガティブな特徴への慢性的なとらわれと関係していることの方が多い。どちらの場合でも，V 反応は，被検者がそれらの特徴に何度も思いを巡らし，とらわれていることを示している。その副産物として，苛立ちや，多くの場合は苦痛がもたらされる。

可能な所見1

反応数が少なくとも17あり，記録中に FD も V 反応もない場合は，被検者には普通よりも内省が少ないと考えられる。このような人は，期待されるほどは自分についてわかっていないことが多い。こうした結果は児童や思春期前期の青年では一般的に見られる。反応数が16以下の場合はこの仮説はかなり不確かになるので，所見の要約に入れるのは避けておいた方がいいだろう。ステップ5に進む。

可能な所見2

$SumV$ が0で，FD が1か2の場合，被検者は日常的に自己検閲をすると考えられる。普通，自己検閲の過程では自己イメージの再検討が促されるので，この結果は肯定的なものである。ステップ5に進む。

可能な所見3

FD の数が3以上，**もしくは** V の数が1以上の場合は，普通でない自己検閲行動が起きていることを示している。FD 反応が3個以上で，V 反応が**なければ**，自己イメージに著しい関心を向けていることが示唆される。こうした関心が自分をよりよいものにしようとする努力と関係しているのなら，それは肯定的なものと言えるかもしれない。最もその可能性が高いのは，自己中心性指標の値が平均域に入っている場合である。一方，もしも自分への関心が，ただ単に自分について思いを巡らしているだけというものであれば，自己検閲行動は逆効果になることがある。自己中心性指標が平均を下回る場合にはその可能性が高い。FD の数がいくつであっても，V 反応が1個以上あれば，ネガティブな特徴へのとらわれがあり，そのことが苦痛をもたらしていると考えられる。

思春期や老齢期といったライフサイクル上のいくつかの段階や，情緒的な喪失，失敗，身体的もしくは心理的な窮状といった危機的な事態においては，このような結果が生じるのは決し

て珍しいことではない。また、覆いを取る心理療法の初期段階にある人の記録でもよく見られる。原因は何であるにせよ、ともかくもこの結果は自己への多大な焦点づけが生じていることを示すものである。反射反応を含む記録でこうした結果が生じるのは非常に稀なことであり、これはおそらく自己イメージに関する深刻な葛藤があることを示していると思われる。反射反応があるプロトコル中に1個以上のV反応がある場合は、高い自己評価を持ちながらも自分のネガティブな特徴にも気づいていて、その対立を克服しようとしていると見て間違いない。ステップ5に進む。

※アシカバリング

ケース25　35歳の男性　自己知覚に関するデータ

```
R = 26       OBS = No     HVI = No     Human Content, An & Xy Responses
                                        I    2. Do  Fo   Hd               PHR
Fr+rF = 0    3r+(2)/R = 0.35            III  6. D+  Mao  2 H,Id  P  3.0   COP,GHR
                                        VI  13. D+  Mp.FD+ H,Sc    2.5   GHR
FD = 3       SumV = 0                   VII 14. W+  Mao  2 H,Ls P  2.5   COP,GHR
                                        VII 15. W+  Mao  2 H      3.0   COP,GHR
An+Xy = 1    MOR = 2                    IX  19. D+  Ma.FCo 2 (H),Id P 2.5 COP,GHR
                                        IX  20. D+  Mao  H,Sc     2.5   GHR
H:(H)+Hd+(Hd) = 6:3                     X   21. D+  Mau  2 (H),Bt  4.0   COP,GHR
[EB = 8:5]                              X   24. Dv  Fu   An MOR
                                        X   25. D+  Ma.FCo H,Bt   4.0   GHR
```

〔ケース25所見該当　FD反応が3個あるが、V反応はない。これは、彼が必要以上に自己検閲行動に取り組み、自己イメージに対して並はずれた関心を持っていることを示している。自己中心性指標が平均域にあるのは肯定的なサインであり、内省活動は自分をよりよいものにしようとする努力と関係していると考えられる。〕

ケース26.　23歳の女性　自己知覚に関するデータ

```
R = 19       OBS = Yes    HVI = No     Human Content Responses
Fr+rF = 3    3r+(2)/R = 0.74            II   3. WS+ CF.FT.Mp- Hd,Bl 4.5 MOR,PER,PHR
                                        III  5. D+  Ma+ 2 H,Cg  P  4.0   COP,GHR
FD = 1       SumV = 1                   III  6. DS+ Ma.FC'o 2 H,Cg,Hh P 4.5 COP,GHR
                                        V   10. W+  Ma.mpo 2 H,Cg    2.5   GHR
An+Xy = 0    MOR = 1                    VII 13. W+  Mp.Fr+ H,Hh,Cg P 2.5   GHR
                                        X   17. Dd+ Mpo 2 (Hd),Cg   4.5   GHR
H:(H)+Hd+(Hd) = 4:2
[EB = 6:3.5]
```

〔ケース26所見該当　彼女のプロトコル中、FD反応は1個だけだが、V反応も1個ある。さらには反射反応が3個あり、自己中心性は非常に高い。この組み合わせからは、彼女が自己イメージに並々ならぬ関心を持っていることがわかる。

また，高い自己評価を持ちながらも，一方では自身のネガティブな特徴にとらわれ，苦闘していることが示されている。これは彼女にとって苦痛な事態であり，自分のポジティブな面とネガティブな面との対立はひどく混乱したものとなっているに違いない。生活歴には，明らかに自己評価を下げるような男女関係が，少なくとも二つ見られる。とすると，V 反応は単に状況関連のものだとは言い難い。自分の良い面と悪い面との対立を克服しようとする努力はかなり長い間続けられており，彼女の現在の症状の中には，おそらくそのことが大きな原因になっているものもあるだろう。〕

ケース 27　26 歳の男性　自己知覚に関するデータ

```
R = 18        OBS  = No      HVI = Yes    Human Content, An & Xy Responses
Fr+rF = 0     3r+(2)/R = 0.28              III   5. W+ Ma.C.FDo 2 H,Art,Sx,Cg P 5.5 GHR
                                           IV   8. Wo Fu A,An 2.0 MOR
FD = 4        SumV = 0                     IX  16. WSo CF.Mp.FD- Hd,An 5.5 MOR,PHR
An+Xy = 2     MOR  = 4
H:(H)+Hd+(Hd) = 1:1
[EB = 2:7.5]
```

〔ケース 27 所見該当　反応数 18 の記録中に FD 反応が 4 個あり，自己イメージに並々ならぬ関心を寄せていることがわかる。自己中心性指標は 0.28 で，平均を下回っている。したがって，彼は自分自身のことについてやたらと思いをめぐらしてはいるものの，他の人と比べて自分は有能ではないと感じている可能性が高い。しかし，彼は警戒心過剰でもあるため，自分の欠点に気づいたとしても，外部にその責任を転嫁してしまいやすい。〕

ステップ 5：An + Xy

どのプロトコルでも，An 反応はあまり一般的なものではない。Xy 反応となると出現頻度はさらに低くなる。普通 An + Xy の値は 0 か，あってもせいぜい 1 であることが期待される。この値が 1 を越える場合は，普通ではない身体的関心があることを示す。値が増すに従い，身体へのとらわれがある可能性も高くなる。

可能な所見 1

An + Xy の値が 2 の場合，何らかの身体的関心があると考えられる。それらの反応の形態水準がマイナスでなく，特殊スコア MOR もついていなければ，この結果を被検者の心の働きに関する重大な問題として考える必要は必ずしもない。形態水準がマイナスで特殊スコア MOR がつく場合，あるいはどちらか一方が該当する場合は，これらの反応が重大な身体的関心を反映している可能性が高くなる。この点については，ステップ 8 で反応内容を吟味する際にもう一度検討する。ステップ 6 に進む。

第8章 自己知覚 253

ケース27　26歳の男性　自己知覚に関するデータ

```
R = 18        OBS = No      HVI = Yes      Human Content, An & Xy Responses
Fr+rF = 0    3r+(2)/R = 0.28              III   5. W+ Ma.C.FDo 2 H,Art,Sx,Cg P 5.5 GHR
                                          IV    8. Wo Fu A,An 2.0 MOR
FD = 4       SumV = 0                     IX   16. WSo CF.Mp.FD- Hd,An 5.5 MOR,PHR
An+Xy = 2    MOR = 4
H:(H)+Hd+(Hd) = 1:1
[EB = 2:7.5]
```

〔ケース27 所見該当　彼の記録中にはAn反応が2個ある。ともに特殊スコアMORがつき，そのうちの1個はマイナス反応である。彼は普通以上に身体的関心を持っているか，少なくとも自分のことを傷つきやすい存在と考えやすいだろう。〕

可能な所見2

An + *Xy* の値が3以上のときは，普通以上の身体的関心かとらわれがあると見てほぼ間違いない。この場合は，これら反応の形態水準がどうであるかとか，特殊スコアMORを伴っているかどうかということは関係ない。この所見は，身体的問題を抱えている人では珍しいことではない。しかし，身体的な問題がないのであれば，それは自分の身体や自己イメージについて思いを巡らしすぎていることを示している。また，当惑するほどの傷つきやすさを感じている可能性も考えられる。ステップ6に進む。

ステップ6：Sum MOR

一つの記録中にMOR反応が1個あるのは珍しいことではない。MOR反応は，図版VIの動物の毛皮という平凡反応で出現することが最も多い。MOR反応の数が1を越える場合は，被検者はネガティブな特徴あるいは損傷感を伴う自己イメージを持っていることが多い。自分についてのネガティブな印象をつくりあげる要因にはさまざまなものがある。不遇や挫折が積み重なった結果という場合もあるし，最近起こったであろう，学業面，職業面，感情面あるいは社会経験上のある特定の失敗や失望体験に端を発している場合もある。したがって，ネガティブな特性の由来を知る上で，被検者の生活歴は重要な情報源となることが多い。そもそもの原因が何であれ，こうした特性がもたらす影響は長く続きやすい。そして，その影響力が大きければ大きいほど，自分に対する悲観的な見方も強まる。すべてのMOR反応は，その中に投映された内容について，ステップ8で検討される。しかしその数だけ見ても，自己イメージの中に，自分の望まないあるいはダメージを受けた特性といった印象が含まれているかどうかを知ることができる。

可能な所見1

MORの数が2の場合は，自己概念の中に何らかのネガティブな特徴が含まれていて，それが自分に対する悲観的な見方を助長していると考えられる。これは反射反応のある記録では減

多にないことだが，もし該当するとしたら，それは自己評価についての葛藤があることを示す。あるいは，高く価値づけられた自己イメージを下げるような出来事が最近起こった可能性も考えられる。ステップ7に進む。

ケース25　35歳の男性　自己知覚に関するデータ

```
R = 26       OBS = No       HVI = No       Human Content, An & Xy Responses
                                            I    2. Do   Fo    Hd           PHR
Fr+rF = 0    3r+(2)/R = 0.35                III  6. D+   Mao   2 H,Id    P  3.0  COP,GHR
                                            VI  13. D+   Mp.FD+ H,Sc        2.5  GHR
FD = 3       SumV = 0                       VII 14. W+   Mao   2 H,Ls    P  2.5  COP,GHR
                                            VII 15. W+   Mao   2 H          3.0  COP,GHR
An+Xy = 1    MOR = 2                        IX  19. D+   Ma.FCo 2 (H),Id P  2.5  COP,GHR
                                            IX  20. D+   Mao    H,Sc        2.5  GHR
H:(H)+Hd+(Hd) = 6:3                         X   21. D+   Mau   2 (H),Bt     4.0  COP,GHR
[EB = 8:5]                                  X   24. Dv   Fu     An          MOR
                                            X   25. D+   Ma.FCo H,Bt        4.0  GHR
```

〔ケース25所見該当　MOR反応が2個あるので，彼は見かけ以上に自分に対して悲観的な見方をしているのかもしれない。次のような仮説は一考の価値がある。彼は結婚生活に失敗し，そのときは子の監護権のことも気軽に考えていた。ところが，最近になって，その問題に直接目を向けなければならなくなる出来事が生じた。その結果，自分にはネガティブな特性があると考えるようになったのかもしれない。〕

可能な所見2

MORの値が3以上の場合，自己イメージにはネガティブな特徴が色濃く反映されている。また，一般的に，自分をかなり悲観的にとらえる見方をする。このような結果は反射反応が1個以上ある記録ではまず見られないものだが，もしも該当する場合には，次のような二つの可能性が考えられる。すなわち，自己イメージと自己評価との間に著しい葛藤が存在するのかもしれないし，場合によっては，自分の苦悩や無力感を大げさに言い立てようとしているとも考えられる。ステップ7に進む。

ケース27　26歳の男性　自己知覚に関するデータ

```
R = 18        OBS = No       HVI = Yes      Human Content, An & Xy Responses
Fr+rF = 0     3r+(2)/R = 0.28               III  5. W+  Ma.C.FDo  2 H,Art,Sx,Cg P 5.5 GHR
                                            IV   8. Wo  Fu        A,An            2.0 MOR
FD = 4        SumV = 0                      IX  16. WSo CF.Mp.FD- Hd,An            5.5 MOR,PHR
An+Xy = 2     MOR = 4
H:(H)+Hd+(Hd) = 1:1
[EB = 2:7.5]
```

〔ケース27所見該当　18の反応中にMOR反応が4個ある。自己イメージはネ

ガティブな特徴を色濃く反映したものになっており，自分自身をかなり悲観的に見る傾向がうかがえる。自己中心性指標，*FD* 反応および *An* 反応の項で導き出された所見は，総じて，彼が自分自身のことに非常にとらわれているという見解を支持するものだったが，ここでの結果はその所見と一致するものである。警戒心過剰な人であることからすると，彼は自分が悲観的になっているのは外部の力が作用しているせいだと考えるだろうし，自分自身を被害者と見なしやすいだろう。〕

ステップ7：人間反応のコーディング

このステップは二つのパートに分かれており，それぞれ異なった，しかし関連を持った視点から，人間反応を検討することになる。それぞれのパートで，自己イメージと自己評価およびそのどちらか一方についての大まかな手がかりが得られる。そして，それらを合わせることによって，多くの場合，非常に有益な情報が導き出される。このステップにおける解釈は，同一性理論と，反応過程およびブロットの手がかり特性に関する知見の両方と関係してくる。

反応過程およびブロットの手がかり特徴からすれば，被検者がときに人間反応を出すことは十分あり得る。そして，同一性理論によれば，被検者はその場合，自分に最も合った反応を選択し，自分に対する印象と合致しないものは捨て去るだろうと考えられる。

このステップの最初のパートでは，Pure *H* 反応の数を検討する。次のパートでは，人間反応のコーディングの特徴を検討する。これは，反応中のコード化の対象になった特徴を見れば，被検者が自分自身に対してどういう印象を抱いているのかわかることもある，との推論に基づいている。これら二つのパートから導き出された仮説は，これまでに作られてきた仮説を支持するものであることが多い。しかし，中には先の仮説と矛盾する場合もある。いずれにしても，このステップの仮説は，投映内容から引き出されるステップ8での所見と統合されるまでは，文字通り仮のものと考えておかなければいけない。

ステップ7a：H：(H) + Hd + (Hd)

H：*(H)* + *Hd* + *(Hd)* の比率は，人間反応の数が **3** 以上の場合のみ有効である。非患者および治療が順調に進んでいる外来患者の場合は，たいがい，Pure *H* 反応の方がそれ以外の人間反応の数の和よりも多い。反対に，適応上の深刻な問題を抱えている人の場合は，普通，Pure *H* 反応の数がそれ以外の人間反応の数の和よりも少ない。

H のコードは，現実の人間の全身を含む反応に対する唯一の反応内容コードである。*Hd* 反応も現実の人間を表しているが，これに該当するのは人間のさまざまな部位である。その大半は顔や頭部で，その中のいくつかは一般的によくみられる反応である。しかし，*Hd* 反応が，脚，手，目，性器など，他のさまざまな身体の部分に対応することも珍しくない。そして当然のことながら，括弧付きの人間反応（*(H)* と *(Hd)*）は現実の人間には当てはまらない。したがって，

自己イメージが，現実の人間との同一視ではなく，現実から離れた想像や内的表象に基づいているような人ほど，Pure H 反応以外の人間反応をより多く選び出しやすい，ということになる。

この比率に関するデータには慎重に取り組む必要があるということは，特に強調しておきたい。慎重を要するのには二つの理由がある。まず一番大事な理由は，人間反応の総数は体験型により異なるからというものである。表8に示すのは，500人の非患者を反応のスタイルと三通りの反応数で細分し，それぞれについて4種類の人間反応の平均値を求めた結果である。

表8に示したように，ひとつの記録あたりの平均値で比べると，内向型の人間反応の数は，不定型または外拡型の2倍から3倍である。そして，そのほとんどが Pure H 反応である。さらに興味深いことに，回避型（ハイラムダ）の人には不定型の人よりもやや多めの人間反応を出す傾向がみられる。

$H : (H) + Hd + (Hd)$ の比率を検討する際に慎重でなければいけない二つめの理由は，反応数の問題，特に反応数の少ない記録と多い記録の問題と関係している。ブロットにははっきりした手がかり特徴があり，そのうちのあるものは，H, Hd または括弧付きの人間反応を生じさせやすい。反応数の少ない記録の場合は，このことが特に重要な意味を持ってくる。反応数が17より少ない人というのは，典型的には，防衛的な構えでテストに取り組んでいることが多い。たいがい彼らはテストへの動機づけが十分でなく，テストを自分に脅威を与えかねないものとしてとらえている。

防衛的になっている人が，ブロットのはっきりした手がかり特徴にだけ反応しようとすれば，図版Ⅰ（D4）と図版Ⅲ（D9）もしくはそのいずれか一方に Pure H 反応が生じやすい。また，図版Ⅳ（W または D7）と図版Ⅸ（D3）に (H) 反応が生じたり，図版Ⅶ（D9）に Hd 反応が生じる可能性が高くなる。出現する人間反応がこれらだけだと仮定した場合，もしも図版Ⅰの Pure H 以外のすべての反応が出されれば，$H : (H) + Hd + (Hd)$ の比率は1：3となる。同様に，もしも図版Ⅸ以外のすべての反応が出されれば，比率は2：2となる。これらすべての反応が出そろえば，比率は2：3になる。

自己イメージが主として現実の人間あるいは現実の人間との経験に基づいたものであれば，より多くの Pure H 反応が出現する，との仮説がある。しかし，この仮説をもとに検討しようとしても，上述のどの場合でも，人間反応の比率はあまり当てにすることはできない。

表8を見ると，反応数が16以下の場合，Pure H 反応の数がその他の人間反応の数の和をかなり上回るのは内向型の群だけである。また，反応数が28以上の場合はすべての群で人間反応が多くなるが，どの群でもその増加の相当部分を Hd 反応が占める。したがって，反応数が少ない場合と多い場合，内向型の群以外では Pure H 反応の数がその他の人間反応の数の和を越えることは期待されない。

可能な所見1

人間反応の和が3以上で以下の条件に当てはまる場合，被検者の自己イメージは想像よりも

表8 反応数と反応スタイルにより区分した500人の非患者群における，人間反応の分類ごとの平均値および頻度

	R＝14〜16 反応スタイル				R＝17〜27 反応スタイル				R＝28〜55 反応スタイル			
	I	A	E	L	I	A	E	L	I	A	E	L
N＝	18	22	17	16	116	54	129	38	33	16	24	17
分類												
H	3.8	1.8	1.6	1.7	4.8	2.5	2.5	1.8	7.1	3.7	2.1	2.9
(H)	1.0	1.2	1.3	0.7	1.2	1.7	1.1	1.0	1.2	0.9	2.0	1.4
Hd	0.4	0.5	0.6	1.0	0.9	0.9	0.8	1.6	1.7	2.7	1.4	2.6
(Hd)	0.1	0.2	0.1	0.6	0.1	0.2	0.3	0.5	0.4	0.4	0.1	1.3
全人間反応	5.3	3.6	3.6	4.0	7.0	5.3	4.7	4.9	10.4	7.7	5.6	8.2

I＝内向型；A＝不定型；E＝外拡型；L＝回避型

経験に基づいていると考えられる。

　1a. 被検者が内向型で，Pure H 反応の数がその他の人間反応の数の和より少なくとも2以上大きい。

　1b. 被検者が内向型でなく，反応数が17以上27以下で，Pure H 反応の数がその他の人間反応の和と同じかそれ以上。

　1c. 被検者が内向型でなく，反応数が16以下または28以上で，Pure H 反応の数がその他の人間反応の和より1少ないだけか，同じか，それ以上。

これらのどれかに当てはまる場合，それは，自己形成の際に社会的交流が大いに役立ったであろうことを示しているだけである。自己イメージや自己評価が正確なもの，あるいは現実的なものであるといった意味には，必ずしも解釈**すべきでない**。ステップ7bへ進む。

可能な所見2

人間反応が3以上で以下の条件に当てはまる場合，自己イメージや自己評価が，主として想像や現実体験の歪曲に基づいてできあがっていると考えられる。

　2a. 被検者が内向型で，Pure H 反応の数がその他の人間反応の数の和より少ないか，同数，あるいは大きいとしてもせいぜい1上回るだけである。

　2b. 被検者が内向型でなく，反応数が17以上27以下で，Pure H 反応の数よりその他の人間反応の数の和の方が大きい。

　2c. 被検者が内向型でなく，反応数が16以下または28以上で，Pure H 反応の数よりその他の人間反応の数の和の方が2以上大きい。

これらのうちのどれかの条件に該当する被検者は，あまり成熟しておらず，自分自身についてかなり歪んだ見解を持っていることが多い。このように自分についての理解が未熟だと，意思決定と問題解決行動に悪い影響が及んだり，他者との関係で障害が生じることがある。ステップ8に進む。

ステップ 7b：人間反応のコーディング

　人間反応のコーディングを見ることによって，ステップ 7a の所見がはっきりしてくることが多い。たとえば，記録中の人間反応の全部が Pure H 反応であれば，ステップ 7a では，自分自身についての印象は社会的交流に基づいていると，暫定的に結論を出す。しかし，それら Pure H 反応の形態水準がすべてマイナスだったり，すべてに特殊スコアが含まれているとしたら，おそらく 7a での仮説は間違っていることになる。そこで，コーディングを再検討し，ポジティブおよびネガティブな同質の特性がないか調べることが必要になる。

　どの反応のコーディングであっても，一つのものだけに解釈上の特別な重みを置くことはできない。ただし，コーディングの特徴がとりわけ印象的なものである場合は例外である。通常は，ポジティブな特徴とネガティブな特徴の両方を評価し，7a と 7b の所見をまとめながら解釈を展開していく。

　コーディングを解釈するための，確実な，決まったルールというものはない。しかし，経験を積んだ解釈者であれば，ポジティブな特徴を持った反応とネガティブな特徴を持った反応とを容易に区別することができるだろう。たとえば次のようなコーディングを考えてみよう。

　　D + Ma.FCo 2 *H,Cg* 4.0 COP
　　Do Mpo Hd MOR
　　DdSo FC'u (Hd)
　　D + Ma.FV － H,Cg 4.0 DR

　この中では，明らかに，一番最初の反応が最もポジティブなものである。形態質が普通（o）の Pure H 反応で，有彩色を調節して用い，特殊スコアに COP がついている。これらはすべて，ポジティブな特徴である。一つの反応のコーディングだけで解釈してはならないが，これらは，自己イメージがかなりしっかりした人に期待できそうな類の特徴である。

　2 番目の反応も *FQo* だが，反応内容は *Hd* であり，さらに重要なことには特殊スコアとして MOR を含んでいる。これは，自己イメージに損傷感や不全感が伴っていることを示している。

　3 番目の反応には，より好ましくない四つの特徴がある。それは，*Dd* 領域であること，しかも *S* が含まれていること，無彩色決定因子を含んでいること，反応内容が (*Hd*) であること，などである。明暗（chiaroscuro）反応，特に展望反応，拡散反応あるいは無彩色反応などは，自己イメージがしっくりしていない人により多く出現するものである。

　4 番目の反応のコーディングが，おそらく最も好ましくない。Pure H 反応を含んではいるが，同時に展望決定因子があり，形態質はマイナスで，特殊スコアとして DR がついている。

　FQ－の人間反応は，自己イメージに混乱があるか，歪んだ見解を持っている人に，比較的よく見られる。人間反応のコーディングに，認知のずれや機能障害と関連のある六つの特殊スコアのいずれかが含まれている場合は，自己についての思考に歪みがあることを示している。すでに述べたように，特殊スコア MOR を含む人間反応は損傷感を示している。

Hx の存在は，被検者が現実を無視しかねないような過度の知性化によって自己イメージや自己評価にまつわる問題に対処しようとしていることを意味する。特殊スコア **AB** を含む反応に *Hx* が現れる場合，その可能性はさらに高くなる。*Hx* と **AB** の両方を含む反応を出す人の場合は，思考における衝動性の統制に問題を抱え，その結果自己イメージに含まれる特徴の多くはひどく歪められていることが多い。

大事なことなので繰り返し強調しておくが，解釈をまとめ上げる際，一つの反応のコーディングだけを不当に重視してはいけない。ここでの目的は，すべての人間反応のコーディングを検討すること，そしてもしも可能なら，自己イメージや自己評価についての総括的な記述を展開させることである。次に，ポジティブな特徴とネガティブな特徴を区別するためのごく一般的ガイドラインを，いくつか示しておく。これはすべてを網羅したものではないし，厳密に適用されるべきものでもない。ポジティブもしくはネガティブと思われる特徴への注意を喚起する程度のものである。しかし，ポジティブなものとしてあげられている特徴がネガティブな特徴を含む反応の中に現れることもあるし，**その逆もある**ので，その点には注意を促しておきたい。

一般的にはポジティブ	一般的にはネガティブ
S を含まない W もしくは D 領域	Dd 領域または S を含む W もしくは D 領域
＋もしくは o の形態質	マイナスの形態質
Pure H 反応における M	(Hd) 反応における M
有彩色が用いられた場合の FC	有彩色が用いられた場合の Pure C
明暗反応が存在しない	明暗反応，特に展望または無彩色反応が存在する
色彩濃淡ブレンドもしくは濃淡ブレンドが存在しない	色彩濃淡ブレンドもしくは濃淡ブレンドが存在する
An, Bl, Ex, Hx が存在しない	An, Bl, Ex, Hx が存在する
COP 以外の特殊スコアが存在しない	COP 以外の特殊スコア，特に MOR, AB, INCOM, FABCOM, ALOG, CONTAM が存在する

ケース 25　35 歳の男性　自己知覚に関するデータ

```
R = 26        OBS = No      HVI = No      Human Content, An & Xy Responses
                                          I   2. Do Fo Hd PHR
Fr+rF = 0     3r+(2)/R = 0.35             III  6. D+ Mao 2 H,Id P 3.0 COP,GHR
                                          VI  13. D+ Mp.FD+ H,Sc 2.5 GHR
FD = 3        SumV = 0                    VII 14. W+ Mao 2 H,Ls P 2.5 COP,GHR
                                          VII 15. W+ Mao 2 H 3.0 COP,GHR
An+Xy = 1     MOR = 2                     IX  19. D+ Ma.FCo 2 (H),Id P 2.5 COP,GHR
                                          IX  20. D+ Mao H,Sc 2.5 GHR
H:(H)+Hd+(Hd) = 6:3                       X   21. D+ Mau 2 (H),Bt 4.0 COP,GHR
[EB = 8:5]                                X   24. Dv Fu An MOR
                                          X   25. D+ Ma.FCo H,Bt 4.0 GHR
```

〔ケース25所見　この内向型の男性のプロトコルには人間反応が9個あり，*H* : *(H)* + *Hd* + *(Hd)* の比率は6：3である。領域はすべて *W* もしくは *D* である。形態質は＋もしくは *o* が8個で，マイナスは一つもない。6個の反応が Pure *H* 反応である。ブレンドを含むのは3個で（*FC* とのブレンドが2，*FD* とのブレンドが1），いずれにもネガティブな特徴は含まれていない。総じてこれらの結果はきわめて肯定的なものであり，自己イメージは社会的交流に基づいて十分発達していると推測できる。自己イメージはおそらくかなり安定したものだろう。しかし，2個の MOR に関する先の所見は，彼が見かけ以上に自分について否定的あるいは悲観的になっていることを示していた。したがって，この点に留意しておくことは大切である。〕

ケース26.　23歳の女性　自己知覚に関するデータ

```
R = 19        OBS = Yes       HVI = No         Human Content Responses
Fr+rF = 3     3r+(2)/R = 0.74        II   3. WS+ CF.FT.Mp- Hd,Bl 4.5 MOR,PER,PHR
                                     III  5. D+  Ma+  2 H,Cg P 4.0 COP,GHR
FD = 1        SumV = 1                III  6. DS+ Ma.FC'o 2 H,Cg,Hh P 4.5 COP,GHR
                                     V   10. W+  Ma.mpo 2 H,Cg 2.5 GHR
An+Xy = 0     MOR = 1                 VII 13. W+  Mp.Fr+ H,Hh,Cg P 2.5 GHR
                                     X   17. Dd+ Mpo 2 (Hd),Cg 4.5 GHR
H:(H)+Hd+(Hd) = 4:2
[EB = 6:3.5]
```

〔ケース26所見　この内向型の女性の記録には人間反応が6個あり，*H* : *(H)* + *Hd* + *(Hd)* の比率は4：2である。これらのうち *W* もしくは *D* 領域の反応は5個だが，そのうち2個に *S* が含まれ，その2個のうちの1個が *FQ*－である。*M* は6個すべてに含まれているが，そのうち4個はブレンド反応である。ブレンドされている決定因子には明らかにポジティブと言えるものはなく（*CF.FT*，*FC'*，*mp*，*Fr*），実際のところ，明暗の特徴を含むものが2個ある。人間反応6個のうち4個は Pure *H* 反応だが，*Hd* 反応は MOR つきのマイナス反応であり，*(Hd)* 反応は *Dd* 領域の反応となっている。以上のとおり，人間反応には *W*, *D*, *M* といったポジティブな特徴が含まれているし，*H* はその他の人間反応の和よりも2多い。しかし，多くのネガティブな特徴，特に *S*，*FQ*－，二つ濃淡決定因子，MOR なども軽視することはできない。総体的に見ると，ネガティブな特徴から考えられるのは，自己イメージは彼女にとってしっくりこないものであり，おそらく損傷感をかなり伴っているだろうということである。先に見た肥大した自己価値感に関する所見と照らし合わせると，この点は特に重要と思われる。〕

ケース27　26歳の男性　自己知覚に関するデータ

```
R  = 18      OBS    = No      HVI = Yes    Human Content, An & Xy Responses
Fr+rF = 0    3r+(2)/R = 0.28    III  5.  W+ Ma.C.FDo 2 H,Art,Sx,Cg P 5.5 GHR
                                IV   8.  Wo Fu A,An 2.0 MOR
FD = 4       SumV   = 0         IX  16.  WSo CF.Mp.FD- Hd,An 5.5 MOR,PHR
An+Xy = 2    MOR    = 4
H:(H)+Hd+(Hd) = 1:1
[EB = 2:7.5]
```

〔ケース27所見　人間反応は2個しかない。したがって，ステップ7aは適用できない。2個とも，コーディングはあまりポジティブなものではない。両方ともが三つの変数から成るブレンドで，その中にはポジティブな決定因子である*FD*が含まれている。しかし，そのうち一つは*FQ*-で，反応内容がAnであり，さらに特殊スコアMORが付いている。もう一つの方にはPure *C*決定因子があり，反応内容には二次的にSxが付いている。一つや二つの反応のコーディングから多くを語ることには危険が伴うのが常である。だが，これまでの所見には，彼の自己イメージはポジティブと言うよりはネガティブなものであること，自尊心は低くなりがちであること，などがすでに示されていた。この二つの反応のコーディングも，この仮説に矛盾しないものである。〕

ステップ8：投映された内容の吟味

　ロールシャッハの反応の過程では，投映が必要となったり強制されることはない。しかし，ブロットが半ば曖昧性を有していたり，課題遂行を求められるがために，刺激野を自分なりに翻訳した反応や，領域の特徴を越えるほど対象に修飾を加えた反応が出される余地は残されている。たいてい，こうした反応の中には投映内容が含まれている。これらはほとんどすべての記録で見られるが，その出現頻度はさまざまだし，全部の反応がこれに該当することは滅多にない。実際のところ，被検者は反応に投映内容をまったく盛り込まなくても，信頼性，妥当性のあるプロトコルに仕立て上げることはできるのである。

　ロールシャッハ反応に現れる投映には二つのタイプがある。一つは，何らかの間違った知覚を伴うものである。第6章で述べたように，ブロットには明らかで決定的な手がかり特徴があるので，そうした特徴に合う反応は限られてくる。どのブロットも何かには特定できる。しかし，何にでも同定できるわけではない。

　ブロットに対して，それらの特徴に合わないような意味づけをしたとすれば，それはマイナス反応である。こうしたマイナス反応が神経心理学に関連した障害によって生じているのでないとすれば，それは現実指向的な領域の翻訳が内的な心理的構えや働きに凌駕されてしまっているような精神活動を投映していると考えられる。したがって，投映された内容の吟味にあたっては，すべてのマイナス反応を注意深く検討することになる。

2種類めの投映の方は，解釈が容易であることが多い。この種の投映はマイナス反応で生じることもあるが，刺激領域を歪曲していない反応にもよく現れる。それは，被検者が領域を単純に翻訳する以上のことをしているか，領域から離れていってしまうような場合である。こうした類の修飾はどの反応にも生じる可能性がある。また，領域**または**課題の中にそのような修飾を引き起こす刺激はないのだから，そこには反応を出した人の何かが反映されている場合が多い。

　この種の投映を含む反応のほとんどは，解釈のための翻訳をさほど必要としない。なぜなら，領域からの離脱や領域に対する多くの説明のために，修飾はわかりやすくなっていることが多いからである。通常，このような投映内容は，人間反応，運動反応，MOR，AG，COPなどの特殊スコアを含む反応に見出せる。しかし上述のように，どの反応も修飾がなされる可能性を持っている。

　一つの反応から得られた投映内容だけでは，被検者についての解釈上豊かな情報が得られることは滅多にない。むしろ，投映された内容の**集合**こそが，最も信頼性のある解釈結果をもたらしてくれる。一つの記録中に修飾や主題が繰り返し出てくれば，そこに表されている被検者の特徴について，解釈者はより大きな確信を得ることができる。

　たとえば，「陽気な」という言葉が入った運動反応が積み重なったり，「醜い」あるいは「傷ついている」と説明される対象を含む反応がかなりの数あると，自己イメージや自尊心についての豊かな情報が得られる。しかし，ときには主題が簡単に見つからないこともある。「美しい」「魅力的な」「人を引きつける」などの言葉がプロトコルの中に散らばって出てくるかもしれない。あるいは，「顔ははっきりしません」「顔を背けているようです」「後ろ姿です」といったコメントが，それぞれかなり離れた位置にある反応同士で出てくるかもしれない。

　投映された内容を吟味する際，解釈者が取るアプローチ法には二通りある。一つは，すべての記録を最初から最後まで単純に読んでいく方法である。この方法に対しては賛否両論がある。図版から図版に移る際に生じる被検者の動きの流れを見ることができるのは，利点である。短所は，すべての反応を解釈しようとして注意を払い続けなければならないという点である。通常，投映された内容が含まれていない反応は多いのだし，仮にそうでないとしても，解釈プロセスのどこに焦点を当てたらいいのかわかりにくくなってしまうだけだからである。

　二つめのアプローチはより組織的なものである。こちらの方法では，反応を集合あるいは分類ごとに検討する。すなわち，意味ある解釈が可能な投映内容を最も多く含んでいそうな反応を選び出し，それらを同質の反応のまとまりごとに検討するのである。すべての反応の集合の検討が終わったら，最後に，どの分類からも漏れた修飾を探すために記録全体を走査する。

　このアプローチ法の説明について，ここではまず四つの集合（マイナスの形態質，MOR，人間運動反応と人間反応，その他の運動反応）を取り上げて説明する。次いで，プロトコル全体の走査を行う。最初の二つの集合，マイナス反応とMOR反応は，普通，自己のネガティブな特徴についての情報をもたらしてくれる。一方，その次の二つの分類（人間運動反応と人間

反応，その他の運動反応）からは，ポジティブなものとネガティブなもの両方を含んだより広い所見が得られる。反応の中には二つ以上の分類に当てはまるものもある。そうした重複があれば，その反応の十分な検討や適切な観点からの解釈が確実なものになる。しかし，重複にはそれ以上の意味はない。

ステップ8a：マイナス反応

この集合を最初に取り上げるのは，これらには翻訳活動に影響を与えたかもしれない被検者の心理的構えが反映されていることが多いからである。ただし，特に強調しておきたいのは，マイナス反応の中には投映の産物でないものもあるかもしれない，という点である。マイナス反応は誤った情報処理か翻訳の結果かもしれないのである。したがって，マイナス反応の内容の解釈は控えめに行う方がよい。

マイナス反応中に投映されている内容は，反応内容の同質性もしくは共通に見られる言葉づかいのために，かなりわかりやすい。もしもマイナス反応中の投映内容がはっきりしたものでなければ，それらを解釈しようとすべきではない。なぜなら，明らかでない反応内容から意味を拾い集めようとする試みは，解釈プロセスからすれば非生産的なことだからである。

ステップ8b：MOR反応

MORとコードされた反応には，たいてい，その人が心中に抱く自分についてのネガティブな印象の一側面が漏れ出ているものである。とは言え，MOR反応の中には見られやすいものもある。図版Ⅱの戦って傷ついている動物，図版Ⅵの車に轢かれた動物，などがそうである。これらを，意味がないものとしてないがしろにすべきではない。しかし，これらの反応から引き出される仮説は，どれも**あくまでも**仮のものと考え，もしも他のデータとの交差妥当性が得られなければ，最終的な要約の中に盛り込むべきではない。

傷ついた，壊れた，殴られた，荒れ果てた，などの同意語が複数のMOR反応にわたって用いられている場合は，それらから自己概念についての信頼性のある情報が得られることが多い。一つか二つのMOR反応であっても，それが独特あるいは劇的なものであれば，ときに自己イメージを理解する上での豊かな情報を提供してくれることがある。MOR反応がマイナスの形態質を持つときは，その反応には自己が直接投映されている可能性は高くなる。

ステップ8c：人間運動反応と人間反応

このグループの反応には，ほぼ間違いなく，被検者が同一視していたり，とらわれていたりする特性のいくつかが表れているだろう。この反応からは，自己イメージもしくは自尊心についての仮説を形成する上での有益な情報が得られる。人間運動反応には領域の手がかり特徴を越えた修飾が含まれているし，もしも反応に人間の活動が付与されていれば，自己の直接的な表象がよりわかりやすくなる。それゆえに，人間運動反応は格別重要なものである。

運動の特徴に注目することは，多くの場合，有益である。ただし，M決定因子を誘発しやすい刺激特徴を持った図版が3枚あるので，注意が必要である（図版Ⅲ，$D1$，持ち上げている，あるいは引っ張っている人；図版Ⅶ，$D1/D9$，見つめている，あるいは遊んでいる子ど

も；図版Ⅸ，D3，寄り掛かっている，あるいは戦っている道化役者もしくは怪物）。これら出現頻度の高い反応のどれかから仮説を立てることには，もしもその仮説が他の反応からも支持されていなければ，控えめである方がよい。

ステップ8d：動物運動反応と無生物運動反応

検討すべき最後の集合は，FM反応とm反応によって構成されている。動物運動反応から解釈仮説を作ろうとするときには，解釈しすぎないことが肝要である。M反応の場合と同様，FMの類型を誘発しやすい刺激特徴を持った図版が3枚ある。図版Ⅰと図版Ⅴ（W，翼のある飛んでいる動物）および図版Ⅷ（$D1$，よじ登っている動物）がそうである。これら領域のFM反応から仮説を立てようとする場合は，主として反応中の変わった特徴を基にするべきである。

FM反応とm反応中で最も意味ある投映内容というのは，特徴に同質性があったり，たとえば，まるで活気がない，攻撃的な，ひどく興奮した，などの表現がいくつもの反応にまたがって見られるので，すぐにわかる。他の集合でもそうだったが，主題や特徴は出現頻度が多ければ多いほど，自己イメージあるいは自尊心のある一面を示している可能性が高くなる。したがって，仮説を形成する場合には，反復されているものが重要になる。

ステップ8e：その他の修飾の吟味

投映内容吟味の最終段階では，まだ見ていないすべての反応を検討し，直接投映された自己表象を示す修飾を含んでいるかどうかを判断する。まだ読んでいない反応の中には，劇的あるいは変わった言い回し，入念な仕立て上げなどが見られるかもしれない。

これらの反応から引き出された所見は慎重に扱われるべきだが，普通，これまでに展開してきた仮説と組み合わせるのは簡単である。いくつかの記録，特に運動反応や特殊スコアが少ない記録では，これら反応の投映内容がかなり重要になる。と言うのは，修飾や変わった言い回しが積み重なれば，他からは得られないような自己イメージに関する仮説が導き出せるからである。

このように反応を走査することで，解釈者は，反応を最初から最後まで読み通したり，図版から図版へ移るときの被検者の認知活動や投映活動の流れについて幅広く情報を集めることができる。たとえば，中には，最初の何枚かの図版への反応の際には防衛的になりやすくても，その後課題に馴染んでくるに従ってより開放的になってくる人がいる。その逆に，最初の2枚か3枚の図版では非常に念入りな反応を出しながら，その後はもっと無難に済ませようとしたり，はっきりしない反応を出すようになる人もいる。投映関連の素材からこうした受検態度の変化について手がかりが得られる場合もある。

ケース25の検討

ステップ8a

プロトコル中にはマイナス反応はない。

ステップ 8b

記録中にMOR反応が2個ある。1個目（図版Ⅵ, W, 反応12）は，「皮を剥がれた動物」である。これは一般的によくある反応だが，彼は質問段階で「……毛皮みたいにすっかり広げられている。猟の戦利品みたい」という興味深いコメントを付け加えている。彼は離婚と監護権の訴訟ではだまされてしまったと主張しているので，もしかしたらこの反応には，いいように操られてしまったという苛立ちが反映されているのかもしれない。

2個目（図版Ⅹ, D11, 反応24）は「動物の骨格の一部」だが，質問段階では「死んだ動物の骨……背骨と関節みたいな骨の一部」と明細化している。これは珍しい反応であり，背骨と関節などと特定されればなおさらである。あくまでも推量に過ぎないが，これは彼の自己イメージがしっかりしたものなのかどうかという疑問を抱かせるものである。

ステップ 8c

興味深いことに，9個の人間反応のうち，記録の前半部に出現するのは2個だけで（図版Ⅰ, 反応2・図版Ⅲ, 反応6），M反応の場合は，8個のうち1個だけである。どちらの反応にも特に顕著に投映が生じているわけではなく，いくぶん慎重さがうかがえる。1番目の反応は「人の下半身に見える」というもので，これだけがMを含んでいない。単純な形態反応であり，唯一注目できるのは，「ちょうど腰から下」に焦点を当て，次いで「もっと言わなくてはいけませんか」と尋ねている点である。これには何の意味もないのかもしれない。しかし，彼の心中の懸念について，何らかのヒントを示している可能性もある。

2番目は図版Ⅲの「二人の人が太鼓の周りを踊っている」という，よくある反応である。しかし，「踊るときによくやるように，身をかがめて……太鼓に手が触れている」というのは，やや大げさである。そして，「原住民の踊り」について尋ねられると彼の慎重さがはっきりと現れ，「よくわからないけど，原住民の踊りかモダンダンス。太鼓を使って，その周りを踊るようなやつ」と後退してしまう。

3番目の人間反応（図版Ⅵ, 反応13）は，「ボートに座っている人」という，独創的で，細部まで描写されたものだが，同時にきわめて受動的な性質も持っている。質問段階では釣り竿が付け加えられているが，彼はこの人が釣りをしているとは一言も言っていない。ただボートに「座っている」だけであり，「人の輪郭はあまりはっきりしない」とも述べている。ここまで来ると，彼はどれぐらい自信を失っているのだろうか，自信がないために過度に慎重になっているのだろうか，との問いを発しないわけにはいかない。

4番目と5番目の人間反応（図版Ⅶ, 反応14と反応15）はもっと能動的なものだが，女の子が「座ってゲームか何かをして遊んでいる」とか，女の人が「背中合わせで，ほとんど触れそうな感じで」踊っているなど，慎重さが垣間見られる。6番目（図版Ⅸ, 反応19）は「魔女みたいな人が何かを調合している」というもので，ほぼ一般的な反応と言える。唯一変わった表現は「オレンジの服を着て毒か何かを調合している」というものだろうが，これには解釈上のはっきりした意味は見出せない。7番目（図版Ⅸ, 反応20）は「前傾姿勢でバイクに乗

ケース25　35歳男性

カード	反応段階	質問段階
I	1. トリだと思います。多分, 黒いトリ。	E：(被検者の反応を繰り返す) S：ええと、これとこれが羽で、コウモリみたい。今見てそう思ったんですけど。 E：もう少し見てください。他にも何か見えると思いますから。 E：黒いトリっておっしゃいましたが。 S：ええ、ぴったりの色です。
	2. そうですね、ここの部分が人の下半身のように見えますね。もっと言わなくてはいけませんか。 E：お任せします。 S：ひっくり返してもいいですか。 E：ご自由にどうぞ。	E：(被検者の反応を繰り返す) S：ちょうど腰から下。ここが (D3を指す) 脚で、ちょうどそんな輪郭です。
	v 3. もうちょっと伸ばしてみると、真ん中のところが発射台上のロケットみたいですね。	E：(被検者の反応を繰り返す) S：ええ、真ん中のが、一番上にカプセルが付いているロケットで、この両側が (D2) 発射台。エンジンが始動する直前のロケットを吊しているみたいな。ここが (D1) 排気口で、これが (Dd28) 発射台の柱。この上のが (Dd31) カプセルです。
II	4. 黒い部分は、2匹のイヌが鼻をすりつけ合っているところ。じゃれてるとするように。	E：(被検者の反応を繰り返す) S：実際には全身は見えない、頭だけです。ここここ (D1)。鼻はここで触れ合ってる。イヌが機嫌いいときにするみたいな感じ、仲よさそうにお互いのにおいを嗅いでいるんだと思う。耳はここで (指さす)、首。
	5. 白いところと赤いところを一緒にすると、ロケットが飛び立っているみたい。	E：(被検者の反応を繰り返す) S：白いところロケットで、赤いところは発射の際に排気口から吹き出る火。こんなふうに鮮やかな赤で。
III	6. 二人の人が太鼓か何かの周りを踊っているところ。	E：(被検者の反応を繰り返す) S：ええ、踊るときによくやるように、身をかがめて。頭で、腕で、ここは太鼓に手が触れているみたい。脚で、本当に、多分、原住民の踊り。 E：原住民の踊り？

第 8 章　自己知覚　267

7. この真ん中は赤いカイトみたいです。

S：いや、よくわからないけど、原住民の踊りかモダンダンス。太鼓を使って、その周りを踊るようなやつです。
E：(被検者の反応を繰り返す)
S：ええと、翼があって、真ん中が狭くなってる。カイトって色々な形のがありますよね。これはトリかチョウに似たやつ。でもしっぽがない。

Ⅳ v 8. こういう赤いところはタツノオトシゴみたいですね。

E：(被検者の反応を繰り返す)
S：そんなふうな形をしてる。本当は赤くないんですけど。頭で、長いしっぽです (指さす)。

9. 毛むくじゃらの大きなイスがお座りしているみたい。

E：(被検者の反応を繰り返す)
S：これはだらりとした耳で (D4)、頭で (D3)、大きな足 (D6)。ここ、尻尾が後ろからしら少し見えています (D1)。
E：毛むくじゃらのイヌだっておっしゃいましたが。
S：毛で覆われてて、長いし毛で、毛むくじゃらのイヌみたい。ここのところの濃淡の色合いが違っているから、そんなふうな感じがします。

Ⅴ v 10. こうすると、真ん中のところが虫の頭みたいに見えます、イモムシみたい。

E：(被検者の反応を繰り返す)
S：この部分 (D1)、小さな触角があって、角張った感じの頭。イモムシみたいな虫って感じ。

11. これも、飛んでるトリだと思う。ワシやタカみたいな。

E：(被検者の反応を繰り返す)
S：そうですね、翼が長くて、体が細くて、これはくちばしですね (Dd34)。これは尾の端で (Dd32)、ワシとかタカみたいに黒っぽい色してる。

Ⅵ 12. 皮を剥がれた動物だと思います。

E：(被検者の反応を繰り返す)
S：頭はまだ残っているけど、それ以外は全部毛皮みたいにすっかり広げられている。猟の戦利品みたいに。多分、キツネかオオカミみたいな毛のある動物。
E：毛のある動物？
S：ええ、ここの模様、特に真ん中近くの何かが毛皮みたいです。短い毛、キツネかオオカミみたいな。
E：頭はまだ残っているっておっしゃいましたが。
S：この上のところです (D3)。首みたいで、鼻で、多分ひげか何か。

< 13. こうすると、ボートに乗ってる人みたい。

E：（被検者の反応を繰り返す）
S：人の輪郭はあまりはっきりしないんですけど、これはボートみたいで、この前の部分を（Dd25）釣り竿と考えられるかなって。下から見た感じ。
E：下から見た感じ？
S：水の線が見上げているような感じです。これがひげ、ひさしのついた帽子をかぶっていて、これがボート（D4の残りの部分）。ここから釣り竿が出ている。

14. 二人の女の子みたい。大きな岩に座ってゲームか何かをして遊んでいるところ。

E：（被検者の反応を繰り返す）
S：髪の毛に羽根をつけてるみたい。このうえのところ（D5）。額で、頬、顎、鼻で、腕があって、この下のは岩。ゲームか何かをしているみたい。

v 15. こうすると、女の人が二人、踊ってるみたいです。背中合わせで、頭を後ろにそらしてる。ほとんど触れそうな感じ。

E：（被検者の反応を繰り返す）
S：両側に一人ずつ。大きな髪型で、これが脚。何かのダンスをしてるみたい。
E：大きな髪型とおっしゃいましたが。
S：頭にしては大きすぎるんですよね、ここ（Dd23）。だから大きな髪型かなと思ったんだけど、帽子でもいいかな。

16. すごく鮮やか。クリスマスツリーの飾りみたい。

E：（被検者の反応を繰り返す）
S：色がいっぱいで、上がとがっていて、この両側には動物、イヌかネコみたいな。特別な飾りみたい。
E：色がいっぱい？
S：ええ、ピンク、青、白、オレンジ。動物がいる自然の場面を表したようなやつ。

17. 上の部分はブーメランみたいです。

E：（被検者の反応を繰り返す）
S：ちょうどこんな感じですよね。おしりが一度ニュージーランドで買ってきてくれたことがあって、こんなふうに先が細くなってたんです。まっすぐ投げると自分のところに戻ってくるんですよ。

18. 花のついた植物。

E：（被検者の反応を繰り返す）
S：先のとがったオレンジの花が咲いてる。縁は葉っぱで、真ん中に茎がある。ピンクの部分は鉢か何かです。

19. オレンジのところは、魔女みたいな人。大釜で何かを調合している。

E：（被検者の反応を繰り返す）
S：先のとがった帽子をかぶっていて、腕を大釜の上に伸ばして、かき回しているみたい。オレンジの服を着ていて、毒か何かを調合している。

第 8 章 自己知覚 269

20. ここの部分は、誰かがバイクに乗ってるみたい。

E：大釜というのがよくわからなかったんですが。
S：この真ん中の部分。大釜が大樽（D8 の輪郭をたどる）。

21. ええと、この上の部分は、この木の棒か杭を持ち上げようとしている小鬼かニム。

E：（被検者の反応を繰り返す）
S：ここのほとんどが人に見えます。前傾姿勢でバイクに乗っていて、ハンドル。頭はここ（Dd24）で、体。車輪はあまり見えてません。

22. この青いところはカニみたい。

E：（被検者の反応を繰り返す）
S：見かけがおかしくって、だから小鬼にしたんです。脚が短くて、頭の帽子に触角みたいなものを付けてる。二人でこの木の棒か杭を持ち上げようとしているところです。

<23. こうすると、この茶色のところは寝そべっているイヌみたい。

E：（被検者の反応を繰り返す）
S：脚がたくさんあって、形が似てます。

v 24. 灰色の部分をこうやって見ると、動物の骨格の一部みたい。

E：（被検者の反応を繰り返す）
S：ここです（D13）、頭、前脚を前に出して、寝そべっているみたい、のんびりと。

v 25. ここはターザンのように 2 本のロープが鳶にぶら下がってる人。

E：（被検者の反応を繰り返す）
S：頭蓋骨か何か、多分、死んだ動物の骨。頭蓋骨はこんなふうじゃないと思うから、おそらく肯骨と関節みたいな骨の一部。

X

26. あの、これ全部で花壇。全部違った色の花で、端には噴水か彫像があります。

E：（被検者の反応を繰り返す）
S：ここが（D5）、人に見えます。こういう縁の鳶にぶら下がってる。それで、ターザンだと思ったんです。脚、体、腕を上に上げてる。木から木へと移動してるみたいな感じでここの鳶につかまってます。

E：（被検者の反応を繰り返す）
S：きれいな花がたくさん、全部違う色。種類はわからないけど、きちんと並べられているんですよね、むらなく、一様に。ピンクのは太太が石で、彩りを加えるために置かれてます。

E：端に噴水か彫像があるっておっしゃいましたが。
S：ええ、灰色の部分、何かこう、向こうを見渡しているとしたら、こっち側は、立ってるところと反対側の端っこになります。

ケース 25　反応の継列

Card	Loc	#	Determinant(s)	(2)	Content(s)	Pop	Z	Special Scores
I	1 Wo	1	FC'o		A		1.0	
	2 Do	3	Fo		Hd			PHR
	3 W+	1	mpu		Sc		4.0	
II	4 D+	1	FMao	2	Ad	P	3.0	COP,GHR
	5 DS+	5	ma.CFo		Sc,Fi		4.5	
III	6 D+	1	Mao	2	H,Id	P	3.0	COP,GHR
	7 Do	3	FCu		Sc			
	8 Do	2	Fu	2	A			
IV	9 Wo	1	FMp.FT.FDu		A		2.0	
	10 Do	1	Fo		Ad			
V	11 Wo	1	FMa.FC'o		A		1.0	
VI	12 Wo	1	FTo		Ad	P	2.5	MOR
	13 D+	4	Mp.FD+		H,Sc		2.5	GHR
VII	14 W+	1	Mao	2	H,Ls	P	2.5	COP,GHR
	15 W+	1	Mao	2	H		3.0	COP,GHR
VIII	16 WSo	1	CF.C'Fo	2	Art,A	P	4.5	
	17 Do	4	Fu		Sc			PER
IX	18 W+	1	FCo		Bt		5.5	
	19 D+	3	Ma.FCo	2	(H),Id	P	2.5	COP,GHR
	20 D+	1	Mao		H,Sc		2.5	GHR
X	21 D+	11	Mau	2	(H),Bt		4.0	COP,GHR
	22 Do	1	Fo	2	A	P		
	23 Do	13	FMpo		A			
	24 Dv	11	Fu		An			MOR
	25 D+	10	Ma.FCo		H,Bt		4.0	GHR
	26 W+	1	CF.FDo		Bt,Art		5.5	

っている人」というもので，人物は孤立している。これはよい反応だが，「車輪はあまり見えていない」と言っており，いくらか慎重さがうかがえる。

最後の二つは図版Xで出されており（反応21，反応25），両方とも非常に興味深いものである。反応21は「この木の棒か杭を持ち上げようとしている小鬼」だが，「短い足」があって，見かけはおかしい。他のM反応と同様，これもよい反応ではあるが，持ち上げているのではなく持ち上げようとしているという点，不確実感がうかがえる。最後の人間反応は「ターザンのように2本のロープか蔦にぶら下がってる人……木から木へと移動してるみたいな感じでこの蔦につかまってる」というものである。ターザンは文明社会から離れて暮らし，人間とのコミュニケーションよりも動物とのコミュニケーションの方が得意な，どちらかと言えば孤立した人物である。一方，8個のM反応のうちの5個に協調運動が含まれていることからは，自分自身を社会指向的な人間だと認識していることが示唆される。

いくつかの反応に一貫して慎重さという特徴がうかがい知れるものの，人間反応にははっき

第 8 章　自己知覚　271

りネガティブと言えるものはない。これらはすべて，比較的よい反応である。これらが映し出しているのは，普通よりは自信に乏しいけれども自己イメージはしっかり発達している人物である。

ステップ 8d

FM 反応は 4 個あり（図版 II，反応 4 ；図版 IV，反応 9 ；図版 V，反応 11 ；図版 X，反応 23），*m* 反応は 2 個ある（図版 I，反応 3 ；図版 II，反応 5）。このケースにおいては，2 個の *m* 反応を先に検討した方がいいかもしれない。と言うのは，*m* 反応はプロトコルの最初の方に出てきており，監護を巡る訴訟の絡みでテストを受けるというストレスと関連していそうだからである。

1 番目は反応 3 で，「発射台上のロケット……エンジンが始動する前のロケットを吊しているみたいな」というものである。対象は力強いものだが，受動的反応である。2 番目の *m* は，「ロケットが飛び立っている……発射の際に排気口から吹き出た火」という能動的反応である。これまでの仮説を踏まえると，彼の慎重さは感情の統制と何か関係があるのではないか，と考えてみる価値はあるだろう。

4 個の *FM* 反応は，能動と受動のコーディングによって二通りに分けられる。能動が 2 個，受動が 2 個である。しかし，能動的とコードされた 1 番目の *FM* 反応には，次の通り慎重さが顕著にうかがえる。「2 匹のイヌが鼻をすりつけ合っている，じゃれてるときするように……鼻はここで触れている。イヌが機嫌いいときにするみたいな感じ。仲よさそうにお互いのにおいを嗅いでいるんだと思う」。実際には，普通イヌは用心深げに，あるいは相手を確認するようにしてにおいを嗅ぐのであって，機嫌よくするわけではない。もう一つの能動的な *FM* 反応は「飛んでいるトリだと思う，ワシやタカみたいな」というもの。ワシやタカは捕食者である。しかし，ここまでのところ，彼が自分をそのような役割にあると知覚していることを示す証拠は，記録中に出ていない。

残りの *FM* 反応は，「毛むくじゃらの大きなイヌがお座りしている……だらりとした耳で……尻尾が後ろから少し見えている」というものと，「寝そべってるイヌ……ちょっと寝そべってるみたい，のんびりと」というもので，ともにきわめて受動的である。これらの反応を解釈すると，彼は非常に用心深く，やや受動的な人で，自信を欠きがちである，という所見の再確認になるだろう。しかし，この評価は訴訟関連でなされているものであり，ここで見られた慎重さの多くは，明らかにこうした状況の影響を受けていると思われる。この点への留意は大切である。

ステップ 8e

ここまでで，26 個の反応のうち 17 個を検討したことになる。残りの反応は次のようなものである。「黒いトリ」（図版 I），「赤いカイト……でも，しっぽがない」（図版 II），「たぶん，タツノオトシゴ……本当は赤くないんですけど」（図版 II），「虫の頭，イモムシみたいな」（図版 IV），「クリスマスツリーの飾り……特別な飾りみたい」（図版 VIII），「花のついた植物」（図版

Ⅸ），「カニ」（図版Ⅹ），「花畑……きちんと並べられている……ピンクのは丸太か石で，彩りを加えるために置かれてる」（図版Ⅹ）。

クリスマスツリーの飾りと花畑の反応以外には変わった修飾は含まれていない。一方，この二つの反応には繊細な感受性が備わっている。他のほとんどの反応と同様，これらの反応はきちんと構成されているし，中にはかなり独創的なものもある。

ステップ8の要約

総じて，反応内容からは，彼の自己イメージはかなりポジティブなものであることがわかる。自己イメージには現実的な基盤があり，自分のことを，優しく，感受性があり，ときに独創的な人として描き出している。一方，彼はとても慎重で，見かけ以上に自信が乏しい人のようである。自分の能力に対する不確実感のため，過度に用心深くなったり，ときには課題への取り組みや意志決定が受動的になったりするだろう。しかし，この評価は訴訟関連でなされているものであり，ここで見られた慎重さの多くは，明らかにこうした状況の影響を受けていると思われる。この点への留意は大切である。

ケース26の検討

ステップ8a

マイナス反応は2個ある。1番目（図版Ⅱ，反応3）は「怪我をした人の顔」というもので，劇的な投映の典型的なものである。興味深いことに，彼女は質問段階で「人」を男性と特定している。おそらく，自分自身との直接的な結びつきを回避するためなのだろう。しかし，その実質的な内容は彼女が語る過去の人間関係と実によく一致し，「彼は怪我をしている……顎と顎髭に血が付いてる……髭がぼうぼうで，これは血……頭にも……苦しんでる」というものである。この顎髭には注意を引かれる。なぜなら，そこには材質感が述べられており，彼女の喪失感や淋しさと関係していると思われるからである。これはMOR反応であり，彼女が苦痛を感じていること，そして自分の境遇に対して悲観的な構えを持っていそうなことを示している。

2番目のマイナス反応は「茂みの中から反対側をのぞき見ているアヒル」（図版Ⅳ，反応8）であり，1番目ほど劇的なものではない。しかし，通常なら普通反応（o）になるはずのところがマイナス反応になってしまったあたりには，目を引かれる。D4領域の首の長いトリだけを取り上げればFQoである。しかし彼女は茂みのために内側領域（Dd22）をだいぶ使って反応を広げ，基本的な手がかり特性を越えたものにしてしまっている。また，「黒いアヒルと白いアヒル」の頭にするために，D4に取り囲まれる空白領域も反応に組み入れている。茂みは身を守る性質のものだし，アヒルはと言えば「反対側をのぞき見ている」。これは，空白領域と展望決定因子を含む，臆病で内気な感じの反応である。疎外感と後悔の念を示しているのか

もしれない。以上のマイナス反応は，彼女がどういう状況から照会を受けることとなったのか，そのおおもとについてよく語っているように思われる。

ステップ8b

記録中，MOR反応は1個だけであり，この反応についてはすでに検討した。

ステップ8c

人間反応は6個あり，そのすべてにMが含まれている。1番目の反応は図版Ⅱで出されたもので，検討済みである。続く二つの反応はいずれも図版Ⅲで出ている。反応5は「踊っている人が二人，一緒に踊っています。ディスコみたいに」というもの。「ジャケットかブラウスの襟が出ていて……二人ともハイヒールを履いています」と明細化されており，ポジティブな反応である。

次の反応では同じく$D1$領域を中心に据えながらも，空白領域を加え，「ウェイターが二人でテーブルの上を片づけているところ……黒い服に白いエプロン」としている。最初の反応の登場人物は自ら積極的に活動していたが，二つめの反応の人物は他者のために行動している。2番目の反応に含まれているSからは，人に仕えることへの怒りの感情がうかがえる（記録中には7個のS反応がある）。

4番目の人間反応は図版Ⅴで出されている。「ショーに出ている女性……ラスベガスのショーガール，衣装を下へ垂れ下げながら歩いている……後ろから見たところ」というもので，彼女の自己愛的特徴と関係していそうである。顕示的な反応ではあるが，人物が後ろからしか見えないという点には注目できる。これは典型的には防衛を示していると言えそうだし，ステップ4で立てた仮説，すなわち，彼女は肥大した自己価値感を持ちながらも，自分でネガティブと見なす特徴にとらわれてもおり，その対立にもがいているのかもしれない，との仮説と符合するものだろう。

5番目の反応は図版Ⅶの「小さい女の子が鏡を見ておめかししている」というもので，三つ目の反射反応である。これは明らかに自己中心的な反応である。人間反応の最後は図版Ⅹの「二人の妖精(ピクシー)……ナイトキャップをかぶっていて，見つめ合ってる……おとぎ話に出てくる妖精(ピクシー)みたい」というもの。妖精(ピクシー)は，小さいが魔力を持つと考えられているものである。

これら反応の半分は受動的なものではあるが，これらを集めてみると，彼女の自己イメージについて，二つのはっきり異なる印象が伝わってくる。一つは，怪我，苦痛，従属といったものを含むかなりネガティブなもので，もう一つは自己美化の傾向を示すものである。興味深いことに，最後の3個のM反応が示す自己美化は，想像に基づいたものとなっている（ショーガール，妖精(ピクシー)）。

ステップ8d

7個のFM反応と1個のm反応がある。m決定因子は図版Ⅴのショーガールの反応に含まれ，「衣装を下へ垂れ下げながら歩いています……床の上を引きずって」というものである。解釈上のはっきりした意味はわからないものの，先に見た身を隠すという意味を強めてはいる。

ケース26　23歳女性

カード	反応段階	質問段階
I	1. うわっ、野生の動物の一種、オオカミだわ。顔で、怒ってる。 E：もう少し見ていると、他に何か見えると思いますよ。 S：他にも見ないといけないんですか。 E：やってみてください。皆さん、一つより多く見るようですから。	E：（被検者の反応を繰り返す） S：唸っているみたい。口をゆがめた感じで。目はここ。頬で、耳。目は下のところ。たしかに怒っているように見えるよ。
	<2. ロバで、下に映っています。	E：（被検者の反応を繰り返す） S：これが水の線で（真ん中の線）、この小さい岩の上に立っています。後ろ脚、前脚、耳が立っていて、下のここに全身が映っています。
II	3. 怪我をした人の顔。	E：（被検者の反応を繰り返す） S：これは嫌だわ。男の人の顔。怪我をしてる。頭と頭髪に血が付いてるから。髪がもじゃもじゃで、これは血。この上の赤いのが、頭に付いた血。苦しんでるみたいに口（DS5）を開けてます。 E：髪がもじゃもじゃとおっしゃいましたが、 S：濃くて、もじゃもじゃ。昔、そういううんとつき合ってたんです。
	<4. こうした方がいい。ウサギのよう。映画みたいに水の上を滑っているんです。ええと、バンビ、たしかサンバーっていう名前。	E：（被検者の反応を繰り返す） S：ここが鼻で、尻尾で、この白いところが水で、その上を滑っています。水に姿が映っている、ここ、全身が（輪郭をたどる）。赤いところは入れないで。
III	5. 踊っている人が二人。一緒に踊っています、たしかディスコみたいに。	E：（被検者の反応を繰り返す） S：これとここ（D9）。頭で、首、ジャケットがブラウスの襟が出ていて、腕で、脚、お互いの方に体を傾けてるんです。二人ともハイヒールを履いてます。
	6. それか、ウェイターが二人でテーブルの上を片づけているところ。	E：（被検者の反応を繰り返す） S：同じ体つき。黒い服に白いエプロンをしています。身を屈めて、二人でのテーブルの上を片づけているところ。

第 8 章　自己知覚　275

IV

7. リスみたい。リスがいて、それを下から見た感じ。尻尾で、大きな足。

E：（被検者の反応を繰り返す）
S：頭で、尻尾で、お腹で、リスみたいにしゃがんでる。下から見たところ。薄いところが毛皮っぽい。足が上向きになってるから、遠近感があるように見えます。
E：毛皮に見えたというのを教えてください。
S：この線のところ、触感がある感じだから（なぞる）。

8. あと、茂みの中から反対側をのぞいてるアヒルが2羽。

E：（被検者の反応を繰り返す）
S：頭が黒と白になっているアヒル。反対側を見張ってるところ。
E：茂み？
S：ここ、濃淡があるから生い茂ってるように見えます。茂みに囲まれていて、そこに隠れて、のぞきてます。

V

9. この端の部分を除くと、飛んでる虫。

E：（被検者の反応を繰り返す）
S：触角があって、羽で、尻尾。灰色だから、多分、ガ、そう、ガね。ガのようにひらひらから飛び回ってる。

10. あと、ショーに出ている女性。長い、お引きずりの衣装を着てます。

E：（被検者の反応を繰り返す）
S：脚で、頭飾りを付けていて、腕を上げて、ラスベガスのショーガールみたいに。衣装を下へ垂れ下げながら歩いています。大きな羽毛の衣装の、後ろから見たところ。
E：羽毛の衣装がよくわからないんですけど。
S：歩くとき衣装は床の上を引きずってしまうような、ショーのための大きな衣装です。

VI

11. 岩の上にとまっているワシ。翼を広げている。

E：（被検者の反応を繰り返す）
S：このへのところ（D3）。頭で、尻尾、羽で、翼を広げています。これは岩。

12. ここの部分はインディアンのローブか毛布で、大きな毛皮の。

E：（被検者の反応を繰り返す）
S：ここの部分（D1の輪郭をたどる）。ただ毛皮がどさっと、インディアンのローブか毛布みたい。ちゃんとした形はなくって、毛皮のローブみたいですね（領域をなぞる）。いかにも手触り感がありそう。

VII

13. 小さな女の子が鏡を見てお化粧しているところ。クッションの上にいます。脚は折って体の下にあるんだと思います。ここが頭で、鼻で、顎、ポニーテールにしてる。これがクッションで、大きなリボンか何かをしてる（Dd21）。

E：（被検者の反応を繰り返す）
S：脚は見えない。脚は折って体の下にあるんだと思います。ここが頭で、鼻で、顎、ポニーテールにしてる。これがクッションで、大きなリボンか何かをしてる（Dd21）。

S：ひっくり返してもいいんですか？
E：どうぞ。

Ⅶ ∨14. ランプで、周りが陰。

E：(被検者の反応を繰り返す)
S：こういうところは陰。これは底が広くって、箱みたいになってます。これ全部（ブロット）が周りの陰。灰色で、明るいところから来るとに、灰色だと余計暗く感じるみたいに、灰色が違う色合いになってます。

15. 旗の紋章みたいに見える。旗に付ける州の紋章みたいな。

E：(被検者の反応を繰り返す)
S：両側に動物がいる、クマみたいなのが、対称になっていて、野生動物か何かの紋章みたい。上に山みたいな頂上があって、真ん中の青い長方形のところは水を表すみたいに、下のオレンジのところは岩を表しています。

Ⅸ 16. エキゾチックなオレンジと白の花。縁の大きな葉っぱがあって、赤い鉢に入っています。

E：(被検者の反応を繰り返す)
S：花びら、上と真ん中のところ。真ん中に白い花びらがあって、オレンジの花びらはこの上のところ（指さす）。真ん中に茎が通っている。これは大きな緑の葉っぱで、鉢はこの下の、赤いところだけ。鉢は全部見えていなくて、上のところだけ。

Ⅹ 17. ここは二人の妖精みたいに見えます。頭で、ナイトキャップをかぶっていて、見つめ合っています。

E：(被検者の反応を繰り返す)
S：この、ピンクの上のところ。本物の頭って感じじゃなくて、おとぎ話に出てくる妖精の頭みたい、二つ。先のとがった帽子をかぶってる。鼻で、顎で、ここは帽子の先っぽ。

18. この小さい部分はウォークマンのヘッドホンみたい。私もひとつ、ジョギングするときに使うのを持ってるんです。

E：(被検者の反応を繰り返す)
S：ここ、イヤホンで、ここはそれをつないでいる部分。

∨19. こうすると、ここのところはピンクの花が二つ。すごくきれい。同じ茎から咲いています。

E：(被検者の反応を繰り返す)
S：これ（D11）が茎だけど、全部は見えません。ピンクの花、大きいやつ。ほんとうにニコッとほとんど同じ。すごくきれい。こんなのって今まで見たことない。

ケース26　反応の継列

Card	Loc	#	Determinant(s)	(2)	Content(s)	Pop	Z	Special Scores
I	1 WSo	1	FMao		Ad		3.5	AG, PHR
	2 W+	1	FMp.Fro		A, Na		4.0	
II	3 WS+	1	CF.FT.Mp-		Hd, Bl		4.5	MOR, PER, PHR
	4 DS+	6	FMp.Fro		(A), Na		4.5	
III	5 D+	9	Ma+	2	H, Cg	P	4.0	COP, GHR
	6 DS+	1	Ma.FC'o	2	H, Cg, Hh	P	4.5	COP, GHR
IV	7 Wo	1	FD.FMp.FTu		A		2.0	
	8 DdS+	99	FMp.FC'.FV-	2	Ad, Bt		5.0	
V	9 Ddo	99	FMa.FC'o		A			
	10 W+	1	Ma.mpo		H, Cg		2.5	GHR
VI	11 D+	8	FMpo		A, Ls		2.5	
	12 Dv	1	TFo		Ad	P		
VII	13 W+	1	Mp.Fr+		H, Hh, Cg	P	2.5	GHR
	14 WS+	1	FYo		Hh, Na		4.0	
VIII	15 Wo	1	FC+	2	Art, A, Na	P	4.5	
IX	16 WS+	1	CF.C'F+		Bt, Hh		5.5	
X	17 Dd+	99	Mpo	2	(Hd), Cg		4.5	GHR
	18 Do	3	Fu		Sc			PER
	19 Ddo	21	CFo		Bt			

　7個のFM反応は，最初から11番目までの反応に現れている。そのうちの5個はブレンド反応で，Sを含んでいるのは3個ある。理論的には，この組み合わせの反応には投映された内容が豊かに含まれているはずである。

　最初の2個は図版Iで出ている。1番目は「野生の動物……顔……怒っている……唸っている……たしかに怒っているように見える」というもの。これは評価を受けることへの彼女の反発を示しているのかもしれないし，もっと長期にわたって認められる彼女の性質を示している可能性もある。2番目は「ロバ，下に映っています……この小さい岩の上に立っています……全身が映ってます」というもの。最初の反射反応で，受動的反応でもある。ロバは頑固なものとして知られることもあるので興味深いが，より重要なのは，怒りを示した後，自分へ関心を向ける（反射反応）ことによってそうした事態を収めようとしている点であろう。

　3番目のFMは図版IIの反応4である。図版を回転させたのはこのときが初めてで，怪我をした顔の後に出したものである。「こうした方がいい。ウサギのよう。映画みたいに氷の上を滑ってるんです……氷に姿が映っている」。妖精の反応と同様，想像に基づく反応である。さらには，図版Iでの継起と同じように，ネガティブな感情を伴う反応の後にすかさず自分へ関心を向けている。

　その次の2個のFM反応は図版IVで出ている。1個目は反応7で，「リスみたい……リスがいて，それを下から見た感じ……薄いところが毛皮っぽい」という，形態立体，受動的反応である。3個ある材質反応のうちの2番目の反応でもある。リスは小動物で，捕食者によく襲わ

れる。次の FM は茂みから覗き見ているアヒルで，すでに検討してあるが，これも受動的反応である。

6番目の FM は図版Ⅴの最初の反応で，「飛んでいる虫……ガ。ガのようにひらひら飛び回っている」というもの。ガというのはあまり好まれるものではないし，ひらひらとした飛び方には忙しない動きの含意があり，ときに当てのなさを示すこともある。おそらく自分のことを好ましくは感じていないのだろうし，自分の行動が結局は当てのないものになっていると思っているのかもしれない。FM 反応の最後は，図版Ⅵの反応11で，「岩の上にとまっているワシ。翼を広げています」というもの。ワシは力強い鳥で，地位の象徴となることも多い。この反応もやはり受動的なものである。すなわち，ワシはとまったまま翼を広げているのである。

FM 反応と m 反応の中で最も目立つ特徴は受動性であり，8個のうち6個にコードされている。M 反応6個のうち3個が受動的だったことと合わせると，受動性が彼女の基本的な特性の一つであることはかなりはっきりしてくる。中には，意志決定の責任を引き受けるのを恐れて受動的になる人もいる。しかし，よくあるのは，自分に代わって他の誰かに行動させる操作の手段として受動性を用いる場合である。登場する動物のうちの二つ，怒っているオオカミとワシは，捕食者である。その他の動物，ロバ，ウサギ，リス，アヒル，ガは，臆病で，しばしば餌食にされるものである。こうした不一致からは，彼女が取ろうとしている役割には一貫性がないのではないか，という疑いが生じる。

ステップ 8e

残りの6個の反応は，最後の4枚の図版で生じている。最初は反応12で，「インディアンのロープか毛布で，大きな毛皮のやつ……ただ毛皮がたくさん」というもの。平凡反応だが，質問段階で「いかにも手触り感がありそう」と材質感を強調した表現がされている点は重要である。ロープや毛布は体を覆い，守ってくれるもので，安心感の源となる。それは，今彼女が必要としているものだと思われる。

次は図版Ⅶの二つめの反応で，「ランプで，周りが陰」というもの。この反応には，彼女が自分の生きる世界をどう思っているのかが表されているのだろう。すなわち，彼女は明かりだが，彼女の周りはどこもかしこも暗く，はっきりしていないというわけである。

3番目は図版Ⅷの唯一の反応で，「旗の紋章……野生動物か何かの紋章」というもの。これは地位を示す反応である。

4番目は図版Ⅸの「エキゾチックなオレンジと白の花」という，やはり特別な反応である。これは単なる花ではなく，外国の花で，特別な魅力と美しさの含みのあるものである。5番目は図版Ⅹの二つめ，ヘッドホンの反応である。「私もひとつ，ジョギングするときに使うのを持ってるんです」。ヘッドホンは聞こえてくる音をコントロールするものである。

6番目は彼女の最後の反応で，「ピンクの花が二つ。すごくきれい。同じ茎から咲いている……茎はもっと長いはずだけど」というもの。ポジティブな反応だが，花を支える茎を強調しているのは興味深い。

これら 6 個の反応はすべてポジティブなもので，望ましい特徴，地位，特別な性質などを格別強調する傾向が見られる。一つめはローブか毛布で，保護が必要になっていることを示している。二つめはランプで，自分の周囲の世界にいくらか明瞭さが欠けていることを示しているようである。ヘッドホンの反応は自分が聞いている音をコントロールする手段を表しており，興味を引かれる。

ステップ 8 の要約

彼女の反応の中に投映されている内容には，二つの相反する主題が含まれている。一つはネガティブなもので，怪我，苦しみ，怒り，脅威などが含まれる。二つめは彼女の自己中心性を表すもので，こちらには，ポジティブな，ときに顕示的な特徴が際立っている。これら矛盾した主題から示されるのは，彼女は肥大した自己価値感を持ちながらも，自分では否定視している特徴や体験にとらわれ，しばしばその対立に苦しんでいる，ということである。ネガティブな感情に襲われたり，外部からの脅威にさらされたときには，彼女は避難するための「安全な隠れ家」として想像上の自分へと関心を向け，事態を何とかやり過ごそうとするだろう。また，彼女からは非常に受動的な印象も伝わってくるが，この特徴は，責任を回避したり，あるいは他者を操作して自分に代わって行動させようとして身につけたものかもしれない。彼女は地位に対する強い関心を持っており，自分の地位が脅かされたり低下させられたりすると，必ずやひどく動揺してしまうだろう。

ケース 27 の検討

ステップ 8a

マイナス反応は 4 個あり，そのうち S 領域が含まれているのは 3 個ある。1 番目（図版 II，反応 3）は，「虫を窓に叩きつけたところ……すごくきちゃない（訳注；smutty と言うべきところを smushy と言っている）。そこら中赤い血で……体があったところには穴まで空いちゃってる」というもの。これは劇的な MOR 反応であり，自分自身にどういう印象を抱いているのかを明らかにしている。重要なのは，これがただ単に彼の現在の状態を反映したものなのか，それとももっと長い間持ち続けている自己概念に関係しているのか，という問題である。この時点では，前者の可能性の方が高そうに思える。と言うのは，彼は逮捕，拘束され，おそらく心理的に打ちのめされた思いでいると考えられるからである。しかし，他の反応の検討およびその所見の統合はこれからなので，この問題にはまだ答を出さずにおくべきである。

2 番目のマイナス反応（図版 VI，反応 13）は，「カップ……小さな白いカップ，飲むのに使うような」というもの。この反応の領域（図版 VI の一番下の白地）と内容には興味を引かれる。大部分の人はこの Dd 領域には目を留めない。しかし，ときどきこの領域で穴とか入り江の反応が出たり，場合によっては性反応（膣）が出ることもある。象徴的な意味を憶測して投映を

ケース27　26歳男性

カード	反応段階	質問段階
I	1. オオカミの頭。すごく怒ってる。	E：（被検者の反応を繰り返す） S：頭だけ。ここは目。目は白くて、口もそう。 E：すごく怒っておっしゃいましたが。 S：そりゃあ、オオカミは怒ると目が白くなるからね。
	2. 反対の方向を向いている2匹のイス。まだあるけど、やめとくよ。	E：（被検者の反応を繰り返す） S：両側に1匹ずつ。でかい鼻で、でかいイスみたい。下のところは肩。何もしてないわけじゃないけじゃないい。でも、こいつらはもう1匹がいることをずらわかってない。反対側を向いてるんですけど。 E：何もしてないわけじゃあないというのが、よくわからなかったんですけど。 S：言ったとおりですよ。ただ2匹のイスの頭で、それだけ。オオカミは、あれは怒ってますけど、こいつらは何もしてないってこと。
II	3. 虫を窓に叩きつけたところみたい。	E：（被検者の反応を繰り返す） S：すごくきちゃない（smushy／汚い smutty）、そこら中赤い血で。ぺちゃんこになってる。両端に血が付いてて、真ん中は穴。 E：ぺちゃんこになってる？ S：そう、黒い部分が残ったところ全部で、体があったところには穴まで空いちゃってる。
III	v 4. こうすると、爆発みたい。	E：（被検者の反応を繰り返す） S：全部吹っ飛っている。でも、この赤いところは入れないんですよ（D2）。これは火が噴き上げるとこ（D3）。ここから出てる（D4）。しゅうって、爆発しているみたいに。他の部分は煙。爆発のときに出てくるみたいな黒い煙。爆発の一番上のところは赤くて、爆発のせいで真ん中にこの真空みたいな穴が空いてて、それ以外は残り全部が黒い煙。いやもう、すごいな。
	5. 踊っているか、エアロビクスか何かをしている二人の人。	E：（被検者の反応を繰り返す） S：踊っているところ。エアロビクスかもしれない。どっちにしろ、背景に何か飾りがある。こういう、パーティで飾るような赤いもの。 E：二人の人？ S：ここ、二人の女の子。この胸、たぶん裸だろうな、おおっと。長い脚にハイヒール。鼻はぶかっこうだな。僕にはかすかできるけど、でもいかす胸だよね。

第 8 章 自己知覚 281

Ⅳ 6. こういうのって、2匹の死んだネコ。誰か
　 が皮を剥いだみたい。

　　E：（被検者の反応を繰り返す）
　　S：まさにそんな感じ。長い尻尾で、小さい体。誰かが皮を剥いだばかりって感じで、真っ赤。実験の
　　　時に生体解剖（visection／生体解剖 vivisection）するひとがやるみたいに。殺して皮を剥いだと
　　　ころ。

7. 火山が爆発してる。

　　E：（被検者の反応を繰り返す）
　　S：そういう感じ。溶岩がここから上ってきて、ここから出て、斜面を流れ落ちてる。そこら中に広
　　　がっていて、流れ出したらもう止められない。
　　E：あなたと同じように見ているのがよくわからないんですけど、教えてくれますか。
　　S：ほら、両サイドに全部違う線があるでしょう。こういうのが、溶岩がこのところから出てきて
　　　後に斜面流れ落ちてるみたいに見える。ぱーんっていうような爆発じゃなくて、あふれ出てる。
　　　普通火山ってこうなんだよね、こういうふうにあふれて、頂上が噴火するんだよね。で、溶岩が
　　　斜面を伝い落ちてる。頂上で沸き立って、斜面を流れ落ちてる。

8. 卵をつけられたカエルか虫、カエル。

　　E：（被検者の反応を繰り返す）
　　S：ぐちゃぐちゃになってる。ぺちゃんこになったみたいに。これは腸が出ているんだろうな（D1）。
　　E：どこが叩きつけられたカエルみたいに見えるのか、よくわからなかったんですけど。
　　S：ほら、ここが頭のあったところで、前足と、後ろ脚、大きい方が、ぺちゃんこになっていて、こ
　　　のしたのは腸だと思う。

Ⅴ 9. コウモリだろうな。

　　E：（被検者の反応を繰り返す）
　　S：ただそう見えるだけ。
　　E：私もあなたと同じように見たいので教えてください。
　　S：いい、大きな羽で、額に角があって、真っ黒なんだ。飛んでるときはこんなふうに見えるけど、
　　　飛んでないときはこんなふうには見えない。つまり、逆さまになってぶら下がると、羽はほとん
　　　ど見えないんだ。でも飛んでるときはこういうふうに羽を広げるのさ。それに、額の角も見える
　　　ってわけ。こんなんで、どう。（E：いいですよ。）

Ⅵ 10. イモムシだろうね。葉っぱの下から出てき
　　 たところ。

　　E：（被検者の反応を繰り返す）
　　S：この上の部分（D6）。この葉っぱ（D1）から出てきたところ。くねくね進みながら、土ばさ
　　　ぼさにしている（scruffing up／だらしない scruffy）。
　　E：葉っぱの下から出てきたとおっしゃいましたね。
　　S：そうさ。葉っぱの端がなぞる（D1の上部をなぞる）、イモムシの体の一部はまだ葉っぱの下にあ

282

	v11. この白い部分はコップのように見える。	るんだ。この上のところ、この線は全部（Dd22）、進みながら土をはばさにしてるみたいに見える。
		E：（被検者の反応を繰り返す）
		S：ちょうど小さいコップみたいな形をしてる、飲むのに使うみたいな。
Ⅵ	12. 真ん中はドアのノブみたい。	E：（被検者の反応を繰り返す）
		S：わかんないけど、まさにドアのノブの形。
	13. 兵器がある。ロケットが発射しているふうで、遠くにある感じ。	E：（被検者の反応を繰り返す）
		S：この小さい部分（Dd26）。その周りに、ロケットが発射台から飛び立つときみたいな黒っぽい煙がある。
		E：黒っぽい煙？
		S：うん、ここが灰色だから、遠く離れたところにいて、飛び立つのを見てる感じ。
Ⅶ	14. すごく高価な絵、抽象画みたいなやつ。	E：（被検者の反応を繰り返す）
		S：見事な出来ばえだってこと以外、別に意味なんてないけど。両サイドが対になるようにレイアウトしてあって。2匹の動物、モグラかシマリスみたいなのが両サイドにある。何か形があるように するために。それで全体がまとまっているんだよね。
		E：すごく高価っておっしゃいましたね。
		S：そう、そういうやつ。売ろうと思えばいい値が付くだろうね。
Ⅷ	15. この下のところはタフィーキャンディーみたい。	E：（被検者の反応を繰り返す）
		S：いやあ、タフィーキャンディーってこんなふうにピンクとオレンジだったりするんだよね、形はあんまりなくて。タフィーキャンディーみたいなピンクとオレンジのかたまり。後で足したから色が混ざりけっている。最初つくったのは白いのに後から色の付いたのを加えたみたい。前にアトランティック・シティで買ったのはこんなんだった。最高にうまかった。
Ⅸ	16. ひどい風邪をひいている人の喉を見たらこんなふうになっている。	E：（被検者の反応を繰り返す）
		S：急性の喉の炎症みたいになってる人の喉って、いろいろ違う色があるんだよね。ピンクは舌みたいで、ここの白いところは口の中の上側の部分で、オレンジは真っ赤になった扁桃腺。口を開けて、その奥を見た感じ。調子はあんまりよくないね。

X　17. トカゲが2匹でこのパイプをぶっ倒そうとしてるところ。

E：（被検者の反応を繰り返す）
S：ここに1匹、こっちにも（D8）。このパイプを押してる。2匹でぶっ倒そうとしてるみたいに。
E：どういうところからトカゲらしいと思われたのか、よくわからなかったんですけど。
S：ただそう見えるだけ。脚で、顔がそこで。

v 18. これも花束、ブーケみたいな。

E：（被検者の反応を繰り返す）
S：ここのところを全部一緒にして。全部違う色の花が入っていて、ピンクの大きなのがあって、黄色い小さいの、緑の、青いの、すごくきれい。

ケース27　反応の継列

Card	Loc	#	Determinant(s)	(2)	Content(s)	Pop	Z	Special Scores
I	1 WSo	1	FMa.FC'o		Ad		3.5	AG,ALOG,PHR
	2 Do	2	Fo	2	Ad			
II	3 WS/	1	CF-		Ad,Bl		4.5	MOR,DV
	4 DS/	6	ma.CF.C'Fo		Ex,Fi		4.5	
III	5 W+	1	Ma.C.FDo	2	H,Art,Sx,Cg	P	5.5	GHR
	6 Do	2	FCo	2	Ad			MOR,DV
IV	7 W/	1	ma-p.YFu		Ls,Ex		4.0	
	8 Wo	1	Fu		A,An		2.0	MOR
V	9 Wo	1	FC'.FMao		A	P	1.0	INC
VI	10 W+	1	FMa.FD.FYu		A,Bt		2.5	DV
	11 DdSo	30	FC'-		Hh			
VII	12 DSo	10	Fu		Hh			
	13 Dd+	99	ma.C'F.FDu		Sc,Fi		1.0	
VIII	14 Wo	1	Fo	2	Art,A	P	4.5	DR
	15 Dv	2	C.Y		Fd			PER
IX	16 WSo	1	CF.Mp.FD-		Hd,An		5.5	MOR,PHR
X	17 D+	11	FMa-	2	A,Id		4.0	AG,COP,FAB,PHR
	18 W+	1	CFo		Bt		5.5	

　吟味することには危険がつきものであるが，この反応について言えば，そのような危険を冒してみるだけの理由はある。生活歴からは彼が性的なとらわれを持っていることは明らかだし，この反応には依存性に関係あるとされることが多い食物関連の対象（飲むときに使う）が含まれているのである。あくまでも推論の域を出ないが，彼の中ではセックスと依存性は相互に関連しているのかもしれない。また，これが空白反応であることからすれば，彼は依存欲求が満たされていないために苛ついているとも考えられる。

　3番目のマイナス反応（図版Ⅸ，反応16）には，いくらか1番目の反応と似た含みが感じられる。これは，「ひどい風邪を引いてる人の喉……急性の喉の炎症みたい……真っ赤になった扁桃腺。口を開けてて……調子はあんまりよくない」というMOR反応である。先に，図版Ⅱの反応について，ここに示されている印象は彼の現在の境遇と関係あるのだろうか，という疑問が持ち上がった。しかし，この反応からは，もっと慢性的なものが感じられる。彼は今は「調子があまりよくない」のだが，おそらくこれまでにもかなり頻繁にこのような状態になっていたと思われる。

　マイナス反応の最後（図版Ⅹ，反応17），「トカゲが2匹でこのパイプをぶっ倒そうとしている」は，四つのうちでは一番わかりやすさに欠ける。この反応には協調運動と攻撃運動の両方が含まれている。そして，トカゲという対象は，普通はあまり好ましいものとは認識されていない。彼は，自分自身をこのようにネガティブに知覚しているのかもしれないし，適切な社会的交流がどういうものであるのかわかっていないのかもしれない。

総じて，これらの反応には自己損傷感が伴っている。おそらくそれは長いこと続いているものだが，最近の状況によって増悪されているとも考えられる。また，心理的には性的行為と依存性を混同し，何らかの苛立ちを感じていたり，自分は社会的に好ましい状態にはないと知覚している可能性がある。

ステップ 8b

MOR 反応は 4 個あり，そのうち 2 個（叩きつけられた虫，誰かの喉）についてはすでに検討した。3 番目（図版Ⅲ，反応 6）は「2 匹の死んだネコ。誰かが皮を剥いだみたい……誰かが皮を剥いだばかりって感じ……殺して皮を剥いだ」というもので，先の 2 個の反応以上とは言わないまでも，同じくらいには劇的な反応である。これが自分についての印象を表しているとすれば，示されているのはきわめて悲惨な状態像である。彼は，自分が被害を受け，うち負かされていると感じている。似たような主題は，「叩きつけられたカエル……ぐちゃぐちゃになってる……これは腸が出てるんだろうな」という反応（図版Ⅳ，反応 8）にもはっきり表れている。

ステップ 8a で立てた仮説とここで見た二つの反応の所見を併せて考えると，彼は自分のことを，深刻なまでに傷つき，本来の力を発揮できなくなっている，というふうに受け取っていると見て間違いない。このような自己知覚について理解する上では，彼が警戒心過剰な人であるという事実もまた重要となる。実際のところ，彼は自分がずっと被害を受け続けていると感じている。虫とカエルは叩きつけられ，ネコは殺され，皮を剥がれている。そして，喉は病菌で侵されているのである。

ステップ 8c

M 反応は 2 個あり，そのうちの 1 個（誰かの喉）はすでに検討した。2 番目（図版Ⅲ，反応 5）はよりポジティブな平凡反応だが，同時に性的なとらわれをも含んでいる。すなわち，「踊っているか，エアロビクスか何かをしている二人の人……踊っているところ。エアロビクスかもしれない……この胸，たぶん裸だろうな，おおっと。長い脚にハイヒール。鼻はぶかっこうだな。僕にはでかすぎるけど，でもいかす胸だよね」というもの。もしもただ踊っているだけであれば，これは COP 反応である。しかし彼は「エアロビクスかもしれない」と言い，ポジティブな相互関係ではなくしてしまっている。とは言うものの，「踊っている二人の人」という反応内容の基礎的な部分は，これまで見てきたどの反応よりもずっとポジティブなものである。ただ，かなり下卑た調子で性別を付け加え，それを強調しているために，その良さが低減している。

ステップ 8d

FM 反応は 4 個，*m* 反応は 3 個ある。1 番目の *FM* は初発反応である。「オオカミの頭。すごく怒ってる」という，投映内容としてはかなり直接的なものである。この反応には「オオカミは怒ると目が白くなる」という誤った理由づけが差し挟まれているが，その根拠として *S* が使われている点も注目される。2 番目（図版Ⅴ，反応 9）は「コウモリ。飛んでいるときはこ

んなふうに見える」という平凡反応だが,「額の角」という攻撃的な特徴が付け加えられているため,よくある反応とは言えなくなっている。

3番目（図版Ⅵ,反応10）では,「イモムシ,葉っぱの下から出てきたところ……くねくね進みながら,土をばさばさにしている」と,だいぶ趣を変えた主題となっている。これは4個のFD反応の一つであり,最初の2個のFM反応に比べるとずいぶん臆病さがうかがえる。これには,隠れるという要素が含まれている。「土をばさばさにしている」というコメントはDVである。「ばさばさにする（Scruffing）」という言葉はない。Scruffyはだらしないという意味なので,もしかしたら自分のことをそういうふうに思っているのかもしれない。4番目のFM反応（図版Ⅹ,トカゲ）はすでに見たが,これで4個のFM反応のうち3個が攻撃的行動や特徴を含むことになる。

3個のm反応のうち一番最初に出されたのは図版Ⅱ（反応6）の「爆発」である。これ自体は変わった反応ではないのに,質問段階で激しさを付け加えているため,独特なものになっている。「全部吹っ飛んでいる……しゅうって……爆発の一番上のところは赤くて,爆発のせいで真ん中にこの真空みたいな穴があいていて,それ以外は残り全部が黒い煙。いやまったく,すごい力」。彼はこの反応で,自分の感情の一部,そしてそれがもたらした結果,すなわち「真空のような穴」を,露見させてしまっているのだろう。

2番目のm（図版Ⅳ,反応7）にも,似たような激しさが見られる。「噴火している火山……流れ出したらもう止められない……こんなふうに溢れ出ている。頂上で沸き立って,斜面を流れ落ちてくる」。これらの反応が彼の感情のある側面を反映しているとしたら,彼は,自分の感情はなかなか統制が効かず,そのためにたいがいはネガティブな結果がもたらされる,と自分で認めていることになる。これらはともに灰黒色の特徴を含んでいるが,それは3番目のm反応（図版Ⅶ,反応13）でも同様である。「兵器,ロケットが発射してるふうで,遠くにある感じ……黒っぽい煙で……遠く離れたところから見た感じ」。攻撃的な対象であり,彼はこの対象から「遠く離れたところ」へ身を引こうとしている。これら3個の反応は,彼の強度に攻撃的もしくは破壊的な感情を表しているが,さらには,彼がそうした感情に自分でも気づき,苦しんでいること,そしてその感情を統制できずに無力感を抱いていること,をも描き出している。

ステップ8e

残りの反応は5個ある。1番目（図版Ⅰ,反応2）の反応は興味深いものであるが,それは反応内容のためではなく,反応に抑制が表れているためである。「反対の方向を向いている2匹のイヌ。まだあるけど,やめとくよ……何もしてないわけじゃあない。でも,こいつらはもう1匹がいることすらわかってない……オオカミは,あれは怒ってたんだけど,でもこいつらは何もしていない」。反応1であまりにも自分のことをさらけ出してしまったため,今度はそうならないようにしたい,とほのめかしているかのようだ。次の反応（図版Ⅶ,反応10）は「ドアのノブ」で,5番目のS反応にあたる。これにははっきりした投映内容は含まれていな

い。

　3番目（図版Ⅷ，反応14）は「すごく高価な絵……見事な出来栄えに……レイアウトしてあって……何か形あるようにするため……そういうやつ……売ろうと思えばいい値が付くだろうね」というもの。これは次のようないくつかの理由で関心を引く反応である。すなわち，彼は外拡型なのに，最初の全色彩の図版に直面したときは色彩をまったく使わず，知性化されたArt反応を出している。質問段階は「意味なんてないけど」という言葉で始められている。平凡反応の動物が含まれているが，運動はない。そして，動物については「何か形あるようにするため……それで全体がまとまってるんですよ」と述べている。高価で素晴らしい対象について述べているのに，これは抑制された反応である。こうなっているのは，いささか大げさなやり方であっても，とにかく情緒的な反応を抑え込んでしまうからだと思われる。

　まさにその次の反応（図版Ⅷ，反応15）では，反応14で抑えられていた感情がはっきりと表れ出ている。「タフィーキャンディー……タフィーキャンディーみたいなピンクとオレンジのかたまり。色が混じり合ってる……最初つくった白いのに後から色の付いたのを加えたみたい」。これは色彩濃淡ブレンド（C.Y）であり，彼の感情の混乱を説明しているかのようである。白かった「けど，あとから色の付いたのを加えた」という彼のコメントは，おそらく重要であろうが，しかしはっきりした意味まではわからない。この反応にはしっかりした境界線がなく，この点は注目に値する。色彩を回避して「形あるように」した反応14とは対照的に，これはただの「かたまり」で，ごちゃまぜになったものである。これら二つの反応は，感情のせいで自分の価値が下がり，自信が乏しくなっているのだと，自分でもわかっていることを示している。

　5番目の反応（図版Ⅹ，反応18）はテスト中の最後の反応で，「これも花束，ブーケみたいな……全部違う色の花が入っていて……すごくきれい」というものである。この反応は，彼のように激しい怒りと攻撃性を示し，MOR反応を4個出す男性にしては，非常にポジティブで，かなり繊細なものである。これは理想化された自己イメージを示していると思われる。

　これら5個の反応のうち少なくとも3個は，感情は混乱した厄介なもので，多分抑えた方がいいだろうと，いくらか気づいていることを示している。ただ，彼はそれほど簡単には感情を抑えられずにいる。最後の反応は理想化されたイメージを伝えてくれるが，そこには感情とその表出に関する願望が反映されているようで，とても重要なものと思える。

ステップ8の要約

　彼の自己イメージからは，彼がひどい傷つき感を抱いていたり，本来の力が出せないほど調子が悪いことを自覚している，ということがわかる。これらネガティブな印象はずっと前からあるものだろうが，現在の境遇はこれをさらに悪いものにしている。彼が警戒心過剰の人だという事実は，自分についてのこうした見方を理解する上で重要である。なぜなら，警戒心過剰の人は，被害を受けたせいでこうしたネガティブな印象がもたらされたと考えやすいからであ

る。彼がセックスと依存欲求を結びつけてしまいやすいのは明らかである。自分でもこのことにはいくぶん気づいており，自分はそれほど社会的に好ましい状態にはないと認識している。それにもかかわらず，彼はポジティブな社会的交流の機会があると，ときに破壊的な形で表れるような性へのとらわれを前面に出してしまいやすい。

彼は，攻撃的あるいは破壊的な感情にも強くとらわれている。このようなとらわれがあることに痛いほど気づいているが，しかし，こうした感情が強まれば自分にはコントロールできなくなるという無力感を抱き，それを表明している。自分の感情やその表出がより好ましく受け取ってもらえる状態になればと望んでいるが，概して，自分の感情を，混乱した，厄介な，抑えが効きにくいものと考えてしまいやすいようである。

自己知覚に関する所見の要約

他のクラスター同様，各所見は統合，要約されなければいけない。ネガティブな特徴のみならず，ポジティブな特徴も含めるよう，そして可能ならば，相反する仮説にも触れるのが望ましい。

ケース25

彼はたいていの人と同じ程度に自分へ関心を向けているが（ステップ3），一方では通常期待される以上の自己点検行動をしている。これは，心の中の自分についての印象にとらわれていることを示している（ステップ4）。このとらわれは，自分を向上させようとする強い欲求と関係しているのかもしれない。しかし，彼が見かけ以上に自分を悲観的に見ていることを示す証拠もある（ステップ6）。彼は結婚生活に失敗し，そのときには子の監護権のことは気軽に考えていた。ところが，最近になって，その問題に直接目を向けなければならなくなる出来事が生じた。この結果，彼は自分にネガティブな特性があると考えるようになったのかもしれない。しかし，こうした悲観的な考えはもっと長い間続いているとも考えられる。

ほとんどの所見が，彼の自己イメージは社会的経験に基づいて十分発達している，との見解を支持している（ステップ7，8）。自己イメージに関する所見は，すべて，かなりポジティブなものである。自己イメージの中身も十分に成熟している。彼は優しく，繊細な人である。しかし非常に慎重で，普通よりも自信を持っていないことも明らかである。自分の能力に対するこの不確実感は，ときに，過度の慎重さや，問題や意志決定に関する受動的な姿勢を助長してしまう（ステップ8）。自分に対する不確実感が長く続いているものなのかどうか，それを確定するのは難しい。しかし，結婚生活の失敗や，離婚と子の監護に関する訴訟ではいいように操られてしまったという思いが，自分はさほどしっかりしていないんだという以前からの認識を強めている可能性はある。注意しておきたいのは，この評価が訴訟関連のものであること，そしてここで見られた慎重さの多くはこうした状況に影響されたものかもしれない，という点

である。

ケース26

　この女性に関する所見からは，彼女が普通でないくらい自己中心的で，過大な自己価値感を持っていることがうかがえる（ステップ2，3）。この特性は彼女の意志決定と行動に大きな影響を及ぼしているし，おそらく成熟した対人関係を築いたり維持したりするのを困難にしているだろう。また，自分に向けられた非難を外部のせいにしたり，自分が引き受けたくないストレスの存在を否認したりしやすくなっている。興味深いことに，彼女は強迫スタイルも持っている（ステップ1）。強迫スタイルは不確実感を意味することが多く，普通は肥大した自己価値感とは相容れないものである。しかし，彼女の場合は，完全さを求めることによって，自分は高い自尊心を持っていても当然だと理屈づけようとしているのかもしれない。もしそうだとすれば，自分の人生に傷を付けるようなネガティブな出来事について，その責任を外部に求める可能性は高くなる。

　彼女は高い自己評価を持ちながらも，かなりネガティブな特徴にも気づいている。そのため，しばしば否応なく，この対立と格闘しなければならなくなっている。ネガティブな特徴への気づきは彼女に歓迎せざる苦痛をもたらし，自己のポジティブな面とネガティブな面との葛藤は非常に混乱したものになっている。彼女は自分のことをポジティブに考えたいと思っているので，ネガティブな特徴に気づくと非常に動揺してしまう。ときには，自分は傷ついている，あるいは不完全だという印象を認めざるを得なくなってしまう（ステップ7）。こうした葛藤はかなり頻繁に生じていて，おそらく現在の症状の中にはこのことが原因になっているものもあるだろう。この力動は，彼女の反応に投映されている内容からうかがい知ることができる（ステップ8）。投映内容には相反する自己像が示されている。一つは，怪我，苦しみ，怒り，脅威を伴うネガティブなもので，もう一つはよりポジティブで，ときには顕示的な性質さえ含むものである。彼女は想像上の自分に関心を向けやすく，その際にはネガティブな感情や外的脅威に対する手っ取り早い防衛として，優美，魅惑的，魅力的などと知覚された特徴を織り込んでいく。この方策は，彼女が責任を避けるため，あるいは他者を操作して自分の代わりに行動させるために身につけている受動性という特徴によって，しばしば強められている。彼女は地位への志向が非常に強く，自分の地位が脅かされたり低められたりすると，かなり狼狽してしまう。

ケース27

　彼は警戒心過剰な人であり，外界に不信感を持ちやすい。また，貶められるのではないか，操作されるのではないかといった懸念にとらわれている（ステップ1）。彼はこうした可能性があるかどうかを見きわめたり，そうした事態に対処するのに備え，多大なエネルギーを投じている。彼にとっては自分が無傷で完全なまま保たれることがとても重要で，そのためには，

状況からして現実的かどうかに関係なく，ネガティブな出来事の原因を外部に求めることが多い。自分を他者と比較すれば自分のネガティブな特徴にばかり目がいきやすい。その結果，彼の自尊心は通常の成人よりも低くなっている（ステップ3）。また，他の人と比べて自分は能力的に劣っていると感じているかもしれない（ステップ4）。

彼は普通でないほどの身体的関心を持っているようで，少なくとも自分のことをかなり傷つきやすい存在だと見なしやすい（ステップ5）。実際，彼の自己イメージにはネガティブな特徴が顕著であり，自分についてかなり悲観的に知覚しやすいことが示されている（ステップ6，7，8）。彼の自己イメージからは，彼がひどい傷つき感を抱いていたり，本来の力が出せないほど調子が悪いことを自覚している，ということがわかる。これらネガティブな印象はずっと前からあるものだろうが，現在の境遇はこれをさらに悪いものにしている。概して，彼は自分のことを被害を受け続けているものとして見ている。彼はセックスと依存欲求を結びつけてしまっているようだが，自分でもこのことにはいくぶん気づいており，自分はそれほど社会的に好ましい状態にはないと認識しているようだ（ステップ8）。彼は，攻撃的あるいは破壊的な感情に強くとらわれてもいる（ステップ8）。こうしたとらわれがあることに気づいてはいるものの，これらの感情が強まれば自分にはコントロールできなくなるという無力感も持っているようである。彼は自分の感情を，混乱した，厄介な，抑えが効きにくいものと見なしやすい。それでも彼は自分の感情やその表出がより好ましく受け取ってもらえる状態になればと望んでいる。ただ，残念ながら，この望みを実現したり維持するのは難しい。なぜなら，彼はポジティブな社会的交流の機会があると，性と攻撃性へのとらわれを前面に出してしまいやすいからである。

練習問題

ケース28

26歳の女性。彼女はこのテストを受ける5日前に入院させられた。彼女は，午前4時頃に取り乱した格好でいるところを警察官に発見され，病院に連れて来られたのである。警察官の質問に対する反応はなかった。自分が誰なのか示すことはできず，身分証明書も持っていなかった。翌朝，彼女の母親が現れて身元が判明した。母親によれば，彼女は仕事が終わっても帰宅せず，そのまま行方不明になっていたとのことである。彼女は母親や病院職員の問いかけにも反応しなかった。かろうじて反応があったとしても，ぶつぶつと脈絡のないことを言う程度だった。検査では薬物やアルコールの使用を示す証拠は出てこなかった。

入院2日目の朝，彼女は応答するようになり，話にもまとまりが出てきた。そして，自分の身元も正確に告げた。時間と場所の見当識はあり，簡単な家族歴についても話した。治療にはおおむね協力的だった。しかし，感情は「平板」と記されており，面接で精神状態を尋ねている際には，ときどき不適切な感情表現が見られたようである（はっきりした理由もないのに泣

き出す，夫の死について話しているときににっこりと場違いな笑みを見せる等）。

彼女は同胞3人中の長子である（弟は23歳と21歳で，二人とも大卒）。父親は52歳で，工業エンジニアをしている。母親は50歳で，大卒。外へ働きに出たことはない。父親は過去に3年間（40歳から43歳の間），過剰飲酒を理由に治療を受けたことがある。その他，精神医学上の病歴を持つ者は近親にいない。彼女は18歳の時，教育学を専攻するつもりで大学に入った。大学1年目に電気工学専攻の4年生と「恋仲になり」，彼が大学を卒業したときに結婚した。当時，彼女は19歳だった。その後の1年間，彼女は大学を続け，夫の方は発展途上国の地域電化を主たる業務とする会社で働き始めた。3年の1学期，妊娠が判明し，大学を中退した。その後の4年間で，彼女は3人の子どもを産んだ。現在，男の子は5歳と2歳，女の子は4歳になっている。彼女は，結婚生活は「最高に幸せ」だったと述べている。しかし彼女の母親によれば，夫の度重なる海外出張のために二人の間にはかなりの軋轢が生じていたとのことである。

彼女が入院する11カ月前，夫は高圧電線の設置作業中に感電死した。夫の死後4カ月経ってから，彼女は法律事務所の受付として働き始め，学位取得の可能性について検討するようになった。彼女は最近，多額の保険金の算定結果を知らされた。抑うつの症状はないという。入院する前の晩の記憶はない。職場を出たことも記憶にない。査定事項としては次のようなものが挙げられている。（1）抑うつの性質と程度。（2）入院に至るまでのエピソードは精神病あるいは解離を意味しているのか。また統合失調症の証拠はあるか。（3）最も効果的と思われる治療計画。（4）入院を継続する場合に考慮すべき事項。

ケース28　26歳女性　自己知覚に関するデータ

```
R = 22      OBS = No      HVI = No         Human Content, An & Xy Responses
                                    II   5. D+ Mp.FVu 2 (H),Id 3.0 GHR
Fr+rF = 1   3r+(2)/R = 0.55         III  6. D+ Ma.FC'o 2 (H),An.Sc P 3.0 FAB2,PHR
                                    III  7. D+ Mp.FCo 2 (H),Fi,Id 3.0 GHR
FD = 2      SumV = 3                IV   9. Do Mp.FDo (H) P PER,MOR,PHR
                                    VI  12. W+ Mp.FC'o H,Ls 2.5 GHR
An+Xy = 2   MOR = 8                 VII 14. W+ Mp.C'Fo 2 (H),Cl P 2.5 MOR,PHR
                                    IX  18. Ddo FCo Hd,Sx MOR,PHR
H:(H)+Hd+(Hd) = 1:7                 X   21. Do F- An,Sx DR
[EB = 6:9.0]                        X   22. D+ FMa.FC.FVo 2 A,Hd 4.0 FAB2,MOR,PHR
```

1．次の各事項につき，正しいか間違っているか（○か×で）答えよ。
　　（a）完璧さへのとらわれが彼女の自己イメージの中核になっている。
　　（b）彼女は普通より自己中心的で，自分自身を高く価値づけている。
　　（c）おそらく彼女は大部分の人より自分のことを悲観的に見ている。
　　（d）彼女は人に対して非常に用心深く，人に操作されるのではないかと心配しているようだ。

（e）彼女は，明らかに，普通ではないほどの身体的関心を持っている。
　　　（f）彼女は通常期待される以上に頻繁に空想にふけるようだし，他者に意思決定の責任を引き受けてもらいたいと思っている。
　　　（g）一見解離と見えるエピソードは彼女の自己愛的特徴と直接関係しており，自分を取り巻く現実が過酷に見えるためにそこから逃れようとしているのだ，と考えられる。

2．ステップ4（*FD*と*SumV*）の所見として最も適切な記述は，次のうちどれか。
　　　（a）彼女は大部分の人と同じ程度に内省的である。
　　　（b）おそらく彼女は自分のことをネガティブに知覚し，その印象について何度も思いを巡らしているだろう。これは自分を高く価値づける傾向と相いれず，葛藤を生んでいる。
　　　（c）彼女はおそらく夫の死に対して強い罪悪感を抱いているだろう。
　　　（d）彼女は大部分の人よりもずっと内省的だが，これはおそらく，夫の死に対する気持ちに整理を付け，自分自身の新しい生活を始めたいと望んでいるためだろう。

3．ステップ7（人間反応のコーディング）の所見として最も適切な記述は，次のうちどれか。
　　　（a）彼女の自己イメージは十分には発達していない。おそらく自己イメージについて混乱し，収まりの悪さを感じているだろう。
　　　（b）彼女の自己イメージは現実の経験をもとに発達してきている，と考えられる。
　　　（c）彼女の自己イメージは十分には発達しておらず，望ましいほどには成熟していない特徴が多くあるだろう。
　　　（d）おそらく彼女の自己イメージは，彼女の年齢から期待できる以上にしっかりとしているし，成熟している。

　彼女の人間反応と解剖反応を検討せよ。

Ⅱ（5）「この下のところ，幽霊が何かの間に立っているように見えます」（質問段階）「ええと，この小さい赤い部分（D3の中心）。この白い，いや白じゃなくて薄い赤いところが，人みたい。幽霊みたい。この壁の間に立ってます。後ろの，濃いところが洞穴みたいで，奥に引っ込んでいるよう。幽霊がいるのはそこなんです」

Ⅲ（6）「骸骨がボーリングをしているところ。骸骨そのものじゃなくて，シルエット。黒くて，骸骨の細かいところ全部は見えてないから」（質問段階）「これは本当に骸骨みたい。関節がくっついてなくて，骸骨のシルエットって感じ。これはボーリングのボール。前屈みになって，これから投げようとしているところ」

Ⅲ（7）「上のこの赤いのは，赤い悪魔が二人，ロープにぶら下がっているみたい。燃えているみたい」（質問段階）「逆さまになってぶら下がっているみたい。頭に小さい角があ

って，尻尾があって，悪魔らしい。火がついてるみたいに真っ赤で，ロープにぶら下がっています」

Ⅳ（9）「多分，ノートルダムのせむし男」（質問段階）「この真ん中のは入れないで，それ以外のところ。前屈みになっていて，この上の背中のこぶが見えます。テレビでこの映画を見たことあります。すごく大きい。顔は見えなくて，脚で，こぶで，小さい手がある。背中が曲がってて，ただ立ってるところ」

Ⅵ（12）「上の黒っぽいところは人間のシルエットに見える。両手を体の横に付けて，岩の上に立っている」（質問段階）「ぴったりの形。一番下のところは岩で，その上に立ってる。頭で，体で，脚。シルエットみたいに黒っぽい」

Ⅶ（14）「ええと，雲の上に座ってる二人の天使（ケルビム）みたい」（質問段階）「顔で，髪の毛，アップにしたようなやつで，これが腕で，下のここが雲，悲しげに見えます。（E：悲しげ？）雲は真っ黒で，雨雲みたい。どうしてなのかわからないけど雨雲に座ってて，そのせいで悲しげに見えるんです」

Ⅸ（18）「このピンク，やだ，死んだ赤ん坊みたい。生まれてから死んだんじゃなくて，おろしたやつ。胎児」（質問段階）「形がちゃんとできあがってなくて，わかるのはほとんど頭ぐらい。まだ胎児の段階。ピンク色の肌で，すごくグロテスクな感じ」

Ⅹ（21）「これとこれは卵巣みたい」（質問段階）「どんなふうなものかよく知らないんだけど，こんな感じだろうなって，いつも思ってたんです。二つぶら下がった種みたいなのが，私にはそれっぽく見える，卵巣に」

Ⅹ（22）「これはひどいわ，大きなムシが2匹，人の残骸の上にのってるみたい。緑色の大きなムシ」（質問段階）「人の上半身に頭をするりとのっけて，腕を食べてるみたい。脚はあるけど，頭がなくなってる，もう食べちゃって。（E：人の上半身にのってる？）そう，この濃い点々，ムシの体を透かして見えるんだけど，これは腕の残骸。食べたものは全部，尻尾の方へ移っちゃってる。このムシ，すごく大きい」

4．上述の反応中の投影内容に基づく仮説として，最も筋が通っているのは次のうちどれか。

　（a）彼女は夫の死について罪悪感を抱いているようである。そして，そのために重度のうつ状態がもたらされ，普段の生活に戻ろうという気持ちになりにくくなっている。

　（b）おそらく彼女は子どもの頃に性的虐待を受け，その心的外傷が今でも彼女を悩ませ続けているのだろう。

　（c）彼女は夫の死亡後，男性と密かに交際しており，最近妊娠中絶をした。

　（d）夫を失ったことで自分自身について混乱した感じを持つようになった。そして，新たに大人としての役目を引き受けることに対して，無力感や不全感を感じやすくなっている。

ケース 28 の解答

1. a ×　強迫的ではない。
1. b ○　反射反応があり，自己中心性指標が高い。
1. c ○　MOR 反応が 8 個ある。
1. d ×　警戒心過剰ではない。
1. e ○　An 反応が 2 個ある。
1. f ○　6 個の M 反応のうち 5 個が受動的なものである。
1. g ○　彼女は非常に自己中心的である。そして，自分では十分覚悟ができていないのに，自立した役割や責任を取らざるを得なくなっている。
2. 　b　反射反応と高い自己中心性指標に加え，彼女には展望反応が 3 個ある。
3. 　a　H：(H) + Hd + (Hd) の比率は 1：7 であり，人間反応のうち，5 個が (H) で，5 個に明暗決定因子が含まれ，3 個に特殊スコア MOR が付いている。
4. 　d　この 9 個の反応中の投映からは，喪失感，受動性，無力感，打ちひしがれた感じ，などが伝わってくる。彼女は悲しんでいるし，おそらく抑うつ的にさえなっている。しかし，彼女が夫の死に対して罪悪感を持っていることを示す証拠は何もない。むしろ，彼女は通常でも人生において受動的な役割を取っていたいと望み，ほとんどの意思決定に対する責任を他者に引き受けさせようとしている。彼女は今や受動的ではいられなくなったので，自分の脆さを痛切に感じている。しかし，自分に強いられた責任を引き受ける覚悟もできずにいる。

第9章
対人知覚と対人行動

　人が他者をどのように理解し，さまざまな対人場面でどのように行動するのか，それを決定づける要素は多数ある。欲求，態度，感情の状態，心理的構え，対処スタイルといった内的な特徴もその一部である。他者や外界に対する印象を形成するにあたって，これらのいずれもが大きな影響力を持ち得る。通常，その人の対人行動によく見られるパターンというのは，これらが中核になってできている。一方，外的な要素も，対人行動を決定づける上で重要な役割を果たす。実際のところ，どのような社会的交流をするのかを決める際，外的要因が最優先されることもある。

　たとえば，他者に対して主張的になることが多い人でも，状況からして自己主張することは受け入れられないか逆効果になると思えば，より従順な役割を取ろうとする。また，通常は感情を自由に表す人も，その場の状況如何では感情を抑えようとするかもしれない。

　状況に照らして必要と思えば，相手との関係の中で取る役割を変更させる。これはひとつの適応のあり方であり，有効な社会的相互作用のパターンを築いたり維持していくためにはとても大切なことである。ただ，中には，社会場面がいろいろあるとあまり柔軟に対応できない人もいる。

　柔軟性に欠ける人には，適応できる対人場面の幅を狭めてしまうような特徴があり，しかもそれが性格特性としてしっかり組み込まれていることがある。たとえば，自分に対する不確実感が強く，重要な決断を下す際には他者に依存しやすくなっている人がいる。このような人は決断を求められると尻込みしたり，場合によってはしどろもどろになってしまうが，こうした行動は対人交流の質を悪くしてしまいかねない。

　中には，社会的場面の性質や要求を十分理解できるほど成熟していなかったり，感受性が乏しく，単にそれだけの理由で失敗しやすい人もいる。こういう人の他者へのアプローチの仕方はほぼ一定で，どんな場面でもほとんど同じようなやり方で対応しようとする。このように柔軟性に欠けていると，社会内での行動はうまくいく場合もあるし，そうでない場合もあり，効果が一様でない。

　被検者を取り巻く実際の環境や関わりの対象となる相手については，テスト・データからはほとんどわからない。これは，ロールシャッハから被検者の対人行動を描き出そうとするには不利な点である。そのため，対人知覚に関する仮説はかなり信頼できるものであっても，対人行動に関する仮説の方はより推測的な性質が強く，一般的なことしか言えない場合も多い。

対人知覚に関連するロールシャッハの変数

このクラスターでは，14の構造変数のデータ（*CDI*，*HVI*，*EBPer*，*a：p*，*Food*，*SumT*，人間反応の和，*Pure H*，*GHR*，*PHR*，*PER*，*COP*，*AG*，孤立指標），COP反応とAG反応のコーディング，ペアを含む*M*反応と*FM*反応の内容，などを検討する。この組み合わせを見ると膨大な量に思えるが，すべてが意味を持つケースは多くない。これらの変数の中には，「所見なし（negative）」のものもいくつか含まれるからである。これらの変数は，対人理解あるいは対人行動に否定的な影響を与えかねない特徴の存在を示す。しかし，それらに該当しなければ，被検者の他者理解の仕方や相互作用の持ち方についてほとんど情報が得られないのである。そのため，被検者の対人関係面でのポジティブな特徴に適切な重みを置いた所見を導き出すのが難しくなることもある。

自己知覚に関するクラスターと対人知覚に関するクラスターは，常に一緒に検討される。ほとんどの場合は自己知覚のデータを最初に検討するが，DEPI＞5かつCDI＞3の鍵変数，あるいはCDI＞3の鍵変数のいずれかが陽性である場合には，自己知覚のデータよりも先に対人知覚に関するデータを検討する。いずれの順番であっても，対人知覚に関する所見の要約は，常に自己知覚に関する所見を踏まえてなされる。なぜなら，自己イメージや自己価値に関する所見が，対人知覚や対人行動の理解に役立つからである。そこで，対人知覚に関するデータの解釈の説明に，第8章で示したケースを再度用いる。

検討事項の要点

対人知覚と対人行動に関する基本的な検討事項は次のとおりである。
（1）社会的スキルが欠けていることを示す証拠があるか。
（2）対人理解や相互交流の持ち方に影響を及ぼすような独特な構えやスタイルはあるか。
（3）情緒的な親密さをよろこんで受け入れているか。
（4）他者に対する関心はどの程度あるか。
（5）対人的な交流を肯定的なものと見なしているか。
（6）社会的交流に対して過剰なまでに防衛的であったり，社会から孤立しがちであることを示す証拠はあるか。

　　ケース25　35歳の男性。彼は8歳の息子の監護権を巡る訴訟の関連で評価を受けた。
　　ケース26　23歳の女性。彼女は繰り返し発生する痙攣性結腸とストレス・マネジメントとの関連が疑われ，評価を受けることになった。
　　ケース27　26歳の男性。彼はハラスメント禁止命令に違反して逮捕され，精神科に入院した。

ケース25　35歳の男性　対人知覚に関するデータ

```
R    = 26        CDI = 1      HVI = No           COP & AG RESPONSES
a:p  = 10:4      SumT = 2     Fd  = 0      II   4. D+ FMa 2 Ad P 3.0 COP,GHR
                 [eb = 6:5]                III  6. D+ Mao 2 H,Id P 3.0 COP,GHR
Sum Human Contents = 9        H = 6        VII 14. W+ Mao 2 H,Ls P 2.5 COP,GHR
[Style = introversive]                     VII 15. W+ Mao 2 H 3.0 COP,GHR
                                           IX  19. D+ Ma.FCo 2 (H),Id P 2.5 COP,GHR
GHR:PHR = 9:1                              X   21. D+ Mau 2 (H),Bt 4.0 COP,GHR
COP = 6          AG = 0      PER = 1
Isolation Indx = 0.19
```

ケース26　23歳の女性　対人知覚に関するデータ

```
R    = 19        CDI = 4      HVI = No           COP & AG RESPONSES
a:p  = 5:9       SumT = 3     Fd  = 0      I    1. WSo FMa Ad 3.5 AG,PHR
                 [eb = 8:9]                II   5. D+ Ma+ 2 H,Cg P 4.0 COP,GHR
Sum Human Contents = 6        H = 4        II   6. DS+ Ma.FC'o 2 H,Cg,Hh P 4.5 COP,GHR
[Style = introversive]
GHR:PHR = 5:2
COP = 2          AG = 1      PER = 2
Isolation Indx = 0.63
```

ケース27　26歳の男性　対人知覚に関するデータ

```
R    = 18        CDI = 3      HVI = Yes          COP & AG RESPONSES
a:p  = 8:2       SumT = 0     Fd  = 1      I    1. WSo FMa.FC'o Ad 3.5 AG,ALOG,PHR
                 [eb = 7:8]                X   17. D+ FMa- 2 A,Id 4.0 AG,COP,FAB,PHR
Sum Human Contents = 2        H = 1
[Style = extratensive]
GHR:PHR = 1:3
COP = 1          AG = 2      PER = 1
Isolation Indx = 0.17
```

解釈の手順

　解釈の手順は11のステップから成り立っている。最初の10のステップでは，構造データと，COPおよびAG反応のコーディングについて検討する。最後のステップでは，ペアを含む*M*および*FM*反応に見られる言葉づかいを吟味する。

ステップ1：対処力不全指標（Coping Deficit Index：CDI）
　第4章で述べたとおり，対処力不全指標（CDI）は11の変数からなり，10の評価基準をもとに，0から5の得点が付けられる。これらのうちの6変数は対人知覚あるいは対人行動に関

連したものである（COP < 2，AG < 2，$p > a+1$，Pure $H < 2$，$Fd > 0$，孤立指標 > 0.24）。残り5変数のうちの3変数は感情に関係があり（$WSumC < 2.5$，$Afr < 0.46$，$SumT > 1$），2変数は資質とコントロールに関係している（$EA < 6.0$，$Adj\ D < 0$）。変数の評価に用いられる基準は，COP < 2またはAG < 2の基準を除き，望ましくない特性を識別するものである。一つか二つの基準に該当するのは珍しいことではないが，該当する所見が増えてくると，良好な社会的関係を期待できなくなる。

CDIが4か5の場合は必ず，社会的な未熟さや不適切さにつながるような特徴があると言える。これらの特徴があると，他者との親密で成熟した関係を築いたり継続させることが難しくなってしまう。たとえば，$EA = 4.5$，$a:p = 1:3$，$Afr = 0.40$，$SumT = 2$というデータの人について考えてみよう。仮説を検証するための他のデータや生活歴がわからないのであくまでも推論の域を出ないが，この変数の組み合わせからは，この被検者について，資質が乏しいこと，受動的な傾向があること，情緒的交流を避ける傾向があること，寂しさを抱えていること，などがわかる。こうした特徴の組み合わせがあるからと言って，必ずしも実りある対人関係を持てなくなるわけではない。しかし，これらの特徴は，そのような対人関係を続きにくくさせる性質を持っている。

可能な所見

CDIが4か5の場合は，被検者が期待されるよりも社会的に未熟であることを示している。社会的スキルに乏しく，外界とのやり取り，特に対人関係の面では頻繁に困難にぶつかってしまいやすいタイプの人である。他者との関係は表面的で，関係を維持することが難しい。このような人は，よそよそしく，人と関わるのに不器用で，無力だと見なされることが多い。また，概して他者の欲求や意向には気が回らない。

CDIが陽性の人の生活歴を見ると，社会生活が混乱したものだったり，対人関係から満足を得られていないことがはっきりわかる場合が多い。社会的交流から尻込みし，表面的な関係だけの孤立した生活に身を置いていることもある。しかし，多くの場合，彼らは社会の中で大多数の人と同じように生活することを望んでいる。彼らは親密で長続きするような対人関係を求めている。しかし，不器用さゆえに他者から受け入れてもらいにくく，拒否されることさえ多い。彼らは自分の生活に不満を抱きやすく，自分が置かれている社会的な状況がよくわからず，自分にはどうすることもできないと感じることもしばしばである。実際，社会的に失敗すると，その反応として周期的な抑うつ状態に陥る人も多い。

アイデンティティや仲間との関係の持ち方がまだ当面の課題になっている幼い児童の場合は，CDIが陽性となるのは珍しくない。しかし，9歳を超えるとあまり見られなくなる。年長児童や青年でCDIが陽性になるときは，成人の場合と同様，期待されるよりも社会的に未成熟で，他者との関係を築いたり維持するのが困難と言える。ステップ2へ進む。

ケース 26　23 歳の女性　対人知覚に関するデータ

```
R   =  19      CDI = 4       HVI = No           COP & AG RESPONSES
a:p =  5:9     SumT = 3      Fd = 0     I   1. WSo  FMa     Ad   3.5 AG,PHR
               [eb = 8:9]               II  5. D+   Ma+   2 H,Cg     P 4.0 COP,GHR
Sum Human Contents = 6       H = 4      II  6. DS+  Ma.FC'o 2 H,Cg,Hh P 4.5 COP,GHR
[Style = introversive]
GHR:PHR = 5:2
COP = 2        AG = 1        PER = 2
Isolation Indx = 0.63
```

〔ケース 26 所見該当　CDI の値は 4 である。彼女の生活歴中に，男性との関係が破局を迎えるという重大事が見られたことを考えれば，これは意外なことではない。彼女は男性との同居を 2 回体験したが，いずれの関係も，何の見返りもないまま駄目になった。彼女には何人かの友人がいるが，悩みを相談できるのは姉だけであり，しかもその姉とは電話でしか話ができないという。彼女は自分の社会生活を「めちゃくちゃ」と指摘しているが，このような自覚は治療計画の策定に役立つ大切な利点となるかもしれない。〕

ステップ 2：HVI（Hypervigilant Index；警戒心過剰指標）

警戒心過剰指標（HVI）については，思考と自己知覚との関連ですでに論じた。そこで述べたように，警戒心過剰スタイルがあれば，それはその人の心理構造の中核的要素となる。警戒心過剰の人は外界に対して否定的になっていたり不信感を持っているので，何か問題が起こりはしないかと心配し，ほとんどいつも相当のエネルギーを費やして身構えている。

可能な所見

HVI が陽性の場合は，他者との関係では過度に慎重で用心深くなりがちなことを示す。警戒心過剰な人は非常に傷つきやすく，大変慎重に行動を決定し，実行に移す。彼らは人との距離を取ろうと一生懸命で，対人関係には非常に警戒的である。親密な関係を持ったとしても，自分でコントロールできると感じられなければ，その関係を維持しようとはしないだろう。親密な関係になることを期待せず，他者が親しげなそぶりを示しても非常に疑い深くなる。これは必ずしも病理的な特徴ではないが，悪化すればパラノイド様の現れ方をすることにもなる。ステップ 3 に進む。

ケース 27　26 歳の男性　対人知覚に関するデータ

```
R   =  18      CDI = 3       HVI = Yes          COP & AG RESPONSES
a:p =  8:2     SumT = 0      Fd = 1     I   1. WSo FMa.FC'o  Ad   3.5 AG,ALOG,PHR
               [eb = 7:8]               X  17. D+  FMa-    2 A,Id  4.0 AG,COP,FAB,PHR
Sum Human Contents = 2       H = 1
```

```
[Style = extratensive]
GHR:PHR = 1:3
COP = 1        AG = 2       PER = 1
Isolation Indx = 0.17
```

〔ケース27所見該当　彼は人を信用せず，自分がコントロールできていると確信できなければ，対人関係を築くことには非常に慎重だろう。彼は自分が無傷のままでいたいと執拗に願い，失敗の原因を他者のせいにして責める傾向がある。彼の生活歴からもこのことが確認できる。彼は，教官は不公平だった，前妻は彼に幸せになって欲しくないと望んでいる，今関心を寄せる女性は彼について虚偽の申し立てをしている，などと信じ切っているのである。〕

ステップ3：a：pの比率（active : passive ratio）

$a:p$の比率は，思考との関連で論じられ，価観観や態度の柔軟性について検討するためのデータとして用いられた。このクラスターでは，対人関係でより受動的な役割を取ろうとする傾向があるかどうかを判断するために，同じデータをもう一度検討する。第8章で指摘した通り，運動反応には投映内容が含まれ，被検者についての何かが示されていることが多い。能動(アクティブ)運動反応**それ自体**と実際の行動との間の相関関係は確認されていない。これはおそらく，運動反応の大半が能動的なもので，通常は受動的(パッシブ)な反応の2倍から3倍は出現するためと思われる。受動的運動の数は運動反応の総数の3分の1を越えないのが普通である。pの頻度がaよりもかなり高い場合，それは受動的な対人関係のスタイルを反映していると言っていいだろう。

可能な所見

受動的運動の数が能動的運動の数よりも2以上大きい場合，被検者は対人関係では受動的な役割の方を好むと考えられる。ただし，**必ずしも服従的というわけではない**。このような人は，意志決定の責任を取るのを回避しようとしやすい。また，問題に対する新しい解決法を探したり，新しい行動パターンを採用することは少ない。ステップ4に進む。

ケース26　23歳の女性　対人知覚に関するデータ

```
R     = 19      CDI  = 4     HVI = No          COP & AG RESPONSES
a:p = 5:9       SumT = 3     Fd  = 0    I   1. WSo FMa Ad 3.5 AG,PHR
                [eb = 8:9]              II  5. D+ Ma+ 2 H,Cg P 4.0 COP,GHR
Sum Human Contents = 6       H   = 4    II  6. DS+ Ma.FC'o 2 H,Cg,Hh P 4.5 COP,GHR
[Style = introversive]
GHR:PHR = 5:2
COP = 2         AG = 1       PER = 2
Isolation Indx = 0.63
```

第9章 対人知覚と対人行動 301

〔ケース26の所見　$a:p$ は5：9である。これは，彼女が対人関係において受動的な役割を取るのを好むことを示している。受動的運動がかなり多いという点については，自己知覚に関するデータの検討の際にすでに触れた。これらの所見をまとめると次のようなことが言える。彼女の受動性は責任から逃れるための方法でもあるが，彼女の顕著な自己中心性を考えれば，それは他者を操る方法にもなっている。〕

ステップ4：食物反応

食物（Fd）反応は，対人関係に影響を及ぼすほどの依存的傾向があることを示す。児童を除き，Fd の期待値は0である。児童の場合は Fd が1となるのも珍しくない。

可能な所見

青年や成人で Fd が1以上となる場合，あるいは児童で2以上の場合，被検者には通常期待されるよりも多くの依存的行動が見られるだろう。このような人は他者からの指示やサポートを当てにし，他者に対してかなり甘い期待をしがちである。他者が自分の欲求や要求に寛容であったり，それら欲求や要求に合った動きをしてくれて当然だと考えやすい。受動的なスタイルを持つ人がこの所見に該当するならば，受動依存の特徴が人格構造の重要な核になっていると言える。ステップ5に進む。

ケース27　26歳の男性　対人知覚に関するデータ

```
R       = 18       CDI  = 3     HVI = Yes          COP & AG RESPONSES
a:p     = 8:2      SumT = 0     Fd  = 1     I   1. WSo FMa.FC'o Ad 3.5 AG,ALOG,PHR
                   [eb  = 7:8]                X  17. D+  FMa-    2 A,Id 4.0 AG,COP,FAB,PHR
Sum Human Contents = 2          H   = 1
[Style = extratensive]
GHR:PHR = 1:3
COP     = 1        AG   = 2     PER = 1
Isolation Indx = 0.17
```

〔ケース27所見該当　Fd が1というのは成人にしては依存的行動が多いことを示すものだが，これは，対人関係において用心深く，他者と距離を置こうとする警戒心過剰な人には普通見られない所見である。自己知覚の所見では食物関連の対象（カップ）に注目し，彼の中では依存欲求とセックスが結びついているのではないかとの仮説を立てた。また，生活歴からは彼のセックスへのこだわりが明らかになっている。これまで述べてきたように，警戒心過剰な人というのは対人場面を自分でコントロールできるようにしておきたがるものである。だとすると，このケースで依存欲求のように見えるものは，実はセックスを介して自分が完全であることの確信を得たいという欲求なのかもしれない。もしもこの推測が正しければ，彼は性的行動を，そうした欲求を満たすことができ，しかも自分でコン

トロールできる方法と見なしていると言えそうである。〕

ステップ5：SumT

材質反応（T）は，親密さへの欲求や情緒的に親密な関係を受け入れたいという欲求と関係している。期待値を上回る *SumT* については，統制，ストレス，感情の各章でも取り上げた。しかし，材質反応と実際の対人関係や対人行動との間には明らかに関連があるので，ここではより広範囲にわたる説明を行う。

触感を伴う対人交流は，日常の対人関係の中の重要な要素である。触感は基本的感覚の一つであり，学習やコミュニケーションのための大切な拠り所となる。幼児は触感を通じて大まかに周囲を識別する。人や物に触れることはそれらの区別や理解に役立つので，発育の期間中，触感は重要なものであり続ける。子どもは，誉められたり，守られたり，慰められたりするときには，たいてい，なでられたり抱きしめられたりする。叱る時にも体に触れることがあるし，懲らしめのためにわざと接触を避ける場合もある。発達期間中に用い，身につけた，触感を通じての理解の仕方は，成長してからも説明やコミュニケーションの手段として使われる。なめらか，柔らかい，固い，粗い，などのような触感を表す言葉で対象を説明することは多い。また，握手したり抱擁することによって挨拶や祝いの気持ちを伝えることがある。撫でたりさすったりするのは普通は好意や関心を持っていることを示す非言語的な方法だし，愛情表現にはさまざまな形での触感を通じた交流が伴うものである。

このようにさまざまな場面で頻繁に用いられている触感こそが，材質反応を理解し解釈するための概念上の基礎となる。つまり，触覚を用いてものごとや出来事を経験したり解釈することが日常生活中によくあることだとすると，論理的には，出会った刺激が触感で言い表せるものであれば，被検者はそのような表現を用いて説明すると考えられるのである。

材質反応に関するこの仮説については，経験的な（empirical）支持が得られている。この反応はどの図版でも出されるが，最も多いのは，図版Ⅳと図版Ⅵで毛皮反応として出現する場合である。たいていこれらは平凡反応になる。これは，これらの図版にある濃淡の特徴が，毛皮や毛として見られやすいはっきりした手がかりとなっているためである。これら特徴が大きな影響力を持っていることは，回避型の対処スタイルを持たない非患者の60％から80％に少なくとも1個の材質反応が出現するという事実からよくわかる。非患者が出す材質反応はほとんどの場合1個だけであり，その大部分は図版Ⅳか図版Ⅵで出される。

このため，*SumT* の期待値は通常1となっている。解釈のためには，*SumT* を，*SumT* ＝ 0，*SumT* ＝ 1，*SumT* ＞ 1 の三通りに分けて考える。

可能な所見1

ほとんどの場合，*T* の期待値は1である。*T* が1である場合は，自分に親密さへの欲求があることを認めたりその欲求を表すやり方は，大部分の人と同じようなものであろう。このような人は，親密な関係に抵抗なく入っていく。また，日常的に相手と触れ合うことを，そのよう

な関係を築いたり維持するための一つの方法と見なし，よろこんで受け入れるだろう。ステップ6に進む。

可能な所見2

T が0の場合は，自分に親密さへの欲求があることを認めたりその欲求を表すやり方は，大部分の人とは違ったものであろう。**これは，被検者にこのような欲求が欠けていることを意味するわけではない。**ここで示されているのは，被検者は親密な対人関係，特に相手と触れ合うことが必要とされるような対人関係の場面では非常に用心深い，ということである。T のない人は他者と距離を置こうとしすぎるし，他者と親密な情緒的つながりを結んだり維持することに非常に慎重になる。

この仮説には例外が一つある。それは，T の欠如が「偽陽性」かもしれないプロトコルである。灰・黒色反応や濃淡反応の**まったくない**記録がこれに当たる。たとえば9歳未満の児童は，反応を出したり，反応を説明するときに，濃淡についてはっきり語ることができない。そのため，彼らのプロトコルに T が現れなくても不思議ではない。同様に，回避型の対処スタイルを持つ人の記録で，ラムダの値が1.2を上回り反応数が20以下となるものの25％に，灰・黒色反応や濃淡反応がまったくない。T の欠如の妥当性を確認することは難しいので，灰・黒色反応や濃淡反応がない記録の解釈をする場合は，この仮説を所見の要約の中に含めるかどうか，かなり慎重に判断する必要がある。灰・黒色反応や濃淡反応のないプロトコルを解釈するとき，T がないという所見に妥当性があるかどうかを判断する上で生活歴が参考になることもある。しかし，一般的には，不用意に妥当性ありとしてしまうよりも，たとえ間違うことになろうとも，慎重に慎重を重ね，妥当性なしと考える方がよい。

T の欠如は警戒心過剰指標の中核なので，T のない記録についての例外規定はこの指標の計算にも拡大適用されるのかという疑問は，当然持ち上がる。これに対する答は，否である。なぜならば，$T=0$ 以外のHVIの構成要素は，かなり複雑なプロトコルにのみ生じるものだからである。一般的に，灰・黒色反応も濃淡反応もないプロトコルにはその他の決定因子も少ないし，複雑さにも欠ける。これはテストに対する防衛を反映しているのかもしれないし，ただ単に人格構造の貧弱さを示しているだけなのかもしれない。ステップ6に進む。

ケース27　26歳の男性　対人知覚に関するデータ

```
R    = 18      CDI   = 3      HVI = Yes              COP & AG RESPONSES
a:p  = 8:2     SumT  = 0      Fd  = 1     I   1. WSo FMa.FC'o Ad   3.5  AG,ALOG,PHR
               [eb = 7:8]                 X  17. D+  FMa- 2 A,Id   4.0  AG,COP,FAB,PHR
Sum Human Contents = 2         H   = 1
[Style = extratensive]
GHR:PHR = 1:3
COP = 1           AG = 2       PER = 1
Isolation Indx = 0.17
```

〔ケース27所見該当　記録中には灰・黒色反応や濃淡反応が8個あるが、材質反応はない。彼が警戒心過剰であることはすでに明らかになっており、Tの欠如はまさにこの指標の中核であった。彼は対人関係に非常に慎重であり、おそらく通常の成人には期待されない位、他者と距離を置くことにこだわっているだろう。〕

可能な所見3

Tが1よりも多い場合は、親密さへの欲求が満たされず、思いが非常に強くなっていることを示す。ほとんどの場合は、**最近**生じた喪失感情に対する反応として、自然にこうした慕情が増していると考えられる。しかし、中には、決して埋めきれない、あるいは紛らすことができない喪失感や絶望感のために、この状態がもっと長く続いていることを示している場合もある。いずれの場合でも、切望や寂しさの感情によって心が揺さぶられていることだろう。このような刺激を心に受けている人は、他者との親密な情緒的関係を得たいと思いながらも、どうしたらそれが叶うのかわからず、当惑していることが多い。ときにはこうした欲求の強さゆえに判断がくもり、他者に操作されてしまいやすくなる。これは、受動的もしくは依存的な人には一層よくあてはまる。ステップ6に進む。

ケース25　35歳の男性　対人知覚に関するデータ

```
R    = 26        CDI  = 1      HVI = No         COP & AG RESPONSES
a:p  = 10:4      SumT = 2      Fd = 0      II   4. D+ FMa 2 Ad P 3.0 COP,GHR
                 [eb = 6:5]                III  6. D+ Mao 2 H,Id P 3.0 COP,GHR
Sum Human Contents = 9         H = 6       VII 14. W+ Mao 2 H,Ls P 2.5 COP,GHR
[Style = introversive]                     VII 15. W+ Mao 2 H 3.0 COP,GHR
                                           IX  19. D+ Ma.FCo 2 (H),Id P 2.5 COP,GHR
GHR:PHR = 9:1                              X   21. D+ Mau 2 (H),Bt 4.0 COP,GHR
COP = 6          AG = 0        PER = 1
Isolation Indx = 0.19
```

〔ケース25所見該当　プロトコル中には2個のT反応があるが、これは現在係争中の訴訟に関係しているとは考えにくい。なぜなら、重大な喪失は最近では何も起こっていないからである。離婚が成立したのは2年半前のことだし、息子との関係は現実的には何の変化もない。とすると、彼は諦めることも満たすこともできない切望や寂しさを、ずっと持ち続けていると考えられる。彼はできれば再婚したいと言いながら、つき合っている女性の中には適当な候補者はいないと述べている。自己知覚の所見からは、彼は自分自身について不確実感を抱き、悲観的であることがわかっている。このような特徴があるため、彼は新たな情緒的関係に入っていくことに二の足を踏んでしまっているのだろう。その付けとして、ここに記したような切望による心の痛みが生まれていると思われる。〕

ケース26　23歳の女性　対人知覚に関するデータ

```
R         = 19      CDI  = 4       HVI = No            COP & AG RESPONSES
a:p       = 5:9     SumT = 3       Fd  = 0      I   1. WSo  FMa    Ad     3.5 AG,PHR
                    [eb  = 8:9]                 II  5. D+   Ma+  2 H,Cg  P 4.0 COP,GHR
Sum Human Contents = 6             H   = 4      II  6. DS+  Ma.FC'o 2 H,Cg,Hh P 4.5 COP,GHR
[Style = introversive]
GHR:PHR = 5:2
COP = 2             AG = 1         PER = 2
Isolation Indx = 0.63
```

〔ケース26所見該当　彼女には3個のT反応がある。これは，非常に強い切望もしくは寂しさを示している。生活歴を見ると，彼女には裏切られ，捨てられた経験のあることがわかる。これらの体験は，自己中心性が高い上に対人関係の場面では受動的になりがちという人にとって，耐え難い屈辱となっただろう。彼女は最近の生活について混乱したものになっていると述べていたが，これらの体験はその混乱ぶりをますますひどいものにしている。〕

ステップ6：人間反応の和（Sum Human Contents）と Pure H（純粋人間反応）

　人間反応は一種の自己表象だが，プロトコル中のその数からは，人間への関心がどれほどあるかを評価する基礎的情報が得られる。理由はさまざまであるにしろ，人間に対してかなりの関心を寄せる人は数個の人間反応を出すのが普通である。一方，人間に関心のない人や社会的交流から引きこもりがちな人は，あまり人間反応を出さない。

　他者への関心について検討する際には，被検者の人間に対する印象が現実に基づいたものなのかどうかという点にも注意を払うべきである。そのため，Pure H の数についても検討する。前章で述べた通り，現実の人間に対する反応内容のコードは Pure H だけである。したがって，Pure H が人間反応の大半を占める場合には，被検者は現実に基づいた他者認知をしていると考えられる。逆に，Pure H が人間反応中に少ししかない場合は，被検者はあまりよく人を理解していないと考えられる。

　同じく前章で述べたことだが，人間反応の期待値は反応数と反応スタイルごとに異なる。したがって，人間反応の和と反応中の Pure H の割合についての解釈は，これら変数と関連づけて行う。表9には，非患者成人のサンプルを基にした人間反応の和の期待値を示してある。表中には，それぞれの Pure H の平均値も挙げてある。なぜならば，このステップでの解釈は，これら両方の変数についての検討を要するからである。反応数が16以下あるいは28以上のプロトコルの平均域は少数のサンプルを基に算出したものなので，その適用に際しては慎重さが求められる。

　表9の人間反応の和のデータは9歳以上の児童にもこのまま適用できるが，Pure H の平均値の方は，13歳未満の児童の場合は一般的にここに示した値よりも低くなる。若年児童は (H)

表9：反応数と反応スタイルによって細別した500の非患者データに基づく，
人間反応の和の期待値とPure Hの平均値

	反応数 14～16 期待値および反応スタイル				反応数 17～27 期待値および反応スタイル				反応数 28～55 期待値および反応スタイル			
	I	A	E	L	I	A	E	L	I	A	E	L
N=	18	22	17	16	116	54	129	38	33	16	24	17
全人間反応	4-6	2-4	2-4	2-5	5-8	4-7	3-6	4-7	7-11	5-9	4-7	5-9
Pure Hの平均	3.8	1.8	1.6	1.7	4.8	2.5	2.5	1.8	7.1	3.7	2.1	2.9

I＝内向型；A＝不定型；E＝外拡型；L＝回避型

や(Hd)という人間反応を出すことが多いからである。彼らは人間についてあまりよく理解していないし，自分を想像上のキャラクターと同一視する傾向がある。したがって，若年者のプロトコルを解釈する際，Pure Hの割合の期待値に関する仮説は，その年齢に応じて修正する。

可能な所見1

反応数とスタイルを考慮した結果，人間反応の和が期待値の範囲内で，内向型の人ではPure Hの数が人間反応の和の半数を上回る場合，その他のスタイルの人では半数以上となる場合，被検者は大部分の人と同じ程度に他者への関心を持ち，他者を現実に基づいて理解していると考えられる。ステップ7に進む。

ケース26　23歳の女性　対人知覚に関するデータ

```
R   = 19       CDI = 4     HVI = No           COP & AG RESPONSES
a:p = 5:9      SumT = 3    Fd  = 0      I  1. WSo FMa Ad 3.5 AG,PHR
               [eb = 8:9]                II  5. D+ Ma+ 2 H,Cg P 4.0 COP,GHR
Sum Human Contents = 6     H = 4         II  6. DS+ Ma.FC'o 2 H,Cg,Hh P 4.5 COP,GHR
[Style = introversive]
GHR:PHR = 5:2
COP = 2        AG = 1      PER = 2
Isolation Indx = 0.63
```

〔ケース26所見該当　彼女は内向型で，反応数19のプロトコル中，人間反応は6個ある。この数は期待値の範囲内に収まっているし，6個のうちの4個がPure Hである。こうした所見からは，彼女は大部分の人と同じ程度に他者への関心を持ち，他者知覚は現実に基づいていると考えられる。彼女の対人関係がひどく混乱したものであることを考えると，これは興味深い所見である。たとえ人間について現実に基づいた理解をしていようとも，著しい自己中心性と受動的な傾向のために，どうしたら他者と最もうまく関係が持てるのかわからなくなりやすいと言える。〕

第9章 対人知覚と対人行動　307

可能な所見 2

反応数とスタイルを考慮した結果，人間反応の和が期待値の範囲内で，内向型の人ではPure Hの数が人間反応の和の半数以下の場合，その他のスタイルの人では半数を下回る場合，被検者は大部分の人と同じ程度に他者への関心を持っているが，他者をあまりよく理解していないと考えられる。このような人は他者のことを「誤読」する傾向があり，他者のそぶりを間違って解釈してしまうことが多い。ときには，相手と自分との関係に過大な期待をしてしまうこともある。また，他者をよく理解していないために社会の中で失敗し，その結果周囲から孤立してしまうこともあり得る。ステップ7に進む。

ケース27　26歳の男性　対人知覚に関するデータ

```
R       = 18      CDI = 3      HVI = Yes        COP & AG RESPONSES
a:p     = 8:2     SumT = 0     Fd = 1    I  1. WSo FMa.FC'o Ad 3.5 AG,ALOG,PHR
                  [eb = 7:8]             X 17. D+  FMa- 2 A,Id  4.0 AG,COP,FAB,PHR
Sum Human Contents = 2         H = 1
[Style = extratensive]
GHR:PHR = 1:3
COP = 1           AG = 2       PER = 1
Isolation Indx = 0.17
```

〔ケース27 所見該当　彼は外拡型で，反応数18のプロトコル中，人間反応は3個しかない。この数はまだ期待値の範囲内であり，おそらく大部分の人と同様に他者への関心を持っていると考えられる。しかし，Pure Hはわずか1なので，彼は他者をあまりよく理解しておらず，他者を誤解したり，社会内であまり適切でない行動を取りやすいと予想される。この所見は，彼の生活歴や，この評価を受けることになった理由と整合している。〕

可能な所見 3

反応数とスタイルを考慮した結果，人間反応の和が期待値の範囲を超え，内向型の人ではPure Hの数が人間反応の和の半数を上回る場合，その他のスタイルの人では半数以上となる場合，他者への関心はかなり強く，現実に基づいた他者理解がその関心の基盤になっていると考えられる。この所見に該当する人は，他者に対して健康的な関心を持っていると言える。しかし場合によっては，他者に強い不信感を抱く警戒心過剰な人に見られるような，他者への不健康なとらわれを反映していることもあり得る。ステップ7へ進む。

ケース25　35歳の男性　対人知覚に関するデータ

```
R       = 26      CDI = 1      HVI = No          COP & AG RESPONSES
a:p     = 10:4    SumT = 2     Fd = 0    II  4. D+ FMa 2 Ad     P 3.0 COP,GHR
                  [eb = 6:5]             III 6. D+ Mao 2 H,Id   P 3.0 COP,GHR
Sum Human Contents = 9         H = 6     VII 14. W+ Mao 2 H,Ls  P 2.5 COP,GHR
```

```
[Style = introversive]           Ⅶ 15. W+ Mao 2 H 3.0 COP,GHR
                                 Ⅸ 19. D+ Ma.FCo 2 (H),Id P 2.5 COP,GHR
GHR:PHR = 9:1                    Ⅹ 21. D+ Mau 2 (H),Bt 4.0 COP,GHR
COP = 6        AG = 0    PER = 1
Isolation Indx = 0.19
```

〔ケース25所見該当　反応数26のプロトコル中に，人間反応は9個ある。この数は期待値よりやや多い。これらのうちの6個は Pure H である。こうしたデータからは，彼は他者に非常に強い関心を持ち，人間に対する理解もかなり現実的なものだと予想される。〕

可能な所見4

反応数とスタイルを考慮した結果，人間反応の和が期待値の範囲を超え，内向型の人では Pure H の数が人間反応の和の半数以下，その他のスタイルの人では半数を下回る場合，他者への関心は強いが，他者のことをあまりよく理解していないと考えられる。他者への関心があるのは肯定的なしるしだが，中には，防衛が固くて他者不信が強い人によく見られるような，不健康な他者へのとらわれを反映しているだけという場合もある。どちらの場合でも，人間に対する理解が不十分なために，相手と自分との関係に非現実的な期待を抱いたり，社会の中で失敗をして他者から孤立してしまうようなことがしばしば生じる。ステップ7へ進む。

可能な所見5

反応数とスタイルを考慮した結果，人間反応の和が期待値の範囲を下回る場合は，被検者は大部分の人よりも他者への関心が低いと考えられる。情緒的に引きこもっていたり，社会的に孤立しているような人は，この所見に該当することが多い。反応数16以下のプロトコルでは，この所見に該当したとしても Pure H の値に関する解釈仮説は適用できない。しかし，反応数が17以上の記録では，先に述べたのと同じ原則が適用できる。すなわち，内向型の人では Pure H の数が人間反応の和の半数を上回る場合，その他のスタイルの人では半数以上となる場合，被検者は他者を現実に基づいて理解していると考えられる。被検者が社会的な場面から引きこもったり孤立している理由を理解する上で，Pure H に関する所見が役に立つこともある。ステップ7へ進む。

ステップ7：良質人間表象（Good Human Representation：GHR）と貧質人間表象（Poor Human Representation：PHR）

良質の人間表象反応および貧質の人間表象反応に付けられる特殊スコア（GHR と PHR）も，対人関係の中での行動とその効果について検討する際の基礎的要素のひとつとなる。表10に，反応を良質と貧質に分類するためのアルゴリズムを示す。この中にはいくつかのコーディングカテゴリー（決定因子，形態質，反応内容，特殊スコア）が登場するし，手続きを進めるには人間反応と動物の人間様運動反応の両方に対する評価が必要となる。

第9章　対人知覚と対人行動　309

表10　人間表象反応を良質人間表象（GHR）と貧質人間表象（PHR）に分類するためのアルゴリズム

人間表象反応（HR）は以下のように定義される。
1. すべての人間反応：H，(H)，Hd，(Hd)，Hx
2. 決定因子にMを含む反応
3. 特殊スコアとしてCOPもしくはAGを含むFM反応

以下のステップに従い，これらの反応に良質（GHR）または貧質（PHR）のどちらかを割り当てる。
1. Pure Hを含み，かつ次の条件すべてを満たす反応はGHRとスコアする。
   （a）形態水準がFQ＋，FQo，FQuのいずれかである。
   （b）DVを除いて，認知に関する特殊スコアはついていない。
   （c）特殊スコアにAGもしくはMORがついていない。
2. 次のいずれかを伴う反応はPHRとスコアする。
   （a）FQ－もしくはFQnone（無形態）である。
   （b）FQ＋，FQo，FQuだが，次のいずれかがついている。ALOG，CONTAM，どの認知に関する特殊スコアであれレベル2のもの。
3. 残りの人間表象反応のうち，COPがつくがAGはついていないものは，GHRとする。
4. 残りの人間表象反応のうち，次のいずれかに該当するものはPHRとスコアする。
   （a）特殊スコアとしてFABCOMもしくはMORがつく。
   （b）反応内容がAnである。
5. 残りの人間表象反応のうち，Ⅲ，Ⅳ，Ⅶ，Ⅸの各図版でPがコードされているものはGHRとスコアする。
6. 残りの人間表象反応のうち，次のいずれかであるものはPHRとスコアする。
   （a）特殊スコアとしてAG，INCOM，DRのいずれかがつくもの。
   （b）Hdとコードされるもの（(Hd)は違う）。
7. 残りすべての人間表象反応はGHRとスコアする。

　GHRとPHRは二者択一的な変数である。GHR反応は，効果的かつ適応的と見なせるような対人関係と関連している。GHR反応の多い人は，たいがい他者からの評価は良好で，対人関係上の行動にはほとんど問題が見られない。十分予想されることだが，最も多くGHR反応が現れるのは非患者のプロトコル中においてである。しかし，症状が何であれ，対人関係面にまでは問題が及んでいない患者であれば，その記録中にかなりの数のGHRが見られることも珍しくない。一方，重大な病理学的障害を持つ患者には，GHR反応の数は少ない。
　PHR反応は，対人関係上の効果的でない，あるいは適応的でない行動パターンと高い相関がある。たくさんのPHR反応を出す人の場合，これまでの対人関係の中に争いや失敗が顕著に見られることが多い。このような人は社会的な不器用さを露見させ，その結果他者から避けられたり拒絶されることがある。社会のことがよくわかっていないために不適当な行動をして，したくもない争いを引き起こしてしまうこともある。深刻な病理学的障害を持つ人のプロトコルでは，PHR反応はかなり多く見られる。その他の患者群の記録中に出現するPHR反応は，少ないか中程度の数である。非患者群では，PHR反応の数は少ないのが普通である。

可能な所見1
　人間表象反応の数が少なくとも3で，GHRの値の方がPHRの値よりも大きい場合，被検者はたいてい状況に適した対人行動を取ると考えられる。GHRとPHRの差がもっと開き，GHR

の値が大きくなるほど，被検者の対人行動はどのような対人関係においても効果的で，他者からは好意的に受け取られると予想される。ステップ8に進む。

ケース25　35歳の男性　対人知覚に関するデータ

```
R       = 26        CDI  = 1       HVI = No           COP & AG RESPONSES
a:p = 10:4          SumT = 2       Fd  = 0     II  4. D+ FMa 2 Ad P 3.0 COP,GHR
                    [eb = 6:5]                 III  6. D+ Mao 2 H,Id P 3.0 COP,GHR
Sum Human Contents = 9             H = 6       VII 14. W+ Mao 2 H,Ls P 2.5 COP,GHR
[Style = introversive]                         VII 15. W+ Mao 2 H 3.0 COP,GHR
                                               IX  19. D+ Ma.FCo 2 (H),Id P 2.5 COP,GHR
GHR:PHR = 9:1                                  X   21. D+ Mau 2 (H),Bt 4.0 COP,GHR
COP = 6             AG = 0         PER = 1
Isolation Indx = 0.19
```

〔ケース25所見該当　プロトコル中，10個の人間表象反応があり，そのほとんどがGHRとコードされている。これは非常に肯定的な所見であり，彼の対人行動はたいてい適応的で，他者から好意的に受け取られていると考えられる。〕

ケース26　23歳の女性　対人知覚に関するデータ

```
R       = 19        CDI  = 4       HVI = No           COP & AG RESPONSES
a:p = 5:9           SumT = 3       Fd  = 0     I   1. WSo FMa Ad 3.5 AG,PHR
                    [eb = 8:9]                 II  5. D+ Ma+ 2 H,Cg P 4.0 COP,GHR
Sum Human Contents = 6             H = 4       II  6. DS+ Ma.FC'o 2 H,Cg,Hh P 4.5 COP,GHR
[Style = introversive]
GHR:PHR = 5:2
COP = 2             AG = 1         PER = 2
Isolation Indx = 0.63
```

〔ケース26所見該当　プロトコル中には7個の人間表象反応があり，そのうち5個がGHRである。彼女の対人行動はたいてい適応的で，他者から好意的に受け取られていると思われる。この所見はCDI陽性の所見とは相容れないもので，混乱を極めたこれまでの対人関係ともいくらか矛盾している。彼女が非常に自己中心的で，対人関係では受動的になりやすいという事実も重要である。他者との関係が表面的なものにとどまる場合には，彼女の対人行動は好意的に受け取られるかもしれない。しかし，自分の欲求を満たそうとして相手と依存的な関係を持つ場合には，そうはならないだろう。〕

可能な所見2

人間表象反応の数が少なくとも3で，PHRの値がGHRの値と等しいか，それ以上の場合，被検者は状況にふさわしくない対人行動を取ることが多いと考えられる。

GHRがPHRよりも少なくなるにつれ，対人行動はたいがいの場面で効果的でなくなり，他

者からも否定的に思われてしまうだろう。ステップ8に進む。

ケース27　26歳の男性　対人知覚に関するデータ

```
R        = 18       CDI = 3        HVI = Yes           COP & AG RESPONSES
a:p      = 8:2      SumT = 0       Fd  = 1     I   1. WSo FMa.FC'o Ad   3.5  AG,ALOG,PHR
                    [eb  = 7:8]                 X  17. D+  FMa-    2 A,Id 4.0 AG,COP,FAB,PHR
Sum Human Contents = 2             H   = 1
[Style = extratensive]
GHR:PHR  = 1:3
COP      = 1         AG  = 2       PER = 1
Isolation Indx = 0.17
```

〔ケース27所見該当　プロトコル中には4個の人間表象反応があり，そのうち3個がPHRである。これまでの所見と彼の生活歴からすれば，これは意外な結果ではない。それらはともに，彼が対人関係面で多くの問題を起こしやすいことを示していたが，ここでの所見も，彼の対人関係の持ち方は効果的でなく，ときには不適切なものになって他者から否定的に見られてしまいやすいことを裏づけている。〕

ステップ8：COPとAG

協力的（COP）運動と攻撃的（AG）運動には，反応を出した人の投映が含まれている。これらは自己の表象として，対人関係における被検者の内的構えについて有益な情報をもたらしてくれる。

COP反応には，対人交流に対する肯定的な見方が反映されている。一方AG反応は，対人交流を攻撃的，競合的な性質がいくらか伴うものと見ていることを示す。このようにCOPとAGは反対の構えを示しているので，一見するとそれぞれの解釈を当てはめればいいだけのように思える。しかし，ことはそれほど単純ではない。同一プロトコル中にCOP反応とAG反応の両方が現れることが多いからである。非患者のプロトコルの50％近くには，COP反応とAG反応がそれぞれ少なくとも1個ずつ含まれている。COP反応の大半は，図版Ⅱ，Ⅲ，Ⅶで出現する。これら図版にはMを誘発する手がかり特徴があるためだが，この特徴は，運動を肯定的な相互関係にも攻撃的な相互関係にも見えやすくしている。そのため，COPとAGのベースラインや期待値はそれぞれ1となっている。

興味深いことに，患者群ではCOP反応とAG反応の両方が見られるプロトコルはずっと少なくなり，全体のわずか25％である。これは，患者の場合は対人交流の際の構えがどちらかに定着してしまっているためかもしれない。いずれにせよ，COPとAGに関する解釈仮説は，これら両方のデータを考慮した上でなければ作り上げることはできない。

回避型の対処スタイルを**持っていない**非患者群の80％が少なくとも1個のCOP反応を出

し，約40％は3個以上のCOP反応を出す。回避型の対処スタイルを**持つ**非患者群の場合は，これとはだいぶ異なる。反応数には**関係なく**，少なくとも1個のCOP反応を出す者は全体の約30％だけであり，3個以上のCOP反応を出す者は10％以下となる。患者群では約50％が少なくとも1個のCOP反応を出すが，2個以上出す者は約20％しかいない。

複数のCOP反応を出す人，特に3個以上出す人はたいがい社交的で，楽観的に対人関係を持とうとする。内向型は他の体験型よりも多くのM反応を出すので，複数のCOP反応を出す者も当然多いように思えてしまうが，**これは正しくない。**複数のCOP反応を出す者の割合は，不定型，外拡型，内向型いずれの場合もほぼ同じである。

非患者群では，回避型の対処スタイルを持つ者も含めると，少なくとも1個のAG反応を出す者は全体の約70％いる。しかし，2個以上出す者は約20％に過ぎない。患者群では，約50％が少なくとも1個のAG反応を出し，約35％が2個以上出す。複数のAG反応を出す人は，対人関係には競争や攻撃性がつきものだと見なす傾向がある。とは言え，必ずしも攻撃性が非社会的あるいは反社会的なものと見られているわけではない。多くの人は，社会的に受け入れられる形の攻撃性（優位に立つ，からかう，主張するなど）は日々の行動の中に普通に見られるものだと考えている。このような人のプロトコルには，たいていCOP反応もある。一方，COP反応がない記録中に複数のAG反応，ことに3個以上のAG反応がある場合は，攻撃性のために他者から孤立したり，非社会的あるいは反社会的な特徴を帯びてしまうこともある。

COPとAGを含む反応のコーディングを検討することも重要である。コーディングに，S，形態質の悪さ，普通では見られない変わった決定因子の組み合わせ，他の特殊スコアといったネガティブな特徴が含まれていることもある。これらの特徴は，COP反応のポジティブな意味合いを変質させたり，AG反応が持つネガティブな意味合いを引き出し，強めてしまうかもしれない。

たとえば，マイナスの形態質とINCOM2の特殊スコアがついているCOP反応は，決して肯定的なものとは言えない。また，中にはCOP反応にAGもついている場合もあるが，これが対人交流に対する見方の反映であることを考えると，一般的にはあまり好ましい反応とは言えない。

可能な所見1

COPの値が0で，AGの値が0か1の場合，おそらく被検者は，他者とのポジティブな相互関係が日常的に生じることを期待していないだろう。このような人は，対人場面に居心地の悪さを感じやすく，他者からは冷淡でよそよそしい人と見られるかもしれない。このために他者との成熟した深い関係を持てなくなるわけではないが，一般的に，彼らはあまり社交的な人とは思われず，集団内の交流では周辺的な存在にとどまることが多い。ステップ9に進む。

可能な所見2

COPの値が0か1で，AGの値が2以上の場合，あるいはCOPの値が2で，AGの値が3以上であれば，被検者は対人関係には攻撃性がつきものだと理解しているだろう。このような人は，日頃の行動もひどく強引あるいは攻撃的であることが多い。こうした行動が対人場面で

の不安感に対する防衛手段となっていることもあるが，多くの場合，それは単にこれまでに学んで身につけた他者との関係の持ち方の表れである。主張性や攻撃性が具体的にどう現れてくるのかは，他の変数やその場の状況によってかなり変わってくる。ステップ9に進む。

ケース 27　26歳の男性　対人知覚に関するデータ

```
R        = 18      CDI = 3        HVI = Yes         COP & AG RESPONSES
a:p = 8:2          SumT = 0       Fd = 1       I  1. WSo FMa.FC'o Ad 3.5 AG,ALOG,PHR
                   [eb = 7:8]                  X 17. D+ FMa- 2 A,Id 4.0 AG,COP,FAB,PHR
Sum Human Contents = 2             H = 1
[Style = extratensive]
GHR:PHR = 1:3
COP = 1            AG = 2         PER = 1
Isolation Indx = 0.17
```

〔ケース27所見該当　記録中には，COPが1，AGが2ある。これは，彼が大多数の人よりも強引，攻撃的で，対人関係の中でのこうした行動を，自然で受け入れられるものと考えていることを示す。コーディングを見ると，実はこのステップに関係ある反応は二つしかないことがわかる。一つめの反応は図版Ⅰで出されたもので，2個のAGのうちの1個と，S，ALOGを含んでいる。二つめは図版Ⅹで出されたもので，マイナスの形態質，FABCOM，そしてCOPとAGの両方を含んでいる。こうしたネガティブな特徴の組み合わせは，彼は自分が攻撃的になることには甘く，状況にふさわしくないやり方で攻撃性を表してしまいやすいことを示している。彼が行ってきたハラスメントは，この仮説を裏づけている。〕

可能な所見3

COPの値が1か2で，AGの値が0か1の場合，被検者は他者とのポジティブな相互関係が日常的によくあることを期待し，そのような関係を持つことに関心を持っていると考えられる。通常の対人関係パターンが具体的にどのようなものになるのかは，その他の特徴，特に対処スタイルや自己イメージなどによって決まる。ステップ9に進む。

ケース 26　23歳の女性　対人知覚に関するデータ

```
R        = 19      CDI = 4        HVI = No          COP & AG RESPONSES
a:p = 5:9          SumT = 3       Fd = 0       I  1. WSo FMa Ad 3.5 AG,PHR
                   [eb = 8:9]                  Ⅱ  5. D+ Ma+ 2 H,Cg P 4.0 COP,GHR
Sum Human Contents = 6             H = 4      Ⅱ  6. DS+ Ma.FC'o 2 H,Cg,Hh P 4.5 COP,GHR
[Style = introversive]
GHR:PHR = 5:2
COP = 2            AG = 1         PER = 2
Isolation Indx = 0.63
```

〔ケース26所見該当　プロトコル中に，COPが2，AGが1ある。これは，彼女が対人交流をポジティブなものと考え，それをよろこんで受け入れることを示している。これらの反応のコーディングに特に変わったところはないが，うち2個にSが含まれている点だけは別である。これは，異性との情緒的関係がうまくいかなかったことに関係あるのかもしれないが，これまでの対人関係の中で誰も彼女の期待に応じてくれなかったためにできあがった，より根強い反抗的態度を示しているのかもしれない。〕

可能な所見4

COPの値が2か3で，AGの値が2の場合は，被検者はポジティブな対人関係に関心を持ち，そのような関係をよろこんで受け入れるものの，他者との関わりは強引で攻撃的なものであることが多いと考えられる。このような人は対人交流が攻撃的なものになることも当然あると考えているが，対人交流が通常はポジティブなものであることを期待している。ステップ9に進む。

可能な所見5

COPの値が3以上で，AGが0か1の場合，あるいはCOPの値が4以上で，AGが2以下の場合，被検者は他者から好感を持たれ，社交的な人と見られているだろう。このような人は対人的な活動を日常生活におけるとても大切なものと認識しており，周囲からは，集団内で大変社交的に振る舞う人と見られることが多い。他者とよい関係でいたいと常に期待し，またそうなるよう努める人である。ステップ9に進む。

ケース25　35歳の男性　対人知覚に関するデータ

```
R   = 26        CDI = 1      HVI = No           COP & AG RESPONSES
a:p = 10:4      SumT = 2     Fd = 0      II   4. D+ FMa 2 Ad P 3.0 COP,GHR
                [eb = 6:5]               III  6. D+ Mao 2 H,Id P 3.0 COP,GHR
Sum Human Contents = 9       H = 6       VII 14. W+ Mao 2 H,Ls P 2.5 COP,GHR
[Style = introversive]                   VII 15. W+ Mao 2 H 3.0 COP,GHR
                                         IX  19. D+ Ma.FCo 2 (H),Id P 2.5 COP,GHR
GHR:PHR = 9:1                            X   21. D+ Mau 2 (H),Bt 4.0 COP,GHR
COP = 6         AG  = 0      PER = 1
Isolation Indx = 0.19
```

〔ケース25所見該当　プロトコル中にはCOP反応が6個ある。それらのコーディングにはネガティブな特徴は認められない。これは，彼が非常に開放的な人で，対人的な交流を積極的に求め，他者とのよい関係を期待していることを示す。社交的な人と見られやすく，周囲の者には好かれるだろう。〕

可能な所見6

COPの値が3以上でAGの値も3以上というのは，非常に変わった所見である。これは，何が適切な対人行動なのかわからずに混乱しているか，深刻な葛藤に陥っていることを示して

いる。このような人は他者をよく理解できていないし，日頃の対人関係の持ち方は一貫せず，予想外の行動をとる傾向がある。ステップ9に進む。

ステップ9：PER（Personal Responses；個人的反応）

個人的反応（PER）は，それほど稀なものではない。成人非患者群のプロトコルの半数以上で少なくとも1個見られ，2個含まれているプロトコルは約20％ある。児童は成人よりも多くのPER反応を出す。被検者がPERとコーディングされるようなやり方で反応を述べる場合は，安心を得ようとしたり，検査者から疑問が出されるのをかわそうとしていることを示す。これは人間にはよくあることであり，ほとんどの人が時々この手段を用いる。自分が知っていることを根拠にすれば安心感を得られるからである。しかし，中にはこの手段を過度に用いる人もいる。その場合は，単に安心を得ようとしているだけとは言えない。これは，他者に弱みを見せないように防衛するための，あるいは他者より優位に立つための，ある種の知的権威主義である。このような人は自分の見聞や意見を頻繁かつ強引に述べるため，周りから人が遠ざかっていってしまいがちである。狭量な人，あるいは「知ったかぶる」人と見られることも多い。

可能な所見1

PERの値が2か3の場合，被検者は大部分の人よりも対人場面においていくらか防衛的で，こうした場面での安心感を保とうとして知識をひけらかすと予想される。これは必ずしも対人関係を悪くするものではない。単に，とがめられるかもしれないような場面では安心感がひどく乏しくなることを示しているだけである。ステップ10に進む。

ケース26　23歳の女性　対人知覚に関するデータ

```
R    = 19       CDI  = 4     HVI = No        COP & AG RESPONSES
a:p  = 5:9      SumT = 3     Fd  = 0      I  1. WSo FMa Ad 3.5 AG,PHR
                [eb = 8:9]                II  5. D+ Ma+ 2 H,Cg P 4.0 COP,GHR
Sum Human Contents = 6       H   = 4      II  6. DS+ Ma.FC'o 2 H,Cg,Hh P 4.5 COP,GHR
[Style = introversive]
GHR:PHR = 5:2
COP = 2         AG = 1       PER = 2
Isolation Indx = 0.63
```

〔ケース26所見該当　PER反応が2個あり，対人場面では防衛的になりがちであることが示されている。安心感を得ようとして，あるいはとがめられるのを避けようとして，自分の知識をひけらかすことが多いだろう。〕

可能な所見2

PERの値が4以上の場合は，被検者は対人場面で自分が傷つかずに完全でいられるのか確信が持てていないと言える。また，対人場面で自分に対する非難が持ち上がったと思えば，それをかわすため，防衛的に権威主義の衣をまとうことが多いと予想される。このような人は，

周りの人からは頑固で狭量だと思われやすい。そのため，周囲の者，特に自分に従おうとしない人とは親密な関係を維持できないことが多い。ステップ 10 に進む。

ステップ 10：孤立指標

この指標（$Bt + 2Cl + Ge + Ls + 2Na/R$）を構成している各反応内容の出現頻度のベースラインは，いずれも低い。これらのうちの二つ，植物反応（Bt）と風景反応（Ls）は多くの記録で見られるものの，その出現頻度は低い。残りの三つ，雲反応（Cl），地理反応（Ge），自然反応（Na）の出現頻度はさらに低く，ベースラインは 0 に近い。合計したとき，あるいは頻度の低い三つの反応の値を倍にして合計値を修正したとき，その値が全反応数中に占める割合はわずかなものになるのが普通である。値が反応数の 4 分の 1 を越える場合は，その人の対人関係には注目すべき特徴があると言える。

可能な所見 1

孤立指標が 0.26 から 0.32 であれば，被検者は期待されるよりも社会的交流には積極的でないことを示す。これは決して珍しい所見ではない。患者群，非患者群ともに，これに該当する者は 15 ％を超える。この所見は，社会的不適応や社会的な葛藤の存在を示すものでは**ない**。日常的に社会的交流を持つことにあまり関心を持っていないか，嫌がっていることを示しているのである。嫌がっているのであれば，対人交流への関心はあっても実際にはあまり関わりを持たないということであり，記録中には普通，人間反応が最低でも平均の数だけあり，COP の値は少なくとも 1 ある。ステップ 11 に進む。

可能な所見 2

孤立指標が 0.33 以上の場合，被検者は社会的に孤立していると考えられる。この所見に該当する場合は，人間反応の数は平均より少ないことが多い。また，COP 反応が 2 個以上あることは滅多にない。このような人は，円滑で有意義な対人関係を築いたり維持することがなかなかできない。この所見は，社会的交流から病的なまでに引きこもっていることを示しているわけではない。単に，さまざまな理由で他者とあまりうまく接することができず，結局は実りある対人関係をほとんど経験してこなかったことを意味しているにすぎない。ステップ 11 に進む。

ケース 26　23 歳の女性　対人知覚に関するデータ

```
R   = 19       CDI = 4      HVI = No           COP & AG RESPONSES
a:p = 5:9      SumT = 3     Fd = 0    I   1. WSo FMa Ad   3.5 AG,PHR
               [eb = 8:9]             II  5. D+  Ma+ 2 H,Cg    P 4.0 COP,GHR
Sum Human Contents = 6      H = 4     II  6. DS+ Ma.FC'o 2 H,Cg,Hh P 4.5 COP,GHR
[Style = introversive]
GHR:PHR = 5:2
COP = 2        AG = 1       PER = 2
Isolation Indx = 0.63
```

第9章　対人知覚と対人行動　317

〔ケース26 所見該当　孤立指標は0.63で，彼女の社会生活の中身は期待されるよりも乏しいものであることが示されている。先に，彼女は他者にかなり関心があるようだと述べた。しかし，他の所見や彼女のこれまでの生活歴を考え合わせると，彼女の対人関係は表面的なもので，実りあるものにはなりにくいと予想される。〕

ステップ11：ペアを伴うMとFM

このクラスターの最後のステップでは，ペア(2)のコーディングを含んだ人間運動反応および動物運動反応について評価する。これらの反応は自己知覚のデータを吟味する中ですでに解釈されている場合が多いが，ここでさらに検討するのは別の目的による。その目的のひとつは，相互関係について述べる際に何らかの一貫性やパターンが見られるかどうかを確認することである。もうひとつは，相互関係を説明するときの変わった言葉，あるいは言葉の用い方のおかしさについて調べることである。通常は，ここでの検討によって新たに仮説が導き出されるわけではない。しかし，社会的交流に関して先に立てた仮説がより明確になったり，ふくらむことはある。

ケース25の反応

Ⅱ 4　黒い部分は，2匹のイヌが鼻をすりつけ合っているところ。じゃれてるときするように。（質問段階）実際には全身は見えない，頭だけです。こことここ(D1)。鼻はここで触れ合ってる。イヌが機嫌いいときにするみたいな感じ。仲よさそうにお互いのにおいを嗅いでいるんだと思う。耳はここで（指さす），首。

Ⅲ 6　二人の人が太鼓か何かの周りを踊っているところ。（質問段階）ええと，踊るときによくやるように，身をかがめて。頭で，腕で。ここは，太鼓に手が触れているみたい。脚で，多分，原住民の踊り。（E：原住民の踊り？）いや，よくわからないけど，原住民の踊りかモダンダンス。太鼓を使って，その周りを踊るようなやつです。

Ⅶ 14　二人の女の子みたい。大きな岩に座ってゲームか何かをして遊んでいるところ。（質問段階）髪の毛に羽根をつけてるみたい，この上のところ(D5)。額で，顎で，鼻で，腕があって，この下のは岩。ゲームか何かをしているみたい。

Ⅶ 15　こうすると，女の人が二人，踊ってるみたいです。背中合わせで，頭を後ろにそらしてる。ほとんど触れそうな感じで。（質問段階）両側に一人ずつ。大きな髪型で，これが腕，脚。何かのダンスをしてるみたい。（E：大きな髪型とおっしゃいましたが。）頭にしては大きすぎるんですよね，ここ(Dd23)。だから大きな髪型かなと思ったんだけど，帽子でもいいかな。

Ⅸ 19　オレンジのところは，魔女みたいな人が二人。大釜で何かを調合しているみたい。（質問段階）先のとがった帽子をかぶってて，腕を大釜の上に伸ばして，かき回しているみたい。オレンジの服を着ていて，毒か何かを調合している。（E：大釜というのがよ

くわからなかったんですが。）この真ん中の部分。大釜か大樽（D8の輪郭をたどる）。

X 21　ええと，この上の部分は，この柱か棒を持ち上げようとしている小鬼が二人。（質問段階）見かけがおかしくって，だから小鬼にしたんです。脚が短くて，頭か帽子に触角みたいなものを付けてる。二人でこの棒か柱を持ち上げようとしているところです。

〔ケース25の検討　ステップ7と8で述べたように，これらはすべて良質人間表象反応であり，COPがついている。すべてポジティブな特徴を持つという一貫性がある。先に，彼は他者に強い関心を持ち，人付き合いを好み，社交的で，周りからも社交的な人と思われているだろうとの仮説を立てたが，この仮説をこれ以上明確にしたり，補強するような変わった言葉づかいは反応中にない。〕

ケース26の反応

Ⅲ 5　踊っている人が二人。一緒に踊っています，ディスコみたいに。（質問段階）これとこれ（D9）。頭で，首，ジャケットかブラウスの襟が出ていて，腕で，脚。お互いの方に体を傾けてるんです。二人ともハイヒールを履いてます。

Ⅲ 6　それか，ウェイターが二人でテーブルの上を片づけているところ。（質問段階）同じ体つき。黒い服に白いエプロンをしてます。身を屈めて，二人でこのテーブルの上を片づけているところ。

Ⅳ 8　あと，茂みの中から反対側をのぞき見ているアヒルが2羽。（質問段階）黒いアヒルと白いアヒルの頭。反対側を見張ってるところ。（E：茂み？）ここ，濃淡があるから生い茂ってるように見えます。茂みに囲まれていて，そこに隠れて，のぞき見てます。

X 17　ここは二人の妖精（ピクシー）みたいに見えます。頭で，ナイトキャップをかぶっていて，見つめ合っています。（質問段階）この，ピンクの上のところ。本物の頭って感じじゃなくて，おとぎ話に出てくる妖精（ピクシー）の頭みたい，二つ。先のとがった帽子をかぶってる。鼻で，顎で，ここは帽子の先っぽ。

〔ケース26の検討　これら4個のうち3個の反応は，受け身で人に仕える性質のものだが，この特性はすでにステップ3で明らかになっている。ステップ10では彼女は見かけ以上に社会的に孤立しがちであるとの仮説を立てたが，これらの反応から伝わる気の進まなさや表面的な感じというのは，この仮説に符合する。〕

ケース27の反応

Ⅲ 5　踊っているか，エアロビクスか何かをしている二人の人。（質問段階）踊っているところ。エアロビクスかもしれない。どっちにしろ，背景に何か飾りがある。こういう，パーティで飾るような赤いもの。（E：二人の人？）ここ。二人の女の子。この胸，たぶん裸だろうな，おおっと。長い脚にハイヒール。鼻はぶかっこうだな。僕にはでかすぎるけど，でもいかす胸だよね。

X 17　トカゲが2匹でこのパイプをぶっ倒そうとしてるところ。（質問段階）ここに1匹，こ

っちにも（D8）。このパイプを押してる。2匹でぶっ倒そうとしているみたいに。（E：どういうところからトカゲらしいと思われたのか，よくわからなかったんですけど。）ただそう見えるだけ。脚で，顔がそこで。

〔ケース27の検討　これら二つの反応に明確な一貫性は認められない。〕

対人知覚と対人行動に関する所見の要約

各ステップから導かれた所見は，統合，要約されなくてはいけない。他のクラスターでと同様，要約にはネガティブな特徴だけでなく，ポジティブな特徴も含めるように留意する。可能ならば，対立仮説についても解き明かし，説明を加えるべきである。

ケース25

この35歳の男性に関する所見は，全体的にかなりポジティブなものである。他者への関心は非常に強く，現実に基づいた他者理解をしていると思われる（ステップ6）。対人関係上の行動は概して適応的なものと予想される。なぜならば，彼は非常に開放的な人で，対人的な交流を積極的に求め，他者とのよい関係を期待しているからである（ステップ6，7）。彼は社交的な人と見られているだろうし，おそらく好かれてもいるだろう（ステップ8）。一つだけネガティブな所見が認められる。それは，かなり長い期間寂しさや孤独感を感じており，彼はそれを受け入れることも満たすこともできずにいる，というものである（ステップ5）。これにはおそらく自己知覚の所見が関連してくるだろう。彼は自信に乏しく，自分についてやや悲観的に考える傾向がある。結婚に失敗したためにそうなっているのかもしれないが，その原因が何であれ，このような傾向のために彼は深い人間関係を再び築くことに気が進まなくなっている。その結果，彼は不快な感情をかかえることになったのであろう。しかし，この孤独感は，対人行動を不適切なものにするほどの強い影響力は持っていないようである。

ケース26

この23歳の女性に関する所見は，成熟した対人関係を築いたり維持するために重要な社会的スキルが何かしらひどく欠けていることを示している（ステップ1）。彼女は，普通，他者との関係では受動的な役割を取ることを好む（ステップ3）。それは責任を回避するための方法かもしれないが，他者を操作するための手段となっている可能性もある。かなり強い切望もしくは寂しさを抱えているが，これは，裏切られ，捨てられたエピソードが生活歴中に見られることからすれば，意外なことではない（ステップ5）。こうしたエピソードは彼女の自尊心をいたく傷つけるものである。彼女は最近の生活について混乱したものになっていると述べていたが，このエピソードは彼女の混乱ぶりをますますひどいものにしている。彼女は他者に関心があり，人間を現実に基づいて理解しているようである。しかし，彼女は自分に強い関心を

向けている上に受動的な人でもあるため，対人関係の持ち方について誤った判断をしてしまうことがよくある（ステップ6，自己知覚の所見および生活歴）。普段は適応的で他者から好感を持たれる対人行動を取る傾向があるが，これは表面上のものに過ぎない。自分の欲求を満たす目的で相手に依存的になる場合は，彼女の行動はあまり好意的には受け取ってもらえないだろう（ステップ6，7，自己知覚の所見）。

彼女は対人交流をポジティブなものと考え，それをよろこんで受け入れる。しかし一方では，これまでの対人関係の中では彼女の期待に応じてくれる人が誰もいなかったために怒りの感情を持つようになり，今でもその怒りをかかえている可能性がある（ステップ8）。彼女は対人場面では防衛的になりがちであり，安心感を得ようとして，あるいはとがめられるのを避けようとして，自分の知識をひけらかすことが多いだろう（ステップ9）。彼女は他者に対する関心があるとは言え，実際の社会生活は上辺だけのもので実りは少なく，いくらか中身に乏しい（ステップ6，7，10）。彼女の生活歴中に，男性との関係が破局を迎えるという重大事が含まれていることを考えれば，これは意外なことではない。彼女には何人かの友人がいるが，悩みを相談できるのは姉だけであり，しかもその姉とは電話でしか話ができないという。彼女は自分の社会生活を「めちゃくちゃ」と指摘しているが，このような自覚は治療計画の策定に役立つ大切な利点となるかもしれない。]

ケース27

彼は人を信用せず，自分がコントロールできていると確信できなければ，対人関係を築くことには非常に慎重だろう。自分が無傷のままでいたいと執拗に願い，失敗の原因を他者のせいにして責める傾向がある（ステップ2）。興味深いことに，彼は成人にしては依存的行動を示すことが多い（ステップ4）。これは，対人関係に用心深くて他者と距離を置こうとし，対人場面を自分でコントロールできるようにしておきたがる人には普通見られない所見である。おそらく彼の中では依存欲求とセックスが結びついている。彼にとって性的行動は，自分が完全であることの確信を得たり依存欲求を満たすための，自分でコントロールできる方法なのであろう（自己知覚の所見）。しかし，彼は概して対人関係には非常に慎重で，おそらく通常の成人には期待されない位，他者と距離を置くことにこだわっている（ステップ5）。

彼は人に関心を持っているようだが，他者をあまりよく理解していない。他者を誤解したり，社会内であまり適切でない行動を取ることが多い（ステップ6）。対人関係面で多くの問題を起こしやすく，彼の対人行動は他者から否定的に見られがちである（ステップ7）。おそらく，大多数の人よりも強引，攻撃的であろう（ステップ8）。悪いことに，彼は自分が攻撃的になることに甘く，状況にふさわしくないやり方で攻撃性を表してしまいやすい。

練習問題

ケース29

　25歳の女性。彼女は物質乱用の外来治療プログラムの参加申し込みをし，それに関連して評価を受けることになった。彼女は，夜間に友人とともにコカインを常習していたことを認めている。友人の一人はコカイン依存のために社会生活ができなくなっていると言う。彼女は治療を希望する理由について，薬物を差し出されれば「ノーと言えない」気がするからだと述べる。しかし，職を失うのがこわいから入院プログラムを受けるのは嫌だという。外来プログラムへの参加が認められれば，週に2回，すなわち1回は個人プログラムのため，もう1回はグループプログラムのために病院を訪れることになる。プログラムの期間は最短で12週間である。

　彼女は一人っ子であり，両親は9歳の時に離婚している。定職に就いて働き始めるまで，彼女は母親と一緒に暮らしていた。母親は49歳で，衣料品店のアシスタントマネージャーをしている。父親は53歳。この5年間，たまに手紙やカードのやりとりをする以外，まったく連絡を取っていない。父親は再婚し，彼女が高校を卒業すると間もなく，遠方の州に転居した。それより前は，年に6回位，だいたいは特別な行事（クリスマスや誕生日など）の折りに，彼女は父のもとを訪ねていた。現在父親は，製造会社で管理職に就いている。

　彼女にはアレルギー性の呼吸器疾患があり，このために小学校1，2年生の頃はよく学校を休んでいた。3年に進級する頃には学校を休まなくなったが，アレルギー治療のための注射は14歳になるまで打っていたという。18歳で高校を卒業し，1年間ドラッグストアで働いた後，理学療法士になる勉強を始めた。21歳で準学士の学位を取得し，資格試験に合格した。そして，現在勤める病院のリハビリテーション科に職を得た。仕事は好きだし，今の職にずっと就いていたいと話している。現在，二人の女性（27歳の秘書，25歳の航空会社代理店店員）と共同でアパートを借りて生活している。

　小学校時代は友人があまりいなかったが，中学生になってパーティやダンスに級友二人と出かけるようになってから変わってきたという。あるパーティで一人の男の子が彼女にキスをし，いちゃついてきた。その約4カ月後，彼女はその少年と初めての性関係を持った。それは楽しい経験ではなかったので，その後高校を卒業するまでセックスはしなかったという。高卒後は「8人か10人位の男と寝た」が，10カ月前に今のボーイフレンドと出会うまではオルガスムを経験することはなかったという。彼女は「自分では彼を愛していると思うし，彼も私を愛していると言ってくれる」と話している。

　ボーイフレンドもコカインを使用しているが，「私がやめれば彼もやめると約束してくれた」という。彼女の考えでは，「コカインをやらなければ，私たちうまくいくと思うんだけど，ときどき二人ともまともじゃなくなっちゃって，まずい方に行ってるなって思うことがある」の

だという。抑うつについては否定し，「本当にわけがわからなくなったことはない」と言っている。ボーイフレンドとの関係をかなり心配していると言い，「彼と結婚したいけど，ちゃんとまともになってからでないと駄目だってことはわかってる」と述べる。査定事項は次のようなものである。（1）明らかな精神医学的問題が存在するか，（2）治療への動機づけの程度と治療プログラムを継続できるかどうかの予測，（3）彼女のための特別な治療目標はあるか。

ケース29　25歳の女性　対人知覚に関するデータ

```
R = 19       CDI = 4      HVI = No         COP&AG RESPONSES
a:p = 3:7    SumT = 0     Fd = 1    VII 12. Dd+ Mp.FYu 2 H,Cg 1.0 COP,GHR
             [eb = 6:6]              X 16. D+ FMa.FC'o 2 A,Bt 4.0 COP,GHR
Sum Human Contents = 7   H = 3       X 19. Dd+ Mp.FCo 2 (Hd),Fd 4.0 DV,COP,GHR
[Style = introversive]
GHR:PHR = 6:2
COP = 3      AG = 0       PER = 1
Isolation Indx = 0.11
```

1．次のうち，ステップ6（人間反応の和とPure H）とステップ7（GHRとPHR）の所見として最もふさわしいものはどれか。
   （a）彼女は期待されるほどには人に関心を持っておらず，他者をあまりよく理解していないだろう。しかし，彼女の対人行動は，たいていは適応的なものである。
   （b）彼女は人に関心を持っているようだが，おそらく他者をあまりよく理解していないだろう。とは言え，彼女の対人行動は，普通は状況に適したものである。
   （c）人への関心は非常に高く，他者理解はかなり現実的なものである。このため，状況にきわめて適した対人行動が多くなっている。
   （d）人への関心は期待されるよりも低いようだが，他者理解はかなり現実的なものである。しかし，彼女は状況に適さない対人行動を取ることが多い。

2．彼女の対人関係によく見られる特徴として最も適切なのは，次のどれか。
   （a）攻撃性
   （b）用心深さ
   （c）受動性
   （d）引きこもり

3．ステップ4（Fd），ステップ5（T），ステップ6（人間反応の和とPure H）の所見と最もよく合うのは，次のどれか。
   （a）彼女は，意志決定を他者に委ねたり，依存的な役割を取るのを好む。しかし，他者から親密な情緒的交流を求められると不安になることが多い。
   （b）彼女はとても孤独な状態にあり，他者と親密で依存的関係を築きたいと望んでいる。

（c）彼女は受動的かつ依存的な人で，決断の責任を他者が引き受けてくれることを期待している。その代わり，他者との親密な情緒的交流を進んで持とうとする。

（d）彼女は受動的だが自立的な人で，他者と距離を取ろうとし，親密な情緒的交流をあまり持ちたがらない。

4．ステップ1（CDI），ステップ8（COPとAG）の所見と最もよく合うのは，次のうちのどれか。

（a）彼女は対人交流をよろこんで受け入れ，成熟した深みのある対人関係を上手に築くだろう。

（b）彼女は対人関係がポジティブなものであることを期待しているが，他者との間に成熟した深い関係を築く上で重要な社会的スキルは，いくらか不足している。

（c）彼女は，関係が表面的なものであるうちは他者に好印象を与える。しかし，社会的な未成熟さゆえに，彼女をよく知る人は彼女と親密な関係になるのを避けたがるだろう。

（d）彼女は社会的に未熟な人で，対人場面では，周囲が受け入れることができないくらい不安が強くなったり，主張的になりやすい。

5．物質乱用の外来治療プログラムへの参加が認められた場合，第一の治療目標として薦められるのは次のうちのどれか。

（a）社会的スキルを学ぶこと

（b）依存欲求を低下させること

（c）対人関係における主張性を伸ばすこと

（d）対人関係上の用心深さを取り除くこと

ケース29の解答

1．b　人間反応が7個というのは，内向型では平均値である。しかし，Pure H の数は少ない。一方，GHR：PHRは6：2である。

2．c　$a：p$ の比率は3：7である。

3．a　彼女は受動的で，食物反応も1個ある。しかし，灰・黒色反応と濃淡反応が全部で6個あるのに，Tがない。

4．b　CDIが陽性だが，COP反応が3個ある。cは正しいのかもしれないが，このデータから言える以上のことが書かれているので，その妥当性を確認するにはより詳細な生活歴の検討が必要となる。

5．a　受動性と依存性の低減のためには，より有効な社会的スキルを十分身につけることが鍵となる。個人およびグループでの治療を3カ月受ければ，社会的スキルを十分学ぶことができるだろう。

第10章
最終所見

　これまでの八つの章では，ロールシャッハの各部分に焦点をあててきた。それぞれのクラスターは個人の特徴について情報を提供してくれるが，その人物全体像を描き出すものではない。ロールシャッハ言語で言うならば，それらはテストの部分（D）を表すものといえるかもしれない。解釈者にとってのチャレンジは，各クラスターから得られる結果をまとめてW+にすることである。最終所見によって始めて人物像がユニークな個人として特徴づけられるのである。

　最終所見を完成させるのはそれほど難しいことではない。それぞれの解釈者には自分の書き方があってしかるべきであるが，クラスターの結果をまとめる作業は常に概念的に筋が通っている必要がある。時にはクラスターに従って結果をまとめるのが便利な場合もある。鍵変数として表3（第1章）に挙げた順番がそれである。通常，この順番は解釈手続きの早い段階で最も重要な結果に焦点を合わせるように決められているので，ここから始めるのはよいスタートである。しかし，最初の鍵変数の所見がネガティブなものであることも多い。最終所見にはポジティブな所見とネガティブな所見の両方がほどよく含まれていることが肝心である。

　解釈者によっては，クラスターの要約を気楽に次々と並べて，あたかも「最終」所見ができるかのように思う場合がある。しかしこれは勧められる方法ではないし，このようなのは**統合された**記述とはいえない。クラスターの要約はそれぞれ別個のものであることが多く，目前の課題に焦点づけしている。一つ以上のクラスターを含む，たとえば認知の三側面の要約でさえそうである。また，クラスターの要約は重複する情報を含むことも多い。それは，ラムダや*EB*，*SumV*，HVIなどが，一つのクラスターだけでなくいくつかのクラスターにわたって解釈に関連するからである。結局，クラスターの要約を単純に並べるのは，実際の人物の全体像を描き出すにはおよそ不十分なやり方であるといえる。

　結果を統合して，個人の心理的仕組みや機能をはっきりさせるユニークな記述をすることは，検討事項の項目に答えることにもなるであろう。そのためには，解釈者はそれぞれの特徴をほかの特徴と関連させて結果を考える必要があるということになる。第1章で述べた，解釈をするにあたってあらかじめ持っておくべき人々についての知識，パーソナリティについての知識，精神病理や不適応についての知識がこの段階でまさに重要となる。

　あらかじめ持っておくべき知識があると，内的葛藤に対する理解や，それが外界に対する行動とどのように関連するのかを理解することができる。また，ある特徴がいかにある側面では

資質になり，別な面では弱みになるのかを理解する基本となる。そうすると，特徴がいかに相互に関連しているかを理解できるようになり，どの特徴がその人物にとって優勢で，どれがそうでもないのかがわかるようになる。これらの組み合わせを描写することがその人物の個性をつかむことになるのである。

結果を統合して，まとめ，最終所見にする方法を説明する前に，これまでの章で触れてこなかった二つの変数について論じておきたい。

自殺の可能性（S-CON；Suicide Constellation）

S-CON は一見すると異なった要素からなる一連の 12 変数によって構成されている。各変数は基準に従って結果が該当するか，しないかをみていく。この S-CON は，ロールシャッハを受けてから 60 日以内に自殺既遂した 59 人のプロトコルを用いて，1970 年代中ごろに発展した。その後も何年間か，ロールシャッハを受けてから 60 日以内に自殺既遂した人のプロトコルがロールシャッハ研究財団のデータ・プールに追加データとして集められ，1980 年中ごろには，新しいサンプルを含めて 101 の記録になった。元のサンプルに施行したいくつかの分析がこの新しいサンプルでも繰り返された。それはどれも，自殺既遂をする被検者と他のさまざまな入院患者や外来患者の比較サンプルとを正しく区別することのできるテストの変数はどれなのか，あるいは変数の組み合わせは何なのかを明らかにするために選ばれた手続きである。

元の 59 の記録を分析して 11 の変数が構成された。この 11 変数のうち少なくとも 8 個以上が該当するときを基準とすると，自殺群の 75 ％が正確に見極められ，比較群の 10 ％から 20 ％がこれに当てはまり，比較に使われた非患者群の記録には該当しなかった。交差妥当性の分析サンプルの結果もこれとかなり近似したものとなったが，この分析の結果，この変数構成にもう一つの変数を付け加えることになった。

12 変数となった S-CON は，8 以上該当という基準を用いると，交差妥当性を確かめるための自殺群サンプルの 80 ％を正確に同定した。逆に，患者比較群の 6 ％から 12 ％にしか 8 以上の変数が該当するものはなく，非患者比較群には該当するものはいない。カットオフ基準を 7 に下げると，自殺群の正当率は 90 ％に上がるが，さまざまな比較群で擬陽性の割合が 30 ％以上に上昇し，6 ％の非患者の記録にも当てはまることになる。

S-CON の解釈

解釈にあたって**いつも**最初に検討するのがこの S-CON である。S-CON の値が 8 以上であれば，これはロールシャッハを受けてから比較的短い期間に自殺した人たちと共通の特徴を持っていることを示す「危険信号」と受け止めるべきであろう。警告として受け止めて，自己破壊についてのとらわれがどのようなものなのかを確認する作業を迅速に進めなければならない。通常は，十分話せる面接時間をとって本人とその問題について確かめるが，詳しい生活歴から

もこの問題に取り組むためのきっかけが得られるものである。

S-CONは成人のプロトコルから発展してきた。若年患者のS-CON作成のために，後に自殺既遂した若年者から集められた少ない記録サンプルを使って研究がなされた。この研究結果は複合的なもので，実験的S-CON児童版には多くの擬陽性のケースが生じた。結局，この研究の分析を終えてみると，15歳から17歳までの思春期後期にはS-CONが成人と同じ解釈基準で使えることがわかった。

S-CON値が8より少ないからといって，自己破壊へのとらわれがないと解釈しては**ならない**。自殺群には20％から25％の擬陰性の記録が含まれている。この観点から，S-CON値が7のプロトコルを見て自己破壊について心配する解釈者がいないわけではない。その心配は論理的に正しいものである。もちろん，反応のコーディングが正しいか注意深く見直しをするだろう。仮にコーディングは正しかったとしても，はたして死についての思いはどれほどあるのかについて，その個人に関して入手可能な**すべての**データを考慮して，充分に把握しておくことが大事である。

知覚と思考の指標（Perceptual-Thinking Index：PTI）

PTIは，これまで統合失調症指標（SCZI：従来精神分裂病指標と訳されていたが，呼称変更に伴い訳語を変更した）と呼ばれていたものを修正したものである。元のSCZIは，知覚と思考に関する変数を用いて1970年代に展開された。それには五つの基準があった。1980年代に改定されて6個の基準を含むものとなった。SCZIの解釈には常にカットオフ基準が設けられ，S-CONにおけるスコアのカットオフポイントの設定で使われた手続きと類似の分析によって定められた。その分析によれば，SCZI値が4以上であれば統合失調症様の問題を持つ可能性があると示唆された。

群間研究によれば，カットオフポイントを4にすると，統合失調症と診断された人々の65％から80％を識別できる。しかし，10％から20％のその他の比較的深刻な問題を持つ人もこのSCZIの値が4以上になった。これは大うつ病の入院患者にみられたが，この「擬陽性」はほかの精神病様の状態にも際立っていた。

実際，非統合失調症患者に所見が該当することは，この指標に含まれる変数を考えてみると必ずしも間違いとも言えない。それらの変数は，認知の媒介や思考と関連しているので，かなり混乱している患者はたいていそのような機能に支障があるからである。しかし「統合失調症指標」という名称ゆえに，解釈するときに，この所見は該当するがしかしその人は統合失調症ではないと説明しなくてはならなかった。

かなりの擬陽性の割合が若年者の中に目立つのも特徴で，特に思春期前期と思春期で爆発的な行動をとる若者に多い。たいていこのような若者は，拒否感や怒りを抱いているので，それがテストを受ける時の行動に重要な影響を与える。つまり，ブロットのはっきりとした手がか

表 11　PTI を構成する変数と基準

---
1. XA％＜ 0.70　かつ　WDA％＜ 0.75
2. X －％＞ 0.29
3. LVL2 ＞ 2　かつ　FAB2 ＞ 0
*4. R ＜ 17　かつ WSUM6 ＞ 12　または　R ＞ 16　かつ WSUM6 ＞ 17
5. M －＞ 1　または　X －％＞ 0.40

* 13 歳以下の場合は年齢によって修正する：
　R ＞ 16：5 歳から 7 歳＝ 20；8 歳から 10 歳＝ 19；11 歳から 13 歳＝ 18
　R ＜ 17：5 歳から 7 歳＝ 16；8 歳から 10 歳＝ 15；11 歳から 13 歳＝ 14

り特徴を無視するとか，歪めたロールシャッハ反応を選んでしまいやすい傾向となる。指標に使われている変数を見る限り，彼らは確かに陽性となるが，たいてい統合失調症ではない。

　また，SCZI を使うことが困難になってきた理由に，統合失調症の診断のための臨床基準と行動基準が徐々に変化してきたこともある。ある面では統合失調症のための診断基準がより狭められたが，他の面ではかなり広範囲のものを含むようになった。統合失調症のスペクトラムという概念が新たに尊重されるようになり，それまでであれば統合失調症と診断されていたであろう人に，このスペクトラムのほかの診断名が適用されるようになった。

　さまざまな要因に刺激されて，SCZI に関する一連の新しい研究が着手された。その目的は，認知の媒介や，思考に著しい問題を持つ人を識別する際の妥当性を高めることであった。結果は非常に好ましいもので，知覚や認知の媒介の問題を識別する，新たな二つの変数を生み出した。XA％と WDA％がそれで，これについては認知的媒介の章で述べた。この研究の結果，名称も「知覚と思考の指標」に変更したが，それはこの方がここに含まれる変数が感知している特徴をより正確に反映していると思われたからである。PTI を構成する変数と基準を表 11 に示す。

　PTI を展開するために，二つの「擬陽性」を示すケースのグループを検討した。最初のグループは，SCZI が 4 以上該当するが，統合失調症ではなく，また精神病様の特徴を示さない150 のプロトコルである。これらは「確実に」擬陽性と考えられたグループである。二つ目のグループは，統合失調症ではないものの，精神病様の特徴が顕著な人たちから集められた 50 のプロトコルで，SCZI の値が 4 から 5 になる「問題を持つ」擬陽性群である。150 の擬陽性群のうち，127 ケースは PTI が 3 以下で，およそ 66 ％が 2 以下になった。一方，真の陽性群では 50 ケース中 31 ケースの PTI 値が 4 か 5 で，残りの 11 ケースは PTI 値が 3 であった。

　PTI は SCZI よりも認知の媒介や思考の問題を見極めにくいものの，統合失調症者の PTI スコアの分布は SCZI の分布とそれほど大きく変わらない。たとえば，DSM を基本に統合失調症と診断された 110 人のグループでは，84 人が SCZI の値が 4 以上であった。この 84 人中 62 人は SCZI 値が 5 以上であった。110 人の PTI の値は，61 人が 4 以上で，22 人が 3 であった。

PTI を解釈する

　この指標は，特定の診断を決定する際にその主要な根拠として使われる**べきではない**。決め

手となるカットポイントも設定していない。むしろこれは連続性の尺度とみるのがふさわしく，値が高くなればなるほど望ましくないと考えられる。ここでの主な目的は，認知の媒介や思考に問題がありそうだと，解釈者に警告を発することである。論理的には，PTIの値が4，5であれば，この値が0や1や2よりも認知の媒介や思考に問題があることを示している。しかし，それは単なる区別でしかない。実際に認知の媒介や思考にどの程度問題があるのかは，これらの特徴と関連のあるデータのクラスターでしか明らかにならないので，そこで徹底的に検討されることになる。

クラスター解釈の最も適切な順番を決めるための鍵変数のリストでは，PTIはSCZIに代わって**最初**の項目となる（第1章，表3参照）。これが最初の項目に残る理由は，PTIの値が高くなると他のデータよりも先に認知について検討することが重要であることを意味するからである。

ケース30：最終所見を作成する

32歳の女性の記録を使って，データから得られた所見をどのようにつなげて最終所見としてまとめるのかを説明する。この評価は，精神科医の要請で行われたものである。その精神科医を彼女に紹介したのは牧師である。深夜に教会で座って泣いている彼女を牧師がみつけた。牧師が見たところ彼女は教会の一員ではなかった。何か手助けができるか尋ねてみると，彼女は支離滅裂になっていた。自分の名前や住所もわからないので，これは薬物によって引き起こされた状態であろうと考えた。持ち物を調べてもいいという許可を得て見たところ，身分を証明するものがあって，30キロメートルほど郊外に住まいがあることがわかった。牧師は，彼女を教会に附属する女性のためのシェルターに一晩泊めて，翌朝話をすることにした。彼女は翌日にははっきりしていて，自分の名前も住所も言えるようになっていた。薬物の使用は否認しているが，前日の記憶がないことは認めている。夫と連絡をとることには乗り気でなく，代わりにシェルターを提供することのできる精神科医と話すことに同意した。

面接では，時々記憶が欠落することがあることを認めている。たいてい数時間の範囲で起こるものの，時には二日間にわたって記憶がなかったこともあるという。このことを夫には隠していて，時々近所のいとこを訪ねていると言い訳をしている。自分でも「多重人格なのでしょうか，誰かが私の体を乗っ取るみたいな気がします。そんなのを読んだことがあります」と心配する。「必要」でない限り夫には伝えないという条件つきで，神経学的および心理学的評価をすることに同意した。

彼女は10年前に結婚した。単科大学で政治学の学位をとって卒業後すぐであった。夫は35歳会計士で，会社組織の会計監査をする事務所の共同経営者である。結婚後，弁護士秘書の仕事についた。彼女によれば，その仕事は好きだったが，時間をとられるので，家事に手が回らなくなったという。3年後にその仕事を辞めて以来仕事についていない。兄弟二人の末っ子で，

兄は35歳で弁護士をしているが，彼女とあまり交流はない。父親は66歳で郵便局長をしていた。母親は64歳主婦。家族は遠距離に住んでいて，休暇の時期以外にはほとんど会うことはない。

彼女によれば，結婚生活は過去5，6年はかなり不安定であったという。最初の数年間は幸せな結婚生活であったが，仕事を辞めた直後に妊娠してから困難が始まった。夫は妊娠に驚き，「まだ，自分たちは子どもを持つには早すぎる」と思っていたようで，それにしたがって彼女は中絶した。しかし，夫の意向を汲んで中絶してしまったことを深く後悔していると言う。また，「夫は収入が安定してきたのでそろそろ子どもを作ろうと思っているようだけど，私は不安でそんな気になれない」ので，今はさらに混乱しているのだと言う。彼女によれば，不安の原因は，12歳の時に当時16歳の兄の友人二人に強姦されたことと関連しているという。強姦されたことは親にも誰にも言っていないが，この事件の記憶に常に苦しめられてきたようである。大学時代に2，3人の友人がいたが連絡はとっていない。過去数年には多くの知り合いができたが，「話せる本当に親しい人はいませんでした」と述べる。最近の薬物使用はまったくないが，大学時代にはかなりの薬物をやっていたことを認めている。夫はよくこの薬物のことで彼女を非難するという。

彼女は自分の記憶がなくなるのは混乱のせいであると考えている。毎回，行ったこともない所にいる自分を発見し，この前のエピソードでは，モーテルで目覚め，別な時には家から80キロメートルも離れた湖のそばに止めた車の中に座っていた。おそらくどれか，あるいはすべての場合に，誰かと性的な関係を持っていたかもしれないと率直に自分の考えを話すが，それ自体の記憶はまったくない。

包括的な神経学的検査の結果はどれも所見なしであった。精神科医は，解離反応の診断が適切であるかどうか，そして何か記憶の喪失について説明のつく所見があるかどうかを尋ねている。さらに，統合失調症様の問題を疑う理由があるかどうか，そして，当面の治療目標と，長期の治療目標についてのアドバイスも求めている。夫は最近になってこの問題と評価について知らされたので，この時点で治療に夫を含めた方がいいのか否かについてのアドバイスも求めている。

所見をまとめて全体の記述にする前に，その元となるクラスターの要約を作らなければならない。まず，S-CONの検討から始める。そして，表3（第1章）に示した鍵変数に従って決定した順番でクラスターをみていく。このケースは表の第3番目のリスト，DEPIの値が6以上に該当する。

そうすると，クラスターを検討する順番は感情についてのデータから始めることになる。次に，統制，自己知覚，対人知覚，そして最後に認知の三側面と続く。統制のクラスターのデータにからめて状況関連ストレスの所見も検討する。その理由はDスコアがAdj Dスコアより小さいからである。

ケース30　32歳の女性

カード		反応段階	質問段階
I	1	チョウかもしれない。	E：（被検者の反応を繰り返す。） S：全体で、羽があって、上に小さな触角があるでしょう。
	2	2匹のガーゴイルの彫刻が両側から大きなカブトムシにつかまっている所。	E：（被検者の反応を繰り返す。） S：全体で、ガーゴイルは両側で、羽があって、足、真ん中がカブトムシで、その虫につかまっているよう。 E：彫刻というのを教えてください。 S：きっと彫刻だろうなって思ってました。本物には見えないし、芸術作品だと思ったんです。
	>3	ゾウが目を立てて池の前に立っていて、池に姿が映っているのを見ています。	E：（被検者の反応を繰り返す。） S：水の線で、茂みでゾウ。下にすべて映っています。
	v4	何か死んだもの、コウモリのよう。黒いコウモリ。穴があるので死んでいると思ったけど、寝るときぶら下がるはずだし、穴があるのはやっぱり死んでいるからでしょう。	E：（被検者の反応を繰り返す。） S：尾で、穴があるので死んでいると思ったけど、寝るときぶら下がるはずだし、穴があるのはやっぱり死んでいるからでしょう。
II	5	2匹のクマが壁にフィンガーペインティングをしています。	E：（被検者の反応を繰り返す。） S：クマが両側にいて、頭で、体で、前足か手の跡がこの上に描いてあって、床にペンキをこぼして、この下の赤いのがペンキです。
	6	何かの黒魔術の儀式で、二人でこの白い祭壇の手前で血を捧げています。	E：（被検者の反応を繰り返す。） S：二人は黒の外套を着ていて、赤い帽子をかぶっていて手を合わせて、この白い祭壇の手前にひざをついて、血はこの下です。 E：儀式というのを教えてください。 S：真ん中に祭壇があって、血があればそれは黒魔術ってことになるわね。
III	7	二人の原住民が太鼓をたたいていて、その背景には死んだサルが逆さまにつりさげられています。	E：（被検者の反応を繰り返す。） S：彼らはナチュラリストで女性のナチュラリスト。胸が見えるでしょ。死んだサルが逆さまにぶら下がっていて、長いしっぽ、小さな頭。 E：ナチュラリストというのがわからないので教えてください。 S：裸で、ヌーディストみたいで、そういうのをナチュラリストって言うのよ。
	8	真ん中に肺があります。	E：（被検者の反応を繰り返す。）

第 10 章 最終所見 331

IV
9 大きなアリクイが背中を下にして寝そべっています。

S：両側が真ん中で連結していて，肺のように赤くなっています。
E：（被検者の反応を繰り返す。）
S：鼻と口，大きな腕，大きな足，しっぽ。
E：背中を下にして寝そべっているというのを教えて下さい。
S：背中を下にして寝そべっているので，お腹が見えていて，顔が見えません。ちょうど真上の高い所からこのアリクイを見下ろした感じです。

10 木かもしれない。下から上を見上げていて，葉っぱで。

E：（被検者の反応を繰り返す。）
S：地面が芝生だったら，その芝生に寝そべってこの木を見上げる，そんな感じですね。見上げる感じ。幹（指す）で，枝が出ていて，葉っぱ。

V
11 こうするとIUD（子宮内避妊器具）。

E：（被検者の反応を繰り返す。）
S：上がりくさくて，ギザギザの縁取りで，そんな形。

12 動物の皮。

E：（被検者の反応を繰り返す。）
S：この手触り感が，色合いが毛皮のようで，皮です。

13 チョウチョ。

E：（被検者の反応を繰り返す。）
S：胴体で，羽です。

VI
14 2匹の動物が頭を衝突させているところ（crashing＝DV）。

E：（被検者の反応を繰り返す。後ろ足，前足ここで一緒になってて，横から見た所。
S：ヒツジかシカのよう。

15 女性性器。上の部分は除いてね。

E：（被検者の反応を繰り返す。）
S：陰唇がここに広がっていて，広げられたように開いていて，奥からだんだんと色が変化しているでしょう。

16 動物の皮が壁につり下げられているみたい。

E：（被検者の反応を繰り返す。）
S：足で，しっぽが下で，全体が毛皮のよう，色の濃淡の具合が毛皮のように見えるわね。

VII
17 何かが壊れている。

E：（被検者の反応を繰り返す。）
S：なくなっている所もあって，何かだったのが壊れてしまったのね。壺とか何か。でも何かは分からない。何かの部分がそこにあるだけね。

Ⅷ	v18	カニだけど、中身がないカニ。	E：（被検者の反応を繰り返す。） S：カニの甲羅、中身がないけれど、カニの甲羅の一部で中身はなくなったのね。腐ったとか。
	v19	そう、たぶん二人の黒人が背中合わせで踊っていて、髪の毛がくっついている。	E：（被検者の反応を繰り返す。） S：足でドレス。頭がくっついていてエキゾチックな踊りのようね。
	20	スカラベ。	E：（被検者の反応を繰り返す。） S：とってもカラフルなカブトムシみたいなピンクっていうか宝石ね。
	>21	ピンクのネコが片足を岩に置いて、もう一方の足を切り株にのせ、水に映った自分の姿を見ているところ。	E：（被検者の反応を繰り返す。） S：ピンクのネコ。目で鼻で、青いのでが水で。それの下に映ってる。
	22	おなかの中。医学書なんかに描かれているピンクの胃。	E：（被検者の反応を繰り返す。） S：内臓。図のよう。タイムライフ誌でおなかの中が描かれるみたいに。ピンクの胃。その他は内臓や体液、胆汁とか。
Ⅸ	>23	太った妖精が、ピンクの岩に座って水辺の横でパイプをふかしています。	E：（被検者の反応を繰り返す。） S：パイプを吸っていて、反り返っている。パイプから煙が出ていて、水辺でそれがこっちに映っている。ここにパイプがあって（指す）。オレンジ色が全部煙
	v24	何かの爆発のよう。	E：（被検者の反応を繰り返す。） S：爆発の威力がすごくって、キノコ雲の下からオレンジ色の火と緑色の煙が出て、このキノコ雲を吹き上げています。
Ⅹ	25	マルディグラの仮面。とってもカラフル。	E：（被検者の反応を繰り返す。） S：原始的な仮面で、原始的な色々なものがぶら下がってマルディグラのよう。側にカラフルな色々なものがぶら下がっていて、緑色の垂れ下がりがあって、両上がっていて、
	26	とってもカラフルな海の生き物が動き回っているよう。	E：（被検者の反応を繰り返す。） S：青いところのところ、茶色のところにそれぞれカニがいて、緑色のはウナギか何かで、緑色のはウナギか何かで、ピンクのはサンゴ。たいていのサンゴはぶようにピンクでしょう。サンゴの周りをカニたちが動き回っているのね。

332

```
CASE 30 ====================== SEQUENCE OF SCORES ======================
CARD  NO  LOG  # DETERMINANT(S)    (2)  CONTENT(S)    POP  Z    SPECIAL SCORES
====  ==   ===  = ==============   ===  ==========   ===  =    ==============
  I    1   Wo   1 Fo                     A             P  1.0
       2   W+   1 FMpo               2   Art,(A)          4.0
       3   W+   1 FMp.Fro                A,Na             4.0
       4   WSo  1 FC'o                   A             P  3.5   MOR

 II    5   W+   1 Ma.CFo             2   A,Art         P  4.5   FAB,PHR
       6   WS+  1 Mp.FD.FC'.CFo      2   H,Bl,Cg,Id       4.5   AB,ALOG,COP,PHR

III    7   D+   1 Ma.mp.FDo          2   H,Id,A,Sx        4.0   DV2,MOR,PHR
       8   Do   3 FCo                    An

 IV    9   Wo   1 FMp.FDo                A                2.0   INC
      10   Wo   1 FDo                    Bt               2.0
      11   Wo   1 F-                     Sc,Sx            2.0
      12   Wv   1 TFo                    Ad

  V   13   Wo   1 Fo                     A             P  1.0
      14   W+   1 FMao               2   A                2.5   DV,AG,PHR

 VI   15   Do   1 FVu                    Hd,Sx                  PHR
      16   Wo   1 mp.FTo                 Ad            P  2.5

VII   17   Wv   1 F-                     Hh                     MOR
      18   WSo  1 F-                     Ad               4.0   MOR
      19   W+   1 FC'.Mao            2   H,Cg             2.5   COP,GHR

VIII  20   Wo   1 CFu                    Art,(A)          4.5
      21   W+   1 FMp.Fr.CFo             A,Na          P  4.5   INC
      22   Wo   1 CF-                    Art,An           4.5

 IX   23   W+   1 Mp.FC.Fr.mpu           (H),Fi,Ls        5.5   INC,PHR
      24   Wo   1 ma.CFo                 Ex,Fi            5.5

  X   25   WSo  1 CF.mp-                 (Hd)             5.5   PHR
      26   W+   1 CF.FMao            2   A,Bt          P  5.5   PER
==========================================================================
```

S-CON

　S-CON の値は 9 である。この所見をレポートにはっきり書くのはもちろんではあるが，他の所見はさておいても，照会してきた精神科医とこの点について連絡をとることが大事である。最終所見ではまず最初に，自殺をする人たちと共通するデータが含まれていたことへの注意を喚起する必要がある。彼女の語った生活歴には，自殺についてのとらわれはなかったが，詳細のわからない記憶の喪失は多くあった。あるときには記憶が戻ったら湖の前の車の中に座って

```
CASE 30 ================== STRUCTURAL SUMMARY ===========================
  LOCATION            DETERMINANTS          CONTENTS         APPROACH
  FEATURES         BLENDS       SINGLE
                                            H    = 3,0    I    W.W.W.WS
Zf    = 22         FM.Fr        M    = 0    (H)  = 1,0    II   W.WS
ZSum  = 79.5       M.CF         FM   = 2    Hd   = 1,0    III  D.D
ZEst  = 73.5       M.FD.FC'.CF  m    = 0    (Hd) = 1,0    IV   W.W.W.W
                   M.m.FD       FC   = 1    Hx   = 0,0    V    W.W
W     = 23         FM.FD        CF   = 2    A    = 9,1    VI   D.W
D     = 3          m.FT         C    = 0    (A)  = 0,2    VII  W.WS.W
W+D   = 26         FC'.M        Cn   = 0    Ad   = 3,0    VIII W.W.W
Dd    = 0          FM.Fr.CF     FC'  = 1    (Ad) = 0,0    IX   W.W
S     = 4          M.FC.Fr.m    C'F  = 0    An   = 1,1    X    WS.W
                   m.CF         C'   = 0    Art  = 3,1
                   CF.m         FT   = 0    Ay   = 0,0       SPECIAL SCORES
DQ                 CF.FM        TF   = 1    Bl   = 0,1            Lv1  Lv2
 +    = 10                      T    = 0    Bt   = 1,1    DV    = 1x1  1x2
 o    = 14                      FV   = 1    Cg   = 0,2    INC   = 3x2  0x4
 v/+  = 0                       VF   = 0    Cl   = 0,0    DR    = 0x3  0x6
 v    = 2                       V    = 0    Ex   = 1,0    FAB   = 1x4  0x7
                                FY   = 0    Fd   = 0,0    ALOG  = 1x5
                                YF   = 0    Fi   = 0,2    CON   = 0x7
        FORM QUALITY            Y    = 0    Ge   = 0,0    Raw Sum6  = 7
                                Fr   = 0    Hh   = 1,0    Wgtd Sum6 = 18
       FQX   MQual   W+D        rF   = 0    Ls   = 0,1
 +    =  0     0      0         FD   = 1    Na   = 0,2    AB    = 1  GHR = 1
 o    = 18     4     18         F    = 5    Sc   = 1,0    AG    = 1  PHR = 7
 u    =  3     1      3                     Sx   = 0,3    COP   = 2  MOR = 4
 -    =  5     0      5                     Xy   = 0,0    CP    = 0  PER = 1
none  =  0     0      0                     Id   = 0,2              PSV = 0
                                (2)  = 7

================== RATIOS, PERCENTAGES, AND DERIVATIONS =================
 R = 26      L = 0.24            FC:CF+C   = 2:8    COP = 2   AG = 1
---------------------------------Pure C    = 0     GHR:PHR   = 1:7
EB = 5:9.0   EA = 14.0  EBPer = 1.8 SumC':WSumC = 3:9.0  a:p  = 6:10
eb = 11:6    es = 17     D    = -1  Afr       = 0.37  Food   = 0
      Adj es = 13       AdjD  = 0   S         = 4     SumT   = 2
---------------------------------   Blends:R  = 12:26 Human Cont = 6
FM = 6   SumC' = 3   SumT = 2       CP        = 0     PureH  = 3
m  = 5   SumV  = 1   SumY = 0                         PER    = 1
                                                      Isol Indx = 0.27

a:p           = 6:10  Sum6   = 7    XA%  = 0.81  Zf     = 22    3r+(2)/R = 0.62
Ma:Mp         = 3:2   Lv2    = 1    WDA% = 0.81  W:D:Dd = 23:3:0 Fr+rF   = 3
2AB+Art+Ay    = 6     WSum6  = 18   X-%  = 0.19  W:M    = 23:5  SumV     = 1
MOR           = 4     M-     = 0    S-   = 2     Zd     = +6.0  FD       = 4
                      Mnone  = 0    P    = 7     PSV    = 0     An+Xy    = 2
                                    X+%  = 0.69  DQ+    = 10    MOR      = 4
                                    Xu%  = 0.12  DQv    = 2     H:(H)+Hd+(Hd) = 3:3
=========================================================================
     PTI = 1    DEPI = 6*   CDI = 3   S-CON = 9*   HVI = No   OBS = No
=========================================================================
```

いた。そして最後には教会で発見されたわけである。自殺をもくろむ人々は，行動に移すか移さないかでかなり葛藤を起こしている。たいてい助けを求めるが，間接的であることが多い。教会で発見された時の乱れた状態はその表れであったかもしれない。しかしこうして多くの人が彼女に注目するようになったことで，彼女が心に抱いていたかもしれない目論見はいくらか癒されたかもしれない。それでも自殺についてのとらわれと可能性について，注意深く，速やかに調査する必要がある。

感情

所見は，彼女はたびたび感情的な混乱を経験していて，それはおそらく耐えがたい激しい抑うつとなって表れる可能性を示している（ステップ１）。彼女は課題解決や判断をしなければならない場面では自分の感情を頼りにする人である。これは決して柔軟性のない習慣ではなく，思考に影響が強すぎると思われる場合には，感情をわきに置いておくこともできる（ステップ３）。また，自己否定や，後悔の念とつながる気持ちや，孤独感などの多くの否定的な感情を押し隠す傾向がある（ステップ４）。このようにするのは，感情を直接扱うのがあまり心地よくないためであろう（ステップ６）。

時に，自分の本当の感情の意味を否認したり，曲げて，より知的なレベルで感情を扱おうとする（ステップ７）。こうすることで，感情が激しくなってもそれを安全に保てるようにすることができるのである。一方，彼女が感情を表現するときは，周りの人はたいていそれを予測しやすいだろう。なぜならば，他の人よりも感情を調節しないで表現するからである。彼女をよく知る人は，おそらく強い感情を持つ人であるとか感情的過ぎると評するかもしれない（ステップ９）。また，怒りの気持ちを持つ人で（ステップ11），その根源の少なくとも一部は，不幸な結婚生活にあるだろう。この人はもともと複雑な人ではあるが，現在経験しているストレスによってさらに複雑になっている（ステップ12，13，14）。

統制と状況ストレス

彼女には資質が十分あって，統制とストレス耐性の能力は適切である（統制のステップ１，２）。しかし，現時点では自分で簡単にまかなえる以上のストレスを経験している。その結果，過負荷状況になっていて，そのために傷つきやすく人格の崩壊の危機にあり，時には衝動的になりやすくなっている（ストレスのステップ２）。しかし，たとえストレスがなかったとしても，彼女は成り行き任せで，つながりのない思考に陥りやすい人である。それは彼女が欲求の多い人だからである。また自分のネガティブな特徴を思い巡らす傾向もある（統制ステップ５）。

思考は，現在の心理的過負荷状態によってさらに複雑なものになっている。そのため気が散りやすく，注意集中が困難になっている（ストレスのステップ３）。このことはすでに感情の所見でわかっていたことであるが，現在のストレスが彼女の複雑さのレベルを上昇させ，思考

活動においても複雑さが増している（12個のブレンド反応はすべて運動反応内容を含んでいる）。

自己知覚

この人はかなり自己中心的な人である。自分にとても関心があり，自己愛的な自己価値感を持つために，世界を見る目や，他人に対する判断は特別な色合いをもつものとなる。このような人々は一般に，失敗や不運の原因を外に求め，望ましくないストレスを否認する（ステップ1，2）。興味深いことに，彼女はたいへん内省する人で，そのうちのいくつかは自己を否定的に特徴づけるものである（ステップ3）。自己愛的な人物にはこの特徴は合わないので，かなりの内的葛藤を示しているものと思われる。自己価値感が膨らむのを維持しようとする力と，同時に自分の欠点に気づいていることとの間の苦闘である。自分の否定的な特徴に焦点を向ける傾向は，おそらく強姦や中絶の経験，結婚生活で服従させられていると感じていることのどれか，あるいはすべてと関連しているであろう。いずれにせよ，これらは何らかの抑うつ経験とつながるもので，すでに見てきた自己破壊の構えの種となるものである。

普通でない身体的なこだわりがあり，自分を傷つきやすいものと思っている（ステップ5）。悲観的な見方で自分を捉えるために，傷ついた自分を感じやすい（ステップ6）。自分についてのイメージは，社会との相互交流に基づいているものと考えられるが，必ずしもそれが正確で現実的であるとは限らない（ステップ7）。明らかに性的なとらわれがあって，それが彼女の悲観的な自己像とも関連している（ステップ8a, 8b, 8e）が，傷ついた自分感覚はおそらくより広く行きわたっていて，彼女の自己イメージを作り上げているようである（ステップ8b, 8c, 8d）。たいていは，よりポジティブな見せかけを提示することでこのような特徴を隠そうとするが，必ずしも成功するとは限らない（ステップ8c, 8d）。

対人知覚

対人関係では受身的な役割をとるのが当然であると考えるようである。誰かに判断してもらうことを好むが，これはうまくいかないことが起こった場合には責任を取らなくてすむ便利な方法である（ステップ3）。この特徴を，感情のデータですでに検討してきた怒りと関連させるならば，彼女の行動は受動攻撃性（passive-aggressive）の特徴をもつものと考えられる。彼女はまた，孤独で寂しい人である（ステップ5）。明らかに，結婚生活は彼女の情緒的な親密さを満たすものとはなっていない。人々に関心があり，人に対する印象はたいていは現実に根ざしたものである（ステップ6）。それにもかかわらず，人々と円滑で長続きする関係を作ることは難しいようである。事実，社会的関わりでは表面的な役割を果たすことに終始しているようで，望まれるよりも状況には適応的に振舞えず，時には周りの人から好ましくないと思われることもある（ステップ7）。本人はこのことにはおそらくあまり頓着していないようで，人々とポジティブな交流を期待している（ステップ8）。このように無頓着でいられるのは，

おそらく彼女が自分自身にあまりにも目が行っていて，他人の欲求に気づいたり，言葉や身振りや態度で示される他者からの手がかりを受け止めそこねるためである。他人に興味があるにもかかわらず，実際には社会的な関わりは積極的でない（ステップ10）。

情報処理過程

目の前に提示された新しい刺激に対して，相当努力をしてまとめようとしている（ステップ1，2）。このことは，いくら資質に恵まれた人であるといっても，いくらか受動的な人物には合わない特徴である（対人知覚）。新しい経験に対する情報処理のやり方は，あたかも何も見逃すまいと防衛的になっていることを示している（ステップ4，5）。これは彼女の感情の強さが判断に影響すること（感情）や，しかるべき間集中するのが難しいということを彼女が気づいていること（統制）とも関連している。このように努力することに成功して（ステップ3），新しい情報を信頼できる適応的なやり方でまとめ上げている。しかし，時に怒りや性的関心などの内的とらわれがあると，努力してもうまくいかなくなってしまう（ステップ7，8）。

認知的媒介

新しい情報の翻訳はおおむね適切である（ステップ1）が，現実を曲解する傾向もある（ステップ3）。この現実をゆがめる傾向は，彼女が自分の感情や自己イメージ，あるいは性に関する関心に強く影響された時に生じている（ステップ3）。後者は特にこの点で強い影響力がある（ステップ3b，反応11）。しかし，明確な手がかりがある場合の翻訳はたいてい慣習的なものである（ステップ4）。実際，大部分の翻訳は比較的型どおりのものとなっている（ステップ6）。

思考

思考はかなり感情に影響を受けている。判断に際しては直観が重要な役割を果たしている。このことは何も弱点ではない。時にはあまり厳密でない論理も受け入れられるし，外界からのフィードバックによって元気づけられる人である（ステップ1）。このような直観的なやり方は，柔軟性が伴う限り，また感情や誤った判断によって思考が曇らされない限り大変効果的なものである。しかし，彼女の判断には柔軟性はある（ステップ2）ものの，思考が時に明確さを欠き，一貫しないことがある。悲観的な思考の構えが強く，そのために世の中との関わりに疑いを持ち，努力に対して絶望的な結果を予期してしまう（ステップ4）。内的な要求や状況関連ストレスのために辺縁の精神活動が相当高まっていて，意識的に方向づけられた思考を妨害するために，彼女は自分の考えをまとめるのが難しくなっている（ステップ5）。痛みを伴う混乱した感情を，知性化することによって否認しようとするために，間違った論理に陥りやすくなっている（ステップ7）。結果として，一貫性のない，明確さを欠いた思考パターンと

なり，曖昧な理由づけや悪い判断が目立つことになっている（ステップ 8，9）。彼女の思考は奇妙なものではない（ステップ 9）が，彼女の概念化するやり方は，十分に教育を受けた人にしては単純であまり複雑でないものとなっている（ステップ 11）。

最終所見と指針

　この女性は，かなり情緒的苦悩を経験していて，自己破壊の衝動に駆られているかもしれない。目下，状況関連のストレス下にあり，おそらくそれは彼女を取り巻く環境に原因があるものと思われる。混乱しているために，元々あった適切な統制力が減じている。その結果，彼女の心理機能に中程度の障害が起こっているが，さらに重要なことは，この状況が衝動的な思考や行動を起こす可能性を高めていることで，それは特に複雑でなじみのない場面で生じやすい。

　彼女の記憶の欠落は，かなり抑圧をするタイプの人が，問題含みで不幸な状態から抜け出るために解離状態を起こすのと同じであると考えられる。おそらく，彼女は長らく否定的で混乱した感情と闘ってうまく抜けられずにいたために，心痛と抑うつを経験していたはずである。彼女の記憶の欠落は，先行するこういった状況が複雑になり変形して表れたものと思われる。

　この人は自分の感情によって動かされる人で，それは思考や行動にもかなり影響する。このような直観的な生活習慣は多くの人にあるもので，感情が十分統制されていて，現実の状況に注意が向けられている限りうまく機能するものである。彼女の場合，感情は必ずしも十分に調節されていない。実際，彼女の感情表現はあまりに強いために，周囲の注意をひいていたようである。このように自制が効かないと，周りには彼女は過度に感情的であるという印象をあたえるし，仮に受け入れられたとしても，何人かは彼女から距離を取っていたいと思うはずである。

　このことは，彼女が慢性的に感情の統制に問題があるという意味ではない。統制力は現時点では減じているものの，彼女には十分な心理学的な資質があって，判断したり，感情を表明したりする際に統制することができることは確かである。感情を表現するときにあまり抑制しないのは，おそらくもっと若いときからの習慣的なスタイルである。それがいまだに変わっていないとすると，彼女の他者に対するイメージがまだかなり子どもっぽいのかもしれない。さらに，彼女は否定的な感情の存在を一生懸命隠そうとするために，これはさらに複雑になる。うわべの知的処理によって明らかに不快な感情を否認しようとしている。このような表面的な隠し立ては他人にはすぐに悟られるもので，そうであれば，周囲の人々は彼女と親しく関わるのをひかえるはずである。

　彼女はかなり自己中心的な人で，自分に対する価値を高く置く。若年者にはよくある特徴ではあるが，一般には他者とのより現実的な関わりの中でだんだんと薄れていくものである。そのような変化が彼女には起こらなかったようで，成人に至っても，他者が自分の高い価値を認め，周りが自分の価値の高さを確かめられるような振る舞いをしてくれることを期待している。

事実彼女は他者に対しては受身的で，たいていの判断を他者に委ね，自分に有利に判断してくれるはずだと考えている。このような役割をとっていれば，好ましくないことが起こったときの責任は他人のせいになって，彼女自身は傷つかないでいられる。

人々に関心はあるが，親密で長続きする関係を形成するための感受性とスキルが不足している。おそらく，彼女の自己中心的な構え，受身的な構え，そして強い感情があいまって，彼女が望んでいるにもかかわらず，人々は彼女を遠巻きにしていると思われる。実りのない結婚生活が，さらにこのような限られた社会的つながりを不毛なものにしている。その結果，彼女は認められたいのに誰にも認められず，親しい人もない孤独な人物となっていて，周囲に対して怒りを抱えることとなっている。

このような状況が彼女に自己点検を促し，自分の欠点に気づかせることになって，彼女は今自分は脆く，傷ついていると感じ，自分の性的能力に疑問を感じている。彼女のように高い自己価値感を持つ人にとって，これは特に困難なことのはずである。自己中心的な人はたいてい何か問題があると自分以外の対象にその原因を転嫁するが，自分の欠点を自分のものと認めてしまうことがあるとすれば，それは誇大な自己イメージとの葛藤を生じさせることになる。彼女が若い頃に強姦にあったことと，夫が中絶を望んだことを報告しているのは興味深い。この報告の真偽は別として，どちらも彼女が自分の苦境から責任を逃れるには格好の話である。しかし，より深いレベルでは，彼女は自分で自分を貶めていて，表面的に見える以上に自らの境遇に関して罪悪感や後悔の念を抱いていると思われる。

新しい情報を努力して処理しようとするのは，ポジティブな部分である。大事なことは何も見落とさないように，新しい情報を効果的にまとめ上げる。慣習的であろうと努め，わかりやすい手がかりを基に一般的な行動に移せる人である。時には，怒りやネガティブな特徴が現実を歪めたり無視したりさせることもある。しかし，それほど目立つわけではなく，たいていは彼女の現実検討力はよい。

彼女の思考は期待されるほどには洗練されてなく，必ずしも一貫した明確なものではない。先に述べたように，彼女は感情にひどく影響されるため，それがネガティブなものになったり，混乱をきたすと，思考もその影響を受ける。加えて，思考には悲観的な構えがあるので，彼女は世の中を疑いと絶望感を持ってながめる。欲求と感情の両方が強いので，それらが彼女の集中力を減じる。その結果，思考は不正確な論理や乏しい判断が目立つものになる。

どんなに控えめに言っても彼女は大変複雑な人である。無力感を感じていて，悲しみや抑うつにひどくさいなまれている。必死になって，誇張された自己価値感にしがみつこうとしているが，同時に不愉快な状況に思える自分の人生に現実的に向き合おうともしている。新しい情報を上手に消化し現実的に対処しようとしている。ところが，彼女の思考は障害していないものの，折々はっきりしなくなる。人々に興味があるにもかかわらず，自己中心的で，感情表出が子どもっぽく，受身なために，適応的で実りある生活を実現しにくくなっている。

解離反応が診断として適切かどうか問われていた。これまでの所見はその見解を思いとどま

らせるものではないが，気分変調，自己愛，ヒステロイド，あるいは受動攻撃性といったどの言葉も当てはまるであろう。統合失調症様の問題があるという証拠はない。おそらくより重要な問題は，彼女の無力感が希望のなさにつながって，自殺の思いに発展しないかどうかである。

当面の治療目標となるのは，サポートを与えて，今彼女が経験している混乱を静めることである。自殺の可能性の観点からは，しばらくは毎日連絡を取れるほうがよい。どのような治療形態をとるにしても，夫を治療に参加させることはきわめて重要である。なぜならば，彼女の困難は結婚生活と密接に関連しているからである。もちろん，結婚生活だけに焦点を当てて彼女の問題が解決するわけではない。そのレベルを超えて，広範な介入が必要になるはずである。

現在のストレスが低下したならば，治療は彼女の内面生活よりも外に焦点を移すべきであろう。そうすることで，欠点のない存在でいたいという彼女の思いを脅かさずにすむからである。そのような恐怖感を彼女が持つと，時期尚早に治療終結を招くおそれがある。親密な関係を作ることの難しさを，夫を含めた関係性の問題として取り上げていくことが，短期のさし当たっての目的になるであろう。彼女の感情や受動性については，治療のこの段階で切り出していけるはずである。最終的には，治療の焦点はさらに基本的な，自己イメージに関する問題へと移行していくであろう。

最終コメント

このケース 30 の最終所見の別な書き方もあるだろう。いろいろなパーソナリティの理論やモデルにしたがって得られる所見に沿って書くことが可能である。そうすることが必要な場合もある。もしそうでないならば，解釈者は所見が一般の人たちが読んでわかるように書くように努力するとよい。専門用語をちりばめるのはこの目的からはかけ離れるものである。

所見はもっと短いものになるかもしれない。短縮する場合は，いかに手短に彼女の経験している苦悩を強調し，その苦悩と関連する性格特徴を説明することができるかが課題である。同様に治療に対する指針として，特定の介入方法についてそれがふさわしいのか，ふさわしくないのか，あるいはいつどのようなタイミングで介入するのがいいかをはっきりさせるのがよい。しかしこのような指針は，解釈者がレポートする相手の方針と技量によく通じている場合にこそ最もふさわしいものとなるだろう。

ともすれば，最後に被検者の人物像を短くまとめて所見の結びとしたくなるものである。しかし，ケース 30 をそのように短くまとめることはできない。なぜならば彼女のパーソナリティと彼女の世界の特徴は複雑に絡まりすぎているからである。たとえもっと単純であったとしても，短いまとめは彼女にとってむしろ不当なものである。それはどのケースにとっても言えることである。人は誰でもその人なりに複雑で，問題の由来には単純かつ簡単に割り切れるものはない。もし，短いまとめが必要な場合は，短絡的な診断的結論にならないように心がけ，

所見の全体像が描写されるようにする。そうすれば個人を最大限大事にすることになるので，少なくとも基本的な理解の第一歩を提供するものとなるだろう。

あとがきに代えて
――これからロールシャッハを学ぼうとする方へ――

　なぜわざわざロールシャッハを使うのか。本書中，Dr. Exner はこの問いに明快に答えています。心理学的にユニークな存在としての個人を描くのに，ロールシャッハほど適したアセスメント法はないからだと。この言葉がいかに当を得たものであるかは，本書に目を通していただければよくわかると思います。そして，たった 10 枚の図版からどうしてこれほどのことがわかるのか，あらためて感嘆させられることでしょう。

　Dr. Exner は本書でこのすばらしいテストの解釈法について，最新の知見をもとに，実に丁寧に説明してくれています。これまで日本では EJA（エクスナー・ジャパン・アソシエイツ）の講座や JRSC（包括システムによる日本ロールシャッハ学会）のワークショップなどでしか耳にできなかった「かんどころ」が，本書にはびっしり詰まっています。つまり，すばらしいテストとすばらしい解説，この両者がそろって本書は出来上がっているわけです。さらにうれしいことに，各章の本文と練習問題にはそれぞれ具体的なケースが用意されており，読者の理解を深めてくれます。

　本書に登場する都合 30 のケースは，医療，教育，司法，産業などさまざまな領域から集められたものです。このこと自体，ロールシャッハを活用することのできる領域の幅の広さを示していますが，各ケースで挙げられている査定事項を見ると，ロールシャッハからどんなことがわかるのか，あるいはロールシャッハをどういう目的で用いたらいいのかを考える上で，大変参考になります。「自分のところではロールシャッハはどうも……」と二の足を踏んでいる方には，ロールシャッハの活用法を考える手がかりになるのではないかと思います。

　けれども，本書を読んだからと言ってすぐにロールシャッハの優秀な使い手になれるわけではありません。本書はあくまでも入門書（Primer）です。経験者であれば，ロールシャッハや Dr. Exner の本当のすごさはこんなものではないことを知っているに違いありません。いみじくも Dr. Exner が述べているように，ロールシャッハ解釈には，人間についての理解，精神病理や不適応についての理解，ロールシャッハ・テストについての理解，これらすべてが必要です。こうした知見をもとにした解釈でなければ，ロールシャッハの力を本当に生かすことができません。解釈の最終所見は，ケースに応じた，生き生きとしたものであるべきでしょう。それはこの書の延長線上に位置するものです。

　Dr. Exner が日本で初めてワークショップを開いたのが 1992 年 10 月のことですから，わが国へ本格的に包括システムが伝えられてから，今年でかれこれ 10 年になります。この間の日

本での包括システムの広がりには目を瞠るものがありますが，それはひとえにこのシステムのわかりやすさや，さまざまな領域での使い勝手の良さゆえでなかったかと思います。しかしその一方では，残念なことに，マニュアル的な解釈や各ステップの所見をただ羅列しただけの解釈も目につきました。「だから何なの」「それで？」と思わず聞き返したくなるようなレポートにお目に掛かることもありました。自分のことでもあるので自戒と反省を込めて言いますが，これはロールシャッハが悪いのではなく，あくまでも使う者の責任です。一時期，包括システム自体がマニュアル的なのではないかという批判や，包括システムではコンピューターが解釈までやってくれるといった誤解を耳にしたともありましたが，もちろんそれらは間違った言説です。たとえばケース30の最終所見を読めば，このような批判がいかに不当なものであるかわかると思います。

　この書の各所見をただ並べて終わりとするような解釈は適当ではありません。われわれは生きたレポートを書かなければいけません。どうか皆さんも，各所見を，人間について，精神病理や不適応について，そして用いられる臨床現場やコンテクストを十分把握した上で，有機的に統合することを目指してください。各所見を単純に積み上げ，羅列しただけでは，「だから何なの」「どうすればいいの」という問いが残ってしまいます。それは訳者としても不本意なことですし，ロールシャッハの発展を妨げることでもあります。共に精進しましょう。

　翻訳に当たってはなるべくわかりにくい言葉を使わないように努めたつもりです。けれども，実際には，「自己への関与（self involvement）」「辺縁思考（peripheral thinking）」などのような固い言葉をところどころ使ってしまいました。また，原語で読んでいる分には理解できても，その意味するところをわかりやすい日本語にするのに手間取ってしまった部分も多々あります。監訳者がこんなことを言うのは無責任かもしれませんが，決して完璧な訳とは思っていません。ですから，なおさらのこと，本書中の言葉や文章をそのまま抜き出して事足れりなどとしないでください。ことに，最終所見の中に「自己への関与が高まり……」「辺縁思考が増え……」などと気軽に書くことのないよう注意してください。何の説明もなくこれらの言葉に出くわしたら，ふつうはぎょっとするものです。こういった固い言葉の意味するところは，本書をよく読んでいただければわかりますので，よく消化した上で，ぜひ自分の言葉で所見に取り入れてほしいと思います。その意味では，どうぞ翻訳を踏み越えていってください。

　訳者として，あるいは監訳者として本書に約1年間つき合ってみると，わが子のように愛着がわいてきました。書物というものは，出版された時点から著者や訳者たちの手を離れていくのが定めです。けれども，親バカでしょうか，一人歩きさせるのが心配でたまりません。ぜひ付き添ってあげてください。そして，皆さんのコントロールのもとで活用してください。この書が常に皆さんと共にあり，皆さんのものになることを願っています。

　翻訳は多くの仲間との協同作業で行われました。訳者として名前の挙がっていない方からもたくさんの協力や励ましをいただきました。ときには思うように言葉が出てこずに苦しんだり，時間に追われて呻吟することもありましたが，総じて言えば知的興奮に満ちた楽しい作業とな

りました（W+ Ma.FC.FYo 2 H COP,GHR）。どうもありがとうございました。この書が多くの臨床家（ひいてはその援助対象となる多くの方）の役に立つならば，さらにCOP2（！）をコードしたくなるかもしれません。

　Dr. Exnerの日本招聘やJRSCの設立に与ったかつてのEJAのメンバーを日本の包括システムの第一世代とするならば，その恩恵を受けて包括システムを学んだ私などは第二世代ということになります。この書が次の世代への架け橋となり，第三，第四の世代へと叡知が受け継がれていくことになるならば，それは訳者としてこの上もない喜びです。

　2002年3月

野田昌道

あとがき

　本書は，John E. Exner 著 "A Primer For Rorschach Interpretation" の全訳である。2000 年 12 月に出版されたもので，原題は「ロールシャッハ解釈の入門書」となろうか。
　確かに，ロールシャッハの解釈のための入門や手引き書としての役割を十分果たす内容ではあるが，むしろたった 10 枚の図版から得られるロールシャッハ・データから，いかに実際の臨床現場に使える情報を引き出すかについて解説されている点からは，中級以上の臨床家向けの書という感が強い。
　Exner が，このような「解釈のためのワークブック」ともいえる本書の執筆に取り掛かったのは 1996 年頃と思われる。ちょうどその 2 年後の 1998 年には生死の境を迷うアクシデントに見舞われるなどの事情から，およそ 5 年がかりでようやく生まれた。この「解釈のワークブック」の出版の意図は，解釈の方法論を理解してもらうために，解説のための問題や練習問題を設けることによって，ステップ・バイ・ステップで解釈を身につけられるようにしたいという発想にある。
　Exner は，冒頭の第 1 章でロールシャッハのデータは「その人物がなぜそのような行動をとるのか」を説明することのできる珍しい資料である，と語っている。言い換えれば，「なぜ私はこんな私なのでしょう？」という素朴な疑問に答えてくれるデータなのである。「あなたがそのようなあなたなのは，こうだからです」とデータが説明してくれるという。この方法を精神科，カウンセリング，福祉，司法，教育現場の人間理解に応用できるのは大変に魅力的で興味深いものになることは間違いない。
　簡単に Exner の略歴をご紹介しておくことにする。1928 年にニューヨークで生まれ，朝鮮戦争に空軍で参戦後，1958 年に Cornell 大学で博士号（臨床心理学専攻）を取得した。著書論文はあまりにも多いが，最初の学術誌の論文は 1959 年「ロールシャッハにおける有彩色と無彩色の影響（Jr. Projective Technique, 23, 418-425)」から始まる。初期の頃の研究テーマが色彩についてであるというのは興味深い。1972 年に奥様の Doris Exner と共著となる論文「臨床家はどのようにロールシャッハを使っているか（Jr. Personality Assessment, 37, 437-455)」で調査研究結果をまとめて以降は，ロールシャッハにおけるナルシシズムの表れや自殺の研究など，現在の包括システムにつながる独自の研究を精力的にこなしている。この頃は，ニューヨークのロングアイランド大学で教鞭をとる傍ら，ロールシャッハ研究財団（Rorschach Workshop）を組織して研究教育に携わっている。1993 年から 1999 年までは国際ロールシャ

ッハ学会会長も務められ，その後もヘルマン・ロールシャハの図書館博物館（スイス・ベルン市）の館長として国際的な活躍に惜しみなくエネルギーをかけられている。

　そのExnerの4度目の来日にあわせてこの翻訳が出版できるのはラッキーだった。本書が果たす役割は大きいと思う。なぜならば，Exner自身によるあの詳細で，丁寧なデータを読み込み，まとめ，解釈していく姿を実際に目にすることは今後ほとんどないであろうからである。本書の丁寧なExnerの説明によって，ロールシャハの解釈の真髄を理解し，ロールシャハを受けた被検者一人一人の福利になるようにアセスメント結果を使う専門家が増えることが監訳者の願いである。

　この翻訳は7人の共同作業であったが，最終的に野田，中村ですべての章を全訳しているので，訳についての責任は監訳者にある。また，本間房恵先生には多く助けられた。最後になるが，金剛出版の立石正信氏のおかげでぎりぎりの出版が実現できたこと，さまざまなわがままを通していただけたことに深く感謝している。また，包括システムの日本導入に最初から関わってこられた金剛出版社社長の田中春夫氏に支えられてここまでエクスナー法が発展してきたことも，この場をおかりして感謝したい。

　　　2002年3月

中村紀子

監訳者（50音順）
中村　紀子（なかむら・のりこ）エクスナー・ジャパン・アソシエイツ
野田　昌道（のだ・まさみち）神戸家庭裁判所

訳者（50音順）
板橋　　毅（いたばし・つよし）さいたま家庭裁判所川越支部
市川　京子（いちかわ・きょうこ）東京武蔵野病院
小澤久美子（こざわ・くみこ）東京家庭裁判所
中村　紀子（なかむら・のりこ）エクスナー・ジャパン・アソシエイツ
二橋那美子（にはし・なみこ）横浜市立大学医学部精神医学教室
野田　昌道（のだ・まさみち）神戸家庭裁判所
丸山　　香（まるやま・かおり）新宿一丁目クリニック・慶成会老年学研究所

ロールシャッハの解釈

2002年5月18日　発行
2023年10月25日　13刷

著　者　ジョン・E・エクスナー
監訳者　中　村　紀　子
　　　　野　田　昌　道
発行者　立　石　正　信

印刷・製本　平河工業社

発行所　株式会社　金剛出版
〒112-0005　東京都文京区水道1-5-16
電話 03-3815-6661　振替 00120-6-34848

ISBN978-4-7724-0736-6 C3011　　　©2002, Printed in Japan

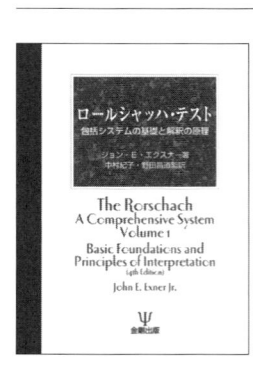

ロールシャッハ・テスト
包括システムの基礎と解釈の原理

［著］＝ジョン・E・エクスナー
［監訳］＝中村紀子　野田昌道

●B5判　●上製　●776頁　●定価 19,800円

テストの施行法や解釈、さらに成立過程まで網羅した、包括システムの原理が学べるロールシャッハ・テスト解釈書の決定版。

ロールシャッハ・テスト ワークブック（第5版）

［編］＝ジョン・E・エクスナー
［監訳］＝中村紀子　西尾博行　津川律子

●B5判　●上製　●248頁　●定価 5,720円

包括システムの施行と解釈を正しく行うための、施行手順、スコアリングの進め方、コード化のための注意点を詳しく解説したガイドライン。

価格は10%税込です。

ロールシャッハ・テスト講義 I
基礎篇
［著］＝中村紀子
- ●A5判 ●上製 ●300頁 ●定価 4,620円

コーディングの一工夫、施行のチェックポイントなど、ベテランが知るテクニックを語った「初心者対象・ゼロからのロールシャッハ入門」。

ロールシャッハ・テスト講義 II
解釈篇
［著］＝中村紀子
- ●A5判 ●上製 ●320頁 ●定価 4,620円

『ロールシャッハ・テスト講義 I』に次ぐ第2弾。クラスター解釈によってデータを精査して、受検者の回復に役立つアセスメントスキルを解説する。

価格は10%税込です。

ロールシャッハ・テスト Sweet Code Ver.2
コーディング・システム

［監修］＝中村紀子　［制作］＝大関信隆
●A5判　●上製　●120頁　●定価 4,620円

包括システムによるロールシャッハ・テストのためのコーディングソフト、Windows版とMacintosh版、さらに新機能を搭載してリニューアル！

治療的アセスメントの理論と実践
クライアントの靴を履いて

［著］＝スティーブン・E・フィン
［訳］＝野田昌道、中村紀子
●A5判　●上製　●368頁　●定価 4,950円

テストからフィードバックを経て査定者が治療者になるヒューマニスティックな治療的アセスメントの実践と方法を学ぶ。

価格は10%税込です。